בס"ד

J'ai dit merci...
et j'ai été sauvé

Dans le jardin des miracles et des prodiges

190 histoires véridiques de remerciements

Rav Chalom Arouch chlit'a

© Tous droits de traduction, de reproduction et d'adaptation réservés pour tous pays.

Pour tout ce qui concerne ce livre, écrire à

Institutions *'Hout chel 'Hessed*

B.P. 50226 Jérusalem – Israël Tel. 972-2-5812210

Commandes et distribution :

972-52-2240696

www.myemuna.com

ISBN : 9798372385917

J'ai dit merci...
et j'ai été sauvé

Dans le jardin des miracles et des prodiges
(Amarti Toda véNoch'ati)

190 histoires véridiques de remerciements

Rav Chalom Arouch chlit'a

Auteur des livres
Le Jardin de la foi
Le Jardin du paradis
Le Jardin du désir
À travers champs et forêts
Le Jardin de la sagesse
Le Jardin de la paix
La Sagesse féminine
Le Jardin de la richesse
La Paix de la royauté
Le Jardin des louanges
L'enseignement dans l'amour
Dieu te guérit
Mon Alliance de paix
La Source des jardins

Jérusalem 5777

« Entrez dans Ses portes avec des actions de grâce, dans Ses parvis avec des louanges »

(Psaumes 100,4)

« *En vérité, si tous écoutaient les vrais justes – afin de marcher dans les voies de Dieu, de faire toujours confiance à Dieu béni soit-Il et de croire que tout est pour le bien – s'ils louaient Dieu béni soit-Il pour le bien comme pour le mal, comme il est écrit (Psaumes 56,11) : "Grâce à Dieu je peux célébrer Son arrêt, grâce au Tout-Puissant, je peux célébrer Son décret", il est certain que la souffrance et l'exil seraient annulés et que la délivrance définitive serait déjà arrivée !* »

Rabbi Nathan de Breslev,

Likouté Halakhot (Lois des transactions, §4)

Table des matières

Avant-Propos...17

1 – Affronter l'épreuve et gagner le double !..................27

2 – Retire-moi des profondeurs de la mer....................28

3 – L'attente du diamantaire..................................31

4 – Un rêve – et les poursuites sont annulées...............42

5 – Ils ont étudié le Jardin des louanges et se sont transformés..46

6 – Le mal sera reconnu comme le bien absolu............49

7 – Une Mercedes peinte en noir.............................51

8 – Le trou dans le cœur a disparu..........................55

9 – Les enfants du CD..58

10 – Devoir remercier...62

11 – Quand rien ne va plus...................................64

12 – Début du Séder : éponger l'eau........................68

13 – Des enfants par le mérite du remerciement..........72

14 – Chacun le peut...73

15 – J'ai été reçue dans un Séminaire important..........76

16 – On dit « merci » pour tout...............................77

17 – Mes dettes m'ont conduit au repentir.................82

18 – Il a gagné au tirage au sort……....………………….84

19 – Dieu donne également la foi………………..………..85

20 – Ils ont attendu six ans…………………………….…..90

21– Le remerciement transforme la réalité !..................98

22 – Le cadeau que j'ai reçu de Dieu………………..…..99

23 – Il dit « merci » et reçoit des indemnités………….106

24 – D'Iran à la Terre d'Israël……………………….…110

25 – Dire « merci » ouvre les portes…………………..114

26 – Personne ne touche à ce qui est destiné à son prochain 115

27 – Le « malchanceux » qui réussit…………………..118

28 – La délivrance de la femme divorcée……………..121

29– Écouter le CD des milliers de fois…………………124

30 – Dire « merci » et recevoir un prêt……………..…127

31 – Régler des dettes de plusieurs millions………….131

32 – Le mérite de vivre……………………………...…..133

33 – Le paradis dans ce monde……………………….137

34 – Vingt millions de remerciements……………..….138

35 – Un rein surnaturel…………………………………141

36 – Quarante jours de remerciements……………..…142

37 – Danses et remerciements auprès de la tombe du roi David……………………………………………..……143

38 – Le remerciement sauve de la mort……………….147

39 – Dis « merci » – et tu verras des miracles..............148

40 – La coupure qui disparaît................................149

41 – Soin radical le Chabbat.................................151

42 – La guérison de la terrible maladie....................156

43 – Il lui reste encore dix jours............................157

44 – Des « diamants » de remerciement..................159

45 – Des tests de délivrance................................160

46 – Guérir d'une grave maladie..........................162

47 – En dépit de toute logique.............................163

48 – Tout a disparu..165

49 – La maladie a complètement disparu................167

50 – Des remerciements à échéances....................170

51 – La perfection spirituelle...............................173

52 – Une bonne nouvelle : on m'a licencié !...........175

53 – Une Michna si étonnante.............................177

54 – Le remerciement qui provoque le salut............179

55 – On a retrouvé la moto.................................184

56 – Un test prodigieux......................................186

57 – Arriver à la simple foi 188

58 – Le plus heureux du monde..........................189

59 – La foi authentique......................................196

60 – Quand le salut arrive par une carte bancaire……..198

61 – Il reçut aussitôt un billet d'avion…………….…...199

62 – Trouver son conjoint du jour au lendemain.……..200

63 – Le mariage de la délivrance……………….…..…203

64 – Le mariage du fils……………….…..……………205

65 – Ralentis !..205

66 – « Merci », dans l'acceptation complète du mot….208

67 – Sauvé par des graviers……………………..……..212

68 – Un généreux donateur……………………...….…216

69 – Une apoplexie qui se transforme en un joyeux événement……………………………………………218

70 – Des délivrances dans un rêve…………………….220

71 – Des paroles de consolation……………..………..223

72 – Prendre soin de son âme…………………….…...228

73 – L'enfant s'est enfui de l'école…………………...234

74 – Remercier aussi pour des choses anodines………235

75 – Le sourire du gardien du parking………………..241

76 – Une autre histoire de parking……………………243

77 – On n'a rien à perdre !..246

78 – Remercier et bénéficier de l'indulgence…………247

79 – Aucun mal ne descend du Ciel……………...…...252

80 – L'album d'un chanteur connu…………………..253

81 – Apprendre à remercier..................................256

82 – Il a tout essayé..257

83 – Tu ne peux pas – mais Dieu le peut !...................260

84 – Un billet pour le Paradis...............................263

85 – Faire six heures d'isolement et acheter un appartement..269

86 – Même le mobilier, je l'ai reçu gratuitement.......270

87 – Un juif incroyant de 82 ans..........................272

88 – Le propriétaire du terrain s'est transformé.........273

89 – « Ce que J'ai fait en Égypte »......................276

90 – Après deux semaines, nous avons été entendus...282

91 – Le carnet de remerciements..........................284

92 – On lui rapporta son sac jusqu'à chez elle..........286

93 – Un rendez-vous illico chez le dentiste..............289

94 – J'ai commencé à crier : Merci !.....................290

95 – J'ai voulu m'attacher à la lumière..................292

96 – Remercier pour les blessures........................297

97 – Deux heures de remerciements et il signe le contrat...300

98 – La parfaite segoula..................................302

99 – Lorsqu'un enfant se détourne du bon chemin.......307

100 – Le modèle parental.................................311

101 – Guéri et riche en même temps !...................317

102 – On ne me doit rien..................................321

103 – La manière la plus facile..........................323

104 – J'ai remercié et j'ai entendu......................332

105 – J'ai dit « Merci » et j'ai respiré..................334

106 – Le médecin ne sut pas comment l'expliquer......336

107 – A chaque problème sa solution....................337

108 – Plus doux que le miel.............................340

109 – Le mieux qui soit pour nous......................341

110 – Ses souffrances l'ont fait grandir................344

111 – Zéro à l'examen..................................350

112 – L'épreuve de la richesse.........................351

113 – Le dixième appartement..........................354

114 – Des promesses de mariage annulées..............358

115 – Tout va bien ? Réjouissez-vous ! Tout est difficile ? Grandissez !..360

116 – La foi entraîne tout le monde derrière elle........365

117 – Rien ne va plus..................................367

118 – Je suis revenu à la vie...........................374

119 – « Merci » pour la fatigue........................375

120 – Un conseil pour être joyeux.....................379

121 – Je suis joyeux d'être triste......................381

122 – Se réveiller de son sommeil......................391

123 – Il n'est pas bon que l'homme soit seul..............399
124 – Le paradis chez soi................................403
125 – J'ai commencé à croire dans le Saint béni soit-Il.404
126 – Le plus grand miracle.............................407
127 – Chacun peut opérer des miracles................410
128 – Cinq minutes de remerciements...................413
129 – La fin d'un traumatisme..........................416
130 – Exécute ta volonté comme la Sienne.............419
131 – Tristesse et bile noire..........................423
132 – Il a dit « Merci » et on l'a libéré de prison.......429
133 – Plutôt que de se suicider – commencer à s'isoler !...430
134 – Des remerciements pour les missiles.............431
135 – Dire « Merci » en anglais........................434
136 – « Un vrai miracle »..............................438
137 – Mon défenseur...................................439
138 – Devant un tribunal allemand.....................441
139 – Merci pour le remerciement......................442
140 – De la prison à Ouman............................446
141 – Des miracles manifestes.........................449
142 – La marieuse m'a proposé sa fille................450
143 – Une proposition qui vient du Ciel...............450

144 – « Le son des chants de joie et de salut »..........455

145 – J'ai reçu 30.000 shekels................…......460

146 – Il retourna à la Yéchiva et grandit spirituellement.....463

147 – Après 21 ans de mariage, il eut le mérite d'avoir des enfants..147

148 – Le policier mérita d'être exaucé...................468

149 – Il mérita le salut grâce à Nichmat..................469

150 – Grâce à ce conseil, nombre de délivrances se produisirent...470

151 – Un message parmi d'autres.......................472

152 – Nouer des liens avec Dieu.........................474

153 – Je suis rempli de foi et d'espoir....................475

154 – Le vide de ma vie a disparu.......................476

155 – Je mérite d'avoir une belle vie conjugale..........480

156 – Le livre qui m'a sauvé du suicide.................481

157 – J'ai trouvé les réponses..........................483

158 – Je commence à trouver la sérénité................484

159 – Dieu m'a fait un grand sourire....................484

160 – Les prières du Hallel............................486

161 – Un contrat honoré...............................487

162 – « Le livre avec le chapeau »......................488

163 – Le vice-président ukrainien......................489

164 – On pratique l'isolement............................490

165 – Voyage à Ouman...............................491

166 – Comment sortir de la déprime.....................493

167 – Sauvé par les CD..............................494

168 – C'était déjà « après la mort »....................495

169 – Vous avez changé ma vie........................495

170 – L'enlèvement de Mexico........................498

171 – De petits mots................................499

172 – La seule adresse..............................502

173 – Vous ne me posséderez pas !.....................506

174 – Bonjour à la foi...............................510

175 – Le voleur qui effaça la dette.....................514

176 – En dépit de toute attente........................518

177 – Le temps de dire « Merci »......................521

178 – Mon cahier de remerciements....................524

179 – Sourire sans arrêt..............................529

180 – Je suis un autre homme.........................535

(Fin de la série de textes publiés sur le site)

181 – Dire « Merci » depuis son plus jeune âge.........537

182 – J'ai reçu quatre fois plus.......................540

183 – Dieu se trouve vraiment à côté de moi............543

184 – Sur un plateau d'argent.........................546

185 – Étrange comportement du public....................548

186 – Recevoir le public – une chose inutile............553

187 – Le livre arriva jusqu'à la maison..................556

188 – Il ne s'est pas suicidé………...……………...…..559

189 – J'ai distribué des CD et je me suis mariée…........562

Postface – Il n'existe pas de bonté plus grande que la diffusion………………………………………...…..563

PRIÈRE POUR LE REMERCIEMENT……………...…..570

Avant-Propos

Dans le Jardn des miracles et des prodiges

Remercier Dieu est le but de tout. C'est pour cela que tous les mondes furent créés, innombrables, supérieurs les uns aux autres. Le seul monde de l'action comprend des galaxies et des planètes dont la plus infime est le monde que nous connaissons. Et tout ne fut créé que pour une seule raison : que l'homme reconnaisse son Créateur et Le remercie, comme l'explique le Ramban (*Nahmanide*) (Commentaires sur la Torah, section *Bo*).

Par conséquent, l'homme qui remercie Dieu accomplit sa finalité comme celle de la Création tout entière. Et il mérite que miracles et prodiges s'opèrent pour lui, et qu'il mérite de connaître de grandes délivrances.

Depuis la sortie du livre *Le Jardin des louanges* – et des enregistrements sur l'importance du remerciement – des milliers de personnes ont reconnu avoir grâce à eux changé positivement leur vie.

Un Américain m'a contacté pour me dire : « J'étudie chaque jour une page du *Jardin des louanges,* et c'est pour moi le paradis ici-bas ! J'ignorais tout de cette vie ! J'ai découvert une lumière dans l'obscurité du monde ! »

J'ai vu de mes propres yeux de nombreux et grands miracles – entre autres dans le domaine de la santé.

Au moment où l'on dit merci et qu'on exprime des louanges à Dieu béni soit-Il, des femmes stériles enfantent, des hommes remboursent leurs dettes, des célibataires trouvent leur conjoint, des personnes qui souffraient de manières diverses sont délivrées, des gens éloignés de Dieu se rapprochent de Lui. Tout cela grâce au travail sur le remerciement et les louanges. Et ils progressent dans tous les domaines de la vie, sans fin.

Dieu merci, nous avons eu le mérite l'an dernier de publier douze livrets d'aphorismes, et de propager l'enseignement du remerciement et des louanges dans le monde. Depuis, chaque jour, d'autres histoires de remerciement nous parviennent : « J'ai dit merci… et j'ai été sauvé ! » « J'ai dit merci et j'ai guéri ! » « J'ai dit merci et je suis devenu riche ! » « J'ai dit merci et je me suis marié ! » « J'ai dit merci et j'ai enfin eu un enfant ! »

Nous souhaitons que remercier le Créateur – et Le louer – devienne le fait de tous, et que cela devienne une habitude universelle. Tel est mon but !

On peut déjà entrevoir la délivrance définitive grâce à la compassion, la joie et la générosité. La délivrance aurait dû arriver depuis longtemps, mais elle se serait accompagnée de beaucoup de sang juif versé. Nous désirons que la délivrance survienne dans la bonté, la compassion – et le sourire ! Cela ne sera possible qu'à condition que le peuple d'Israël cesse de pleurnicher, qu'il chante vers Dieu et Le remercie. Telle est la signification du verset : « Rendez hommage à Dieu car Sa bonté est éternelle ». En remerciant Dieu, on répand la bonté dans le monde.

Nous avons très souvent rapporté ce principe au nom de rabbi Nathan, mais il faut y revenir de nouveau. Concrètement, il ne faudrait parler de rien, sauf de cela, jour et nuit. Rabbi Nathan disait explicitement : « Si tout le monde écoutait les vrais justes, suivait les voies de

Dieu, faisait toujours confiance à Dieu béni soit-Il et croyait que tout est pour le bien, si on louait Dieu béni soit-Il pour le bien comme pour le mal – comme il est écrit *(Psaumes* 56,11) : "Grâce à Dieu je peux célébrer Son arrêt, grâce au Tout-Puissant, je peux célébrer Son décret" – il est certain que la souffrance et l'exil seraient annulés et que la délivrance définitive serait déjà arrivée ! » En louant Dieu dans toutes les situations, favorables ou difficiles, pour les problèmes et même pour les souffrances – toute peine disparaîtrait et la délivrance viendrait dans la bonté et une grande compassion.

Dans le Talmud (*Ta'anit*), il est écrit : « Rabbi Yéhochoua ben Lévi dit : Quiconque se réjouit des souffrances dont il est la victime apporte la délivrance dans le monde, comme il est dit : "C'est grâce à eux que nous serons sauvés" (*Isaïe* 64,4). » Lorsque nous mériterons de remercier pour tout ce qui nous arrive avec joie et de tout cœur, nous apporterons de grandes délivrances au monde entier, la confiance et la sérénité pour nous-mêmes.

Aujourd'hui même, il est possible d'apporter facilement la délivrance par le biais du remerciement. Il est écrit qu'à l'époque de la délivrance, la connaissance grandira (*Habacuc* 2,14) : « La Terre sera pleine de la connaissance de Dieu, comme l'eau abonde dans le lit des mers. » Tout le monde saura que Dieu est bon et que le mal n'existe absolument pas. Par conséquent, grâce à la méthode que nous proposons – et qui incite le monde entier à connaître le Saint béni soit-Il – nous apporterons la délivrance.

Car l'essentiel de la connaissance sur la délivrance est le remerciement, comme notre maître l'explique dans son enseignement sur ce sujet (*Likouté Moharan* II, 2) : « Le plaisir essentiel du monde futur consiste à remercier, à faire les éloges de Son grand Nom béni soit-Il et à Le connaître. Ainsi, on s'attache et on se rapproche de Lui, béni soit-Il. »

Notre saint maître écrit (*Likouté* 1,21) : « Toutes les peines, souffrances et exils ne proviennent que du manque de connaissance. Pourquoi l'homme souffre-t-il ? À cause de son ignorance, de son manque de foi ! Pourquoi l'homme connaît-il l'exil ? Pour la même raison : son ignorance ! Lorsqu'on comble ce manque de connaissance, on comble tous les autres manques, selon la règle (*Nedarim* 41) : « Si tu as acquis la connaissance, que te manque-t-il ? Comme il est dit : Mon peuple ira en exil, faute d'intelligence (*Isaïe* 5,13). » Et l'essentiel de la vie éternelle proviendra de la connaissance, quand tout le monde connaîtra Dieu. Pourquoi la vie sera-t-elle éternelle ? Parce que tous connaîtront Dieu. La connaissance les inclura dans l'unicité de Dieu, béni soit-Il. Ils vivront alors une vie éternelle, à Son égal. Dieu est illimité et Sa vie est illimitée, et chacun sera alors intégré à Dieu, et vivra une vie éternelle.

« Parce qu'ils Le connaîtront, ils seront inclus en Lui et par le biais de cette connaissance, nous nous identifierons à Lui, comme le dit le sage : "Je Le connais, donc je m'identifie à Lui." L'essentiel de la connaissance est réservé au futur, comme il est dit : "La Terre sera pleine de la connaissance de Dieu." Et à cause de cette connaissance, aucun bien ne fera défaut. Tout sera bon !

Nos Sages de mémoire bénie se sont d'ailleurs interrogés à ce sujet (*Pessa'him* 50) : Aujourd'hui n'est-Il pas Un ? Et ils répondirent : Dans le futur, tout sera bonté et bienfaisance. » Aujourd'hui, tout le monde ne vit pas cette vérité, à savoir que Dieu est Un, que tout est bonté et bienfaisance, car à présent le monde est géré par deux attributs : le Bien, la bienfaisance – et le Juge équitable [*Dayan HaEmet*].

Toutefois, à l'avenir, lorsque le livre *Jardin des louanges* sera connu de tous, lorsque tout le monde suivra les enseignements des cours – *Cesse de pleurnicher* ; *Seulement remercier* ; *Baisers au Créateur du monde* ; *Voie nouvelle* ; *Apaiser et remercier* ; *Des miracles surnaturels* ; *J'ai dit merci et j'ai été sauvé* ; *Dis merci et crois que tout est pour le bien* ; *Le voile à travers le voile* ; *Se réjouir en toute occasion* ; *Crois en ta force* ; *Grâce au mérite de Yossef le Juste* – et de tous les livres qui traitent de la foi et du remerciement, quand tous apprendront à dire merci pour le bien comme pour le mal, Dieu n'aura alors qu'un seul Nom. Dieu sera alors seulement bon et bienfaisant. On ne dira plus *Juge équitable.* On ne dira que *Merci*. Dieu sera seulement Un, et c'est alors que la connaissance se révélera, que le mal n'existera plus, que les insuffisances seront comblées et que l'exil prendra fin.

Car nous devons savoir que si – déjà – celui qui n'a pas de conjoint, qui éprouve des difficultés, de santé, de subsistance, doit consacrer au moins une demi-heure chaque jour pour dire merci pour ce qui lui manque, et cela de tout cœur, en vérité c'est chacun d'entre nous qui devrait s'y astreindre ! Et noter sur un cahier ses remerciements, et raconter quels miracles et prodiges il a vécus. De là surgira sa délivrance.

Sa délivrance ne fera que grandir, car tout le monde dira merci et commencera à raconter ses miracles. Chaque semaine on entendra de nouveaux miracles : « J'ai dit merci une demi-heure, et j'ai reçu une abondance de richesses », « J'ai dit merci une demi-heure chaque jour, et j'ai été guéri », « J'ai dit merci et j'ai eu des enfants », « J'ai dit merci et j'ai trouvé mon conjoint. » Tous doivent agir ainsi pour que cela ne reste pas théorique ! Chacun doit s'engager simplement – et dorénavant – à remercier pendant une demi-heure, avec chansons et louanges.

Tu as de mauvaises pensées ? Tu souffres ? À propos de tout, dis-Lui « merci » pendant une demi-heure. Chacun selon son sujet. Chacun racontera ses miracles et ses prodiges – et que cela soit ainsi !

Que le lecteur de ce livre veuille nous raconter les récits miraculeux et prodigieux dont il a été l'acteur ou le témoin. Qu'il nous écrive son histoire dans tous ses détails, et avec l'aide de Dieu, nous les publierons dans les volumes suivants, en respectant son anonymat.

« Voici la porte de l'Éternel, les Justes la franchiront. Je Te rends grâce pour m'avoir exaucé, Tu as été mon sauveur. » Nous apprenons de ces versets que celui qui remercie est appelé un Juste. Toutes les portes s'ouvrent devant celui qui remercie.

Le remerciement est la clé de toutes les délivrances.

Il faut souligner quel devoir cela implique. Nombreux sont ceux qui étudient ce sujet sans comprendre à quel point c'est vraiment *le* fondement de toute la vie. Ils croient que c'est seulement une qualité, une vertu – ou une marque de politesse. Mais ils se trompent !

Le remerciement est le premier devoir de l'homme pour créer un lien authentique avec le Créateur. On est tenu de méditer chaque jour sur le bien que Dieu fait pour nous, de chanter les bontés de Dieu, comme il est écrit dans *Nichmat Kol 'Haï* (« L'âme de tout être vivant ») que c'est un devoir pour chaque créature. Ce n'est pas une simple recommandation, mais une clause de la Loi, tout aussi importante que la prière, le Chabbat, les bénédictions, comme il est statué dans le *Choul'han Aroukh* (*Ora'h 'Haïm* § 230,5) : « L'homme doit toujours s'habituer à dire : Tout ce que Dieu fait est dirigé vers le bien. »

Comme l'écrit le grand décisionnaire *Rambam* (fin des Lois des bénédictions) : « En résumé, l'homme devra toujours supplier Dieu pour l'avenir, en implorant la miséricorde divine, et chanter les louanges de Dieu pour le passé, Le remercier et Le glorifier selon ses moyens. Plus on multipliera les remerciements à Dieu et plus on aura de mérites. »

Par ailleurs, il est écrit dans les Psaumes (105,1) : « Rendez hommage à l'Éternel, proclamez Son Nom, publiez parmi les nations Ses hauts faits. » Dans le Zohar (*Zohar 'Hadach* 40b), il est également dit : « C'est un devoir de rappeler constamment Ses miracles devant Dieu et de les proclamer. Et si on demande : "Pourquoi cette proclamation est-elle nécessaire ?" – Dieu ne sait-Il pas tout du passé, du présent et du futur ?! C'est qu'en racontant et proclamant devant Lui tout ce qu'Il fait, ces mots s'élèvent vers le Ciel et toute la famille céleste se regroupe, les entend et remercie le Saint béni soit-IL Il réunit alors tous les Siens et leur dit : "Écoutez les éloges qu'on Me décerne !" Tout le monde se rassemble à ce moment autour d'Israël et Sa gloire repose sur eux, depuis le haut vers le bas. »

Le *Noam Elimelekh* écrit (section *Bo*) : Raconter les prodiges divins éveille la miséricorde divine et suscite d'autres miracles. C'est une grande règle dans toutes les bontés célestes : plus on proclame les miracles de Dieu, et plus on méritera d'en voir d'autres. Mais si on compte sur la nature, le Saint béni soit-Il n'envoie plus de miracles. Et on devient le jouet des vicissitudes de l'existence.

Lorsqu'un miracle se produit, l'homme qui en bénéficie est tenu de le raconter et de le proclamer en public, afin de remercier et de louer Dieu béni soit-Il. La source de cette obligation figure dans la Torah : c'est le sacrifice du remerciement (*Korban Toda*), qui doit être apporté à l'époque du Temple. Contrairement aux autres sacrifices pacifiques (*Chelamim*) qui peuvent être consommés pendant deux jours et une nuit, celui du remerciement n'est valide que jusqu'à l'aube – sinon il est voué à être brûlé (*notar*). Du fait que ce laps de temps est aussi court, celui qui apportera un tel sacrifice sera contraint de réunir des dizaines de personnes pour participer au repas obligatoire, de consommer le sacrifice, accompagné des quarante pains de remerciement, et de raconter le miracle divin dont il aura bénéficié, afin de le rendre public – et de réaliser ainsi le verset (*Psaumes* 107,8) : « Rendez grâce à l'Éternel pour Sa bonté, pour Ses miracles en faveur des hommes. »

Ce repas sera organisé pour renforcer et populariser le travail du remerciement. Et puisqu'il faut dire également « merci » sur l'obligation de remercier, nous avons réuni dans ce livre une partie des histoires miraculeuses dont nous avons eu connaissance. Abandonnant toute rationalisation, ceux qui les ont vécues ont cru en Dieu, que tout est pour le bien – et ils ont remercié pour les souffrances qui furent leur lot.

À titre d'information, la plupart des récits de cet ouvrage proviennent de la personne directement concernée dont nous avons tenu à préserver l'anonymat. D'autres anecdotes, rapportées par des tierces personnes, n'ont été retenues qu'en raison de leur contenu moral et exemplaire, pour le bénéfice de nos lecteurs.

Il faut savoir que nous avons reçu des témoignages sans fin, bien plus nombreux que ceux que nous publions ici, et nous apprenons sans arrêt d'autres prodiges surnaturels et incompréhensibles par le seul intellect. Mais ces miracles ne forment qu'un pourcentage infime de ce qui se passe en réalité.

Une partie de ces histoires ont déjà été publiées dans les livres et mentionnées dans nos cours. Nous les racontons à nouveau afin d'encourager le maximum de gens à remercier et à louer le Créateur, et qu'ainsi tous voient des miracles et des prodiges !

Nous avons le projet de publier d'autres volumes contenant des centaines d'histoires miraculeuses de personnes qui ont su remercier. Puissions-nous mériter que, par la simple lecture de ces livres, un seul individu s'éveille et commence à dire une demi-heure de remerciements à Dieu et s'engage à suivre cette voie, la voie du remerciement et des louanges tout au long de sa vie. Cela nous rapprochera de la délivrance dans la compassion, et telle sera notre récompense.

Puissions-nous mériter que grâce au remerciement et aux louanges nous continuions à assister à de grands miracles, et que tous viennent raconter ceux dont ils auront été les témoins, parce qu'ils se seront renforcés en disant « merci ».

Ainsi, la lumière du remerciement et des prodiges continuera à se diffuser dans le monde futur, et déjà dans ce monde-ci. Puissions-nous mériter la délivrance définitive, vite et de nos jours, à travers l'amour, la compassion et les remerciements, dans la paix, la sérénité, et la révélation de Sa gloire, béni soit-Il, rapidement et de notre temps, Amen.

Faites un sourire : tout est pour le bien !

Rav Chalom Arouch

Des histoires supplémentaires pour les prochains volumes de *J'ai dit merci, et j'ai été sauvé* peuvent être adressées à :

Rédaction de *J'ai dit merci, et j'ai été sauvé*

Courriel : amartitoda@grnail.com

1 – Affronter l'épreuve et gagner le double !

On me soumet constamment des cas de couples sans enfants. Mais dès qu'ils commencent à remercier le Créateur une demi-heure par jour sur le fait qu'ils ne procréent pas, ils sont sauvés et ont le mérite d'enfanter. Des célibataires qui, de façon dramatique, ne parvenaient pas à trouver leur conjoint remercient pendant une demi-heure pour leur solitude – et ils trouvent de suite l'époux idéal.

Voici l'histoire d'un couple qui m'est proche et dont le mari étudie dans un *Kolel*. Déjà avant son mariage, l'homme savait qu'il ne pourrait pas avoir d'enfants. Pour une certaine raison, il le cacha à sa fiancée. Certes, sa conduite était fautive, mais sa peur de ne pas pouvoir se marier en était la seule cause. De son côté, sa fiancée n'ignorait pas elle aussi – avant le mariage – qu'elle aurait des difficultés à être enceinte. Et pour des raisons similaires, elle décida de cacher son problème. Pourtant, Dieu béni soit-Il rapproche les solitaires, et la Providence divine particulière les fit se rencontrer et ils se marièrent.

Après leur mariage, comme ils n'avaient plus rien à se cacher, la chose se sut. Ils vinrent me trouver et me dirent que les médecins n'avaient aucune solution à leur proposer. Tous les spécialistes qu'ils consultèrent les assurèrent qu'ils ne pourraient jamais avoir d'enfants. Je leur ai conseillé de remercier le Créateur, en leur expliquant que Dieu avait vu qu'ils ne pourraient atteindre leur plénitude que par le biais de ce manque. Je leur ai dit : « Chaque jour où vous direz merci pendant une demi-heure, où vous vous renforcerez dans la foi et où vous serez heureux de votre lot, le remerciement vous protégera de la tristesse, de la dépression, des hérésies et de la pensée que Dieu n'agit pas avec justice avec vous – Dieu nous en préserve. »

Comme ils savaient déjà qu'ils ne pourraient pas avoir d'enfants, ils réalisèrent qu'ils n'avaient pas d'autre choix que de se soumettre à la volonté du Créateur et ils commencèrent à remercier dans la joie, en se pliant devant la volonté divine. Chaque jour ils disaient : « Maître du monde, Tu nous as créés de la sorte, avec ces problèmes, avec ces insuffisances : nous avons été choisis par ce biais pour réparer quelque chose dans ce monde. Tu le veux ainsi : nous acceptons Ta volonté et nous nous y soumettons de tout cœur. Nous Te remercions pour ce décret. Donne-nous la foi parfaite que cela nous conduira à notre finalité et à notre plénitude. Nous ignorons ce qui nous arrivera, mais – au moins – nous avons la foi. »

Ce couple eut le mérite de parvenir à l'essentiel de la gratitude – c'est-à-dire : s'annuler devant la volonté de Dieu en pensant que tout ce qu'Il décrète est le mieux qui soit – et Dieu merci, ils ont aujourd'hui deux enfants.

2 – Retire-moi des profondeurs de la mer

Un de mes élèves m'a raconté comment récemment, étant allé à la plage avec des amis, il se trouva que, ce jour-là, la mer était plutôt déchaînée. Ils ont nagé à un endroit où les eaux étaient tranquilles, mais parce que la mer était agitée, de grandes vagues les submergeaient. Et soudain mon élève sentit qu'une de ses couronnes était tombée dans l'eau. Tout d'abord, il en fut très troublé, car une telle dent vaut une fortune. S'il pouvait au moins la retrouver, il pourrait se rendre chez le dentiste pour qu'il la fixe à nouveau et économiserait ainsi de grandes sommes et s'épargnerait toutes sortes de tracas. Mais comme elle était tombée dans l'eau, même si la mer était calme, il n'avait aucune chance de la retrouver dans le sable – à plus forte raison dans une mer houleuse avec de hautes vagues.

Cet élève se découragea et une profonde tristesse l'envahit. Mais aussitôt après, il se souvint des cours que j'avais donnés sur le remerciement et il se dit : « Avant tout, je dois dire merci. Je ne comprends rien, mais tout est pour le bien. Je dois me plier à la volonté de Dieu et l'accepter avec amour et soumission. Je dois dire merci. » Sitôt dit, sitôt fait. Il commença à remercier Dieu pour sa dent tombée. Il remercia ainsi pendant vingt minutes, et soudain la mer se calma. Il regarda le fond de la mer, et découvrit tout à coup sa dent posée sur le sable. Il fut bouleversé par l'étonnant pouvoir du remerciement. Il était incapable de comprendre ce qui s'était passé. Un certain temps s'était déjà écoulé depuis la perte de sa dent. Il s'était déplacé, et ne se souvenait même plus où il se trouvait quand elle était tombée. Et brusquement, il l'aperçut au fond de la mer de façon tellement nette ! À ses yeux, c'était un véritable prodige, un miracle, car en vérité cela n'était pas du tout compréhensible. Pourtant, par le biais du remerciement et de l'acceptation de la volonté divine avec un parfait amour, on attire à soi des prodiges surnaturels.

Le principe de notre maître : « La nature est toute-puissante, mais la prière transforme la nature » parle précisément du remerciement. Car lorsque rabbi Nahman parle de la prière, il sous-entend la prière dite avec une parfaite foi, en l'élevant sous le dais de la foi ! « Si tu ne dis pas merci, il te manque l'essentiel de la foi – à savoir que Dieu l'a voulu ainsi – et tu n'entends pas la foi qui te parle et te dit : "Dieu voit que tu ne peux pas arriver là où tu dois parvenir, sans cette perte..." »

Mon élève raconta ce miracle au milieu de mon cours de Chabbat. Comme je restais dubitatif, je commençai à dire :

« Je n'ai pas l'impression... » Mais des *Avrekhim* qui l'avaient accompagné s'exclamèrent : « Rav, nous étions avec lui, et nous aussi avons eu du mal à y croire, même après l'avoir vu de nos propres yeux. »

En vérité peu importe qu'il ait retrouvé sa dent ou non. Le sentiment de découragement qu'il éprouva en premier était une parfaite hérésie et dénotait le manque de foi que ce qui lui était arrivé était le mieux pour lui. Mais au moment où il s'est renforcé en remerciant Dieu, il est revenu à la simple foi que le mal n'existe pas dans le monde. Aussitôt après la perte de sa dent, il avait contesté le décret divin, en pensant que cela n'aurait pas dû lui arriver, et il désespéra donc de ne jamais la retrouver.

Mais après s'être renforcé dans le remerciement, il se soumit concrètement à la volonté de Dieu et revint à la foi. Il en résulte que l'essentiel de sa délivrance provient de ce qu'il sut échapper aux pièges de l'hérésie et du mensonge, qui sont la source du désespoir. Le remerciement lui a permis de vivre la vérité que tout est pour le bien. Et le miracle dont ce jeune homme bénéficia ne fut pratiquement qu'un renforcement de la vérité. Car même si ce prodige ne s'était pas produit, il aurait dû se réjouir d'avoir eu le mérite de vivre sa foi et d'avoir été sauvé de l'hérésie qui voulait le dominer et le perdre dans la tristesse et le découragement.

3 – L'attente du diamantaire

Un négociant en diamants vint me voir et me raconta qu'il entretenait une longue correspondance avec un collègue africain pour conclure une transaction importante. Comme il voulait savoir s'il convenait de se rendre sur place, je l'ai béni pour son voyage et sa réussite. Voici sa lettre, qui contient une profonde leçon de morale pour chacun :

Bonjour,

Je m'appelle A. G. et m'occupe de l'importation de pierres précieuses et de diamants.

Il convient de préciser que je suis lié de tout cœur à Rav Arouch. Ainsi j'effectue depuis plusieurs années une heure quotidienne de la *hitbodedout* (prière et examen de conscience dans l'isolement) – et de temps à autre, pendant 6 heures de suite.

Mon histoire débute le jour où je fis ma première transaction pour acheter des diamants provenant du Mozambique (Afrique). J'avais affaire à un négociant que je ne connaissais pas. Dès le début des discussions, il me demanda de lui envoyer le tiers de la valeur de l'achat, pratique courante dans cette branche. Je commençai par refuser, mais il réussit à me convaincre, car il parlait sans cesse de sa foi dans le Créateur et qu'il était membre d'une Église qui était persuadée que les juifs étaient le peuple élu. J'ai donc fini par lui transférer 30 % de la somme.

Je pris ensuite mon vol, non sans me munir au préalable d'une somme fort conséquente. Peu après mon arrivée au Mozambique, je vis les pierres précieuses et le négociant me demanda de lui remettre la totalité de la somme afin de pouvoir conclure l'affaire. Je refusai catégoriquement en lui rappelant les modalités de notre accord, qui prévoyait que le restant ne lui serait remis que lors de la livraison des pierres. Il s'y opposa énergiquement et voulut annuler l'affaire, ce qui signifiait la perte de mon acompte.

Je tentai de joindre rav Arouch afin qu'il m'éclaire, mais je n'y parvins pas. Je pratiquai alors l'isolement, avant que le rav me réponde en me conseillant de ne pas donner toute la somme.

Le lendemain matin, après de longues discussions lors desquelles je compris que je serais contraint d'accepter ses conditions si je ne voulais pas perdre la somme que j'avais déjà avancée, il fut décidé d'un commun accord que je verserais une autre somme afin de recevoir le certificat d'exportation. De même, on convint d'aller ensemble à Maputo, la capitale du Mozambique, pour obtenir rapidement les documents nécessaires.

À ce stade de la négociation, je lui avais déjà remis plusieurs centaines de milliers de shekels. Quand nous arrivâmes à Maputo, la nuit était tombée. Nous nous sommes arrêtés devant un bâtiment qui semblait abandonné. Le négociant me dit que c'était une auberge qui appartenait à l'un de ses proches et que les prix y étaient modiques. Ce même soir, après le repas, l'homme m'annonça qu'il était contraint de franchir la frontière avec l'Afrique du Sud (éloignée d'une heure et demie de route) pour y effectuer le transfert de fonds, et qu'il reviendrait aussitôt après, le matin même.

Je m'y opposai radicalement, et lorsque je voulus l'accompagner, je me rendis compte que mon visa ne me le permettait pas. Il entreprit alors de me convaincre que jamais de sa vie il ne tromperait un Juif, et que je devais avoir confiance en lui. À mon grand regret, je n'avais pas d'autre choix. Et il partit.

Le matin, en sortant dans la rue, je dus me rendre à l'évidence que l'auberge était très éloignée du centre-ville, et qu'elle était située dans un faubourg à risques, où vivait une population noire misérable. Retournant immédiatement dans ma chambre, je tentai d'appeler le négociant, mais la ligne était indisponible. Je décidai qu'il n'y avait rien d'autre à faire que d'accepter cette situation comme un décret divin. Je mis les *Tefillin,* récitai la prière du matin et effectuai l'isolement. Renforcé par mes prières, je quittai les lieux prestement pour éviter d'être dévalisé – ou même assassiné – Dieu m'en préserve. Je trouvai miraculeusement un hôtel convenable dans le centre-ville et je découvris un endroit tranquille pour effectuer un isolement de six heures.

J'implorai le Créateur du monde afin qu'il me montre des signes de Sa providence dans la suite des événements. Avant la fin de mon isolement, j'avais remarqué, sur un immeuble, un écriteau en portugais. Un homme de bonne allure passa alors devant moi, soudain, sans savoir pourquoi, je lui révélai que j'étais juif. Il me regarda avec stupéfaction et me répondit : « Si vous êtes juif, vous êtes le fils du Tout-Puissant. »

Je lui racontai mon histoire et il sortit un téléphone de sa poche en me disant : « Si le Tout-Puissant vous a dirigé vers moi, je suis tenu de vous aider. » Je craignis qu'il ne s'agisse d'un nouveau traquenard. Mais devinant mes soupçons, il me montra sa carte de visite, où il était écrit qu'il était le distingué Consul du Congo. Je remerciai alors le Créateur du monde. Cet homme promit de m'aider : et en effet il fut à l'origine du retour du négociant au Mozambique...

Je fis un court isolement, appelai rav Arouch et expliquai tout honteux le déroulement des événements. Je promis au Créateur du monde de m'en tenir cette fois-ci à respecter scrupuleusement les consignes du rav. Celui-ci me dit d'effectuer dorénavant – jusqu'à mon retour à la maison – un isolement journalier accompagné de remerciements au Créateur du monde pour tout – et en particulier pour ce qui m'était arrivé. Et le plus important, c'était de ne rien demander ! Le rav insista une nouvelle fois sur ce dernier point : je ne devais rien demander au Saint béni soit-Il, même pas une seule fois – seulement remercier.

Après avoir raccroché, je fus d'abord très triste et déçu. Je compris que tout était fini : il n'y avait plus rien à faire et j'avais perdu presque un demi-million de shekels. Mais après quelques secondes je me repris et me dis que jusqu'à présent, le Créateur m'avait prouvé combien Il m'aimait en m'envoyant une aide chaque fois que j'en avais eu besoin.

Je connaissais les cours de rav Arouch sur le remerciement. J'avais également lu le *Jardin des louanges*. Je ne doutai pas une seconde qu'un seul mot pouvait m'aider dans de telles circonstances : « Merci ! » Je décidai donc de remercier le Créateur pendant 6 heures d'affilée ! Et rien que des remerciements ! Après avoir dit « merci » pendant une demi-heure, une idée me traversa l'esprit : si seulement il y avait une synagogue dans ce quartier où je pourrais prier et m'isoler...

Persuadé que ce n'était pas une pensée vaine, en faisant des recherches sur mon ordinateur portable, je découvris qu'une synagogue se trouvait à deux minutes de marche de mon hôtel. Je contactai un responsable de la communauté qui m'apporta une clé. En arrivant là-bas, mon cœur s'emplit d'un bonheur sans faille. Je sentis que j'étais parvenu à la maison, pour pleurer de joie et crier vers le Créateur du monde.

Ce jour-là, pendant 6 heures, je fis un isolement composé seulement de chants, de danses, d'applaudissements, et cela pour remercier Dieu de tout le bien dont Il m'avait gratifié jusque-là. Vers la fin, je ressentis une authentique élévation spirituelle et une profonde joie. J'étais convaincu m'être engagé sur la juste voie en m'annulant devant le Créateur et en acceptant Sa Providence particulière.

(Note du rav : « Même en écrivant un livre entier, on ne pourrait pas décrire tout ce qu'un homme peut éprouver en disant merci pendant six heures ! Lorsqu'il parvient à ce niveau d'accomplissement, il ressent une élévation spirituelle extraordinaire, il s'emplit d'une joie immense et d'une foi illimitée, et purifie tellement son âme qu'aucun problème ne le perturbe plus. »)

Il me restait encore deux jours avant mon départ. Je retournai le lendemain à la synagogue et près de dix heures durant, sans rien demander, je me contentai de dire « merci ». J'arrivai alors à la conclusion que je devais me désinvestir de cette affaire puisque le Créateur n'en voulait pas. Je sentais que je devais Le remercier pour ce qui s'était passé : pourquoi aurais-je été ingrat, alors que je pouvais chaque jour me tenir face au Créateur, et Le remercier pendant de si longues heures pour tant de bonnes choses dont je bénéficiais ? Pourquoi manifester si peu de foi et être triste et déprimé ? Telle est la volonté de Dieu. Le mal n'existe pas dans le monde. Tout est bien.

Je dis au Créateur du monde : « Maintenant je sais ce que Tu m'as fait. J'ai reçu ce qui me revient. Tu m'as gratifié d'un don puissant de foi, afin de me rapprocher de Toi. J'ai compris que Tu as tout fait pour me rapprocher de Toi ! » Je décidai alors de retourner le lendemain en terre d'Israël. L'argent et les diamants ne m'intéressaient plus.

Je criais merci au Créateur du monde, et soudain je ressentis un intense éveil spirituel. J'éprouvai concrètement la présence du Créateur du monde à mes côtés. J'eus l'impression de toucher le Trône de Sa gloire... Tout d'un coup, je poussai un cri sauvage que je ne pus dominer. Je fondis en larmes, baigné d'un suprême bonheur que je n'avais jamais éprouvé de toute ma vie, avec une satisfaction infinie. Je chantai et dansai pour Lui, je criai au Créateur du monde que je L'aimais.

À un certain stade, je commençai à penser que ce n'était pas logique : pourquoi le Créateur du monde aurait-Il fait résider Sa Providence sur un raté comme moi ? « Qui suis-je, tout compte fait ? Tout ce qui m'arrive est simplement illogique ! » J'interrogeai alors le Créateur, et au moment précis où je Le questionnais, Dieu me permit de comprendre que quiconque mérite de multiplier ses remerciements sans rien vouloir en échange, sans rien Lui demander, mais en Lui disant simplement « merci » ressentira le lien qui l'attache à Dieu, éprouvera un plaisir infini, bien plus grand que le mien.

La nuit précédant mon retour, le négociant me contacta et me promit de venir le lendemain. Je compris tout de suite que c'était le Créateur qui l'avait ramené, et je ne cessai de rire et de remercier le Créateur du monde pour tout le bien et la bonté dont Il me gratifiait. Il est inutile de préciser que toute cette transaction n'était plus importante pour moi, et je dis au Créateur du monde : « Si Tu ne veux pas que je réussisse dans cette affaire, de mon côté, c'est parfait. Mais je serais heureux que Tu m'aides à la conclure, et d'avance merci pour tout ! »

Je commençai à remercier pour chaque chose qui m'était arrivée. Merci pour le fait que suis vivant ! Merci pour l'eau ! Merci pour les chaussures, pour la nourriture, pour les *Tefillin* ! Merci d'avoir une main gauche sur laquelle enrouler les lanières de mes *Tefillin* ! Merci pour la main droite grâce à laquelle je les enroule !... Comme je l'avais appris dans les cours de rav Arouch que j'écoutais sans toujours les comprendre parfaitement. Mais maintenant tout s'organisait et prenait forme, avec une foi intense dans le Créateur.

Je ne détaillerai pas le déroulement de tous les événements qui suivirent, mais le négociant revint avec le consul et les policiers qui l'avaient arrêté. Toute l'histoire dura plusieurs semaines, mais à chaque moment, je vis la main divine. Ce ne furent que des miracles infinis qui se déployèrent devant mes yeux. Finalement l'affaire se conclut directement avec les véritables propriétaires des pierres, et je nouai des relations fructueuses avec des personnes très influentes, grâce auxquelles j'entreprendrai, avec l'aide de Dieu, des affaires encore plus importantes, générant des bénéfices incomparables. Les voies de Dieu sont secrètes.

De retour sur la terre d'Israël, j'interrogeai rav Arouch :

« Pourquoi ne m'avez-vous pas permis de demander quoi que ce soit ? »

Le rav m'expliqua que l'épreuve était très difficile : « Il était question d'une affaire très importante dans laquelle vous vous aviez beaucoup investi. En plus, vous vous trouviez à l'étranger, loin de tout. Je sais que lorsqu'on commence à demander, on pleurniche comme si quelque chose n'allait pas. Et c'est alors qu'on risque de tout perdre. C'est pourquoi il faut croire que tout est bien ! Plus l'épreuve est grande et plus il faut se garder de demander – seulement remercier ! »

C'est ainsi que se termine la lettre de cet homme, et nous n'avons rapporté ici qu'un résumé de son aventure. Quiconque traverse une épreuve douloureuse – ne pas trouver son conjoint, souffrir d'une maladie incurable (que Dieu nous en préserve), ne pas avoir d'enfant, ou être plongé dans le désespoir et que le salut tarde à arriver – apprendra de ce récit qu'il lui suffira de dire « merci » sans rien demander en échange ! Car s'il demande, il s'enlisera dans les jérémiades et il sera confronté à des accusations encore plus grandes – Dieu nous en garde !

Comme chacun le voit, nous approchons vraiment de la délivrance. Nous sommes réellement à la veille de l'arrivée du Vrai Messie selon la tradition juive. À première vue, il faut s'interroger : pourquoi le vrai Messie n'est-il pas arrivé lors des générations précédentes, où le peuple d'Israël se trouvait au faîte de sa grandeur – avec des rois, des prophètes, des *Tannaïm*, des *Amoraïm*, des *Gaonim* (Sages des différentes époques), des hommes qui bénéficiaient de l'inspiration divine et ressuscitaient les morts ? Pourquoi le vrai Messie n'est-il pas arrivé au cours de ces générations pour délivrer Israël ? Et pourquoi – précisément maintenant – dans cette époque tellement décadente, verrions-nous la rédemption ?

Dieu m'a gratifié d'une très grande lumière : la délivrance viendra dans cette génération par le mérite du remerciement. Grâce à la bonté divine, nous voyons que la voie de la Torah et du remerciement se propage dans toutes les couches du peuple d'Israël. Des prières sont dites, des organisations se créent pour soutenir l'étude de la Torah. Dieu merci, il existe des livres, des enregistrements, des trésors de spiritualité diffusés à des millions d'exemplaires dans un large éventail de langues. Comme nous le voyons dans les récits de cet ouvrage, ceux qui suivent la voie de la Torah sont déjà délivrés. Et avec l'aide divine, l'outil du remerciement se propage de plus en plus.

Comment cette génération pourra-t-elle corriger toutes celles qui l'ont précédée ?

La réponse est la suivante : l'essentiel de l'exil est le manque de connaissance, le manque de foi. Lors des générations passées, les gens n'ont pas accepté leur destin en dansant, en chantant et en remerciant, mais seulement en pleurnichant comme nous l'apprenons dans *le Jardin des louanges*. Et l'exil fut alors décrété à cause des pleurs versés en vain. Telle est également la source de la prolongation des exils individuels et collectifs. Car non seulement les juifs ne corrigèrent pas cette tare – la pleurnicherie –, mais de plus ils continu(èr)ent à pleurnicher. Et l'exil ne fait que s'aggraver.

Même s'il s'était trouvé un grand Juste dans une génération précédente, mais qui, à un moment précis, se serait écarté de la voie de la Torah en ne remerciement pas, on l'aurait appelé un « Juste imparfait ».

rabbi Levi Its'hak de Berditchev – puisse son mérite nous protéger – explique dans son livre *Kedouchat Lévi* ces propos du Talmud (*Berakhot* 7a) : « Le juste content de son sort [*tsadik vé tov lo*] est celui qui est parfaitement juste, alors que le juste qui se plaint de son sort [*tsadik vé ra lo*] ne l'est pas complètement. »

Le juste parfait est celui qui dit constamment que tout est pour le mieux : il remercie pour tout et ne fait entendre aucune récrimination ni pleurnicherie. Cela à la différence de celui qui ne l'est pas complètement : dès qu'il éprouve la moindre peine, la moindre contrariété, on l'entend soupirer, il se sent mal, il est malheureux et ne remercie pas. On dit de lui qu'il n'est pas tout à fait juste. C'est pourquoi son âme devra transmigrer d'un corps à un autre, afin de devenir un juste parfait.

Et s'il suit la voie de la Torah qui nous invite à remercier, il méritera de jouir des plaisirs du monde futur, selon les propos de notre maître, rabbi Nahman, afin de remercier et de louer toujours le Nom du Créateur, béni soit-Il.

Dès que l'homme emprunte la voie de la Torah et du remerciement – il corrige tout. Par exemple, celui qui tarde à trouver son conjoint et remercie pendant une demi-heure parce qu'il ne peut pas construire un foyer, cette simple action va corriger toutes les générations et réincarnations de célibataires pleurnicheurs. Celui qui n'a pas d'enfants et remercie pendant une demi-heure parce qu'il ne peut pas concevoir va corriger les pleurnicheurs de toutes les générations et réincarnations qui étaient privés d'enfants, et ainsi de suite pour chaque sujet. Et en particulier dans la spiritualité, lorsque l'homme remercie pendant une demi-heure parce qu'il ne s'élève pas spirituellement, il corrige toutes les générations de pleurnicheurs insatisfaits de leurs niveaux spirituels dans les réincarnations précédentes.

Ce principe est expliqué dans un passage du Talmud très étonnant (*Sanhedrin* 94a) : « Le Saint béni soit-Il voulut faire de 'Hizkiyahou le vrai Messie et de San'heriv, le roi de Gog et Magog. La mesure de rigueur se présenta alors devant le Saint béni soit-Il : "Maître du monde, si David roi d'Israël, qui multiplia devant Toi chants et louanges, n'est pas devenu le vrai Messie, 'Hizkiyahou pour lequel Tu as accompli tant de miracles, et qui n'entonna aucun chant devant Toi, Tu voudrais en faire le vrai Messie ? » C'est ainsi que la volonté divine ne se réalisa pas. »

Pourtant, à l'époque de 'Hizkiyahou, on ne pouvait trouver un seul ignorant sur la terre d'Israël : on chercha depuis Dan jusqu'à Beer Cheva sans découvrir un seul enfant, garçon ou fille, qui ne connaissait pas les lois de pureté. De plus, 'Hizkiyahou, pour célébrer le grand miracle de San'heriv, composa bien un chant spécial. Dès lors, pourquoi la destruction des deux Temples et l'exil du peuple juif furent-ils décrétés contre Israël jusqu'à ce jour ?

Il est vrai que 'Hizkiyahou entonna un chant quand Dieu lui annonça qu'il le sauvait des mains de San'heriv, mais il ne se réjouit pas lors de sa grave maladie, comme le prophète Isaïe (38,17 – voir le commentaire de Rachi) le rapporte. Nous apprenons d'ici que même s'il était un grand juste, cela ne suffisait pas pour qu'il devienne le vrai Messie et amène la délivrance.

Pour être digne d'être le vrai Messie, il faut remercier sur le mal comme sur le bien, ainsi que nos Sages de mémoire bénie le déclarent (*Pessa'him* 50) : « En ce jour, Dieu sera Un et Son nom sera Un. Aujourd'hui n'est-Il pas Un ? Aujourd'hui nous bénissons sur le bien, etc. Au futur, nous prononcerons également sur le mal cette bénédiction : "Qui est bon et qui fait le bien, etc." » C'est pourquoi notre saint maître affirme (*Likouté Moharan* 1,4) que la caractéristique du concept de « monde futur » se réfère à la connaissance que tout ce qui arrive à l'homme est dirigé vers son bien.

4 – Un rêve et les poursuites sont annulées

Un rav et directeur d'un *Collel* (institut d'études pour hommes mariés) me raconta qu'il était très tourmenté. En effet, il avait emprunté beaucoup d'argent et après un certain temps, il avait remboursé la totalité de sa dette à son créancier. Mais celui-ci ne détruisit pas la reconnaissance de dette, et au bout de quelques années, il se réveilla subitement et décida de le poursuivre pour – soi--disant – récupérer ses 38 000 shekels ! Ce rav me contacta, triste et brisé, et me dit : « J'ai déjà tout remboursé, mais il ne m'a pas rendu la reconnaissance de dette. Maintenant il me réclame ce que je ne lui dois pas, avec des intérêts, des taux actuariels, etc. » Je lui répondis : « Va au bord de la mer et dis merci pendant une heure entière, sans rien demander ! Est-ce que Dieu veut que tu verses 38 000 shekels ? Ce que Dieu fait est bien. Dis merci ! »

Il obéit à mon conseil. Il effectua un isolement et remercia Dieu pendant une heure. Au lieu de pleurer sur son problème, il se renforça et dit : « Maître du monde, je ne lui dois rien. Mais si Tu veux que je verse 38 000 shekels, c'est parfait. Merci ! Tout ce que Tu fais est bien. Je ne comprends pas les calculs divins : peut-être lui devais-je cette somme dans une autre réincarnation, ou quelque chose de similaire. Ce qui est certain, c'est que tout ce que Tu fais est le meilleur pour moi. Merci beaucoup, Dieu,

Maître du monde ! Je suis convaincu que tout provient de Toi, et que cet homme n'est qu'une marionnette entre Tes mains. Il n'est rien, il ne peut rien décider, il n'est qu'un bâton entre Tes mains ! Que Ton nom soit béni ! Merci à Toi, Tu sais ce que Tu fais ! » Et il Le remercia et chanta Ses louanges !

Le lendemain matin, le soi-disant créancier contacta notre homme. Il avait eu un certain rêve et il lui annonçait qu'il voulait lui rendre la reconnaissance de dette. Il annulait tout.

Une heure de remerciements avait suffi pour mériter le salut !

Chacun doit apprendre de cette histoire combien on doit se renforcer dans la foi. Si nous comprenions ce que Dieu veut de nous, nous n'aurions aucun mérite à croire en Lui ! L'homme qui *comprend* n'est déjà plus au niveau de la foi : il est simplement au niveau de la connaissance. Quand on sait, on n'a pas le choix. Sur quoi Dieu récompense-t-Il ? Sur le fait de croire, car croire c'est être convaincu sans rien comprendre. Le test de la foi, c'est savoir que tout est bien quand tout est obscur, quand l'exil est pesant, quand tout est noir. Avoir la foi, c'est être persuadé que le mal n'existe pas, quand on voit le noir et qu'on sait que c'est bien. C'est notre choix dans ce monde : croire ou ne pas croire. Pour celui qui croit, tout est bien pour lui : il réussit, danse, chante et dit des louanges. Par contre, pour celui qui ne croit pas que tout est pour le bien, toute contrariété le conduit à la dépression, il pleurniche et geint. Le résultat est qu'il s'éloigne de la foi, de sa finalité et de la délivrance. C'est pourquoi on explique que le mot *Machia'h* (Messie selon notre tradition) est formé des initiales hébraïques des mots

Mi Cheyaamin Ychaèr 'Haï (celui qui croira restera en vie).

On peut apporter facilement la délivrance aujourd'hui même, avec l'étude de la Torah. Comme il est écrit que la venue de la délivrance provoquera un accroissement de la connaissance : « La Terre sera pleine de la connaissance de Dieu, comme l'eau abonde dans le lit des mers » (*Isaïe* 11,9). Le monde entier saura que Dieu est bon, que le mal n'existe pas. Par conséquent, avec la voie que nous voulons promouvoir, tous reconnaîtront le Saint béni soit-Il et apporteront la délivrance. Car l'essentiel de la connaissance de la délivrance, c'est la louange. Comme notre maître le rapporte dans son enseignement sur le remerciement (*Likouté Tinyana*, 2) : « L'essentiel du plaisir du monde futur consiste à remercier, à louer Son grand Nom béni soit-Il, et à Le reconnaître, béni soit-Il. Et ainsi, nous nous rapprochons et nous nous attachons à Lui, béni soit-Il. »

Notre saint maître écrit (*Likouté Moharan* I, 21) : « Les peines, les souffrances et l'exil ne dépendent que du manque de connaissance. » Pourquoi l'homme souffre-t-il, sinon parce qu'il est privé de connaissance et de foi ? Pourquoi l'homme est-il exilé de sa terre ? Pour la même raison, à cause de son manque de connaissance.

« Compléter sa connaissance, c'est combler tous ses manques, selon cette parole de nos Sages de mémoire bénie (*Nédarim* 41) : "Si tu as acquis la connaissance, que te manque-t-il ?" Et il est écrit (*Isaïe* 5,13) : "Mon peuple ira en exil, faute d'intelligence." » Pourquoi Israël est-il en exil ? Parce qu'il est privé de connaissance. « À l'avenir, l'essentiel de l'éternité dépendra de la connaissance. C'est en accroissant sa connaissance que le monde entier connaîtra Dieu. »

Pourquoi la vie sera-t-elle éternelle ? Parce que toute l'humanité reconnaîtra Dieu. « La connaissance permettra la fusion dans l'unicité divine : on vivra alors éternellement, à l'image de Dieu. » Dieu est infini et Sa vie est infinie.

Par conséquent celui qui s'inclura dans Dieu vivra éternellement. Il s'inclura en Lui parce qu'il Le connaîtra, car la connaissance est un moyen de s'agréger à Lui, selon cette parole d'un sage : « Si j'avais su, je le serais devenu... » L'essentiel de la connaissance, c'est l'avenir, comme il est écrit (*Isaïe* 11,9) : « Car la Terre sera pleine de la connaissance de Dieu. » Et cette connaissance palliera toute lacune et tout sera bien, comme il est rapporté par nos Sages de mémoire bénie (*Pessa'him* 50b) : « Il est écrit que ce jour-là Dieu sera Un et Son nom un. Or aujourd'hui – également – n'est--Il pas Un ? » Et ils répondirent qu'à l'avenir tout sera bien et bienfaisant, alors qu'aujourd'hui tout le monde ne vit pas la vérité que Dieu est Un et que tout est bien et bienfaisant.

Dans l'avenir, lorsque le livre *Jardin des louanges* sera révélé au monde, lorsque tous se conformeront aux enseignements donnés dans *Cesse de pleurnicher, Seulement remercier, Des baisers au Créateur du monde, Une voie nouvelle, Apaiser et remercier, Des miracles surnaturels, J'ai dit merci et j'ai été sauvé, Dis « merci » et sache que tout est pour le bien, Un voile qui en cache d'autres, Se réjouir en toute occasion, Crois en ta force, Avec le mérite de Yossef le Juste*, et tous les livres qui traitent de la foi et du remerciement, et lorsque tout le monde apprendra à remercier pour le bien comme pour le mal – Dieu n'aura qu'un seul Nom : Il sera seulement et entièrement bon et bienfaisant.

On ne dira plus « Juge équitable » [*Dayan ha-émet*] : on dira seulement « merci ». Alors Dieu sera Un, la connaissance sera révélée et on saura que dans tout ce qui est arrivé jusqu'à présent, tout était bon et que le mal, le manque et l'exil n'existaient pas.

5 – Ils ont étudié le Jardin des louanges et se sont transformés

Un jour, avant mon cours, une femme demanda à parler devant l'assistance. Elle se présenta comme étant institutrice dans une école laïque et raconta qu'après avoir lu *le Jardin des louanges,* elle commença à apprendre à ses élèves à dire « merci ». Chaque matin elle faisait écrire à chaque enfant une liste de remerciements. Elle me montra les cahiers.

Je les ai lus et j'ai été impressionné de constater comment de simples enfants peuvent exprimer toutes sortes de remerciements, toutes sortes de choses prodigieuses...

Cette lecture était très émouvante, à faire pleurer... Elle raconta que les parents avaient commencé à constater un changement dans le comportement de leurs enfants. Ceux-ci n'avaient que le mot *merci* à la bouche. Ils devenaient plus joyeux et réceptifs. Toute la journée ils remerciaient : « Oui maman ! S'il te plaît. Merci. Merci ! » Quelque chose de bizarre se passait... Les parents commencèrent à enquêter pour savoir ce qui avait provoqué cette transformation. C'est quand ils sont arrivés à la maîtresse qu'ils ont compris quelle en était la cause. Lorsque la directrice eut vent de l'histoire, elle décida que toute l'école étudierait dorénavant *le Jardin des louanges* !

Plût au Ciel que vraiment toutes les écoles et toutes les universités étudient *le Jardin des louanges* ! Plût au Ciel que toutes les *Yéchivot* (institut d'études talmudiques) et les écoles étudient *le Jardin des louanges* ! Plût au Ciel que tout le peuple d'Israël et le monde entier étudient *le Jardin des louanges,* afin que tous ne disent que merci !

Car tous les livres et tous les cours que Dieu m'a donné le mérite d'écrire et d'enregistrer sont très importants. Mais *le Jardin des louanges* et *Cesse de pleurnicher* sont les plus importants de tous, ainsi que les merveilleux enregistrements de récits de remerciements comme *Des baisers au Créateur du monde* et *Seulement remercier.*

Je laisse la parole à nos Sages de mémoire bénie (*Vayikra Rabba* 9,7) : « A l'avenir tous les sacrifices seront annulés, sauf celui du remerciement. Toutes les prières seront annulées, sauf celle du remerciement. » À l'arrivée du vrai Messie, un seul sacrifice subsistera : celui du remerciement. Et il est écrit également dans le même *Midrach* (*id.* 27,12) : « Toutes les louanges seront annulées, sauf celle du remerciement qui ne le sera jamais. » De même le *Choul'han Aroukh* le rapporte comme une loi (*Ora'h' Haïm* 51,9) : « On est tenu de réciter *Mizmor léToda* (Psaume de reconnaissance – n° 100) accompagné d'une mélodie, car à l'avenir tous les chants seront annulés, hormis *Mizmor léToda.* » Le Aboudraham écrit également (Prières de la semaine, fin chap. II) au nom du Radak : « Que signifie que toutes les prières seront annulées ? C'est qu'il ne sera plus nécessaire de prier pour que ses besoins matériels soient satisfaits, car il y aura une très grande abondance en ces jours, et les hommes n'auront qu'à louer et remercier Dieu béni soit-Il, etc. » À l'arrivée du vrai Messie, il ne restera que *Mizmor léToda*, c'est pourquoi il faut étudier *le Jardin des louanges* !

Lorsque l'homme saura remercier, il aura le mérite de jouir de la délivrance complète, d'acquérir la foi et de vivre avec elle ! Chacun écrira donc sur un cahier – chaque jour – autant de remerciements qu'il le pourra, et il étudiera *le Jardin des louanges*. Même celui qui étudie et prie pour corriger ses traits de caractère –, peu importe sur quoi il travaille – devra étudier chaque jour *le Jardin des louanges* et les trésors de sagesse qu'il contient, et écouter *Cesse de pleurnicher* ou *Des baisers au Créateur du monde,* ou d'autres enregistrements sur le remerciement. On devra s'en souvenir : la foi, c'est dire merci !

Car la lumière de la Torah est une voie de vie, de foi et de profondeur. C'est la réparation des pleurs versés en vain par nos ancêtres et la correction de tous les problèmes de cette génération. Chacun doit étudier le plus possible ces enseignements, et les propager – le mieux qu'il le pourra – afin que tous ne se conduisent qu'avec chants et louanges. Et bien que je n'ai pas l'habitude de promettre, je peux assurer que celui qui vivra vraiment en suivant les enseignements de ces enregistrements et remerciera de tout cœur verra comment tous ses manques seront comblés et qu'il sera sauvé de tous les problèmes ou insuffisances, comme en témoignent toutes les histoires de cet ouvrage.

6 – Le mal sera reconnu comme le bien absolu

Une femme de Haïfa avait de très graves problèmes d'entente conjugale, et pendant des années elle souffrit atrocement de son mari. Elle vint me raconter tous ses malheurs, indescriptibles et inimaginables. Je lui conseillai d'effectuer chaque jour une demi-heure de remerciements sur ce problème et l'assurai que ses ennuis disparaîtraient. Cette femme était très simple, et chaque jour elle remercia Dieu béni soit-Il avec joie pour toutes ses difficultés, en les acceptant avec amour. Dieu béni soit-Il veilla à ce que les relations de ce couple évoluent de telle façon qu'elle divorça finalement de son mari et resta seule avec les enfants.

Un de ses proches, qui était mêlé à toute l'histoire, savait qu'elle prenait conseil chez moi et que je l'avais encouragé à remercier, tâcha lui aussi de se renforcer et de remercier Dieu. Mais lorsqu'il vit qu'elle avait divorcé et qu'elle restait seule au monde avec ses enfants, sans soutien ni aide, il commença à se poser des questions : pourquoi les choses s'étaient-elles déroulées ainsi ? Alors qu'elle écoutait le rav et suivait ce qu'il lui disait de faire, au lieu que les choses s'arrangent, pourquoi avaient-elles au contraire empiré, au point qu'elle se soit retrouvée seule à la rue avec ses enfants ?

Suite à quoi, ce proche parent me critiqua fortement, et mettant en cause la voie du remerciement et des louanges, il s'éloigna de ce chemin.

Mais en vérité, bien qu'il semble que tout va mal, on ne comprend pas toujours ce qui est vraiment bien et ce qui ne l'est pas. En divorçant, cette femme crut et sut qu'en vérité ce divorce était un miracle, car Dieu la délivrait des souffrances qui étaient devenues son lot quotidien, et elle continua à remercier Dieu, simplement.

Au bout d'un certain temps, Dieu merci, bien que divorcée et avec des enfants en bas âge à charge, elle eut le mérite de se remarier, avec l'aide et la bonté de Dieu, avec un jeune homme tout à fait spécial et doté d'un excellent caractère. Entre eux s'établit un lien particulièrement positif. Il aimait ses enfants et s'entendit bien avec eux. La réussite de ce couple semblait vraiment surnaturelle. Lorsque le proche parent, qui avait soulevé tant de questions, vit tout cela, il comprit que « nombreuses sont les pensées dans le cœur de l'homme », mais Dieu conduit le monde de la meilleure manière qui soit. Il réalisa que tout provenait du mérite de cette femme qui s'entêtait à remercier chaque jour pendant une demi-heure pour tous ses problèmes.

Peu après, comprenant qu'il s'était trompé, il vint chez moi me demander pardon, en disant : « Cher rav, je vais vous dire la vérité : après le divorce j'ai nourri certaines pensées contre vous, et je me suis complètement opposé à toute idée de remerciement. Je me disais : voilà qu'elle continue à dire merci pendant une demi-heure alors que tout va de mal en pis pour elle ! Mais puisque j'assiste aux prodiges de la Providence divine qui l'a sauvé de son ancien mari qui la faisait tellement souffrir, Providence qui lui a envoyé un jeune homme si spécial, célibataire, qui l'a accepté avec ses enfants et qu'ils vivent maintenant ensemble avec un tel amour, je viens vous demander pardon. Je suis profondément désolé d'avoir contesté votre enseignement. Je comprends à présent le pouvoir du remerciement et de la foi authentique. »

Quelle fut l'erreur de cet homme ?

Il voulait obtenir la délivrance avec ses propres critères. Il n'était pas prêt à s'annuler devant la volonté divine et à être confiant en Dieu, qui sait ce qui est vraiment bon. Seul le Créateur sait quand et comment chaque chose se déroulera. Le remerciement est un niveau où l'on annule son intellect devant Celui du Créateur. On dit simplement « merci » et on affirme que le mal n'existe pas du tout. Si les choses empirent, on dit avec d'autant plus de force « merci », car le pire n'existe pas, simplement le mal n'existe pas. On dit « merci » pour tout.

Le remerciement peut provoquer immédiatement la délivrance. Mais il existe d'autres situations que l'homme doit accepter comme une part de sa réparation : « Dieu le veut ainsi, c'est ma réparation ! » Et il faut parfois attendre longtemps avant que Dieu accorde certaines choses. Tant qu'on remercie chaque jour, on se protège de toute hérésie. Le remerciement rend patient et permet de tout supporter, de se réjouir de son lot et de n'éprouver aucune souffrance.

Dieu décide quel fardeau l'homme devra supporter. Mais c'est l'homme qui décide combien de souffrances il endurera. Avec la foi, la souffrance n'existe pas !

7 – Une Mercedes peinte en noir

Voici une histoire écrite par un étudiant de notre *Yéchiva* :

« Je me suis marié au mois de Sivan dernier et aussitôt après, nous avons emménagé dans le quartier de Beit Israël, à proximité de la *Yéchiva* de rav Chalom Arouch.

Avant mon retour au judaïsme, je possédais une Mercedes Sport rouge flamboyante, toute neuve. Tout de suite après notre mariage, et à la demande de ma femme, j'ai apposé dessus une affichette "A vendre », afin d'en acheter une autre, moins attirante. Après plusieurs coups de fil, un acheteur potentiel est arrivé. Il commença par vérifier l'état de la voiture. J'ai ouvert devant lui le capot du moteur, et j'ai pu constater qu'il s'y connaissait en mécanique. Il me dit ensuite qu'il voulait effectuer un dernier test. Il prit un morceau de tissu blanc, le plaça sur le tuyau d'échappement et me demanda de presser sur l'accélérateur. J'ai ri et lui ai dit que c'était une Mercedes, pas une Subaru qui avait déjà fait un million de kilomètres. Son moteur est très résistant. Il insista, et me répéta d'appuyer sur l'accélérateur. À chaque fois, il me disait que cela n'allait pas, puis enfin, il s'exclama :

« Venez, laissez-moi m'asseoir derrière le volant. » Naïvement, je me suis dirigé vers l'arrière de la voiture. Après s'être assis confortablement à la place du conducteur, il démarra en trombe, en y mettant tous les gaz, littéralement. Je courus après lui dans les rues de Beit Israël tout en criant : « Voleur, voleur ! Arrêtez-le ! À l'aide ! »

Cette voiture de sport est très rapide. J'essayai bien de la rattraper, mais ce fut en vain : elle avait déjà disparu. Lorsque ma femme sortit de la maison et vit dans quel état j'étais, elle eut peur pour ma santé. Une foule commença à affluer. J'appelai la police, qui prit ma déposition. Mais le policier ne savait pas quoi faire. J'ai vu qu'il n'y avait personne à qui parler. Je compris alors que tout provenait de Dieu béni soit-Il.

Je n'avais pas jugé utile d'assurer ma voiture contre le vol, car le prix d'une telle assurance pour ce modèle est très élevé. La voiture venait de passer tous les tests, les pneus et les batteries étaient neufs, les phares et clignotants fonctionnaient à la perfection et j'avais fait le plein.

J'avais une fois entendu le rav dire que si l'homme frappait son voisin avec un bâton, de qui ce dernier se plaindrait-il : du bâton ou de celui qui l'avait frappé ? Il est important de souligner que dans les premiers mois après mon arrivée à la *Yéchiva*, j'avais lu tous les livres fantastiques de rav Chalom Arouch. C'est ce mérite qui m'a permis de comprendre que ce qui m'arrivait provenait de Dieu béni soit-Il. Alors, tout simplement, j'ai dansé et me suis réjoui. Les gens ne comprenaient pas. Ils disaient que j'étais devenu fou. Je leur ai dit que j'étais persuadé que tout ce que Dieu fait, c'est pour le bien. Il faut remercier Dieu béni soit-Il, tout est pour le bien. Seulement se réjouir et danser : Dieu a pris ma voiture, s'Il le veut Il me la rendra. Sinon, c'est encore le mieux qui soit.

Bien sûr, j'ai fait des efforts, je suis allé déposer une plainte auprès de la police. Et tout fut oublié !

Quelque temps plus tard, on m'appela du commissariat pour m'annoncer que ma voiture avait été retrouvée. J'ai demandé s'il en restait quelque chose. On me répondit qu'il y avait le moteur et le volant, et que je devais venir voir. Je me rendis sur place, sans grand espoir. Et le miracle eut lieu : non seulement on me rendait ma voiture, mais en plus, on l'avait également peinte en noir : elle était comme neuve et en parfait état. J'aurais dû payer au moins 6000 shekels pour la peinture !). J'ai des photos du véhicule avant et après. Peinte en noir, la voiture était encore plus attirante et distinguée. Et le prix que j'en retirerais, si je la vendais, serait sans l'ombre d'un doute bien supérieur à ce que j'en aurais retiré quand elle était rouge. Combien Dieu béni soit-Il est-Il bon ! Il a pris la Mercedes, Il lui a donné un nouveau look, et Il me l'a rendue ! Combien il est important de dire « merci » ! Merci à mon maître et rabbi, le juste rav Chalom Arouch, et merci à Dieu béni soit-Il, rempli de compassion et de générosité. »

Comme il est important de dire « merci » et de se renforcer dans la foi ! Abandonne la logique ! La logique te dit : ce qui t'arrive n'est pas bien. Mais la foi te dit : tout est parfait. Suis la voie de la foi. Dis merci, dis merci pour tout, avant tout :

« Merci à Toi, Dieu. Le mal n'existe pas. Tu le veux ainsi ? Merci ! »

C'est le début de tout. Au tout début, il faut commencer par la foi.

Un homme étudie la Torah, accomplit les commandements – c'est très bien. Tout est très bien. Mais s'il lui manque la foi, il ne peut apporter la délivrance. La délivrance ne peut arriver que par la foi, comme le dit notre maître, rav Nahman de Breslev (*Likouté Moharan* 7) : « Sache que l'essentiel de l'exil n'est rien d'autre qu'un manque de foi. » C'est quoi un manque de foi ? C'est ne pas dire « merci ». Si tu ne peux pas dire merci pour tout, ta foi n'est pas complète. Tu crois que tout est bien ? Dis merci ! Il n'existe aucune alternative : si tu ne peux pas dire « merci », c'est que tu ne crois pas que tout est bien, tu ne crois pas en Dieu, car Dieu ne fait que le bien !

8 – Le trou dans le cœur a disparu

À leur grande joie, un enfant naquit dans un couple. Mais les médecins les informèrent de l'existence d'un problème dans le cœur du nouveau-né : un trou dans l'une de ses cavités cardiaques les inquiétait – que Dieu nous en garde. Alors que les examens se multipliaient, les médecins étaient persuadés de la nécessité d'une opération à cœur ouvert, intervention excessivement dangereuse, surtout pour un nouveau-né – que Dieu nous prenne en pitié. On fit même savoir aux parents qu'il y avait urgence, car l'orifice ne cessait de grandir.

Terrassés par la douleur, les parents se tournèrent vers la foi. Ils frappèrent aux portes des Justes pour obtenir conseils et bénédictions ; ils s'épanchèrent en prières et implorèrent la miséricorde pour leur fils. Mais plus le temps passait, et plus les examens étaient négatifs et alarmants, tandis que les docteurs pressaient le jeune couple d'autoriser l'opération.

Parmi les adresses données aux parents, il y avait la mienne. Je leur conseillai de se rendre sur la tombe de rabbi Chimon bar Yo'haï, à Méron, pour qu'ils y fassent chacun six heures d'isolement consécutives pour leur enfant. Ils m'écoutèrent, et firent le voyage à Méron, mais se découragèrent après deux heures.

Rentrés chez eux, on leur annonça que le trou dans le cœur de l'enfant grandissait de manière alarmante et qu'il fallait l'opérer d'urgence. Désespérés, ils se rendirent à l'hôpital. Lorsqu'ils arrivèrent, les docteurs les pressèrent d'autoriser immédiatement l'opération, sinon ils devaient se préparer au pire – que Dieu nous en préserve...

Bien entendu, les parents éprouvaient une immense angoisse, et la mère pleurait sans interruption. Son mari lui dit alors : « Regarde, après tout nous sommes les élèves de rav Chalom Arouch qui a dit que nous devions remercier pour les souffrances. Il nous reste exactement une heure avant l'opération, remercions Dieu pour ce malheur... »

Tout en pleurant, son épouse lui demanda : « Comment dire merci ? » Le mari lui répondit : « Peu importe comment, il n'y a rien d'autre à faire. Essayons quand même, remercions comme on le pourra, car le salut vient de Dieu. » Assis dans la salle d'attente et les yeux baignés de larmes, le couple murmura des remerciements presque à contrecœur... Pendant une heure, ils firent de prodigieux efforts pour croire que tout était pour le bien.

Une heure plus tard, leur fils entrait dans le bloc opératoire... Après un certain temps, le chirurgien en sortit et demanda aux parents brisés de l'accompagner dans son bureau. Là, il leur annonça avec une joie mêlée de perplexité : « Je m'excuse vraiment pour tous ces dérangements inutiles. Nous avons introduit une sonde dans le cœur de l'enfant et nous avons vu qu'il n'y avait aucun orifice. Votre fils n'a rien ! Il est tout à fait sain ! Dès qu'il se réveillera de l'anesthésie, vous pourrez le prendre avec vous. Au nom de la direction et du personnel de l'hôpital, je vous présente mes excuses pour tous ces désagréments... »

Comment expliquer cela ? Ces parents ont prié, se sont rendus chez des rabbins, etc. On me pose couramment la question suivante : « Comment se fait-il que très souvent, lorsqu'une personne prie et supplie, elle ne soit pas exaucée, alors que si elle dit merci, elle est aussitôt entendue ? » Dieu béni soit-Il, m'a inspiré cette réponse : même lorsqu'un homme prie, utilise des *segoulot* (actes favorables), reçoit des bénédictions, il lui manque encore la foi : et c'est la raison pour laquelle il n'est pas exaucé.

On me rétorque : « Comment oser dire qu'il n'a pas la foi ? S'il prie, c'est la preuve qu'il a la foi ! » La réponse est la suivante : C'est vrai qu'il croit dans le Créateur du monde, il a la foi que le seul conseil à suivre consiste à prier, il a même la foi que Dieu entend ses prières, il a même la puissante foi que seul Dieu peut l'aider, car Il possède tout. Mais il lui manque la foi que tout ce que Dieu fait pour lui est le mieux qui soit pour lui, et par conséquent il souffre. Il est plongé dans la tristesse, et cela signifie qu'il n'a pas la foi ! Car l'essentiel de la foi, c'est croire que tout ce que Dieu fait est pour le bien !

À quoi ressemblait cet homme avant de s'engager dans la voie du remerciement et des louanges ? Voici, en substance, comment il s'adressait au Saint béni soit-Il : « Écoute, mon Père céleste, je suis mécontent de ce que Tu fais pour moi. Je suis insatisfait de Ta Providence à mon égard. Ce que Tu fais pour moi n'est pas bien, c'est même très mal ! Je Te demande donc, Maître du monde, de Te repentir... Fais ce que je veux que Tu fasses. Annule Ta volonté devant la mienne ! » Tel est le discours de celui qui prie avant de dire merci...

C'est pourquoi cette prière ne peut être exaucée ! Comment une telle prière pourrait-elle l'être ?

Lorsque l'homme remercie, il dit en fait à Dieu béni soit-Il : « Tout d'abord je crois que ce que Tu fais pour moi est pour le bien. J'annule ma volonté devant la Tienne et je me réjouis de ce que Tu fais pour moi. J'accepte Ta volonté avec amour et je Te dis merci de tout cœur. J'accepte tout ce que Tu fais pour moi. »

Lorsqu'un homme éprouve de la peine, cela signifie qu'il lui manque la foi. Car s'il croyait que c'est pour son bien, il ne serait pas peiné. L'homme peut-il souffrir de bonnes choses ? A-t-on déjà vu un homme ayant gagné le gros lot dire : « Oh, je suis vraiment désolé » ? Celui qui reçoit quelque chose de bon est-il désolé ? Si tu es désolé, cela veut dire que tu penses que la façon dont Dieu se conduit avec toi n'est pas bonne. Et si tu penses que cela n'est pas bien, c'est une complète hérésie, car tu dis, en fait, que Dieu – que Dieu nous pardonne – n'est pas bon. Tous doivent donc savoir que vivre avec une parfaite foi consiste avant tout à remercier Dieu pour tout. Pas seulement sur ce qui est bon, mais également sur ce qui semble n'être « pas bon ». Si tu vois que tu es loin de cette foi, demande et supplie que Dieu te donne la foi.

9 – Les enfants du CD

Un juif nous a raconté cette histoire :

« *Mazal tov* ! Vous aurez un fils l'année prochaine... » Lors de notre mariage, on nous avait souhaité de célébrer prochainement la naissance d'un enfant. Il n'y avait rien à dire, notre joie était à son comble. Nous avions mérité d'édifier un foyer fidèle en Israël, une maison paisible, harmonieuse, où régnait l'amour. Nous avions tout, sauf un enfant. Nous l'avons attendu, nous l'avons voulu, nous avons prié pour sa venue. Mais il n'est pas venu.

Il est difficile de décrire cette situation pour qui n'a pas vécu cette épreuve, ce vide, ce manque. Jour après jour, dans le calme. Ces jours nous semblaient des mois. Chaque mois, une nouvelle déception. Des mois qui s'accumulent et qui deviennent des années.

Nous nous sommes repliés sur nous-mêmes, sans partager notre douleur avec personne. Nous avons commencé des soins très fastidieux. Presque chaque semaine nous nous rendions à Jérusalem. Nous allions au Mur des Lamentations pour prier et supplier : « Notre Père qui es au Ciel, de grâce, sauve--nous ! »

Lors de l'un de nos voyages, nous étions arrivés très tard au Mur, et avons prié comme d'habitude, chacun à sa place. J'avais épanché ma peine devant le Saint béni soit-Il et je me dirigeais vers la sortie, plein de tristesse, quand un 'hassid (adepte d'un mouvement 'hassidique) de Breslev, ayant remarqué l'expression de mon visage, me tendit un CD. Je le pris machinalement en lisant ce qui était écrit dessus : « Cesse de pleurnicher et tu verras des miracles ». Le 'hassid ne demandait rien, aucune charité, aucun argent pour ce disque. Et il ne dit pas un mot.

Je ne fais pas partie de ceux qui écoutent des CD, mais pour ne pas être ingrat je l'ai remercié. Je lui donnai quelques pièces et m'éloignai.

Je retrouvai ma femme et nous avons quitté l'esplanade du Kotel. Comme mon lecteur de CD ne fonctionnait pas bien, j'ai simplement déposé le CD dans la voiture, sans l'entendre. C'est l'unique raison qui m'empêcha de l'écouter tout de suite.

La routine l'emporta, jusqu'à l'un de ces voyages où ce que diffusait la radio était tellement ennuyeux que nous avons cherché autre chose à entendre, quelque chose d'un peu plus spirituel, qui parle à notre âme. C'est alors que nous l'avons vu, le CD. Nous avons essayé de l'introduire dans le lecteur avec l'espoir que ça marche. Et le miracle se produit : une mélodie envahit la voiture.

Cela transforma notre vie...

Dès le premier instant, nous avons compris que c'était quelque chose de différent, de saint, des paroles vivantes du Tout-Puissant. Les mots qui sortaient du CD réussirent à pénétrer nos oreilles, notre intellect, notre logique et notre âme de manière claire. C'était presque magique. Un simple CD qui m'avait coûté quelques shekels nous expliquait quelque chose de profond qui nous avait échappé jusque-là, même après la lecture de maints livres, de nombreux cours et de conférences.

Nous avons réécouté plusieurs fois de suite l'enregistrement et à chaque fois, nous saisissions quelque chose que nous n'avions pas compris les fois précédentes. Nous avons été stupéfaits de ce « simple » secret miraculeux qui consiste à remercier et à cesser de pleurnicher. Nous avons commencé à appliquer la méthode. Peu à peu nous avons retrouvé des concepts que nous connaissions, mais que nous n'utilisions pas dans notre vie quotidienne, comme le remerciement, la gratitude, le chant – et ils sont devenus une part indissociable de notre vécu. Les mots de ce CD n'ont pas cessé de résonner chez nous, et à chaque fois, nous fredonnions avec le rav la mélodie qui l'introduisait.

À cette époque, nous devions affronter une série de soins supplémentaires aussi pénibles que les précédents. Mais cette fois-ci, ce fut différent, car nous débordions de foi, de remerciements et de louanges au Créateur du monde. En route vers l'hôpital, le fameux chant « Ce qui s'est passé est terminé, et l'essentiel est de tout recommencer » a remplacé nos peurs, nos tensions, l'amertume et la douleur.

Ma femme, d'un tempérament courageux et brave, mais brisée par la quantité des médicaments qu'elle avait déjà ingurgités, commença à chanter, à sourire et à remercier le Créateur du monde. Je fus stupéfait par sa confiance et je me laissais emporter par son enthousiasme. Neuf mois plus tard nous naquit une petite fille ravissante et douce. Nous n'avons pas pu nous empêcher de lui donner un prénom en rapport avec le CD...

Nous avons décidé que nos enfants apprendraient à dire merci.

« Le roi David, qui est le Sauveur, a été choisi pour être le vrai Messie », dit le rav Chalom Arouch dans ce CD exceptionnel. « Pourquoi ? Qu'avait-il de si spécial ? C'est que David était entièrement chants et louanges ! Il était parvenu à un tel niveau qu'il surpassait tout le monde. Il fut donc choisi pour être le vrai Messie ! Que demande David à chacun d'entre nous ? Qu'attend-il du peuple d'Israël ? Celui qui lit les Psaumes, que dit-il exactement ? Chantez pour Dieu ! Louez Dieu ! Remerciez-Le !... »

Les miracles ne se sont pas arrêtés là. Par la suite, notre foyer s'est enrichi de deux autres enfants, doux comme le miel, et les prénoms qu'ils ont reçus expriment également nos remerciements et nos louanges au Créateur du monde.

C'est tout. Nous voulions simplement dire merci.

Merci à rav Chalom Arouch qui a transformé notre vie et nous a enseigné les lois des hommes – ce qu'il faut faire pour devenir vraiment un être humain.

Merci à tous ceux qui se tiennent aux côtés du rav pour diffuser ses enseignements. Grâce à votre mérite, nous avons été sauvés, c'est grâce à vous que nous avons des enfants.

Et merci... en vérité nous ne savons pas comment remercier le Créateur du monde pour ce qu'Il a fait pour nous, mais c'est pourtant très simple : Merci, cher Père céleste.

P.S. Encore un petit mot pour conclure : une bonne amie de ma femme, qui ignorait tout des soins que nous avions entrepris, nous a dit un jour : « C'est intéressant... il y a des gens qui ont des enfants-éprouvette, vous, vous avez des enfants-CD... »

10 – Devoir remercier

Une personne, qui venait seulement de se rapprocher de la *Yéchiva,* m'a dit qu'il comprenait fort bien le concept de « devoir remercier ». Voici son histoire :

Sa vie devenait de plus en plus compliquée : cet homme avait d'immenses dettes, son foyer était brisé, et il était interdit de séjour dans sa maison. Au bord du désespoir, que Dieu nous en garde, la Providence eut pitié de lui : un jour, il tomba en panne de voiture juste en face de la tombe de Dan, fils de notre ancêtre Yaacov – puisse son mérite nous protéger – où nous avons installé une *Yéchiva.* Il avait un rendez-vous urgent, il était à bout de nerfs et bouleversé par tout ce qui lui arrivait.

N'ayant pas d'autre choix, il entra à la *Yéchiva* pour demander de l'aide. Notre groupe, qui sait comment réagir en toute circonstance, l'accueillit et lui donna des livres et des CD. C'est tout. Dieu l'a sauvé ! En peu de temps la paix est revenue dans son foyer, il contrôla son caractère et s'arrêta même de fumer. Heureux et rayonnant, il effectue à présent une heure quotidienne d'isolement... Tout s'est transformé pour le mieux. Il m'a dit combien il devait remercier le Créateur du monde d'avoir provoqué cette panne à proximité de la *Yéchiva*.

Il m'expliqua encore : « J'ai compris ce que signifiait "devoir remercier". Sans cesse je remercie Dieu de ce qui m'est arrivé ce jour-là, car ce fut le début de mon salut. Et d'autres bienfaits suivirent. Je suis donc tenu de Le remercier pour le premier incident qui a déclenché tous les autres bienfaits – et les autres remerciements... »

Des milliers de témoignages me parviennent : des gens qui connaissaient toutes sortes de difficultés, de souffrances et de tourments, qui ont provoqué des délivrances sans fin. Chaque fois qu'ils venaient me consulter, je leur disais : « Je vois ce que vous ne voyez pas. Je vois par le pouvoir de la foi que votre tourment est la source de votre délivrance ! Parce que vous manquez de foi, vous ne voyez que le tourment, et vous pensez que c'est le mal. Renforcez-vous dans la foi et le remerciement, et vous verrez prochainement que tout se transformera en bien. Vous remercierez alors Dieu béni soit-Il pour ce tourment qui fut la source de tant de bienfaits. Et de là vous commencerez à vivre heureux, parce que vous mériterez de ressentir la foi en Dieu. Car la difficulté ne dure que le temps de l'épreuve. Vous ne le voyez pas, mais soyez convaincu que ce qui vous arrive est pour le bien. »

Si vous demandez à l'homme mentionné plus haut, s'il est toujours prêt à passer l'épreuve, il répondrait : « Bien sûr !

Je vis dans un tel paradis ! Maître du monde, détruis la voiture, mets-la en pièces, mais rapproche-moi de Toi ! » Le seul problème est qu'au moment de l'épreuve, il faut se renforcer dans la foi ! Ne pas penser : « Dieu me déteste : Il a détruit ma voiture... », alors qu'il faut Le remercier de tout cœur. Sans comprendre. Seulement savoir que le Créateur du monde le fait en vertu de Son amour pour nous, comme il est écrit (*Deutéronome* 8,5) : « Tu reconnaîtras donc en ta conscience que si l'Éternel ton Dieu te châtie, c'est comme un père qui châtie son fils. »

11 – Quand rien ne va plus

Le même homme me raconta une histoire supplémentaire porteuse elle aussi d'une morale importante :

Il avait invité son père à participer au *Séder* de *Pess'ah* chez lui. Mais la veille de la fête, celui-ci eut une attaque d'apoplexie – que Dieu nous en préserve – et on l'emmena à l'hôpital. Ni le fils ni la famille ne savaient que faire ni comment organiser le *Séder*. S'ils restaient à l'hôpital avec le père, qui s'occuperait des enfants ? Ils décidèrent finalement que toute la famille célébrerait la fête à l'hôpital avec le père. Advienne que pourra !

Apprenant qu'il existait à l'hôpital une association qui se chargeait d'organiser des *Sédarim* de *Pessa'h* pour les familles des malades, ils furent tellement rassurés qu'ils s'en déchargèrent complètement. Ils ne firent donc aucune préparation, n'apportèrent rien, ni *Matsot*, ni vin, ni tout le reste, en pensant qu'une table serait déjà dressée à leur arrivée. Mais en arrivant, ils déchantèrent : une foule nombreuse se pressait dans une pièce exiguë, encombrée de surcroît par les lits des malades ! Il y régnait une terrible promiscuité. Il était impossible de bouger. Chacun cherchait une place pour s'asseoir. Les cris et les bousculades étaient aussi de la fête. Et bien entendu, en raison de la foule, ils ne reçurent aucune nourriture : tout le monde s'était déjà précipité pour accaparer toutes les rations. Non seulement ils ne purent pas trouver une place assise en compagnie du père malade, mais de plus ils n'avaient pas de quoi célébrer le *Séder*. Ils renoncèrent alors au repas, en espérant pouvoir trouver l'essentiel, c'est-à-dire les *Matsot* et le vin. Mais il s'avéra qu'il n'en restait même pas !

C'était bien sûr l'occasion rêvée pour le mauvais penchant de se manifester, en leur instillant de mauvaises pensées : « Regarde ce qui t'arrive le soir du *Séder,* la soirée la plus importante de l'année ! Regarde les enfants souffrir, la mère qui s'énerve... »

Pourtant, cet homme avait déjà eu l'occasion d'entendre le CD *Cesse de pleurnicher* et surtout le cours sur la préparation du *Séder,* dans lequel je demande quand commence la nuit du *Séder*. Et je réponds que le *Séder* ne débute pas à *Kadech,* mais plutôt à partir de la foi. Car très souvent le début est tout autre que ce qu'on avait prévu. Par exemple : il faut attendre les invités, la table n'est pas prête, on a oublié de préparer quelque chose, les enfants ne se conduisent pas comme il le faut, et ainsi de suite. On doit alors se souvenir qu'en fait, l'authentique *Séder* commence ainsi : par la foi – la foi que Dieu le veut ainsi, car c'est le mieux pour annuler notre volonté devant la volonté divine. Et cela sans se mettre en colère à cause d'une panne ou d'une épreuve qu'il faut affronter. Car il faut tout accepter avec joie et se dire : « C'est vrai que je voulais que le *Séder* commence par *Kadech*, et *Ra'hats* aussitôt après, très vite, mais Dieu le veut autrement. » Il faut donc se conduire alors selon la foi. Par exemple en attendant patiemment, ou en aidant à dresser la table, et ainsi de suite en accord avec chaque situation. Le début, c'est la foi. Comme notre saint maître, puisse son mérite nous protéger, nous apprend que parfois précisément lorsque les choses ne vont pas comme on avait prévu, l'apparent désordre des événements est en fait l'ordre authentique selon le principe de « le but de cette connaissance est que tu n'y accèdes pas » [sinon, ce ne serait plus une épreuve].

Ce juif décida alors de mettre en pratique ce qu'il avait appris. Au lieu de se plaindre, il commença à dire merci : « Je Te remercie, Maître du monde, du manque de place au *Séder*. Merci, Tu sais ce que Tu fais. Il est certain que tout est pour le bien. » Et il ne cessa pas de remercier. Soudain, il eut une idée qu'il communiqua à son épouse et aux enfants : « Aujourd'hui notre *Séder* va commencer en aidant tout le monde à trouver sa place, les malades comme les invités. Il faut donc distribuer la nourriture qui reste, dresser les tables, les débarrasser, etc. C'est ce que Dieu attend de nous. En fait, pourquoi sommes-nous ici ? Dieu nous a fait venir pour aider les malades ! Oublions notre *Séder* et aidons-les. Servons et réjouissons les malades. Ce sera notre *Séder* : aider les malades. » Et même s'il ne reste ni *Matsot* ni vin, nous dirons : « Dieu le veut ainsi. »

Cette attitude adoucit vraiment tous les décrets, toutes les rigueurs. Toute sa famille accepta avec joie son idée, et ils commencèrent à participer à l'organisation et au service. Ils allèrent d'un rnalade à un autre pour les assister et les réjouir le mieux possible. Ils oublièrent leur peine et ne pensèrent qu'à donner et aider. Les malades ne restèrent pas longtemps au *Séder,* presque tous regagnèrent rapidement leur lit dans leurs départements respectifs. Peu de temps après des places se libérèrent, et au moment où ils décidèrent de célébrer le *Séder,* sans savoir comment et d'où il venait, de manière presque surnaturelle, un juif arriva dans le hall avec dans les bras une abondance de victuailles, *Matsot* et vin. Ils purent alors célébrer le *Séder* de *Pessa'h* dans l'aisance et la joie.

Par la suite, ce juif me raconta que la lumière et le bonheur qu'ils éprouvèrent alors – lui et sa famille – sont indescriptibles. Ils méritèrent de vivre l'expérience unique d'un *Séder* qui se grava profondément dans le cœur des enfants et de la famille pour le restant de leurs jours. Ils avaient connu une telle joie, une telle révélation de la foi, un tel éveil, une telle ascension spirituelle et une telle abondance de lumières, remplies d'un bonheur indescriptible ! Toute la famille et les enfants témoignèrent que jamais ils n'avaient vécu un tel *Séder.* Et j'ai ajouté qu'ils ne goûteraient plus un tel *Séder,* car c'était leur récompense pour avoir surmonté cette épreuve...

De plus, cet homme comprit ensuite pourquoi son père avait dû être hospitalisé : son fils lui avait demandé à plusieurs reprises d'étudier *le Jardin de la paix,* mais il était trop occupé par son étude et la rédaction de ses propres livres. À l'hôpital il trouva le temps de lire cet ouvrage...

Cette lecture le transforma radicalement. Sa mère lui dit : « Ton père est méconnaissable, soit on nous l'a changé, soit je ne le reconnais plus... »

Après quelques jours, et au-delà de toute logique, le père se leva complètement guéri, et déclara qu'il n'avait été hospitalisé que pour lire le *Jardin de la paix* !

12 – Début du Séder : éponger l'eau

Je l'ai appris plus d'une fois de mes maîtres et je l'ai expérimenté dans ma propre chair : les préparations de la nuit de *Pessa'h* commencent par la foi.

J'avais déclaré une fois, avant la fête, à mon épouse : « Cette année, on va prier en avance afin de commencer le *Séder* plus tôt. Comme cela, on aura le temps de bien avancer avant minuit. Avertis nos invités que nous prierons et commencerons plus tôt que d'habitude : que tous viennent prier avec moi dès le coucher du soleil. » En revenant de la synagogue, je constatai qu'un des invités et sa femme n'étaient pas encore arrivés parce qu'ils priaient avec une communauté dont l'horaire était plus tardif. Tout le monde dut les attendre près d'une heure et demie. Je dis à ma femme et aux enfants que c'était le *Séder* que Dieu voulait ! Dieu voulait que nous commencions le *Séder* de cette manière.

Une autre année, j'ai invité à notre *Séder* une famille qui n'observait pas tous les commandements, pour les rapprocher du judaïsme. Nous leur avons trouvé un appartement et donné une clé afin qu'ils se sentent chez eux. La nuit du *Séder,* ils ne retrouvèrent plus la clé. Ils n'avaient pas – c'est le moins qu'on puisse dire – la tête pour participer au *Séder,* ils n'avaient pas leurs habits de fête, et ne pouvaient pas s'asseoir tranquillement. Nous avons commencé à chercher pour eux la clé. Cela prit beaucoup de temps, mais je dis à ma femme et aux enfants que c'était le *Séder* que Dieu voulait ! C'est ainsi que Dieu voulait que nous commencions le *Séder*.

Le soir du *Séder,* de retour chez lui après une longue prière, l'un de mes élèves qui avait assisté à l'un de mes cours où je disais que le *Séder* commence avec la foi, trouva sa femme dans tous ses états. Très fatiguée par le nettoyage de la maison et la préparation de la fête, elle avait décidé d'aller se reposer. Mais en se réveillant, elle s'aperçut que toute la maison était inondée. Tourmentée et inquiète d'une colère éventuelle de son mari, elle était persuadée que tout leur *Séder* était gâché. Pourtant Dieu l'aida et son époux comprit que c'était son épreuve. Dieu voulait que leur *Séder* commence avec des serpillières et des seaux d'eau.

Sa femme s'étonna beaucoup de le voir se mettre à éponger l'eau, tout en chantant, dansant et remerciant Dieu, sans colère ni irritation aucunes. Après quelques minutes, il découvrit que l'un des enfants avait ouvert le robinet de la machine à laver, pendant que sa mère se reposait, provoquant l'inondation. Il ferma le robinet et dit à sa femme : « Aujourd'hui le *Séder* commence en épongeant l'eau de la maison. » Ce n'est qu'après quelques heures, qu'ils finirent par assécher tout le sol. Cet élève me raconta plus tard qu'il n'avait jamais connu un tel *Séder*.

D'autres élèves témoignèrent devant moi que celui qui a eu le mérite d'affronter des épreuves au *Séder* de *Pessa'h* – des plus anodines quand les enfants renversent le vin sur la nappe, jusqu'aux plus graves et complexes – a vu une lumière prodigieuse au cours de la même année, bien plus que lors d'une simple année où le *Séder* s'était déroulé normalement.

Car il est impossible de mériter d'une telle lumière sans avoir au préalable affronté une grande épreuve. Il en est de même dans la vie. Aujourd'hui commencer un *Séder* consiste à aider à servir, à calmer les gens de la maison. Aujourd'hui le début d'une circoncision consiste à attendre patiemment – et c'est alors qu'on mérite de voir la lumière de la délivrance descendre du Ciel.

Il faut se souvenir de cette règle toute l'année, et pas seulement la nuit du *Séder*. À chaque joie, à chaque repas – de Chabbat ou des fêtes – tout commence avec la foi.

L'homme doit toujours accueillir chaque événement avec la foi. La foi précède toute autre chose : j'avais mon projet, mais Dieu veut autrement. Au lieu d'exploser, de s'irriter, de gémir ou de s'affliger et de transformer la nuit du *Séder* en une nuit de *Ticha BéAv,* il faut se plier devant la volonté de Dieu – même à ce moment ! C'est la foi. Dieu veut-Il que nous commencions le *Séder* avec une heure de retard ? C'est parfait ! C'est le mieux qui soit pour moi ! Entre-temps, dansons, chantons, étudions, prions. Telle est la volonté de Dieu.

Vous vouliez que cela se déroule d'une certaine façon, mais Dieu le veut autrement. C'est faire preuve de raison. L'événement a commencé ainsi, la promenade n'a pas débuté comme prévu, et lorsque l'homme observe le tout avec les lunettes de la foi, il traverse toutes ces épreuves avec joie et bonheur, sans dispute ni invective, sans éclats ni cris. Tout se déroule dans la paix et le calme. Et par-dessus tout, on gagne le mérite de jouir de l'authentique lumière de la foi.

L'homme doit donc toujours se préparer avec cette idée : avant tout, je dois savoir qu'il existe une autre priorité : celle de la foi. L'homme ne peut savoir – au préalable – quand commencera le *Séder,* la nuit de Chabbat, la célébration du mariage, l'étude au Collel ou la recherche du *'Hamets* – ou tout autre commandement. L'homme avait prévu telle ou telle chose, mais parfois Dieu a un tout autre projet et il doit le savoir et s'y préparer : je veux ceci ou cela, mais il est probable que Dieu en a décidé autrement. Je veux cela de cette façon, mais quelle est la volonté divine ? Il faut savoir que la Providence existe, et qu'elle est active pour chaque chose, selon la connaissance de Dieu. De cette manière, l'homme affrontera son épreuve plus facilement, et s'il la surmonte avec succès, il méritera de jouir de la lumière de la vraie délivrance – et pas seulement du salut matériel.

L'homme doit savoir qu'à cet instant précis, il affronte une épreuve et être persuadé qu'elle est dirigée par Dieu vers le bien. Car c'est ainsi qu'Il gère Son monde – sans haine pour l'homme, et sans accuser personne, que Dieu nous en garde. L'homme pensera alors dans son cœur : « Je me suis préparé à ceci ou à cela. Si Dieu le veut, Il m'aidera pour que cela se réalise. Sinon, j'annulerai mes projets et me réjouirai pour tout, en acceptant avec foi tout ce qui m'arrivera, et en remerciant Dieu pour tout, pour tout ce qui se déroule selon mon désir et surtout selon la volonté divine – car c'est pour mon bien, afin de me renforcer dans la foi et me gratifier de la lumière de la délivrance. »

13 – Des enfants par le mérite du remerciement

Un couple était venu me voir : ils attendaient des enfants depuis déjà 9 ou 10 ans. Ils me racontèrent comment ils avaient consulté nombre de rabbins et de docteurs sans aucun succès. Je leur répondis que je les bénissais. Néanmoins ils voulaient de plus que je leur dise à quoi ils devaient s'engager pour avoir des enfants. Je rétorquai qu'ils ne pourraient pas s'y conformer. Mais la femme me dit : « Nous ferons tout ce que le rav nous dira de faire. » Je leur dis alors : « Dites "merci" une demi-heure par jour sur le fait que vous n'avez pas d'enfants ! »

Ils se sont exclamés : « Comment dire "merci" ? Nous n'arrêtons pas de pleurer ! Et vous nous dites de remercier ! » J'ai répliqué : « Je vous ai prévenu que vous ne pourriez pas vous y conformer... » La femme s'est tournée alors vers son mari : « On a déjà tout essayé, que t'importe ? Essayons cela aussi ! » Je leur ai donné l'ouvrage *le Jardin des louanges* et le CD *Cesse de pleurnicher*.

Et cela se passa ainsi : ils ont dit « merci » et ont été exaucés. Aujourd'hui, ils ont plusieurs enfants, par le mérite du remerciement.

Il est clair que lorsque l'homme dit « merci », toutes ses peines disparaissent ! J'ai prié, demandé à Dieu béni soit-Il et supplié le Créateur du monde qu'Il m'éclaire et que je puisse expliquer ce secret au peuple d'Israël. Car quand l'homme souffre et qu'on lui dit : « Allez ! Dis "merci" ! » Il lui est difficile de l'accepter.

Il faut comprendre que tout ce qui vous est arrivé dans le passé, jusqu'à ce moment précis, est l'expression de la volonté divine. Si telle est la volonté de Dieu, c'est le mieux qui soit pour vous. Il ne s'agit pas d'une attitude destinée à une petite élite, c'est la simple foi : tout est pour le bien. La première étape de votre délivrance consiste à savoir qu'il est impossible d'activer quoi que ce soit – par la prière ou par les *segoulot* (acte favorable) – sans le support de la foi : Dieu l'a voulu ainsi, c'est le mieux qui soit.

C'est ce que j'ai dit à ce couple : sachez que la finalité pour laquelle Dieu vous a créés et conduit dans ce monde est la foi. Dieu sait parfaitement quels sont les besoins de chacun pour accéder à la foi et accomplir sa réparation. C'est pourquoi untel est limité de telle façon et un autre, de telle autre, ou est empêché à cause de telle ou telle difficulté. Tout cela est très précis et calculé en fonction de la correction qu'il devra réaliser. Lorsque l'homme se renforcera dans sa croyance en Dieu que tout est pour son bien et qu'il dira « merci », il parviendra à la finalité que justifient ses limites et ses difficultés. Il n'en aura alors plus besoin et il en sera immédiatement délivré.

14 – Chacun le peut

Invité à l'inauguration de l'appartement de l'un de mes élèves pour y fixer les *mezouzot,* un jeune homme s'approcha de moi : « Honoré Rav, me reconnaissez-vous ? Il y a quelques mois je suis venu vous voir. Je vous avais dit à l'époque que les docteurs étaient catégoriques : ma femme et moi ne pourrions jamais avoir d'enfants, en aucune façon. Au point que nous nous sommes découragés et avons abandonné tout espoir d'en avoir. Vous nous avez alors conseillé de dire "merci" pendant une demi-heure. Nous avons étudié le livre *le Jardin des louanges*, écouté les enregistrements sur le remerciement et les louanges. Et nous avons dit "merci" chaque jour pendant une demi-heure, durant trois mois. Nous disions à Dieu : "Merci, Dieu, de ne pas nous avoir donné d'enfants. C'est le mieux qui soit pour nous. Merci pour ce que les docteurs nous disent : que d'après la nature, et même avec des soins, nous ne pourrons jamais avoir le mérite d'engendrer. Merci pour la maison vide et le silence qui y règne. On n'y entend aucun cri d'enfants. C'est le mieux pour nous. Nous sommes gais et Te remercions pour tout cela. Puisse Ta volonté se réaliser dans notre monde. Nous nous réjouissons de ce que Tu fais pour nous." Et comme vous nous l'avez enseigné, pas une seule fois nous avons demandé d'avoir des enfants... et ma femme est enceinte ! »

D'où ai-je puisé la force de promettre aux gens : « Dites "merci" et vous verrez des délivrances, vous aurez ce dont vous avez besoin » ? Je me suis appuyé sur ces paroles de rabbi Nathan de Breslev : si l'homme dit « merci » pour tout, « toutes ses peines seront annulées ! » Rabbi Nathan nous a promis que si on dit « merci », toutes les peines seront annulées, pas seulement *une partie des peines,* mais vraiment toutes les peines.

C'est pourquoi nous nous sommes renforcés et avons déclaré : nous avons la promesse de rabbi Nathan de Breslev que si le peuple d'Israël disait « merci » pour le bien comme pour le mal, « il est certain », dit rabbi Nathan, que « toutes les peines et tous les exils seront complètement annulés » – et la délivrance générale et définitive serait déjà arrivée depuis longtemps.

Chacun peut rappeler cette promesse. Chacun peut confier à son prochain un « diamant », lui donner un CD ou ce livre sur le remerciement et lui dire clairement : « C'est une promesse explicite : je vous le promets, étudiez ces trésors de pensées, lisez ces livres, écoutez ces CD, dites "merci" pendant une demi-heure et votre gagne-pain sera assuré, vous aurez des enfants, vous serez riches, vous aurez ce que vous voulez. Dites seulement "merci" ! » Et ajoutez : « Je vous le promets ! »

Ayez confiance en rabbi Nathan, et vous accomplirez également des miracles. Vous aussi ! C'est très simple, il vous suffit de dire à tout le monde : « Étudiez ce livre, et c'est tout. C'est l'arrivée du vrai Messie ! Comme nos Sages de mémoire bénie nous le disent dans un passage du Talmud expliquant le verset (*Zakharie* 14,9) : "En ce jour l'Éternel sera Un et Unique sera son Nom." » À savoir qu'en ce jour, le monde entier dira « merci » pour tout. Celui qui étudie *le Jardin des louanges* peut déjà aujourd'hui même dire « merci » pour tout.

Notre maître rav Nahman de Breslev écrit : « Ils n'écoutèrent pas notre maître Moïse. » Pourquoi ne l'écoutèrent-ils pas ? « À cause de leur esprit oppressé par une dure servitude » (*Exode* 6,9). Notre maître nous dit : l'esprit oppressé, c'est le manque de foi. Le peuple d'Israël en Égypte ne croyait pas que la délivrance viendrait facilement. Les *Bné Israël* se disaient : « Est-il possible de provoquer la délivrance en disant simplement "merci" ? Si notre maître Moïse nous demandait de jeûner pendant 60 jours de suite, de briser la glace pour s'y tremper, de se taillader la chair avec des couteaux, nous pourrions croire que la délivrance est proche. Mais dire "merci" et apporter la délivrance ? » Même de nos jours nous ne croyons pas dans le juste authentique, en rabbi

Nahman de Breslev et en son disciple rabbi Nathan qui assurent au peuple d'Israël que la délivrance peut arriver très facilement, si on propage la foi que tout est pour le bien.

15 – J'ai été reçue dans un Séminaire important

Bonjour,

Je voudrais vous raconter ce qui m'est arrivé cette année. Un véritable miracle qu'il est impossible d'expliquer selon la nature. Je suis élève dans une école *Beit Yaacov* et issue d'une bonne famille, Dieu merci. Je désirais très fort être admise dans un Séminaire réputé, qui n'accepte que quelques dizaines de jeunes filles sur plusieurs centaines de candidates.

Chaque jour, je questionnais mes parents : une lettre est-elle arrivée ? Avez-vous déjà reçu une lettre pour moi ?

Un jour que j'avais posé cette même question à mon père, il s'esquiva sans me répondre. Je sentis qu'il me cachait quelque chose, et compris qu'une lettre était parvenue avec une réponse négative. Apparemment, il ne voulait pas m'attrister, ou peut-être voulait-il essayer de faire jouer des relations.

Je compris aussitôt que, pour ma part, je devais chercher de l'aide auprès Du directeur de toutes les institutions, le Directeur du monde entier. C'est pourquoi très simplement, pendant plusieurs heures, j'ai dit « merci » à Dieu : « Merci pour le refus du Séminaire. C'est ce qu'il y a de mieux pour moi. Merci, Créateur du monde, pour ce que Tu veux de moi. Je comprends que Tu veux m'enseigner à avoir confiance en Toi, et ne pas me fier à toutes de sortes de "relations". » Je dis ensuite à mon père : « Je sais que tu as reçu une réponse négative. Mais c'est ce qu'il y a de mieux pour moi. » Mon père me répondit : « C'est vrai ! » Je lui dis alors que j'avais confiance que Dieu faisait ce qu'il y avait de mieux pour moi.

Vingt-quatre heures ne s'étaient pas écoulé que nous avons reçu à la maison un appel téléphonique qui m'invitait à un entretien personnel en vue de mon admission au Séminaire.

Ce fut simplement un miracle. Il s'avéra que cette Institution ne changeait jamais sa décision une fois qu'elle envoyait à la candidate une réponse négative, et personne ne put expliquer ce qui était arrivé.

Il est clair que le remerciement ouvre vraiment toutes les portes, les portes de tous les Séminaires, de tous les lieux. Rien ne résiste au remerciement.

Merci pour le merci.

16 – On dit « merci » pour tout

Je me trouvais à Bné-Braq dans un ascenseur, en compagnie d'un autre juif, lorsque celui-ci se tourna soudain vers moi et me dit : « Écoutez, je veux vous demander pardon... » Chaque fois qu'on me demande pardon, je réponds aussitôt : « Je vous pardonne ! Puissiez-vous avoir tout le bonheur que vous souhaitez ! Continuez à parler de moi, je vous excuse d'avance ! Vous pouvez continuer à parler de moi si cela vous réjouit ! J'aime faire plaisir à un autre juif ! Si vous voulez, je peux même vous envoyer une lettre... Je peux aussi demander au Saint béni soit-Il qu'il vous gratifie du paradis pour avoir parlé ainsi de moi... »

Voici quels furent les propos de l'Ange céleste à notre maître le Beit Yossef (rabbi Yossef Caro) tels qu'ils sont rapportés dans le *Maguid Yécharim* (*Vayakel*) : « Si on vous offense, ne le prenez pas à cœur, car loin de subir un préjudice, vous en tirerez profit. En effet, celui qui médit de son prochain perd ses propres mérites, qui sont attribués à celui dont il a dit du mal. Si les gens le savaient, ils se réjouiraient d'apprendre qu'on dit du mal à leur propos : c'est comme si on leur offrait des présents d'or et d'argent. » Il est écrit dans le *Traité des devoirs du cœur* (Porte de la soumission, chap. 7) et dans les *Voies des justes* (Porte de l'humilité) que des sages et des gens pieux envoyaient des cadeaux à ceux qui médisaient sur leur compte en leur disant : « Voici ces présents en échange de tous les mérites dont vous nous avez gratifiés. »

Pourtant cette fois-ci, et sans savoir pourquoi, je suis resté silencieux. Je me suis contenté de me taire et j'ai écouté... Il me dit : « Je vous demande pardon, car sans cesse je disais : rav Chalom Arouch demande de dire "merci" pour tout, car il ne lui manque rien – il a une bonne vie, il n'a aucun problème et ne souffre pas. Quelle sagesse y a-t-il à encourager les gens à remercier pour leurs difficultés et leurs manques ? Lui, il a tout ce qu'il faut : il peut donc exhorter les autres à dire "Merci" ! Mais après que le Créateur du monde vous a donné un présent puis vous a repris votre petite-fille – puisse-t-elle reposer en paix, Faiga 'Hana bat Yaël... –, j'ai entendu que vous avez accepté ce drame avec foi et joie. Je vous demande donc pardon pour ce que je disais à votre sujet. »

Pourquoi est-ce que je raconte cela ? Parce que personne ne sait quelles épreuves, difficultés et lacunes sont le lot de son prochain ! Mais l'homme dans ce monde doit vivre avec la foi ! Il faut savoir que la foi est le plus grand présent que l'homme reçoive du Saint béni soit-Il. Avec la foi, la vie est belle ! Le mal n'existe pas ! Dieu est bon et bienfaisant ! Tout ce que Dieu fait est pour le bien !

Comme je l'ai expliqué dans le livre *L'arbre de la connaissance*, la règle est la suivante : le manque est un avantage ; l'excès est un manque. C'est-à-dire qu'un manque chez l'homme le conduit à l'humilité. Le manque est une force qui le pousse à se rapprocher de Dieu. À l'inverse, tout excès – sagesse, pouvoir, fortune, lignée ou toute autre chose qu'on reçoit sans la prière – attise un orgueil qui éloigne du Créateur.

Il faut savoir remercier pour les réussites et les délivrances. L'homme ne doit pas seulement remercier le Créateur du monde pour ses peines et ses manques, mais aussi après qu'Il lui a envoyé le salut, lorsqu'Il lui a comblé ses manques.

Je tiens à rapporter l'histoire suivante arrivée à un Juste : il eut une vision où il accédait aux mondes supérieurs. Il pénétra dans un sanctuaire où régnait un grand tumulte : des dizaines de milliers d'anges s'affairaient et se précipitaient sans arrêt d'un côté puis de l'autre. Il demanda : « Quelle est la nature de ce sanctuaire ? » On lui répondit : « Ce sanctuaire est celui des prières du peuple d'Israël qui aspire aux délivrances, et eux, ce sont les anges qui transmettent ces prières. »

Il se rendit dans un deuxième sanctuaire, où il vit également des myriades d'anges qui faisaient constamment des allers et retours. Il demanda : « Quel est ce sanctuaire ? » On lui expliqua : « C'est le sanctuaire des prières exaucées, et on se dépêche pour satisfaire toutes les demandes. »

Il se dirigea vers un troisième sanctuaire où il vit un tableau complètement différent : aucun bruit et aucun tumulte ; seuls quelques anges allaient lentement d'un côté à un autre. Il demanda : « Quel est ce sanctuaire ? » On lui répondit : « A notre grand regret, c'est celui qui devrait être le plus actif, mais ce n'est pas le cas. C'est le sanctuaire des remerciements de ceux qui ont été exaucés... »

Lorsque Dieu sauve les hommes de leur détresse, ils oublient de remercier, ils oublient d'accomplir la chose la plus élémentaire qui soit : dire « merci » et offrir un repas de gratitude, si besoin est.

Le remerciement à Dieu est la finalité de tous les mondes. C'est pour cela qu'ils furent créés, innombrables, supérieurs les uns aux autres. Le seul monde de l'action comprend des galaxies et des planètes dont la plus infime est le monde que nous connaissons. Et tout ne fut créé que pour une seule raison : que l'homme reconnaisse son Créateur et Le remercie, comme l'explique le Ramban (*Nahmanide*) (Commentaires sur la Torah, section *Bo*) : « (...) La seule raison de la formation originelle et du désir divin de créer des mondes inférieurs est que l'homme connaisse et remercie le Dieu créateur. Pourquoi élever la voix dans les prières, pourquoi édifier des synagogues et y organiser des prières collectives si ce n'est pour permettre de se regrouper afin de rendre publics les remerciements au Créateur, et qu'on dise devant Lui : "Nous sommes Tes créatures." » Le Ramban écrit également dans son commentaire sur *Deutéronome* (32,26) : « Néanmoins Dieu a créé l'homme dans les mondes inférieurs afin qu'il reconnaisse son Créateur et qu'il Le remercie. » Toute notre finalité en tant que peuple consiste à Le remercier, c'est la raison pour laquelle nous sommes appelés *Yéhoudim* (Juifs), d'après le nom de Yéhouda (Juda), dont la mère Léa déclara à sa naissance : « Cette fois-ci je rends grâce [*hodé*] à l'Éternel » (*Genèse* 29,34). Il en résulte que l'essence et l'identité même du juif est le remerciement. Le prophète Isaïe dit (43,21) : « Ce peuple, je l'ai formé pour Moi, il publie Ma gloire », et Rachi précise : « pour qu'il publie Ma gloire ». Le *Midrach Rabba* est lui aussi explicite (*Bamidbar Rabba* 5,6) : « Israël fut créé pour célébrer les louanges du Saint béni soit-Il, comme il est dit : "Ce peuple, je l'ai formé pour Moi, il publie Ma gloire." »

S'interrogeant sur le sens profond de la lettre *Aleph*, le Midrach (*Otiot déRabbi Akiva*) écrit : « *Aleph* – acronyme hébraïque des mots *Ephta'h Lachon Pé* (littéralement : j'ouvrirai la langue de la bouche). Le Saint béni soit-Il dit : "J'ouvrirai la bouche de tous les êtres humains, afin qu'ils célèbrent tous les jours Ma gloire et qu'ils proclament Ma royauté dans les quatre directions du monde. Car sans les chants et les cantiques qu'ils récitent chaque jour devant Moi, je n'aurais pas créé Mon monde." » Et le Midrach poursuit en citant d'autres versets qui démontrent que le Saint béni soit-Il créa l'eau et la terre, les mers et les rivières, les montagnes et les collines et toute la Création originelle afin qu'ils chantent des louanges devant Lui.

17 – Mes dettes m'ont conduit au repentir

Un Juif m'a déclaré : « En effet, je remercie Dieu pour les dettes qui furent mon lot. C'est grâce à elles que j'ai eu le mérite de revenir vers Dieu. Sans tout cet argent que je devais, je ne me serais pas repenti : il est donc certain que ces dettes étaient pour mon bien. Elles me furent vraiment bénéfiques ! Ce problème était un véritable cadeau envoyé du Ciel. »

Il en est de même pour chaque manque. Il faut comprendre – par exemple – que Dieu béni soit-Il a vu que c'est seulement si untel reste célibataire jusqu'à telle date, qu'il pourra parvenir à sa perfection ; c'est seulement s'il endure jusqu'à tel jour telle ou telle souffrance, ou telle ou telle difficulté qu'il parviendra à sa complétude. Par conséquent, on peut se demander s'il est nécessaire de remercier pour ses dettes et ses lacunes ? Il est pourtant évident qu'il faut dire « merci » pour chaque manque et contrariété. Il faut remercier pour tout.

Lorsqu'un homme vit dans la foi que tout provient de la Providence divine, que tout est pour le bien et qu'il ne suspecte pas le Saint béni soit-Il de ne pas s'occuper de lui, il est comparable à un voyageur qui fait confiance au conducteur d'autobus, lequel sait conduire et connaît sa route. Il s'assied tranquillement sur son siège, observe le panorama qui défile devant ses yeux et prend plaisir de chaque instant.

Et cela à la différence de celui qui manque de foi : il est comparable à un voyageur nerveux qui s'imagine devoir remplacer le conducteur. Il lui semble connaître la route et il tente de diriger l'autobus depuis son propre siège. Il reproche continuellement au chauffeur de ne pas suivre le bon chemin et s'inquiète de sa manière de conduire. Tantôt il le blâme pour sa vitesse excessive, tantôt pour sa lenteur exagérée. Ici il prend un tournant raide, là l'autobus a dérapé, etc. En vérité il ignore tout de la direction à suivre et ne sait rien. Mais il est rongé d'inquiétude parce qu'il n'a pas confiance dans le conducteur – le Créateur, qui conduit le monde de la meilleure manière qui soit.

C'est ce que j'ai expliqué à un étudiant de la *Yéchiva*. Il avait constamment des problèmes avec les gens de son quartier, et c'est ce qui l'avait poussé à s'en aller et à venir étudier dans notre *Yéchiva*. En réalité il n'avait jamais eu la moindre intention d'étudier dans une *Yéchiva* et n'y aurait pas mis les pieds, si ce n'étaient ses ennuis qui l'y amenèrent, car il n'avait plus où vivre. Il commença alors à étudier des livres, à écouter des cours et chacun l'a renforcé. Il découvrit alors un nouveau monde, et commença à remercier pour tous les ennuis qui furent à l'origine de ses découvertes. Pourtant de temps à autre, quand il s'en souvenait, il venait se plaindre auprès de moi du mal que les gens de son quartier lui avaient fait.

Je lui demandai : « Est-ce que tu serais ici sans ces problèmes ? Tu ne peux donc pas les appeler ainsi, mais plutôt des saluts ! Dis donc "merci" au Créateur qui t'a gratifié de telles délivrances ! Car c'est grâce à ces ennuis que tu étudies à la *Yéchiva*, comme tu le reconnais toi-même. Car c'est seulement maintenant que tu commences vraiment à vivre. »

Et comme notre maître l'écrit (*Likouté Moharan* II, 13) : « Quand on s'oppose à quelqu'un et qu'on le poursuit, il fuit chaque fois vers Dieu béni soit-Il. Et plus on s'oppose à lui, plus il se rapproche de Lui, car Dieu béni soit-Il se conduit sans cesse selon le principe "Si j'escalade les cieux, Tu es là. Si je fais du Chéol ma couche, Te voici encore" (*Psaumes* 139,8). Et cela est en accord avec l'expression "Comme Pharaon (r)approchait..." (*Exode* 14,10), qu'il faut comprendre comme suit : Pharaon rapprocha Israël de leur Père céleste. En les poursuivant, il les rapprochait davantage de Dieu béni soit-Il. »

18 – Il a gagné au tirage au sort

Voici un autre exemple pour illustrer ce dernier principe :

Un jeune élève me raconta qu'il devait voyager avec sa famille de Tibériade à Jérusalem. Mais leur auto était trop petite pour les accueillir tous. Il était fatigué et n'avait aucune envie de prendre l'autobus. Pour savoir quels enfants partiraient avec eux en voiture, les parents tirèrent au sort. Cet élève, qui mérita de se rapprocher de nous, pria Dieu de tout son cœur – en Le remerciant, comme nous l'enseignons – et il gagna à ce tirage.

Il avait appris que la foi exige que quoi qu'il arrive, chacun y déchiffre un message concernant sa finalité et son lien avec le Créateur. Il est certain que toutes les situations dans lesquelles Dieu nous place recèlent une finalité. Celle-ci est unique : Il veut nous rapprocher de lui, car c'est la seule raison pour laquelle Il a créé le monde. Celui qui croit en la Providence particulière doit donc rechercher ce que Dieu attend de lui à travers tout ce qui lui arrive, en sachant que tout ce qu'envoie Dieu est un bien absolu pour qu'on se rapproche de Lui par le biais de la prière et du renforcement de la volonté. Car tout manque chez l'homme provient d'une lacune dans la prière et la volonté.

Chacun peut concrètement expérimenter ce principe par les milliers d'événements qui lui sont arrivés. La règle est que chaque problème, difficulté ou manque peut se résoudre par la foi – et en reconnaissant ainsi le pouvoir de la Providence divine.

Dans ce dernier cas, nous voyons que Dieu créa devant cet élève un manque et une volonté : le manque de place dans la voiture et la volonté de voyager en voiture. Et cela afin qu'il se tourne vers le Créateur par la prière et qu'il se renforce dans la foi. Ainsi il ajouta dans son cœur une nouvelle pierre à l'édifice de sa foi. Il en va de même pour chacun et chacune – toutes les lacunes et difficultés, tous les problèmes et défis rencontrés n'ont qu'un seul but : renforcer la construction de la foi dans le cœur par le biais de la prière et du renforcement de la volonté. Car si l'homme ne reconnaît pas que tout ce qui lui arrive a pour but de le rapprocher du Créateur du monde, il se renforcera dans son orgueil et restera prisonnier de son hérésie.

19 – Dieu donne également la foi

Voici l'histoire d'un juif qui m'a raconté ses tourments, ses peurs et ses inquiétudes. Je lui ai dit que tout cela provenait d'un manque de foi. Il me répondit : « La foi ? Mais je ne manque pas de foi ! »

Je lui ai répondu : « C'est vrai que vous avez la foi dans le Créateur du monde, mais il vous manque la foi dans la Providence particulière que vous êtes entre de bonnes mains, que tout ce qui vous arrive provient de Dieu béni soit-Il, et que tout est pour le bien éternel. Un homme qui est convaincu que tout est pour le bien est épargné de toute inquiétude et de toute peur, car il sait que tout ce qui lui advient est pour le bien. L'inquiétude et la peur découlent de la pensée qu'il arrivera du mal, ce qui est le contraire de la foi qui affirme que tout ce qui survient est pour le bien. Certains ont peur d'une certaine maladie, que quelqu'un leur veuille du mal, qu'on leur jette un mauvais œil, ou qu'on refuse de leur accorder ce qu'ils convoitent, et ainsi de suite. Ces peurs et inquiétudes découlent d'un manque de la foi qu'on se trouve entre les mains du Saint béni soit-Il, et que tout ce qu'il fait, Il le fait pour le bien. »

Ce juif me demanda : « Si c'est ainsi, que dois-je faire pour mériter d'avoir la foi ? »

Je lui conseillai de lire *le Jardin de la foi*, *le Jardin des louanges*, *À travers champs et forêts*, et d'écouter mes disques. Je l'encourageai à commencer à étudier le thème de la foi, à vivre avec elle et à demander ensuite à Dieu béni soit-Il :

« Donne-moi la foi ! Permets-moi de croire que tout ce qui m'arrivera est pour le bien. Donne-moi le mérite de savoir qu'aucune souffrance n'existe sans finalité. Et si je veux être bon, la première chose à faire est de tâcher d'effectuer ma propre réparation et aucun mal ne m'atteindra. »

Ce juif me répondit : « Puis-je demander la foi à Dieu béni soit-Il ? »

Je lui répliquai : « Avez-vous une autre adresse ou une autre source pour obtenir la foi ? Tout provient de Lui, béni soit-Il et c'est de Lui qu'on reçoit également la foi. S'il vous manque la foi, demandez-la à Dieu béni soit-Il : "Donne-moi la foi en Toi, donne-moi la foi que Tu nourris et guéris toute chair, donne-moi la foi que rien n'existe hormis Toi, que personne ne peut me nuire ou toucher à ce qui m'appartient, etc." Chaque fois que vous ressentez une certaine inquiétude ou une peur, demandez à Dieu béni soit-Il qu'Il vous donne la foi, selon le sujet. »

Le roi David – puisse la paix reposer sur lui – a dit : « L'Éternel est la portion de mon sort, mon calice, c'est Toi qui consolides mon lot » (*Psaumes* 16,5). Le *Metsoudat Tsion* explique : « Tu as éveillé mon cœur à croire en Toi. » Le roi David savait qu'il recevait sa foi de Dieu béni soit-Il et il Le remerciait pour cela. Ainsi, chacun doit savoir que s'il a la foi, il doit en remercier le Créateur, car c'est le plus grand présent que l'homme puisse recevoir dans ce monde. Seulement pour cela, il faut exprimer des remerciements, chanter des chants et des louanges chaque jour. S'il vous manque la foi, vous devez implorer le Créateur qu'Il vous l'accorde.

Comme il est écrit dans le commandement de la foi – qui est le premier des Dix commandements et qui, comme on le sait, inclut toute la Torah – « Je suis l'Éternel ton Dieu qui t'ai fait sortir du pays d'Égypte, d'une maison d'esclavage. » Il n'est pas écrit : « qui ai créé le monde », comme les anciens commentateurs l'ont déjà précisé, afin de nous enseigner que l'essentiel de la foi se révéla lors des miracles et prodiges qu'Il opéra pour nous en Égypte.

Par conséquent, lorsque l'homme ressent une faiblesse dans sa foi, il doit crier vers Dieu : « Dieu, donne-moi la foi ! » Comme nous l'avons déjà écrit dans *le Jardin de la foi,* tous les événements traversés par l'homme, ses manques, ses confusions, ses chutes – tout provient de son manque de foi. Vous éprouvez de la tristesse – c'est une faiblesse de la foi ! Vous ressentez de la colère – elle brûle complètement la foi ! Vous vous sentez déprimé, vaincu, etc. – c'est le manque de foi ! Vous ressentez de la jalousie – c'est un manque de foi ! Des inquiétudes – c'est une très grande faiblesse de la foi ! Des peurs et des angoisses – c'est déjà presque une hérésie en Dieu. Si on a peur, cela signifie que Dieu, béni soit-Il, nous abandonne un peu. Il faut alors crier et demander à Dieu : « Ne m'abandonne pas, ne T'éloigne pas de moi », car la foi signifie que Dieu est proche. L'homme doit donc savoir que la foi est également un don de Dieu.

Que doit faire l'homme dont la foi est ébranlée ?

On doit aussi remercier Dieu pour un manque de foi, et dire merci pour tout, surtout quand c'est difficile. Par conséquent, lorsque l'homme ressent une difficulté, il doit aussitôt remercier Dieu : « Je Te remercie, Saint béni soit-Il, car jusqu'à aujourd'hui j'ai cru en Toi. Merci de ne pas m'aider aujourd'hui à croire en Toi, cela est aussi pour mon bien, afin d'apprendre que même lorsque j'ai la foi, je ne T'oublie pas, et que je sache qu'on reçoit la foi de Toi ! Je Te remercie, Créateur du monde ! » Il faut savoir que même quand le Saint béni soit-Il abandonne l'homme, c'est pour son bien ! C'est pour le rapprocher de Lui ! Qu'il Lui demande donc de lui donner la foi. L'essentiel est de louer et de recevoir avec amour les souffrances, s'en réjouir et remercier Dieu.

Chaque créature possède une étincelle de foi, même la plus petite qui soit. C'est à partir de cette étincelle – d'où procède la foi dans le Créateur du monde – qu'il faut parler avec le Créateur, et ainsi développer sa foi. Car chaque conversation avec le Créateur est en soi une expression de la foi, même si on ne demande pas explicitement la foi. Et il est évident que si on demande quelque chose au

Créateur, il faut avant tout demander la chose la plus importante qui soit dans la vie : la foi.

Rabbi Nathan de Breslev – puissent ses mérites nous protéger – a composé un livre très volumineux où il a réuni ses prières, et qu'il a nommé *Likouté Tefilot* (Anthologie de prières). Mais celui-ci n'est qu'un infime extrait de toutes les prières et supplications qu'il formula tout au long de sa vie... Et il suffit d'étudier attentivement ce livre pour se rendre compte qu'il demandait surtout la foi, plus que toute autre chose. À plusieurs reprises, parmi d'autres expressions similaires, il s'exclame : « Maître du monde, donne-moi la foi ! »

Il faut se souvenir que rabbi Nathan était fils et petit-fils de saints, qu'il grandit dans la sainteté et la pureté ; marié à l'âge de 13 ans, il protégeait ses yeux même chez lui – dans une pièce fermée ! Il était doté d'une érudition exceptionnelle, d'une rare expertise dans le Talmud et les décisionnaires déjà depuis son jeune âge. C'était un génie, un *Mékoubal*, etc., aucune discipline de la Torah ne lui était étrangère, et il poursuivit l'œuvre de rabbi Nahman de Breslev. Pourtant nous constatons qu'il multipliait ses supplications pour mériter la foi, plus que tout au monde ! Chacun apprendra de son exemple que même s'il lui semble qu'il possède la foi – tant que celle-ci ne lui procure pas une belle vie, de la joie, du calme, de la tranquillité, de la patience, la paix avec les créatures, et ainsi de suite – il est évident qu'il devra demander et implorer encore et toujours la foi.

Sachez donc que si vous croyez, c'est parce que Dieu vous a gratifié de ce présent. Vous ressentez que la foi vous manque ? Ne vous culpabilisez pas ! Demandez à Dieu : « Donne-moi la foi, aie pitié de moi, aide-moi, Créateur du monde. D'où pourrais-je obtenir la foi ? Tout provient de Toi ! Rien n'existe hormis Toi ! Il n'y a qu'une seule source pour tout : cette source, c'est Toi. »

Et Dieu m'a permis d'arriver à la conclusion que c'est le fondement d'une belle et douce vie : croire qu'on reçoit la foi de Dieu, sans s'enorgueillir pour autant. Si vous avez la foi, c'est le signe que Dieu vous l'a donnée en cadeau : dites « merci » ! C'est LE cadeau de ce monde. Car sans la foi, il n'y a rien. Quand un homme reçoit la foi, il reçoit tout, toute la belle vie de ce monde. Il reçoit la joie, il est épargné des inquiétudes, des peurs, de la tristesse et des maladies de l'esprit. Il reçoit la paix dans son ménage, il parvient à éduquer ses enfants sans problèmes, sa subsistance lui est assurée, car la foi, c'est le fondement de tout ! Et toute bonne chose est un résultat de la foi.

Un juif qui roulait en voiture m'a reconnu au milieu d'un isolement. Il s'arrêta, descendit de son véhicule et s'approcha. Il se présenta en me disant qu'il était *Roch Yéchiva*. « Sachez », me dit-il, « que sans vos disques, ma vie n'aurait eu aucun sens, je vis grâce à eux. Sans eux je ne pouvais ni enseigner ni donner de cours. Mais depuis que je les écoute, j'ai acquis une certaine force avec les jeunes, et mes enseignements sont devenus plus vivants. »

20 – Ils ont attendu six ans

Avant la fin de la rédaction de ce livre, j'ai revu un juif qui était déjà venu me consulter il y a quelque temps. Depuis six ans qu'il était marié, il n'avait toujours pas d'enfants. Je lui ai dit de ne plus demander des enfants, mais seulement de dire merci. Et il est venu m'annoncer la naissance d'une fille. Je lui ai alors proposé d'écrire son histoire. La voici :

Bonjour,

Pendant les six premières années de notre mariage, nous avons en vain attendu un enfant. Durant toutes ces années, nous n'avons presque pas cessé de prier. Et pas seulement nous, car nombreux sont ceux qui se sont joints à nous. Bien entendu, nous avons tout essayé : les Psaumes, les prières, les *segoulot* (acte favorable), et aussi les soins, les docteurs, la médecine naturelle, etc.

J'avais déjà entendu parler de rav Arouch, je connaissais ses livres, et il m'arrivait parfois de me rendre à ses cours. Ses idées m'étaient proches, mais j'avais du mal à accepter sa conception du remerciement et des louanges. Je me demandais comment nos saints patriarches et matriarches priaient. La prière n'avait-elle pas toujours accompagné le peuple d'Israël au fil des générations ? Notre maître Moïse n'avait-il pas prié avant la sortie d'Égypte ? Les enfants d'Israël n'avaient-ils pas imploré le Ciel lors de la conquête de la terre d'Israël et en exil ? Comment cesser de prier quand on est en proie aux tourments – et seulement remercier ?

Au cours d'un voyage à Ouman, pour Roch HaChana 5775 (2015), j'ai prié bien entendu à ce sujet. C'est en rentrant en Israël que j'ai eu l'occasion de découvrir un feuillet de rav Arouch, publié par *'Hout chel 'Hessed*, dans lequel il répondait précisément à mes questions sur le remerciement et les louanges.

Pourtant, je n'avais pas encore mérité de remercier comme il le fallait.

Plusieurs mois plus tard, avant *'Hanouka,* je me suis rendu chez rav Arouch pour lui demander conseil et recevoir sa bénédiction,

Il me dit : « Dorénavant, vous et votre femme, arrêtez de prier : dites seulement "merci". »

J'ai posé la question : « On ne demande rien ?

– On ne demande rien ! »

Et le rav ajouta : « Je vous promets que d'ici un an vous aurez le mérite de voir votre premier enfant. »

Avant de le quitter, j'ai interrogé le rav : « C'est une promesse ?

– Oui, mais il faut seulement remercier. »

En sortant de chez le rav, j'ai déjà ressenti un grand soulagement. Prier sur un sujet déterminé pendant une longue période peut devenir pesant. Se contenter de remercier m'apparut comme un heureux changement. Le même jour, je me suis rendu dans un champ et j'ai commencé à remercier. En rentrant à la maison, je rapportai à ma femme le conseil du rav, et elle l'accepta également.

Peu à peu, nous avons commencé à réaliser qu'il y avait un bien dans le fait de ne pas avoir encore eu le mérite d'engendrer. Lentement, nos remerciements ont renforcé notre foi que tout ce que Dieu fait pour nous est seulement bon. Dieu sait bien sûr mieux que nous ce qui est bon pour nous. Notre travail sur le remerciement nous conduisait déjà à des sentiments meilleurs et positifs.

Après plusieurs semaines, nous avons appris la bonne nouvelle : ma femme était enceinte ! Béni soit le Créateur !

« Ouvrez-moi les portes du salut, je veux les franchir et rendre hommage au Seigneur. » Ma femme aimait beaucoup le prénom Odaya – qui signifie littéralement : « Je rends hommage au Seigneur » – et m'en parlait depuis longtemps en me confiant qu'elle voulait appeler ainsi sa fille. « Je Te rends grâce pour m'avoir exaucé, Tu as été mon Sauveur. » C'est grâce au remerciement et aux louanges que Tu m'as exaucé – Tu m'as exaucé dans ma misère, et c'est dans Ta grande compassion que Tu m'as ouvert les portes du salut. Dieu merci, nous avons appris ensuite la bonne nouvelle, et à sa naissance nous l'avons appelée Odaya.

Merci à Dieu ! Merci à rav Nahman et à son disciple rav Nathan qui nous ont transmis de telles paroles. Merci aux Justes, merci à rav Arouch, puisse Dieu le protéger, afin qu'il continue à propager et à enseigner la sainte connaissance.

A. A.

Puisque l'auteur de cette lettre témoigne qu'il fut positivement influencé par la lecture de notre feuillet, voici l'essentiel de l'article publié avant les fêtes de *Soukot* 5775 (2015) :

« Le bien authentique, absolu et unique dans ce monde consiste à se rapprocher et à s'attacher à Dieu. À l'opposé, l'éloignement de Dieu est le mal, le vrai danger, à l'origine des tourments dans ce monde. Si un homme est riche et qu'il s'enorgueillit et s'éloigne de Dieu, en vérité c'est très mauvais pour lui. Mais s'il est pauvre, et que sa pauvreté le rapproche de Dieu, il pourra se repentir et mériter de remercier Dieu pour ses "tourments" qui sont de véritables présents. Lorsque l'homme est privé de ce qui lui permet de recevoir l'abondance de biens tout en restant lié à Dieu, cette privation est la meilleure des choses pour lui, car elle va l'attacher à la foi et à l'humilité, et l'éveiller à rechercher sa finalité. Par conséquent l'homme doit multiplier les remerciements à Dieu pour toutes les privations qu'il aura endurées jusqu'à ce jour. Car tout ce qui lui est arrivé était pour son bien éternel, selon la sagesse du Créateur du monde.

Si cela est ainsi, pourquoi prier pour combler nos manques, puisque tout est pour le bien ?

Le travail sur le remerciement et les louanges a pour objet tout le passé, jusqu'à ce moment précis, jusqu'à cette seconde. Dorénavant il faudra s'employer à créer des réceptacles pouvant recevoir l'abondance de biens par le biais des prières, comme nous l'avons appris très souvent au nom de notre saint maître dans l'enseignement 102 : "Comment pouvons-nous faire descendre l'abondance de biens, sinon par le recours à la prière, car les mots des prières sont les réceptacles pour recevoir l'abondance."

Si jusqu'à présent, vous n'avez pas réussi à étudier la Torah ou à vous lever suffisamment tôt pour participer à un office public, c'est signe que c'est le mieux qui soit pour vous, car si vous aviez réussi à tout accomplir selon vos désirs, vous pourriez sombrer dans l'orgueil. Or vous ne possédez pas encore les réceptacles requis pour le mériter, et Dieu vous en empêche. Mais à présent, comme vous remerciez Dieu de tout cœur pour tout ce qui vous arrive jusqu'à ce moment précis, vous entrevoyez à quel point vous ne pouvez maîtriser votre mauvais penchant sans Son aide. Et vous réalisez la force de votre mauvais penchant et votre insuffisance à le dominer. À présent que vous vous renforcez dans votre volonté et dans votre désir de vous rapprocher de Dieu, vous construisez les réceptacles pour étudier la Torah et accomplir tous les commandements. Et ainsi, vous vous attachez à Dieu par le biais de la Torah et des préceptes – sans vous en éloigner, que Dieu nous en préserve. Après avoir bien compris le lien prodigieux entre les deux travaux fondamentaux que sont le remerciement et la volonté, passons à leur juste utilisation.

Il faut savoir que ces deux travaux – remercier Dieu pour ce qui semble mauvais, et renforcer sa volonté – sont réellement les deux armes les plus fortes dont l'homme dispose pour traverser ce monde en paix. Et il est d'autant plus important de savoir comment les utiliser à bon escient, comme le suggèrent les paroles de notre saint maître dans l'enseignement 2 : "La prière est à double tranchant : d'un côté on loue Dieu, et de l'autre on demande la satisfaction de nos besoins. Cela selon l'image qu'en donne le verset (*Psaumes* 149,6) : 'Une épée à deux tranchants dans leur main.' À savoir que la prière – qui est l'arme essentielle du juif – repose sur deux fondements qui sont les louanges au Créateur du monde et les requêtes, pour répondre aux volontés et aux désirs."

Mon expérience personnelle avec les élèves m'a amené à constater que très souvent l'homme se trouve dans une telle situation spirituelle que bien qu'il sache qu'il doit dire "merci" pour tout, et qu'il comprend intellectuellement que tout est pour le bien, il n'est pourtant pas prêt à remercier avec joie, ni à se réjouir de tout ce qu'il subit. La lumière de la foi n'a pas d'influence et ne brille pas pour lui.

Le Dispensateur de la connaissance m'a permis de comprendre que dans de telles circonstances, la sagesse consiste à travailler sur la volonté. Si l'homme constate qu'il ne peut parvenir à la joie dans son travail sur la foi et le remerciement, il doit se renforcer dans le travail sur sa volonté en disant à Dieu : "Je veux croire que tout est pour mon bien. Je veux croire que rien n'existe hormis Toi, que tout est selon Ta volonté. Je veux croire que Dieu est seulement bon et bienfaisant et qu'Il fait tout pour mon bien. Je veux dire merci de tout cœur, je veux être joyeux, je veux croire en Dieu, je veux me repentir totalement..." Il continuera ainsi à renforcer sa volonté en l'exprimant avec ses lèvres. J'ai vu de mes propres yeux que lorsque l'homme est ferme dans sa volonté, tout s'ouvre devant lui et il retrouve la joie. Car quand il réalise qu'il est plein de bonnes résolutions, cela lui donne la force de se réjouir même sur ce qu'il a raté dans le passé. Notre saint maître nous a enseigné que par le biais de la foi on peut arriver à la volonté, qui est supérieure à la sagesse, comme l'explique rav Nahman dans ses *Entretiens* (lettre 32) : "Il faut se renforcer dans la foi sans s'engager dans aucune recherche philosophique... Lorsqu'on se limite à la simple foi sans s'embourber dans ces recherches, on peut mériter de recevoir l'aide divine sous la forme de la volonté, laquelle est au-dessus de la sagesse, car en vérité la sagesse de la sainteté est au-dessus de la foi..." Il est écrit dans le préambule au *Sefer HaMidot* que lorsqu'un attribut influe sur un autre, l'influence est réciproque. Par conséquent, de même que la foi éclaire la voie de l'homme et le dirige vers une volonté authentique et des désirs divins, le travail sur la volonté renforce également celui sur la foi, et cette dynamique a le pouvoir de redonner la joie à l'homme.

Il importe de connaître un principe supplémentaire et central :

Il faut savoir quand il faut se limiter à dire "merci" – et quand prier et adresser des requêtes. Confronté à un grave problème, une grande difficulté, pour lesquels l'homme prie depuis des années, ou lorsque sa situation est tellement embrouillée qu'il ne voit aucune issue – par exemple dans le cas d'un célibataire endurci, d'un couple sans enfants, de sévères jugements célestes ou terrestres, un contexte économique catastrophique, et ainsi de suite – on dira "merci" une demi-heure chaque jour, sans rien demander. Car si on sollicite une faveur, on risque de tomber dans les pleurnicheries et la tristesse.

Outre cela, il faut également présenter une requête dans le domaine spirituel, comme nous l'avons expliqué. Par exemple pour protéger ses yeux : chacun doit consacrer une demi-heure chaque jour à implorer avec insistance d'avoir le mérite de protéger ses yeux, et de ne pas être trompé par de vaines illusions. Chaque jour il faut formuler une demande précise. Bien entendu, il faudra avant tout remercier sur le sujet en question, car c'est ce qui éveille et rapproche l'homme de Dieu. Mais il Lui demandera également de l'aider. Dieu m'a donné le mérite de développer cette approche dans *À travers champs et forêts* et *Mon alliance de paix.* »

21 – Le remerciement transforme la réalité !

Un bon juif issu d'une maison orthodoxe s'est rapproché de nos livres et de nos enregistrements, et Dieu merci, il effectue journellement une heure d'isolement et commence à vivre au paradis déjà dans ce monde. Il m'a raconté avoir dit à sa femme : « Concrètement, notre vie n'a pas changé. On a aujourd'hui les mêmes problèmes, les mêmes dettes qu'avant. Mais il y a une transformation radicale : auparavant, chaque difficulté m'entraînait dans des confusions sans fin, dans des colères, dans une grande tristesse ; j'étais très nerveux et déprimé. À présent, que j'ai la foi, je suis toujours joyeux : je remercie sans arrêt... »

Très souvent, le remerciement affaiblit parce qu'on ne voit aucun résultat immédiat. Mais il faut savoir que c'est le remerciement lui-même qui est le résultat et le salut. Le remerciement est la vérité, et plus on se rapproche vraiment de l'essence du remerciement, plus on va de l'avant, et plus on voit des miracles et des délivrances.

L'homme doit donc bien savoir que lorsqu'il dit « merci » pour un manque, qu'il accepte tout avec la foi, qu'il est heureux de son lot et qu'il annule sa volonté devant celle de Dieu, des miracles peuvent survenir ! S'il croit vraiment en Dieu, dit vraiment « merci » et prie pour l'avenir avec une foi parfaite, il déclenche une dynamique de délivrances. Mais il faut aussi savoir que certaines choses nécessitent du temps pour se transformer, et il n'est pas certain qu'il verra la délivrance comme il se l'imagine, mais comme Dieu aura décidé que c'est le mieux pour lui. Le salut fondamental est qu'il fasse ce que Dieu veut qu'il fasse. Dieu veut que l'homme croie en Lui – et qu'il le manifeste. Le résultat est qu'il vivra dans la foi et dans la joie.

22 – Le cadeau que j'ai reçu de Dieu

J'ai appris et ressenti dans ma chair le principe que dire « merci » à Dieu est la porte vers la délivrance pour chacun, et de cela, je Le remercie jusqu'à ce jour. Il y a près de trente ans, Dieu, par un enchaînement de causes et d'effets, m'a donné le plus grand cadeau qui soit : des dettes. Pas de petites dettes de quelques milliers de dollars, mais des dettes énormes de plusieurs centaines de milliers de dollars, qu'il était impossible de rembourser d'après les seules lois de la nature. J'ai effectué un examen de conscience et j'ai compris que selon la règle voulant que les souffrances ne viennent pas sans faute, je devais évidemment réparer quelque chose dans ma spiritualité – une chose qui était à l'origine de mes dettes. Chaque solution à laquelle je me raccrochais était illusoire, chaque effort était vain : je réalisai que ces dettes étaient comme un arbre, et c'était comme si, lorsque je coupais une branche, d'autres poussaient à sa place. Je finis par admettre que la seule issue – radicale – ne pouvait passer que par la prière et le repentir.

Je fus encouragé par un ami qui devait une certaine somme à un rav. Ce dernier lui dit que d'après les usages en cours, il devait quitter la *Yéchiva* et aller travailler, jusqu'au remboursement total de ses dettes. Cet homme était très pur : il effectua un isolement, raconta à Dieu ce que le rav lui avait dit et Lui demanda conseil sur ce qu'il devait faire. Dans Sa grande mansuétude, Dieu lui conseilla de travailler chez Lui. Il Lui dit qu'au lieu de chercher des petits emplois occasionnels et de sacrifier beaucoup de Torah et de prières, il travaillerait chez Dieu béni soit-Il ! Combien de temps dure une journée de travail ? Huit heures ? Il effectuerait chaque jour huit heures d'isolement et le reste du temps, il étudierait. Il agit ainsi. Chaque jour il allait dans les champs travailler pour Dieu, en isolement, prières et remerciement. Et il réussit à rembourser très vite ce qu'il devait !

Cet ami avait des dettes relativement minimes en comparaison des miennes, et cela m'a renforcé ! Moi aussi j'irais travailler pour Dieu ! Quand on me disait que je devais aller travailler ou demander l'aumône, je n'argumentais pas. J'allais faire ce qu'on me demandait : aller travailler chez Dieu, solliciter des aumônes auprès de Dieu. Il m'était évident que Dieu béni soit-Il est vraiment le seul qui pouvait résoudre mon problème, en particulier pour une somme aussi importante – à tel point que même si je voulais la rembourser par mon travail ou par des dons, je n'aurais jamais pu finir de les rembourser.

J'ai commencé à effectuer quotidiennement une heure d'isolement sur les dettes. En premier lieu je remerciais pour le grand présent que Dieu m'avait donné en m'endettant. Car j'avais clairement compris que c'était un prodigieux cadeau qui me forçait à me rapprocher de Dieu encore et toujours davantage. De ces souffrances, je gagnais immédiatement deux choses :

a) La motivation de prolonger mes prières et de les dire du fond du cœur, ce à quoi j'arrivais rarement avant mes dettes. Car il est évident que lorsque l'homme se trouve dans une situation aussi terrible, il n'éprouve aucune difficulté à prier avec ferveur, de tout son être, et crier vers Dieu de toutes ses forces. J'ai ressenti ainsi une grande délivrance en constatant que mon cœur s'éveillait et profitait de l'isolement comme il le fallait – et non pas comme cela arrive souvent : une routine effectuée dans un demi-sommeil, accompagnée de négligence et de paresse. Suite à quoi, je vis une grande différence entre l'isolement d'avant et d'après mes dettes. Pour cela je remerciai Dieu de m'avoir endetté, car c'est grâce à cela que je me suis rapproché de Lui – ce qui est la meilleure des choses dans ce monde.

b) J'ai constaté que grâce à tous ces isolements effectués à propos de mes dettes, Dieu m'a donné le mérite de comprendre un autre principe, un autre concept, d'autres choses que je devais corriger et sur quoi me repentir. Il en résulta que je me rapprochai encore davantage de Dieu à cause de mes dettes, ce qui me remplit d'une grande joie. Pour cela également je disais chaque jour « merci » à Dieu.

En résumé, j'ai pu voir comment mon niveau spirituel s'est amélioré du fait de ces dettes, de la prière et du repentir. Cela m'a insufflé une immense joie et la volonté de remercier Dieu journellement. Je disais : « Comme c'est formidable d'avoir des dettes ! Comme c'est merveilleux de se repentir ! »

Rien ne peut autant réjouir que le rapprochement de Dieu, comme le dit le roi David, puisse-t-il reposer en paix (*Psaumes* 73,28) : « La proximité du Tout-Puissant fait mon bonheur... » Car de quoi peut-on vraiment prendre plaisir dans ce monde ? Même si on disposait d'une très grande richesse, cela n'apporterait aucune joie du fait de l'amertume de ce monde, et cela n'annulerait pas le reste des inquiétudes et des peurs. Quelle joie y a-t-il ici-bas, sinon la foi qui génère le bonheur et le calme, la foi en la présence du Créateur, qui veille sur Ses enfants et les gratifie du bien ? J'ai donc multiplié mes remerciements sur les dettes au début de chaque isolement, car rien ne rapproche davantage du Saint béni soit-Il que le travail du remerciement.

Et comme j'ai analysé tout le problème avec la foi, je me suis beaucoup réjoui de ces dettes. Je dansais de joie à chaque occasion : les gens qui me connaissaient et étaient au courant de ma situation étaient stupéfaits – pourquoi danse-t-il ? Avec de tels tourments, il danse et rayonne de joie : peut-être est-il devenu fou, que Dieu nous en préserve...

Je leur répondais par ce qui est écrit dans les *Sipourei Ma'assiot* (13e histoire) : « Je vis une belle vie, je ne manque de rien, et quelle est cette belle vie ? J'ai des dettes. » Et je chantais de tout cœur : « Merci mon Dieu pour tous ces présents que Tu m'envoies. »

Ces dettes ne m'ont pas du tout troublé ! Je crois désormais d'une foi parfaite que la Providence divine ne commet aucune erreur. J'avais compris que ces dettes étaient certainement pour mon bien. J'appelais ces dettes des « baisers » de Dieu. Je renforçais également ma femme – puisse-t-elle avoir une longue vie – et je lui disais qu'assurément on n'en finirait avec les dettes qu'en affrontant une telle épreuve avec la foi, en travaillant sur le remerciement à Dieu, sur la prière et le repentir. Et lorsque nous en serions libérés, nous serions de prodigieux réceptacles de foi, de confiance, de remerciement et de louanges qui nous accompagneraient tout au long de notre vie.

Après mes nombreux remerciements à Dieu, je prolongeai mes prières afin qu'Il me dévoile pourquoi j'avais mérité cette punition. Et qu'Il me donne le mérite de me repentir et de tout réparer, pour être digne de corriger cette faute chaque jour, jusqu'à sa réparation définitive. Comme celle-ci m'était inconnue, l'essentiel de ma prière restait général :

« Maître du monde ! Tu es le seul à savoir ce qui a causé ma punition. Notre maître nous a enseigné qu'il existe bien une faute que l'on doit corriger par des dettes, mais il ne nous a pas révélé laquelle. Maître du monde, Tu n'ignores rien ! De grâce, aie pitié de moi, pardonne-moi, excuse-moi, envoie-moi l'expiation de cette faute, donne-moi le mérite de me repentir et de corriger cette faute. En attendant, je Te demande d'être longanime avec moi. »

Ainsi pendant une longue période j'ai prolongé mes prières pendant au moins une heure chaque jour, et j'ai commencé à suivre la voie du remerciement et des louanges. Au début, en m'adressant à Dieu, je n'omettais aucun détail de mon endettement. C'est seulement après L'avoir minutieusement remercié, que je Lui demandais de m'aider à diriger mon cœur. Et à chaque fois je voyais des miracles, des délivrances et la main de la Providence, et après presque une année de travail d'isolement journalier – Dieu m'aida à en finir avec toutes mes dettes !

Car il faut savoir que l'homme ne souffre qu'à cause des jugements et des rigueurs qui le poursuivent, et qui proviennent de la fureur divine. Pourquoi ne s'éveille-t-il pas pour comprendre qu'il doit corriger et réparer ? Par exemple au sujet de dettes, au lieu de se repentir, on préfère les expliquer par la nature ou le hasard. Ce qui éveille dans le Ciel une grande colère, ainsi qu'il est écrit dans la section des Remontrances : « Si malgré cela, au lieu de M'obéir, vous vous comportez hostilement avec Moi (*bé-kéri* – accident, hasard), Je procéderai à votre égard avec une exaspération d'hostilité et Je vous châtierai à Mon tour sept fois pour vos fautes » (*Lévitique* 26,27-28).

Lorsque l'homme est poursuivi par des jugements, ces derniers se concrétisent par toutes sortes de tourments, jusqu'à ce qu'il s'éveille pour revivre et comprendre qu'il n'existe aucune souffrance sans faute. Dès qu'il entreprend de se repentir, les décrets qui pesaient sur lui sont aussitôt annulés, et ses souffrances disparaissent avec eux. Par conséquent, celui qui se repent chaque jour – même s'il n'a pas encore tout réparé, et bien que sa situation matérielle soit lamentable – n'éprouve aucune douleur, la foi l'éclaire et il déborde de joie. Comme on doit se garder de causer la moindre peine à quiconque en raison de ses dettes, on priera Dieu afin qu'il l'aide à rembourser peu à peu : ainsi, il ne sera pas poursuivi par les hommes et Dieu l'aidera à s'en libérer facilement et rapidement.

Si je m'étais accusé, si j'avais accusé ma femme ou autrui, etc., je serais devenu tendu, triste, découragé. Je me serais déclaré coupable et me serais senti misérable. Je n'aurais voulu qu'une seule chose : qu'on me comprenne et qu'on ait pitié de moi, etc. Si j'avais décliné toute responsabilité et fait souffrir les autres, je n'aurais pas remboursé ces dettes aussi rapidement. Et qui sait si j'aurais mérité de sortir de ce cycle infernal, et quels autres tourments m'auraient attendu en raison des souffrances que j'aurais causées à autrui. Si j'avais agi ainsi, il est évident que je n'aurais pas reçu les merveilleux présents dont Dieu m'a gratifié. Je n'aurais pas écrit *le Jardin de la richesse*, *le*

Jardin de la foi, le Jardin des louanges, À travers champs et forêts, le Jardin de la sagesse, le Jardin de la paix, le Jardin du désir, le Jardin de la connaissance, Mon alliance de paix, l'Arbre de la connaissance et d'autres livres qui ont été diffusés à des centaines de milliers d'exemplaires de par le monde. Je n'aurais pas fondé des *Yéchivot* ni rapproché des gens éloignés de la foi. Je n'aurais pas sauvé de nombreux endettés que j'ai justement guidés et affranchis de grandes dettes, etc.

Tout cela, j'ai pu le réaliser grâce au mérite de la foi que Dieu m'a donnée et par la conviction que tout est pour le bien et qu'Il voulait me rapprocher de Lui. C'est pour avoir suivi le chemin du remerciement et des louanges, et ne pas avoir relâché mon service de Dieu dans la joie. J'y suis parvenu en parlant au Créateur avec le seul et unique but de Le remercier pour tout ce qu'Il fait, et en essayant de comprendre comment me rapprocher de Lui à travers mes difficultés. Et c'est ainsi que j'ai mérité que Dieu me délivre aussi facilement et que j'ai pu m'acquitter de dettes colossales.

Telle est la finalité de toutes les difficultés et privations que le Saint béni soit-Il envoie à tout homme : l'éveiller à la prière et le rapprocher du Créateur du monde. Personne ne recherche les souffrances et les difficultés, mais devant un manque ou une douleur – comme une maladie, des dettes, un divorce, la stérilité, etc. – il faut considérer le but, et savoir qu'il est entièrement bon. Et on verra que toute l'intention du Créateur est seulement notre bien : apprendre la foi et Le connaître davantage, béni soit-Il. En comprenant quelle est la finalité de toute épreuve, difficultés et souffrances disparaissent. À l'opposé, on se remplit de joie devant le grand bien qui y est caché, et on commencera à louer Dieu de tout son cœur, en saisissant cette occasion pour s'éveiller, multiplier ses prières et se rapprocher de plus en plus de Lui.

Après quoi, on reconnaîtra que sans ces souffrances, notre venue dans ce monde aurait été vaine et insensée, car on aurait alors vécu dans une complète obscurité. Chacun devra donc exprimer sa gratitude vers Dieu pour les souffrances que la vie lui apporte.

23 – Il dit « merci » et reçoit des indemnités

Un homme me rencontre et m'interpelle : « Honoré Rav ! Finalement, je parviens à vous rencontrer ! Vous ne me connaissez pas, mais je suis votre élève depuis déjà longtemps grâce aux CD et aux livres, et je voudrais vous faire partager les miracles et les prodiges que j'ai vécus... » Il me raconta alors qu'il avait été très endetté et qu'il n'avait trouvé aucun moyen naturel pour s'en libérer. Mais il écouta un enregistrement où je disais qu'il faut croire que tout est pour le bien. Il se renforça dans cette voie et commença à chanter devant Dieu, selon les instructions du CD, et il parvint à chanter pendant deux heures successives : « Je n'y comprends rien, je n'y comprends rien, mais je crois – oui, je crois – que tout est pour le bien. Merci beaucoup à Toi, Dieu béni sois-Tu, pour les dettes que Tu m'as données... »

Il comprit que selon la logique, sa situation n'était pas très brillante, mais d'après la foi, il était certain que tout était pour le bien. Il se renforça donc dans le chant, pour chanter encore : « Je n'y comprends rien, mais je crois que tout est pour le bien. » Sa femme l'entendant chanter et dire merci pour les dettes, lui demanda : « Qu'est-ce qui t'arrive ? Tu te sens bien ? Tu dis merci pour nos terribles dettes ? »

Il répliqua : « Tu as raison. Comme tu le vois, notre situation est très mauvaise ! Mais ma chère femme, il faut que tu écoutes le CD *Cesse de pleurnicher*, et toi aussi tu te renforceras dans la foi que tout est pour le bien. Toi aussi tu chanteras avec moi. » Et il ajouta : « Il n'y a rien à faire, je dois être fort dans la foi que tout est pour le bien, car seul Dieu peut me sauver et m'aider dans cette situation douloureuse. »

Il se renforça ainsi et la délivrance arriva ! Comment ? De nombreuses années plus tôt, son père avait été détenu dans les geôles syriennes. Il s'avéra soudain qu'il y avait un moyen de recevoir des indemnités. Son père entreprit toutes les démarches et lorsqu'il reçut une réponse positive, il l'appela et lui dit : « Mon fils, prends tout l'argent des indemnités, et paie tout ce que tu dois avec... » Il est évident que ces chants y avaient contribué...

Comme je l'ai écrit dans *À travers champs et forêts*, il est très important de chanter et de jouer de la musique. Très simplement. Car la raison pour laquelle nos Sages, de mémoire bénie, nous ont transmis les bénédictions du matin, celles des jouissances, les *Psoukei DéZimra* (versets chantés) et les prières : tout cela est pour nous habituer à nous souvenir que dans l'obscurité de ce monde matériel, la finalité consiste à remercier Dieu, Le louer, Le chanter et L'exalter.

L'homme doit chanter pour Dieu, jouer d'un instrument, composer des mélodies ! Prendre plaisir à chaque mot de la prière, dire les bénédictions, les psaumes avec la mélodie appropriée, celle qui le réjouit. Il faut également chanter la prière des dix-huit bénédictions. Ainsi on orne la Présence divine d'une superbe parure et on adoucit tous les jugements.

Le pouvoir de la mélodie est très puissant pour éveiller le cœur de l'homme. Rabbi Nathan voyageait dans une carriole fermée et pouvait ainsi poursuivre son service de Dieu, son étude de la Torah et ses prières. Une fois, ses disciples l'accompagnèrent dans l'un de ses voyages. Arriva l'heure de la prière du matin et rabbi Nathan commença l'office. Ses élèves remarquèrent que leur maître priait sans enthousiasme et tristement. Cela dura un certain temps jusqu'à ce que petit à petit, rabbi Nathan commença à chanter un air joyeux. Ensuite sa joie augmenta de plus en plus jusqu'à ce que sa prière atteigne une telle ferveur, une joie si puissante, une union si belle avec Dieu qu'à leur passage, les paysans non juifs cessaient leur travail et couraient après la carriole pour écouter encore la merveilleuse mélodie qui s'en dégageait.

En arrivant à la prière silencieuse, rabbi Nathan était tellement absorbé dans son union avec Dieu, que ses disciples durent le porter hors du véhicule et le poser face au mur d'une auberge, afin qu'il puisse réciter les dix-huit bénédictions.

Lorsqu'ils poursuivirent leur route, les élèves l'interrogèrent : « Qu'est-il arrivé ? Comment êtes-vous passé d'une si grande tristesse à une telle joie et une telle ferveur ? » Voici ce que rabbi Nathan leur répondit : « Au début de la prière, je fus la proie d'un terrible chagrin. Je me suis ensuite souvenu des paroles de notre maître, selon lesquelles chacun doit se remémorer un air joyeux, et en particulier au moment de la prière. J'ai alors commencé à chanter un tel air, jusqu'à ce que la joie me saisisse, puis j'ai finalement récité toute la prière avec un bonheur très intense. »

Il est une chose incompréhensible dans le monde de la vérité : la prière, toute entière composée des cantiques et des louanges du roi David, de mémoire bénie, qui personnifiait le remerciement et le chant, est généralement récitée ici bas avec précipitation et sur un ton monotone. L'homme ne se rend pas compte de cette contradiction : il appelle le monde entier à chanter pour Dieu, comme il est écrit : « Remerciez Dieu ! Appelez Son nom ! Publiez Ses actions parmi les nations ! Chantez pour Lui ! Jouez-Lui d'un instrument ! Racontez Ses prodiges ! Je veux célébrer Dieu ma vie durant ! Chanter mon Dieu tant que j'existerai ! Louez Dieu dans les sphères célestes ! Louez-le vous tous, Ses anges ! Louez Dieu sur toute l'étendue de la Terre, monstres marins et vagues profondes... ! Jeunes gens et jeunes filles, vieillards avec les adolescents, chantez à Dieu un chant nouveau », et ainsi de suite. Mais lui, il ne chante pas du tout pour Dieu !

Il interpelle le monde entier et dit : « Que toute la Terre sonne des trompettes pour Dieu ! » – mais lui, au lieu de sonner dans une trompette, il marmonne rapidement les mots de la prière. Ou bien il dit : « Servez Dieu dans la joie. » Car on sait que le service de Dieu doit s'exprimer par une prière dite joyeusement. Il invite le monde entier à servir Dieu en priant joyeusement, alors qu'il s'en abstient.

Il dit encore : « Béni soit Celui qui créa le monde par Sa parole ! » Mais il ne prête aucune attention aux siennes, car il devrait ainsi bénir Dieu : « Maître du monde ! Merci ! Quel grand bienfait d'avoir créé le monde ! Merci beaucoup, Dieu, d'avoir créé le monde ! Quel merveilleux monde Tu as créé ! Quel monde prodigieux ! Grand merci... Béni soit Celui qui créa le monde par Sa parole ! »

Sachez que si les gens s'employaient à remercier et à chanter, les souffrances et l'exil seraient annulés et la rédemption serait déjà là. Car toutes les souffrances et les maladies ne proviennent que du manque de joie, de remerciements et de chants, ce qui provoque une très grande accusation à notre encontre. Dans le saint *Zohar*, il est écrit que l'essentiel de l'accusation céleste provient du fait que les gens ne remercient pas et n'ont aucune reconnaissance. C'est pourquoi le roi David ordonna de prononcer chaque jour cent bénédictions, axées principalement sur la louange, le remerciement et l'exaltation du Créateur du monde.

24 – D'Iran à la Terre d'Israël

Les histoires qui prouvent que la souffrance de l'homme ne provient que de son manque de foi sont légion. Elles sont même innombrables ; voici l'une d'entre elles. Un juif, qui habitait en Iran voyagea jusqu'à la Terre d'Israël, en particulier pour me rencontrer. En me voyant, il fut très ému. Après avoir assisté à l'un de mes cours, il raconta à la fin devant le public son histoire en langue perse. Et l'un de mes élèves traduisit ses propos :

Il avait été un important homme d'affaires, faisant d'énormes bénéfices qu'il investissait dans l'achat de propriétés. Mais leur valeur descendit en flèche et il perdit toute sa fortune. Il croulait sous les dettes et en devint très déprimé. Sa tante, qui vivait en Israël, lui envoya *le Jardin de la foi* traduit en perse. Il étudia le livre et commença à comprendre que tout provient de Dieu. Il décida alors de Le remercier pour tout ce qui lui arrivait.

Dans l'un des chapitres du livre, nous rapportons la *segoula* (acte favorable) suivante : celui qui effectue une heure quotidienne d'isolement pendant 40 jours successifs verra la délivrance. Il s'engagea donc à suivre le conseil dans sa langue, le perse... Et comme il est écrit dans le livre qu'il arrive parfois que l'on voie le salut avant la fin des quarante jours – par exemple après 14 jours – le quatorzième jour, il s'attendit déjà à voir quelque chose. Mais rien ne se produisit...

Son esprit commença à s'embrouiller et à douter : il se demanda s'il devait continuer ou non. Mais il se renforça et continua son heure de remerciements et de louanges, encore un jour, et encore un autre. Il arriva au vingt-sixième jour – rien. Le trentième jour – rien du tout. Jusqu'au trente-neuvième jour !

Il reçut alors un coup de fil de sa mère ! Cet homme avait fermé son portable pour ne plus être dérangé par ses créanciers qui le poursuivaient. Sa mère le joignit donc à la maison. Elle lui apprit que depuis déjà quelque temps quelqu'un le recherchait et ne réussissait pas à le contacter. Cette personne voulait lui proposer une grande affaire...

Il demanda à sa mère que cet homme l'appelle de nouveau, qu'elle lui communique le numéro de téléphone de son domicile...

C'était à la fin du trente-neuvième jour. Cette personne réussit à le contacter chez lui et lui exposa ses projets concernant une affaire qu'elle voulait monter avec lui. Une affaire gigantesque et très rentable qui lui permettrait de payer la moitié de ses dettes et de se remettre d'aplomb !

Ce juif poursuivit : « A cet instant, j'eus terriblement honte d'avoir douté de Dieu, et de m'être relâché ! »

Il effectua encore 40 jours d'isolement et vit d'autres miracles et prodiges. Il recommença une troisième fois ces 40 jours. Pourquoi ? Pour avoir le mérite de venir en terre d'Israël, me rencontrer et me dire merci... Telle fut son histoire.

En vérité, Dieu entendit sa prière et il réussit à gagner la terre d'Israël via la Turquie. Il rencontra un de mes élèves d'origine perse qui le dirigea vers le cours que je donnais à Ashdod, où il raconta son histoire avec une grande émotion.

Ce juif avait fait tant d'efforts pour parvenir ici, surmontant de grands dangers, seulement pour me voir, me baiser la main et recevoir une bénédiction ! Il retourna aussitôt en Turquie, et de là en Iran ! Et cela au prix de 48 heures successives de trajets et de vols ininterrompus !

J'ai rapporté ici cette histoire qui est l'une des milliers où l'on voit comment un homme acquiert la foi. Elle témoigne comment, dès qu'un homme commence à remercier Dieu pour ses tourments, ces derniers disparaissent. Il en résulte que la seule souffrance de l'homme, c'est d'être privé de la foi – comme on le voit dans cette histoire. De quels tourments n'a-t-il pas souffert ! Et au moment où il s'attacha à la foi et suivit la voie du remerciement, tout s'arrangea. Il suit désormais un doux chemin pour le restant de ses jours.

Un juif me demanda : quand viendra le vrai Messie ? Je lui répondis que nous n'avions pas besoin du Messie pour nous, mais seulement pour la révélation de la Royauté divine. Le Messie ne viendra pas pour en finir avec nos souffrances. Au contraire, quand nous comprendrons ce que les souffrances viennent nous enseigner, alors le Messie pourra arriver. Pour en finir avec les douleurs, il faut simplement étudier la foi : cette étude repousse aussi les douleurs. On connaît cette maxime : « Ne raconte pas tes malheurs au Saint béni soit-il, mais dis à tes malheurs que le Saint béni soit-Il est avec toi... » Ainsi on pourra dire à ses tourments : « Tourments, tourments ! Sachez que le Saint béni soit-Il est avec moi. » Et en un instant, Dieu les annulera.

Il est vrai que raconter ses misères au Saint béni soit-Il est aussi bénéfique. Mais en général, on sombre bien vite dans les pleurnicheries, on s'éloigne de la foi et on tombe dans l'hérésie. C'est pourquoi il faut renverser l'ordre : au lieu de raconter à Dieu qu'on souffre, on doit se dire que Dieu est ici, que Dieu est avec nous, que Dieu déclenche un enchaînement de causes et d'effets qui fera qu'au final, tout aura été pour le bien. Si on remercie Dieu pour les douleurs, en un clin d'œil on verra le salut. Cela s'appelle la foi. Et l'homme l'atteint lorsqu'il ne se trouble pas et n'a peur de rien puisqu'il sait que le Saint béni soit-Il est avec lui. Et quand il se repent, prie et dit merci, il vivra des miracles ! Pour toute peine, Dieu l'aidera à trouver une solution ! Car Dieu est sans cesse à ses côtés – cela s'appelle croire !

25 – Dire « merci » ouvre les portes

Un *Avrekh* (homme marié qui étudie la Torah) m'a raconté également qu'il était terriblement endetté. Il devait près de 1 200 000 shekels. Il ne savait pas quoi faire. Il se rendit donc dans la campagne pour prier à ce sujet. En chemin, il rencontra rav Brizel qui lui demanda de ses nouvelles.

Il lui parla de ses dettes et commença à pleurer : « Écoutez ! Je dois un million et deux cent mille shekels ! Je ne sais pas comment les régler ! » Le rav lui demanda : « En plein champ également, tu comptes pleurer devant Dieu pour ces dettes ? » Il lui répondit : « Oui, bien sûr, c'est pour cela que je suis venu ici : pour pleurer ! »

– Et depuis combien de temps te rends-tu dans les champs pour pleurer ?

– Depuis longtemps.

– Tes pleurs ont-ils servi à quelque chose ?

– Non, cela n'a servi à rien.

– Si tu veux m'écouter, ne pleure plus ! Contente-toi de remercier pendant une heure pour tes dettes... »

Cet *Avrekh* l'écouta, et après avoir remercié Dieu sans cesse deux semaines durant pour ses dettes, il reçut de quelqu'un, en cadeau, la somme colossale d'un million de shekels ! Il ne lui restait qu'un petit montant à sa charge, qu'il remboursa facilement. Ces faits ont été confirmés et vérifiés. Cela n'est pas une simple histoire : je connais personnellement les protagonistes

Comme il est écrit dans le saint *Zohar* : « Le Créateur du monde fait la volonté de quiconque sait remercier comme il convient le Créateur du monde. »

26 – Personne ne touche à ce qui est destiné à son prochain

Voici l'histoire d'un juif qui avait un magasin dans le marché de *Ma'hané Yéhouda* à Jérusalem. Il payait un loyer très élevé, mais son emplacement central lui permettait de gagner beaucoup.

Un jour, Dieu voulut lui faire un grand bien, et juste en face de chez lui, un concurrent ouvrit un magasin semblable au sien... Bien que personne ne touche ce qui est réservé à son prochain, Dieu fit en sorte que ses ventes ne cessèrent de diminuer. Et comme le loyer était élevé, les dépenses excédèrent finalement les bénéfices. Ce commerçant comprit alors que s'il restait là-bas, il finirait par tout perdre.

Ce juif consulta rav Chemoueli et lui raconta ce qui se passait : quelqu'un avait ouvert un magasin juste en face du sien et il lui prenait tous ses clients. Il était très énervé et lui confia que si avant son retour vers Dieu, quelqu'un avait commis un tel méfait, il n'aurait pas hésité à le tuer, et que son concurrent ne savait pas la chance qu'il avait... D'après ses dires, nous comprenons, bien évidemment, qu'il ignorait le véritable repentir, mais qu'il était à bouts de nerfs et très en colère... Et, Dieu merci, ce n'était pas un tueur...

Quoi qu'il en soit, le rav lui dit : « Que t'arrive-t-il ? Tout ce que Dieu fait est dirigé vers le bien. Ce que Dieu fait ici est pour ton bien ! Ce n'est pas ton concurrent, c'est Dieu ! » Le juif éprouva des difficultés à accepter cette explication, car il était très énervé : « Comment cela, Dieu ? C'est lui... » Mais comme il faisait suffisamment confiance à rav Chemoueli, il lui demanda ce qu'il devait faire.

Le rav lui répondit : « Tout est pour le bien. Ferme ton magasin et ouvre-le ailleurs, là où le loyer est moins élevé. Peut-être ne gagneras-tu pas autant que par le passé, mais au moins tu pourras assurer ta subsistance. Accepte ce décret avec amour... »

Ce conseil laissa notre homme en colère et frustré, mais il n'avait pas le choix : il était contraint de s'installer ailleurs, dans un endroit meilleur marché. Il chercha donc un autre emplacement, et après quelque temps, il ouvrit un nouveau magasin, non loin du quartier de Mea Chéarirn.

Et voici qu'au-dessus de son nouveau magasin, une vieille darne habitait toute seule. Le juif la remarqua, la prit en pitié et commença à lui fournir de la nourriture gratuitement, etc. De son côté, elle profita de cette aide jusque dans la gestion de son quotidien, et petit à petit, le commerçant en vint à régler ses factures, ses dettes, etc. Bref, il devint bientôt pour elle comme un fils et il s'occupa de tous ses besoins.

Un jour, la vieille darne lui demanda de lui consacrer un moment : elle voulait lui parler. Notre homme, très fatigué après sa journée de travail, pensa refuser. Mais il surmonta finalement cette épreuve et se rendit chez elle. La vieille femme commença à lui raconter l'histoire de sa vie, comment elle en était arrivée là, comment elle s'était retrouvée seule. Comme il regardait la montre avec impatience, la vieille dame lui dit : « Arrête de regarder ta montre ! Un peu de patience ! Tu m'as déjà beaucoup aidée, je te demande de me consacrer encore un moment. »

C'est alors que la vieille dame arriva à ce dont elle voulait l'entretenir : son oncle était décédé et lui laissait en héritage cinq millions de dollars. Comme elle était seule et n'avait personne d'autre que ce juif qui l'avait aidée depuis plusieurs années, elle avait décidé de lui céder tout cet héritage, à la seule condition qu'il l'investisse dans l'achat d'une salle à la *Yéchiva* pour l'élévation de son âme, et qu'on y étudie sans cesse la Torah...

Cette histoire fut connue lorsque ce juif vint chez rav Chemoueli pour acheter une salle de la *Yéchiva* qui soit dédiée à l'élévation d'une âme. Rav Chemoueli lui demanda : « Ne m'avais-tu pas dit que tu allais perdre tous tes biens ? » Le juif lui répondit : « Je vais vous raconter... » Il lui conta alors toute l'histoire et comment ce fut grâce à son conseil qu'il avait gagné de mériter une si grande fortune.

Le rav lui dit : « Comme je te l'ai dit, tout est dirigé vers le bien. Dieu béni soit-Il a vu qu'une grande somme t'était destinée, et Il enchaîna les causes et les effets, afin que tu la reçoives, en te forçant à quitter ton magasin de *Ma'hané Yéhouda* et à affronter toutes ces épreuves. Selon toi, tu allais tout perdre en abandonnant ce fonds de commerce qui réussissait si bien. Mais la Source de toutes les causes savait pourquoi tu devais subir toutes ces épreuves. »

Cet autre exemple témoigne que même lorsqu'on ne comprend pas, on doit avoir la foi que tout est pour le bien. Car à l'heure de l'épreuve, on ressent qu'il n'y a rien de pire que ce que l'on vit. C'est pourquoi il faut rejeter toute logique, s'accrocher à la foi que tout est pour le bien et remercier Dieu explicitement : « Merci, Dieu, de m'avoir donné un bon gagne-pain pendant tant d'années. Et je Te remercie maintenant de me faire déménager. » L'essentiel est de rester joyeux tout le temps, car l'homme doit annuler sa volonté devant celle de Dieu avec joie et bonne volonté. Et Le remercier de tout ce qui lui arrive, en bien comme en mal, que Dieu nous en préserve.

27 – Le « malchanceux » qui réussit

Afin de souligner ce point – que même ce qui nous semble le pire peut être le meilleur –, rapportons l'histoire célèbre du milliardaire qui ne savait même pas écrire son nom et signait ses chèques avec son empreinte digitale. Un jour, à sa secrétaire qui lui demanda impudemment comment il était parvenu à une telle richesse alors qu'il ne savait même pas écrire, il répondit : « Au contraire, si j'avais su écrire, je ne serais jamais devenu milliardaire... Je vais vous raconter ce qui s'est passé... »

Voici son histoire : ayant grandi dans une famille désunie, il n'avait appris ni à lire ni à écrire, et il ne trouva qu'à s'embaucher comme manœuvre dans une usine. Un jour, la direction décida de licencier leur personnel analphabète et de les dédommager. Or, comme il était heureux de son lot et croyait d'une parfaite foi que tout était dirigé vers le bien, Dieu l'aida.

Avec l'argent des indemnités, il ouvrit une échoppe pour y vendre du tabac. Il réussit, puis il en ouvrit une deuxième, ensuite une troisième. Il s'enrichit un peu, passa au niveau industriel et réussit tant et si bien qu'il devint milliardaire... Le milliardaire conclut : « Vous voyez que si j'avais su écrire, je serais resté un simple manœuvre à l'usine et je ne serais jamais devenu milliardaire... »

Cette histoire véhicule le même message : l'homme ne voit pas ce que Dieu voit, mais s'il possède la foi, il est tranquille et assuré que tout est pour le bien et provient de Dieu. Dieu agit – c'est bien ! Je ne comprends pas et ne sais rien, mais Dieu sait ce qu'il fait, et Il ne fait que le bien. Le mal n'existe pas dans le monde.

Pourtant, l'homme qui manque de foi décide que ce qui lui arrive n'est pas bien, il s'énerve et s'inquiète : « On m'a congédié de mon travail, que vais-je devenir ? » Non seulement il renie la Providence divine et particulière, mais cela le conduit à commettre encore d'autres fautes – la colère, la médisance, les malédictions – et qui sait où cela le mènera ? Jusqu'au meurtre, que Dieu ait pitié de nous, car nous apprenons – à notre grand regret – de tels faits divers tragiques presque chaque jour : on tue son prochain dans un accès de colère, pour défendre son honneur ou pour de l'argent.

Regardez en revanche l'homme croyant : combien de préceptes n'accomplit-il pas lorsqu'il accepte avec la foi tout ce qui lui arrive ? Outre le commandement de la foi elle-même qui est la finalité de sa venue au monde, dont la valeur est inestimable et grâce à laquelle il est toujours heureux de son lot et réjouit sa famille et tous ceux qui l'entourent, de plus, il mérite la longanimité, et s'épargne les plus graves transgressions. Il adoucit les rigueurs qui accablent le monde entier, jouit de la lumière divine et de la révélation du royaume de Dieu, fait résider la Présence divine dans ce monde, apaise et réjouit les créatures, etc.

Dans son commentaire sur la Michna (*Berakhot* 9,5), le *Rambam* écrit : « L'homme est tenu de bénir pour le mal comme il le ferait pour le bien. » À savoir accepter le mal avec joie, contentement du cœur, en annulant toute colère et en bénissant « Tu es un Juge équitable » avec la même sérénité que si on bénissait « Tu es bon et bienfaisant ». Comme nos Sages le déclarent : « Tout ce qui provient du Ciel est bon. » Pour une personne sensée, c'est une chose logique car – même si la Torah ne le mentionne pas explicitement – beaucoup de choses paraissent mauvaises à leur début, et à la fin elles se révèlent excellentes. Alors que beaucoup de choses apparaissent bonnes au début, mais s'avèrent désastreuses à la fin. Une personne sensée ne doit donc pas s'alarmer lorsqu'un drame s'abat sur elle, car elle ignore sur quoi cela va déboucher. De même, elle ne devra pas se réjouir trop vite d'une récolte qui lui semble bonne, parce qu'elle ne sait pas comment cela finira. Ces dernières paroles sont fondées sur le Talmud *Berakhot* (60a).

Illustrant cette même idée, le Talmud de Jérusalem (*Horayot* 3,4) rapporte l'histoire de Aba Yehouda qui labourait son champ, quand au milieu d'un sillon, sa vache s'enlisa et se brisa une patte. En l'aidant à se relever, Dieu lui ouvrit les yeux, et notre homme découvrit dans la glèbe un véritable trésor. Il se dit alors : « C'est pour mon bien que ma vache s'est brisé la patte. »

28 – La délivrance de la femme divorcée

Une femme divorcée et mère de plusieurs enfants me raconta qu'elle avait traversé des périodes très difficiles, avant, pendant et après son divorce. Son mari conspirait contre elle et sa famille, la laissant seule avec ses enfants. À cela s'ajoutaient les inquiétudes pour le gagne-pain et de nombreuses dettes. Elle souffrait atrocement et déprimait gravement : toute sa maison partait à la dérive et le pire menaçait ses enfants. Mais le Saint béni soit-Il eut pitié d'elle et, suite à un concours de circonstances, elle écouta l'enregistrement *Cesse de pleurnicher*. Pendant plusieurs semaines, elle consacra chaque jour une heure de remerciements sur le fait qu'elle n'avait pas de conjoint – et elle finit par en trouver un.

Lorsqu'on affronte toutes les épreuves de la vie avec la certitude que ce qui nous arrive provient de Dieu pour notre bien éternel – afin de nous rapprocher de Lui – on peut alors remercier et prier convenablement parce qu'on éprouve de la joie. On ne se sert de ses tourments que pour se rapprocher de Dieu, pour s'éveiller au remerciement, Le prier longuement et du plus profond du cœur, sans laisser le mauvais penchant troubler et obscurcir nos pensées.

En réalité, dans la majorité des cas quand l'homme n'affronte aucune épreuve ou ne manque de rien, il tombe dans une certaine léthargie et rien ne peut l'éveiller pour accomplir un authentique travail de repentir, d'examen de conscience, de prière prolongée, et ainsi de suite. C'est seulement lorsque survient un problème douloureux qui l'oblige à travailler sur lui, qu'il réagit...

C'est ce que j'ai voulu expliquer dans les livres *le Jardin de la foi*, *le Jardin des louanges* et dans les CD : la finalité des souffrances et des privations humaines est de s'éveiller à la prière. Par conséquent, bien que personne ne veuille subir ni manques ni tourments – comme quand on recherche un conjoint, ou qu'on se bat contre la stérilité, une maladie, des dettes, etc. – lorsqu'arrivent ces problèmes, on cherchera la finalité – toute entière bonne – et on réalisera qu'à travers toutes ces épreuves l'intention du Créateur n'était que pour notre bien : appeler au repentir ou effacer des fautes. Quand on examine la finalité, c'est-à-dire l'intention de Dieu béni soit-Il, toutes les souffrances disparaissent. Au contraire, on se remplit de joie devant le bien intense qui transparaît dans le sens profond de ces douleurs, et on commence à remercier de tout son cœur, car c'est pour l'homme une occasion d'éveil au renforcement dans la prière et au rapprochement continuel vers Dieu béni soit-Il.

Le but des souffrances n'est certes pas de s'affaiblir ou de s'attrister – que Dieu nous en préserve –, car tout ce que Dieu fait, Il le fait pour le bien. Et le bien des souffrances est de nous éveiller à la prière et au repentir – le mieux possible et davantage. Ainsi, on méritera de se rapprocher de Dieu, comme notre maître l'écrit (*Likouté Moharan* 65) : « Toutes les souffrances ne sont envoyées à l'homme que pour son bien, car Son intention est seulement bonne. »

L'homme qui commence à vivre dans la foi se met à goûter la douceur dans ce monde. Car la foi, outre qu'elle est la réponse à toutes les questions et difficultés, est également la solution essentielle à tous les problèmes du quotidien ! Lorsque la foi domine, tout est bien ! Le mal n'existe pas du tout.

Dès que l'homme commence à vivre dans la foi et qu'il demande au Créateur de le guider dans la vie, il se met à remercier pour tout : alors tout est excellent. Même les difficultés, épreuves et problèmes, tout se transforme grâce à la voie miraculeuse du rapprochement de Dieu.

Car le Créateur du monde sait tout, et tout ce que l'homme doit faire est de se tourner vers Lui et Lui demander : « Maître du monde ! Tu sais tout et Tu n'ignores pas ce que je dois réparer exactement et quelle est ma mission dans ce monde. Conduis-moi, enseigne-moi, montre-moi ce que je dois faire. Avant tout, donne-moi la foi que Tu diriges tout, et qu'il n'y a aucune erreur et aucun hasard dans la conduite du monde, mais que tout provient de Ta volonté – pour mon bien, afin que je me rapproche de Toi. »

Lorsque l'homme remercie, les décrets qui pesaient sur lui disparaissent. Pourquoi ? Parce qu'il s'annule complètement devant la volonté divine, comme l'écrit rav 'Haïm de Volozhin dans son livre *Nefech Ha'Haïm* (3ᵉ Porte, chap. 12) : « Voici un conseil prodigieux pour annuler tous les jugements qui pèsent sur nous et écarter toutes les pulsions qui ne demandent qu'à nous dominer ou à nous influencer : que l'homme fixe en son cœur que Dieu est vraiment tout-puissant et que rien n'existe hormis Lui, aucune force au monde, que tous les mondes, que tout n'est rempli que de Sa seule Unicité – que Son nom soit béni – et que l'homme annule absolument en son cœur toute autre pensée, et qu'il ne considère aucune autre force ou volonté dans le monde, qu'il ne subjugue et n'attache la pureté de sa pensée qu'au Maître unique béni soit-Il. Ainsi Il fera en sorte qu'automatiquement toutes les forces et tous les désirs du monde disparaîtront de lui et ne pourront avoir aucun effet sur lui. Comme la Michna nous l'enseigne (*Avot* 2,4) : "Annule ta volonté devant la Sienne, afin que la volonté des autres (= des rigueurs) s'annule devant la tienne." »

Il faut savoir ici un autre principe : avant que le Saint béni soit-Il n'accorde un présent à un homme, Il lui fait passer une épreuve. Comme le Ram'hal l'explique (*Da'at Tevounot* chap. 5) : « Une règle logique exige que pour chaque ascension que le Saint béni soit-Il veut accorder à l'homme ou au monde, Il ne l'accorde qu'à travers une réflexion profonde et secrète que l'homme appelle "souffrance", selon cette parole de nos Sages (*Berakhot* 5a) : "Le Saint béni soit-Il a donné trois présents à Israël dont il ne fut gratifié qu'à travers des souffrances." » Fin de citation.

29 – Écouter le CD des milliers de fois

Un *Avrekh* de notre *Yéchiva* entra dans un magasin qui venait d'ouvrir et s'entretint avec le patron : « Écoutez-moi ! Vous vous lancez, Dieu merci, dans une nouvelle affaire. Écoutez-moi attentivement. J'ai un bon conseil à vous donner pour réussir : chaque fois que vous verrez entrer un client, remerciez profondément Dieu. Si vous le faites, vous verrez la bénédiction. »

Le patron du magasin le regarda et lui dit : « Dites-moi, vous êtes venu m'enseigner comment dire merci ? Je vais vous raconter ce que signifie remercier ! » Et il commença à lui raconter les miracles qu'il avait vécus grâce au remerciement. Il lui dit qu'il avait été endetté jusqu'au cou et proche du désespoir. Par le biais de la Providence particulière, le CD *Cesse de pleurnicher* lui parvint. Cet enregistrement fut pour lui une réelle bouffée d'oxygène qui le revivifia. Il raconta l'avoir écouté plusieurs milliers de fois : « Je dis plusieurs milliers de fois, et je n'exagère pas ! » Il poursuivit que ce CD tourne chez lui vingt-quatre heures sur vingt-quatre – en mangeant, en conduisant, à la maison et même en dormant ! Il en était dépendant comme d'une drogue. Et bien entendu, il accomplissait ce qu'il entendait et ne cessait de remercier pour toutes ses dettes, en louant sans cesse Dieu.

À la fin il conclut : « Le résultat, vous le voyez devant vos yeux. Dieu merci, j'ai vu des miracles. Toutes mes dettes ont disparu comme si elles n'avaient jamais existé. Et de plus, j'ai fait de gros bénéfices, et c'est avec cet argent que j'ai ouvert ce magasin. Cette affaire est née des remerciements et des louanges. Alors vous venez me convaincre de dire merci ? » Cet *Avrekh* qui était venu pour le renforcer en est sorti lui--même renforcé.

Le commerçant raconta que certains clients lui disaient : « Cela suffit ! Changez votre disque ! » Il leur répondait : « Silence ! Cet enregistrement ne sortira pas d'ici ! Je ne veux entendre rien d'autre ! » Il chantait à Dieu des chants, comme il est dit dans l'enregistrement, et remerciait Dieu toute la journée !

Une des choses les plus stupéfiantes qui soient, c'est la profonde discrétion de ceux qui craignent Dieu pour tout sujet relatif à la prière individuelle et aux remerciements. Dire merci à Dieu est pourtant la finalité de la Création de l'homme, et tout le but de la Torah – qui enseigne à garder et à accomplir – est d'amener l'homme à remercier, comme il est rapporté dans les livres de notre maître (voir *Likouté Moharan* II-2) que l'essentiel du plaisir dans le monde à venir sera le remerciement. Ceci est corroboré par cet enseignement du Talmud : « Dans le futur, tous les sacrifices seront annulés, sauf celui du remerciement. » Il est encore écrit (*Psaumes* 50,23) : « Quiconque offre des Actions de grâces comme sacrifice M'honore » – car l'essentiel de l'honneur du Créateur est le remerciement, la louange et le chant. Le roi David, le Psalmiste d'Israël, le disait (*Psaumes* 30,13) : « De la sorte mon âme Te chantera sans relâche, Éternel mon Dieu, à tout jamais je Te célébrerai. » Il faut toujours Le remercier, sans arrêt. L'homme doit remercier Dieu éternellement, sans relâche.

Les preuves sont trop nombreuses pour être toutes citées. À commencer par les terribles imprécations du *Deutéronome* (28,47) où il est écrit explicitement que les malédictions viennent seulement « parce que tu n'auras pas servi Dieu ton Dieu avec joie et contentement du cœur. » C'est-à-dire que même si l'homme accomplit tous les commandements, des plus complexes aux plus faciles, mais sans joie ni contentement du cœur, la Torah décrit sa punition d'une manière effroyable. Cet avertissement se retrouve jusque dans les mises en garde des décisionnaires médiévaux et modernes, comme le *Rambam* qui écrit dans ses Lois sur le *Loulav* (8,15) que celui qui ne sert pas Dieu avec joie et en dansant est susceptible d'être châtié, et qu'il est un impie et un sot.

Nous avons déjà mentionné à de nombreuses reprises dans nos livres *le Jardin de la foi*, *le Jardin des louanges*, etc., que rien n'éveille autant la rigueur que l'absence de joie et de reconnaissance envers Dieu. Il Lui est possible de juger avec indulgence toutes les imperfections – comme les fautes, les désirs impurs et le mauvais penchant –, car Il peut comprendre pourquoi l'homme y succombe et ils n'éveillent donc pas trop Sa rigueur. En revanche, lorsque l'homme n'est pas satisfait, lorsqu'il ne reconnaît pas tous les bienfaits que Dieu lui prodigue – et à plus forte raison quand il se plaint et pleure – rien n'éveille davantage le courroux du Tribunal céleste.

30 – Dire « merci » et recevoir un prêt

Un *Avrekh* de la *Yéchiva*, m'ayant entendu raconter l'anecdote du commerçant (histoire n° 29), entreprit de rechercher où se trouvait son magasin. Il s'y rendit et demanda au propriétaire de lui conter son histoire afin de se renforcer dans la foi. Notre homme lui confirma que cela s'était vraiment passé ainsi. Et il ajouta : « Je disais seulement "Merci, Merci !" Je chantais à Dieu. Et c'est tout ! Je me suis réjoui de ce que Dieu faisait pour moi. Et la preuve est que tout ce que vous voyez devant vous – le magasin et tout son contenu – tout provient du mérite des remerciements ! »

Ce même *Avrekh* croulait sous d'énormes dettes, au point qu'on lui avait suspendu sa ligne téléphonique : il ne pouvait plus communiquer ni même recevoir des appels. Cette histoire le renforça et il se rendit dans les champs pour s'isoler. Pendant une heure entière, il ne dit rien d'autre que « merci » : « Merci à Toi, Dieu, pour les dettes ! Merci d'être privé même de mon téléphone ! » Le remerciement l'ébranla tellement qu'il décida de remercier chacun de ses créanciers. À la fin de cette heure, il entreprit de passer à l'action : mais comment pouvait-il leur parler ? Son portable était inutilisable : il ne pouvait communiquer qu'en cas d'urgence, à la police – ou à la compagnie de téléphone, et c'est ce qu'il fit.

Une employée lui répondit. Et aussitôt il lui dit : « Écoutez, je vous appelle pour vous dire merci ! »

– Merci pour quoi ?

– Je vous remercie d'avoir coupé mon téléphone. L'employée crut qu'elle avait affaire à un fou :

– Dites-moi, vous êtes tombé sur la tête ?

– Je me sens très bien, mais comme pendant une heure j'ai remercié le Saint béni soit-Il, j'ai pensé que je devais également vous remercier – pourquoi pas ? C'est pourquoi je vous appelle.

– Vous savez quoi ? Si je rebranche votre portable, pourriez-vous appeler vos connaissances et trouver l'argent nécessaire pour payer vos factures ?

– Je l'ignore.

– Vous savez quoi ? Je rebranche votre portable pour une semaine entière, pour toutes vos conversations ! »

À présent, son histoire va sembler illogique et irréelle ! Lors du premier appel, on lui proposa un prêt de 50 000 shekels, à des conditions extraordinaires !

Tel fut le résultat d'une heure de remerciements !

Certains disent qu'ils ne peuvent pas dire « merci », car il leur semble qu'ils se mentent à eux-mêmes : « Je veux me libérer de mes dettes infernales ; je veux enfin trouver mon conjoint et me marier ; je veux avoir des enfants ; je veux remercier, mais en réalité, je suis triste. Je ne peux pas me réjouir de ma situation, et en plus il faudrait remercier... »

À ces arguments, je rétorque : l'homme doit remercier Dieu béni soit-Il, non pour voir des miracles ou des prodiges, mais pour se soumettre à Dieu. Car la pure vérité est que le mal et la privation n'existent pas dans le monde. La foi nous dicte que tout est pour le mieux. Si on avait le mérite de s'éveiller à cette vérité et de la comprendre, on parviendrait au remerciement authentique, on serait constamment en joie et on attirerait vraiment à soi tous les miracles.

Comme je l'ai expliqué dans la série des *Diamants* et les livres : si un homme dit « merci beaucoup » à Dieu, tout en s'affaiblissant dans sa foi du fait de ne pas être exaucé, il se contredit. D'un côté, il dit que tout ce que Dieu fait est pour le bien, il a dit « merci », mais de l'autre il réclame un changement. La foi que tout ce que Dieu fait est pour le bien reste identique dans toutes les situations – advienne que pourra. Si c'est ainsi, votre faiblesse révèle que vos remerciements sont exprimés machinalement ; vous n'avez pas compris que la Providence divine agit continuellement pour votre bien.

Je me suis ainsi donné pour mission d'expliquer tout cela au peuple d'Israël. Vous voulez le bien : sachez que Dieu béni soit-Il veut le meilleur pour vous. Croyez donc que s'Il ne satisfait pas vos demandes, c'est parce qu'Il sait que c'est le mieux pour vous. Soyez persuadé qu'Il vous aime, qu'Il ne veut que votre bien.

Voici la conclusion : chaque croyant en Dieu doit annuler sa propre volonté devant celle de Dieu et Lui dire de tout son cœur : « Dieu, ce qui m'arrive est ce que Tu veux pour moi, je suis content et je Te remercie. »

De même, il faut savoir que certaines requêtes prennent du temps avant d'être satisfaites. Dieu veut sauver l'homme, mais « Il y a un temps pour tout, et chaque chose a son heure » (*L'Ecclésiaste* 3,1). Chaque chose a son propre temps, peu importe quand et comment arrivera le salut : il faut – avant tout – vivre avec la foi. L'homme doit savoir que lorsqu'il remercie pour un manque, il vit avec la foi que Dieu voit qu'il ne peut pas parvenir à sa perfection sans cette lacune !

Toute personne qui est tourmentée par un certain problème, qui affronte une difficulté ou qui endure une privation, devra consacrer une demi-heure par jour à parler à Dieu et à Lui dire « merci ». Au moins une demi-heure quotidienne de remerciements.

Quel est le mérite de la personne qui remercie Dieu ?

1) Avant tout, elle affronte l'épreuve de la foi.

2) Deuxièmement, elle se réjouit de son lot.

3) Troisièmement, sans le remerciement, elle serait plongée dans l'hérésie, les frustrations, saturée de questions sur Dieu : pourquoi n'agit-Il pas avec elle comme ceci ou comme cela ? Le but de la demi-heure journalière de remerciements vise justement à la protéger de l'hérésie.

4) Quatrièmement, elle amène la délivrance universelle !

Comme il est écrit dans le Talmud (*Ta'anit* 8) : « Rabbi Yehochoua ben Lévi dit : « Celui qui se réjouit des souffrances qu'il endure apporte le salut au monde, comme il est dit (*Isaïe* 64,4) : C'est grâce à eux [aux Justes] que notre salut fut toujours assuré. » Lorsque nous méritons de dire « merci » dans la joie et de tout cœur sur tout ce que nous traversons dans la vie, cela apporte de grandes délivrances au monde entier, et bien sûr à nous-mêmes !

Par conséquent, si vous pratiquez une demi-heure de remerciements pour vos privations, cela vous fera évoluer votre vie dans la foi. Même si vous ne parvenez à rien, vous vivrez dans la paix, et ce mérite engendrera nombre de délivrances dans le monde.

Lorsque j'explique que le remerciement se réfère à tout ce qui vous est arrivé jusqu'à cet instant précis, et que chacun peut et doit prier pour le futur, et se forger des instruments, mes interlocuteurs acceptent et comprennent le concept du remerciement. Cela les éclaire. Comme je l'ai écrit dans *le Jardin des louanges*, il suffit de dire vraiment « merci » pour que toutes les portes s'ouvrent devant soi. Même les portes de la prière ! On mérite alors toutes les délivrances. Il est vrai que les Portes des pleurs ne sont pas fermées, mais certaines se ferment devant les pleurnicheurs, qui sont privés de la foi que Dieu fait le mieux pour eux, alors qu'avec le remerciement, toutes les Portes sont toujours ouvertes. (Voir *Berakhot* 32b)

31 – Régler des dettes de plusieurs millions

Un certain juif me confia qu'il devait quatre millions de shekels. Je lui ai répondu : « En effet, ce n'est pas une dette de cinquante shekels ! Vous devez agir de façon intensive : effectuez six heures quotidiennes d'isolement pendant trente jours. » Il m'a écouté, en travaillant surtout sur le remerciement selon nos explications. Il mérita de comprendre que cette dette visait à raffiner sa personnalité, et que Dieu voulait seulement le rapprocher de Lui. Le mois achevé, il continua, et avant un an il avait remboursé toutes ses dettes ! Tel est le pouvoir du remerciement, des louanges et du repentir.

Ce sont des miracles à effet boule de neige qu'il est impossible de comprendre, comme je l'ai vu avec mes propres dettes quand j'ai mérité de suivre ce même conseil : je dansais chaque jour dans les champs et remerciais dans la joie : « Merci beaucoup, Dieu, béni sois-Tu, pour mes dettes ! Je Te remercie pour mon endettement ! » Je remerciais ainsi Dieu en constatant combien cette situation me rapprochait de Lui, béni soit-Il ! Celui qui m'entendait et me voyait danser disait : « Quel malheureux, il est devenu complètement fou... Pour quoi dit-il merci ? » Aujourd'hui je dis : « Je suis tenu de Te remercier, Dieu, d'avoir eu de si grandes dettes que j'étais absolument incapable de rembourser de manière naturelle. Il ne me restait qu'un seul choix : le repentir. » J'ai eu le mérite d'effectuer chaque jour une heure d'isolement dans la prière, et j'ai vu que mes dettes me conduisaient au repentir. Je me réjouis beaucoup et je remerciai Dieu de m'être endetté. C'est par ce mérite que je me suis rapproché, renforcé dans la foi et ai écrit un livre. Je suis tenu de remercier Dieu pour mes dettes.

Celui qui endure des privations, qui a des difficultés ou des problèmes, s'il est convaincu que tout est pour le bien, et s'il effectue journellement une heure d'isolement – en remerciant Dieu pendant la première demi-heure et en se repentant durant la seconde – méritera de se rapprocher de Dieu et de recevoir une foi parfaite. Il verra combien tout cela valait la peine, et il sera tenu de remercier Dieu tous les jours de sa vie de l'avoir fait souffrir et finalement de l'avoir gratifié de tout le bien du monde, selon le verset (*Isaïe* 12,1) : « Je Te remercie, ô Seigneur, d'avoir fait éclater sur moi Ta colère. » Phrase que rabbi Yossef commente ainsi : il s'agit de deux marchands qui prennent la route. Soudain une écharde pénètre dans le pied de l'un d'entre eux. Contraint de renoncer à son voyage, il commence à injurier et à blasphémer. Quelques jours plus tard, il apprend que le bateau sur lequel son ami avait embarqué avait coulé. Il remercie alors et loue Dieu, comme il est dit (*id.*) : « Car Ta colère s'est apaisée et Tu me consoles. »

32 – Le mérite de vivre

Une femme m'interrogea : « Pourquoi le Maître du monde ne m'a-t-Il pas demandé mon avis, pour savoir si je voulais venir au monde ? » Je compris, d'après sa question, que cette femme était malheureuse, car elle ne pouvait pas ressentir combien ce monde est merveilleux, combien la vie est douce, et que la Torah, les commandements, le Chabbat – et en particulier la foi en Dieu – sont le paradis sur Terre. Pourquoi ? Parce qu'elle n'avait pas mérité de vivre dans la voie du remerciement et des louanges. Souffrant pour elle, je lui répondis : « Nos Sages de mémoire bénie nous enseignent qu'on fait le bien à autrui même en son absence, et sans qu'il le sache – et qu'au contraire, on ne l'oblige qu'en sa présence, avec son entier consentement. »

« Puisque c'est un mérite d'arriver dans ce monde – en particulier en présence d'un Juste et de ses prodigieux conseils – surtout quand Dieu nous éclaire et nous guide dans la voie des remerciements et des louanges, on peut donc gratifier quelqu'un sans lui demander son avis, car il est certain qu'il acceptera de recevoir un bienfait. C'est la raison pour laquelle chaque matin, nous louons Dieu avec les mots suivants : "Remerciez Dieu ! Appelez Son nom ! Publiez Ses actions parmi les nations ! Chantez pour Lui ! Jouez-Lui d'un instrument ! Racontez Ses prodiges !" » On chante devant Dieu et nous Le remercions : « Béni soit Celui qui créa le monde par Sa parole » – Maître du monde, merci beaucoup d'avoir créé ce monde magnifique et tellement beau...

Cela à la différence de celui qui est privé de la foi, et pour lequel ce monde n'est qu'une source de souffrances et d'épreuves. Au lieu de dire « Remerciez Dieu » et « Béni soit Celui qui créa le monde par Sa parole », il gémit : « Il est dommage que Dieu ait créé le monde par Sa parole... »

Il est très douloureux de penser qu'il y a tant de gens qui n'ont pas le mérite de vivre dans la joie. Cela confirme le devoir de chacun d'apprendre la voie du remerciement et des louanges, grâce à laquelle on réalise et on comprend quel mérite il y a de vivre dans le monde de Dieu.

Nombre de personnes sont venues me consulter et m'ont affirmé que Dieu les détestait, du fait de leurs souffrances, leurs peines, difficultés et problèmes.

Pourquoi ?

La nature humaine est telle que les gens ont tendance à oublier tout le bien dont Dieu les gratifie à chaque instant. Et lorsqu'ils doivent affronter une épreuve – par exemple s'il leur manque quelque chose, s'ils souffrent ou éprouvent une certaine difficulté – ils la vivent intensément et se la remémorent constamment, à la différence des biens innombrables qu'ils oublient, mais que Dieu leur a accordés jusqu'à ce moment même.

C'est pourquoi c'est un devoir de dire « merci », comme nous le récitons dans la prière : « Nous sommes donc tenus de Te remercier. » Nos Sages de mémoire bénie n'ignoraient pas nos obligations, comme nous le disons dans la prière de Chabbat (*Nichmat Kol 'Haï*) : « Ainsi c'est un devoir pour toutes les créatures... de Te remercier, Te louer... », etc.

Une alternative s'offre à quiconque a pitié de lui-même : soit il cite dans son isolement journalier les miracles que Dieu lui a accordés dans le passé comme à présent, et pour lesquels il Le remercie chaque jour – soit il note quotidiennement dans un cahier, en remontant dans son passé, tous les miracles qu'il a oubliés et dont il se souvient : « Ici, Dieu a opéré pour moi un miracle, là Il m'a sauvé. Ici Il m'a gratifié d'un bienfait, etc. » Chaque jour il écrira plusieurs remerciements. Pourquoi ? Parce que s'il doit rencontrer une épreuve, une difficulté, ce cahier lui rappellera tellement de bontés qu'il verra clairement à quel point il est aimé de Dieu.

Celui qui se repent devra se souvenir chaque jour et remercier Dieu : « Il redresse l'humble couché dans la poussière, fait remonter le pauvre du sein de l'abjection... » D'où le Créateur l'a-t-il élevé ? De la poussière et de l'abjection...

Lorsqu'un homme se réveille le matin, c'est tout un monde qui se réveille. Toute la journée, il devrait remercier Dieu pour le simple fait qu'il s'est réveillé le matin. Pour chaque souffle, il devrait dire au Créateur du monde : « Tu m'as donné encore un autre jour pour vivre et je T'en remercie. Merci beaucoup pour cette journée. Merci beaucoup pour les remerciements que Tu me permets de T'adresser. » Quelqu'un m'a dit : « Je me suis levé tard. » Je lui ai répondu : « Si tu t'es levé, cela n'est pas trop tard. C'est seulement si on ne se lève pas que c'est trop tard... » Quelqu'un se lève un matin. Sait-il qu'il a déjà reçu le présent le plus grand qui soit de Dieu : un autre jour à vivre. Tout le reste est donné en surplus des besoins réels.

L'homme est tenu de travailler sur la foi qu'aucun mal n'existe dans le monde, que Dieu est seulement bon et bienfaisant.

J'ai cherché à comprendre comment on pouvait arriver à cette situation où l'homme affirme être détesté de Dieu. Dieu m'a gratifié de cette explication : c'est ce qui peut arriver si on ne travaille pas sur les chants et les louanges, les remerciements et les glorifications, si on n'écrit pas ses remerciements journellement dans un cahier : « Merci à Toi, Créateur du monde, à chaque instant "merci" et "merci" encore ! Que Son nom soit loué. » Remercier et se rappeler vraiment tous les miracles et les prodiges. Se souvenir de toutes sortes de miracles que Dieu opère pour nous, à travers tout ce que nous traversons dans cette vie. En particulier les miracles de l'éveil à la spiritualité. Que cette personne écrive : « Ici je me suis éveillée. Là je me suis rapprochée du Juste. Ici j'ai mérité... », et ainsi de suite.

Chacun doit méditer et trouver combien de bienfaits et de plaisirs Dieu lui a envoyés, dans tous les domaines, matériels comme spirituels. Nos Sages de mémoire bénie ont déclaré (*Berakhot* 35) qu'il est interdit de prendre du plaisir de ce monde sans bénir le Créateur, et que celui qui ne bénit pas profane la sainteté, car tout appartient à Dieu. Et le *Michna Beroura* écrit (46,1) : « Par conséquent, nos Sages de mémoire bénie ont fixé une bénédiction pour chaque plaisir que l'homme retire de ce monde. »

33 – Le paradis dans ce monde

Une jeune fille m'a raconté avoir pris un cahier et écrit au Saint béni soit-Il : « J'inscris les bienfaits que Tu m'envoies. » Il est évident que si on voulait écrire toutes les bontés de Dieu à notre endroit, toutes les feuilles du monde n'y suffiraient pas, mais il faut au moins écrire ce qui est possible. En commençant, cette jeune fille se dit : « Je vais écrire pour Te remercier et ne pas oublier, afin que tous Tes bienfaits de chaque jour soient inscrits et ne quittent pas mes yeux. » Elle raconta comment elle vivait au paradis dans ce monde, expérimentant des délivrances et l'adoucissement des rigueurs, et que sa joie était constante.

Lorsqu'on vit avec les remerciements, les louanges et la gratitude, toutes les Portes du Ciel s'ouvrent. Un ange est même envoyé ici-bas pour fendre tous les murs et murailles afin que rien ne fasse obstacle pour laisser passer le moindre mot de remerciement et de gratitude au Créateur du monde.

« Tu aimes dire "merci" ? lui dit-on dans le Ciel, nous te donnerons toutes les occasions pour Le faire. Nous serons les premiers témoins que tu ne cesses de louer et de glorifier le Créateur. Oui, même dans ton cas, nous disposons de tous les moyens pour t'aider à remercier, comme tu le veux. »

Par conséquent, lorsque l'homme note sur un cahier toutes les bontés – des plus petites aux plus grandes – dont le Créateur du monde le comble tout spécialement, et qu'il remercie pour tout, jusqu'aux plus menus détails, il éprouve une joie intense. Il réalise que ce cahier ne suffit pas à contenir tout le bien que le Créateur déverse sur lui.

Même dans une courte période de vie, il l'expérimente en profondeur. De plus, il découvre et vit d'autres miracles et prodiges, comme résultat de cette méditation sur sa vie.

Dans le livre *Netivot Olam*, le Maharal de Prague explique que le Créateur pardonne les fautes de l'homme qui accepte tout ce qu'il traverse avec joie – mesure pour mesure. C'est comme si Dieu disait : « Comme cet homme accueille tout ce qui lui arrive avec amour et qu'il agrée le fait que Je guide sa vie et le monde entier, Moi aussi J'accepte son comportement avec amour. »

Avec son cahier de remerciements, l'homme peut goûter le paradis déjà en ce monde. Le Créateur du monde pardonne à ceux qui Lui disent « merci » pour tout Son bien et Sa miséricorde à leur égard, à ceux qui sont heureux de leur lot, qui acceptent tout ce qui leur arrive avec ferveur. Il leur pardonne même les fautes que la Torah considère comme impardonnables. Cela n'est pas tout : toutes les dettes que l'homme a contractées envers le Créateur se transforment alors en mérites, puisque la gratitude conduit au repentir par amour !

34 – Vingt millions de remerciements

Avi de New York raconte :

Depuis un an, je distribue des brochures dans lesquelles j'encourage les gens à écrire cent remerciements par jour. J'y explique que par ce biais, l'homme peut ressentir les bontés infinies que Dieu béni soit-Il lui prodigue. Et par le mérite du remerciement, il reçoit du Créateur du monde des raisons supplémentaires pour être tenu de Le remercier. J'ai appris qu'on peut apprendre le remerciement par l'intermédiaire de l'écriture et de l'assiduité. Cette brochure comprend quarante pages, et sur chaque page, cent carrés sont prévus pour y noter cent remerciements.

Quarante jours de cent remerciements représentent quatre mille remerciements.

Jusqu'à ce jour, j'ai déjà distribué cinq mille brochures, c'est-à-dire que j'ai mérité que l'on écrive vingt millions de remerciements au Créateur du monde !

Comment tout cela a-t-il commencé ?

Je suis courtier dans une société d'investissements financiers bien connue à New York. J'ai un ami qui travaille dans la même entreprise et qui m'a raconté qu'il écrit journellement une liste de remerciements à Dieu. En entendant cela, je n'ai pas pu m'empêcher de me moquer de lui dans mon cœur. Je me suis dit : « Cet ami vient d'Argentine. C'est un naïf, il ne vit pas vraiment dans le monde des affaires. » Je pensais être un homme positif, qui remercie chaque jour Dieu dans la prière *Nous Te remercions* (*Modim ana'hnou Lakh*), et qu'ainsi je m'acquittais de mon devoir de Le remercier et de Le louer. Je ne voyais aucune raison de m'étendre davantage et de consacrer chaque jour du temps pour écrire des remerciements.

Un jour, cet ami me dit qu'il était obligé de me raconter une histoire stupéfiante qui venait de lui arriver.

Il me conta que chaque nuit, avant de s'endormir, il écrivait une longue liste de remerciements à Dieu, en laissant pour la fin un remerciement spécial auquel il consacrait une pensée et une méditation supplémentaires. Ce dernier « merci » lui était très cher, car c'est lui qui devait l'accompagner jusqu'au lendemain. Il tentait toujours de dénicher quelque chose de particulier. Or cette nuit-là, il ne réussit pas à trouver un dernier remerciement. Pendant dix minutes, il chercha quoi écrire, puis il se dit : « Je suis né en Argentine. Dieu merci, je parle couramment l'espagnol. »

Le lendemain matin, la société le contacta pour lui annoncer qu'elle venait de recevoir un dossier d'investissement très sérieux de la part d'un client doté de grandes ressources et qui avait décidé de leur confier ses transactions, à la seule condition qu'on lui adresse quelqu'un parlant couramment espagnol. Et comme il était le seul de toute l'équipe qui pourrait la représenter auprès du client, il recevrait toutes les commissions de ce dossier. Il s'avéra que c'était le plus grand qu'il n'eût jamais traité.

Lorsqu'il me raconta son histoire, je pensais en moi-même : « Bon, si le remerciement peut m'aider à renflouer mon compte bancaire, moi aussi je suis prêt à faire l'essai. » J'acceptais ses conseils, et il me procura le prodigieux livre *le Jardin des louanges*, et je commençai à écrire mes remerciements. Au début, je ne réussis pas à dépasser les 12 remerciements. Je constatais alors combien j'étais éloigné du remerciement à Dieu.

Peu à peu, je me suis amélioré, et méditer sur les bienfaits de Dieu, à tous les niveaux, me devint plus facile. En premier lieu, j'appris à remercier le Créateur du monde pour le superflu, pour les plaisirs dont Il me comblait : la voiture, les vacances familiales et les événements similaires issus d'une bonté divine absolue. Plus tard, j'appris à remercier Dieu pour les choses de base et de première nécessité, dont on ne reconnaît l'importance que lorsqu'elles font défaut – le fonctionnement des organes du corps, la subsistance, le sommeil, le lever du matin, et ainsi de suite.

En troisième lieu, j'appris à remercier le Maître du monde pour tout ce qui n'allait pas comme je le souhaitais, afin de parvenir au niveau de la foi et remercier pour la douleur elle-même. Avec l'aide du *Jardin des louanges,* j'ai entamé une relation intime avec le Créateur, j'ai ouvert les yeux et commencé à discerner partout Ses bontés : ma vie se remplissait de bonheur et de joie.

Mais je n'ai pas gardé ce bien pour moi : je décidai de le partager et d'essayer de propager la voie du remerciement, afin d'apporter au monde la bénédiction, le salut et la délivrance.

35 – Un rein surnaturel

Voici deux autres histoires de ce même Avi qui nous racontait (n° 34) comment il diffusait la voie du remerciement et des louanges dans des milliers de brochures *J'ai dit « merci » et j'ai été sauvé.*

« J'ai un ami à qui on a transplanté un rein à l'âge de douze ans. Il me raconta comment quelques jours avant notre conversation, il s'était réveillé les yeux enflés. Il me dit que c'était la première fois que son nouveau rein ne fonctionnait pas comme il convenait. Il se rendit donc à l'hôpital où une infirmière lui confirma que cela provenait apparemment de son rein. Afin de se décharger de toute responsabilité, elle appela son médecin traitant.

Lorsque l'infirmière sortit, mon ami promit à Dieu que si son nouveau rein n'avait rien à voir avec son symptôme, il Le remercierait pendant une heure.

Le médecin arriva et effectua une série d'examens. Après deux heures, il revint et déclara que le rein transplanté n'était pas en cause. Le jeune homme lui demanda : Qu'est-ce que cela signifie ?

Le médecin lui expliqua que le niveau de fonctionnement de son rein affichait 0,9 (le niveau 0,9 signifiant un fonctionnement parfait pour un rein artificiel). Puis il lui confia que depuis sa transplantation, il y a vingt-six ans, son rein n'avait jamais bien fonctionné. Son niveau se situait à plus ou moins 0,6.

Ce jeune homme vit de ses propres yeux qu'il suffit de s'engager à remercier Dieu, même avant de dire vraiment "merci", pour aboutir à une transformation réelle de la nature – surnaturelle. »

36 – Quarante jours de remerciements

Voici une histoire supplémentaire d'Avi (parmi des dizaines d'autres qu'il garde dans sa besace) :

J'ai un ami qui écrit chaque jour ses remerciements, en cachette de sa mère. Un jour, cette dernière parla avec beaucoup de tristesse de sa fille qui avait vingt-huit ans, et qui était toujours célibataire. Toutes les prières et *segoulot* (actes favorables) n'avaient été d'aucun secours.

Sa famille, qui appartenait à l'une des plus grandes communautés hassidiques d'Amérique, prenait très mal cette situation. Chez eux, une jeune fille, toujours célibataire à 28 ans équivalait à être une « vieille fille » de 60 ans dans d'autres communautés.

Rav Arouch me dit qu'il était possible de promettre en son nom : « Il suffit de s'engager à écrire 100 remerciements quotidiens, pendant 40 jours de suite, pour être certain d'être sauvé et exaucé. » J'ai donc dit à cette mère de famille : « Écrivez des remerciements pendant quarante jours, jour après jour. »

Pourtant, rav Arouch affirme que prononcer explicitement les remerciements est plus important, et qu'effectuer une demi-heure d'isolement (prières dans l'isolement) est plus élevé qu'écrire cent remerciements. Mais certains éprouvent encore beaucoup de difficultés à effectuer un isolement d'une demi-heure, et il leur est conseillé de s'engager à écrire cent remerciements chaque jour, et de les lire à haute voix – à cause du pouvoir de la parole.

Quoi qu'il en soit, cette femme écrivit chaque jour entre cent et cent cinquante remerciements, et au bout de quelques jours, sa fille se fiança. Lorsque je racontai cette histoire au rav, c'était la veille de son mariage.

37 – Danses et remerciements auprès de la tombe du roi David

Dans cette histoire, un *Avrekh* de la *Yéchiva* eut le mérite de vivre « sur le vif » le pouvoir du remerciement et de la vraie résurrection des morts. Donnons-lui la parole : « Je suis sorti effectuer mon isolement en foret à une heure avancée de la nuit. En passant près d'un supermarché, un jeune employé m'accosta, très bouleversé. Ayant vu que j'étais un *'hassid,* il me parla en pleurant et me raconta que sa jeune sœur, âgée de 12 ans, avait absorbé par mégarde un liquide dangereux et qu'on venait de l'hospitaliser d'urgence en France. Son état est considéré comme très critique. Ils étaient tous deux orphelins de père et de mère, et lui et sa tante étaient les tuteurs légaux de sa sœur. C'est la raison pour laquelle il contactait sans répit sa tante et l'équipe soignante.

Ce jeune homme me dit qu'on venait de lui apprendre que sa sœur était agonisante. Il était paniqué et proche de l'hystérie parce qu'il ne pouvait pas l'aider. Je lui dis de monter dans la voiture et qu'on allait se rendre près du Tombeau du roi David, le Psalmiste d'Israël, qui ne cessa jamais de remercier et de louer Dieu en toute situation, même la plus difficile qui soit.

Nous sommes arrivés près de la tombe à minuit. Le jeune homme criait, en pleines transes, et pleurait à chaudes larmes. Je lui dis : « Viens, on va dire le *Psaume de remerciement*, chantons et dansons ! »

Il m'observa d'un air bizarre. Qu'est-ce que ça veut dire remercier, chanter, danser ?

Je lui enseignai alors que si on remerciait Dieu pour un drame, Il envoyait la délivrance. Tout est pour le bien. Peu à peu il commença à chanter. Entre-temps il reçut la nouvelle que l'état de sa sœur empirait et qu'on avait mis en route la réanimation artificielle.

Je lui dis : « Ne te trouble pas, continuons. » Tout cela avec des chants et des mélodies.

Soudain le jeune homme reçut un appel de l'hôpital : c'était sa tante qui lui demandait de signer avec elle l'autorisation de débrancher l'appareil. Les docteurs ne lui donnant aucune chance de survie, ils devaient réanimer un autre malade arrivé à l'hôpital.

Il refusa catégoriquement. La tante et l'équipe tentèrent de le convaincre que le décès n'était que l'affaire de quelques heures, et que selon la loi, l'hôpital était tenu d'utiliser l'appareil pour d'autres malades qui avaient plus de chances de survivre. Il dit alors à sa tante : « Donnez-nous encore quelque temps. Nous travaillons là-dessus. »

La tante, qui était farouchement opposée à la religion, lui dit : « Si votre méthode s'avère efficace, je prendrai un livre de prières et je dirai toutes les Bénédictions du matin. »

Je dis au jeune homme : « On ne doit pas s'arrêter. » Entre-temps, plusieurs autres personnes s'étaient jointes à nous : elles récitèrent le *Psaume de remerciement*, en citant le nom de l'enfant.

Tout d'un coup il reçut un appel lui annonçant qu'un membre du Consulat israélien en visite à l'hôpital avait entendu les cris et les disputes au sujet d'une enfant – juive hospitalisée. On lui avait expliqué que l'équipe voulait la débrancher de l'appareil de réanimation. Il s'était alors présenté au médecin-chef de l'hôpital et lui avait demandé si on pouvait faire autre chose pour la sauver.

Le médecin lui dit : « Il reste une possibilité d'opération, mais les chances sont très faibles. » On contacta alors le frère en Israël qui dit que bien sûr, il donnait son accord pour l'intervention chirurgicale. L'équipe répondit qu'en quelques minutes, on pourrait savoir si l'opération allait réussir ou pas.

L'intervention commença. Le frère reçut un appel où on lui disait qu'il n'y avait plus aucun espoir. Après 18 minutes, le médecin le contacta et lui annonça que l'opération avait réussi : « On vient de terminer et votre sœur commence à revenir à elle. »

Aussitôt, toutes les personnes présentes à la tombe du roi David remercièrent Dieu.

Je dis au frère : « Dis à ta tante qu'elle se prépare à dire, dans quelques heures, les bénédictions du matin et même les *Psoukei deZimra* (versets chantés). »

Le portable sonna à nouveau, avec au bout le médecin de l'hôpital – un médecin musulman.

Il demanda au frère : « Dites-moi : qu'avez-vous fait ? »

Le frère lui répondit : « Nous nous sommes tournés vers le Créateur du monde. »

Le médecin lui dit alors : « Que vous vous soyez adressé au Créateur du monde, je le sais déjà. Mais il y a ici quelque chose de plus que vous me cachez, car ce miracle est tellement grand et inattendu, que prier le Créateur n'aurait pas suffi : le membre du Consulat qui débarque, l'opération imprévue, vraiment rien qui soit compréhensible ! »

Le frère lui répondit : « Nous avons dit merci au Créateur du monde, car ma sœur était au seuil de la mort, et tout ce qu'il fait est pour le bien. Nous avons entonné des chants de remerciements, et nous avons dansé devant le Créateur du monde. »

Le médecin se tut une minute, puis il s'exclama : « Vous m'avez beaucoup ému. La façon dont vous avez parlé révèle que vous dites la vérité. Je suis musulman, mais en vérité j'éprouve beaucoup de sympathie pour le judaïsme et pour les juifs, car en fait ma mère est juive. »

C'est-à-dire qu'en vérité, il était juif !

Et l'élève qui me raconta cette histoire m'affirma que tout n'avait pas duré plus de deux heures.

Que s'est-il passé en fin de compte ? La jeune fille fut hospitalisée pendant deux semaines encore, après quoi elle sortit de l'hôpital.

Jusqu'à ce jour je reste en contact avec ce jeune homme. Le lendemain, la tante récita les Bénédictions du matin pour la première fois de sa vie. Et le médecin découvrit qu'il était juif. »

38 – Le remerciement sauve de la mort

J'ai entendu un Midrach très intéressant au nom de rav 'Haïm Kanievski (*Otsar Midrachim* p. 334) : « Deux juifs étaient à bout de forces. Ils avaient à peine pris la route que déjà le Ciel leur envoyait l'ange de la mort. Comme un aveugle passait à côté d'eux, le premier lui donna la charité et dit au second : "Donne-lui, toi aussi." Ce dernier lui répondit : "Je ne le connais pas, mais tu as eu raison de lui donner quelque chose."

Aussitôt après, ce même ange arriva et dit à celui qui avait donné la charité que son don l'avait sauvé. Quant au second, il lui annonça qu'il devait se saisir de son âme. Celui-ci le pria alors d'attendre afin qu'il puisse donner lui aussi à l'aveugle.

L'ange de la mort répondit que cela ne servait à rien : il avait déjà dépassé le temps qui lui avait été imparti. Le juif dit : "Si c'est ainsi, donne-moi seulement deux minutes pour remercier Dieu, béni soit-Il, afin de ne rien changer à mes habitudes : chaque jour je Le remercie."

Il se mit sur le côté et dit : "Je Te remercie, Maître du monde, pour la vie que Tu m'as donnée. Merci pour tout ce dont Tu m'as gratifié jusqu'à ce jour. Merci de vouloir prendre mon âme, afin d'être proche de Toi, etc." Il remercia ainsi pendant deux minutes. L'ange de la mort lui dit : "Maintenant que tu as remercié, non seulement je ne peux plus prendre ton âme, mais des années de vie ont été ajoutées à celles qui t'avaient été déjà fixées !" »

C'est une histoire merveilleuse : de là on apprend combien le remerciement est important – même plus que la charité. Car dire « merci » a non seulement sauvé ce juif de la mort, alors que la charité perdait toute efficacité, mais cela lui a même ajouté des années de vie, en plus du temps qui lui avait déjà été alloué.

39 – Dis « merci » – et tu verras des miracles

Lors de l'un de mes cours, j'ai raconté un miracle, que j'ai défini comme étant un « petit prodige ». J'avais au doigt une légère blessure, pas douloureuse, mais ouverte et qui laissait couler parfois du sang. Une coupure qui ne voulait pas cicatriser depuis déjà longtemps. Le Chabbat venu, du sang coula de ce doigt et je me demandai comment je pourrais le soigner avec des remèdes naturels. Toute la journée on effectue des ablutions : avant les repas, en sortant des toilettes, on ne peut même pas poser un pansement – ces réflexions défilaient dans ma tête. J'étais ainsi absorbé par mes pensées.

Ensuite, en pratiquant l'isolement, j'ai remercié un peu Dieu pour la blessure, à peine une simple minute. Le lendemain, la blessure avait disparu ! Sans laisser de trace ! J'appelle cela « un petit prodige », parce que cette blessure ne me préoccupait pas vraiment ; et je n'avais fait aucun effort particulier pour qu'elle disparaisse, seulement une minute de remerciement... Mais c'est pourtant un puissant miracle, car cette blessure ne pouvait pas guérir d'elle-même, surtout quand elle s'obstinait depuis quelques semaines. Aussitôt après avoir eu le mérite de remercier, cette plaie disparut comme si elle n'était jamais venue – seulement quelques mots de remerciements, et elle se volatilisa...

Telle est la volonté divine : que je me renforce dans la foi en la Providence particulière sur de petites choses qui apparaissent tellement insignifiantes qu'il est facile d'oublier de les relier à Dieu. Le remerciement – c'est la foi, c'est le repentir qu'il fallait effectuer, même pour une petite blessure...

40 – La coupure qui disparaît

J'ai vu de nombreux et grands miracles en matière de santé, mais l'exemplarité de celui que je vais évoquer est remarquable. C'est l'un des étudiants du *Collel* de

Dayanout Ye'havé Da'at du fils de notre maître rav Ovadia Yossef qui me l'a raconté. Cet homme assiste également à mes cours et étudie la foi. Après avoir entendu l'histoire de mon petit prodige avec ma blessure au doigt, il me raconta ce qui lui était arrivé :

Il souffrait depuis longtemps d'une vilaine coupure sur toute la largeur de la plante du pied, tellement profonde qu'elle laissait voir la chair à vif. Il pouvait à peine placer son pied à terre, et une marche de trois minutes lui prenait une demi-heure à cause des terribles souffrances qu'il endurait.

Après avoir écouté des cours sur le remerciement, il commença un soir à remercier Dieu pour sa coupure à la plante du pied. Il dit simplement « merci », « merci » et encore « merci » pour chaque pas, pour ses souffrances, et demanda pardon de ne pas avoir cru jusqu'à présent que c'était pour son bien. Il remercia Dieu pendant une demi-heure consécutive... Il se leva le matin et son pied était intact : la plaie était cicatrisée et la peau lisse, comme si rien ne s'était jamais produit ! C'était un véritable miracle, un événement surnaturel et incompréhensible !

La coupure était tellement profonde qu'on ne pouvait imaginer qu'elle puisse guérir par un moyen naturel, quel qu'il soit. Or elle se referma en une nuit, laissant place à une nouvelle peau complètement lisse ! Incroyable ! C'est d'un érudit de la Torah, sérieux et raisonnable, que je tiens cette prodigieuse histoire.

Dieu nous enseigne qu'il faut simplement remercier pour la moindre souffrance ! Car le remerciement est la correction du manque de foi. Tout se transforme pour le bien et on assiste alors à des miracles surnaturels. Grâce au remerciement, l'homme provoque une transformation de la nature ! Remercier signifie croire que tout est bien, et que les lois de la nature peuvent se transformer à notre avantage.

En accompagnant des malades et en les guidant, j'ai vu de mes propres yeux des centaines de cas, où des transformations immédiates et radicales des lois naturelles se produisirent après le repentir. J'ai vécu aussi dans ma chair un changement complet et instantané, aussitôt après avoir compris ce qu'il fallait réparer.

41 – Soin radical le Chabbat

Voici une histoire qui illustre ce qui précède et que je raconte depuis des dizaines d'années : Dieu provoqua une inflammation à l'une de mes dents qui s'infecta gravement et de terribles douleurs me saisirent. Qu'ai-je fait ? Un traitement radical... Comment effectuer un traitement radical le Chabbat ? On va prier dans l'isolement ! Pourquoi ma gencive s'était-elle enflée ? À cause d'une faute. J'ai pensé que si je me repentais, le mal disparaîtrait.

Je me suis rendu dans un champ aux alentours et j'ai parlé au Créateur du monde pendant près de deux heures. Avant tout j'ai remercié Dieu de m'avoir envoyé ce présent, afin de me secouer. Ensuite je me suis adressé au Créateur du monde : « Maître du monde, montre-moi quelle faute fut à l'origine de tels maux de dents. Peut-être ai-je médit ? Peut-être ai-je parlé incorrectement ? Je veux me repentir. Aide-moi à me souvenir : peut-être ai-je mangé des aliments interdits avec ces dents ? Peut-être ai-je fauté avec les femmes ? Car *NaCHiM* (femmes) est composé des mêmes lettres que *CHiNaïM* (dents). » J'ai cherché et recherché. Et dès que j'ai trouvé la raison pour laquelle j'étais puni, et que je me suis repenti, l'inflammation cessa immédiatement et les douleurs disparurent comme elles étaient venues ! J'ai vu très souvent de tels miracles. Très souvent, dans tous les domaines de la vie : dès que je me suis repenti, j'ai vu aussitôt des prodiges.

C'est tellement simple qu'à travers toutes les souffrances que Dieu envoie, Il ne veut qu'une seule chose : que l'homme se repente. Il attend qu'il revienne à Lui. Et aussitôt Il le libère de la prison de souffrances où il est enchaîné. De plus, cet homme reçoit alors un chèque de 100 000 dollars, en récompense de son repentir. Le chèque est déjà encaissable dans ce monde, en échange de la joie et de la foi : la foi parfaite en Dieu béni soit-Il, la foi que la nature, les lois et les individus ne comptent pas – et que seule la foi en Dieu, la foi dans le pouvoir du repentir, la foi dans la prière, avec une grande joie et le goût de vivre, existent. Sa spiritualité s'élève, les difficultés de son gagne-pain s'aplanissent, l'entente conjugale devient prodigieuse. S'il ne se repent pas chaque jour, on lui envoie des souffrances, qui se concrétisent par des disputes, des chicanes, etc. Il reçoit déjà tout cela dans ce monde, mais le montant principal du chèque lui est réservé dans le monde futur.

Pourquoi l'homme veut-il rester dans les ténèbres ? Parce qu'il éprouve des difficultés à parler avec Dieu. Mais c'est faux ! Il est très facile de parler avec le Créateur ! Pourquoi est-ce si simple ? Parce qu'il suffit de le demander également à Dieu : « Maître du monde, donne-moi des mots pour Te parler ! » C'est donc très facile, on demande tout à Dieu : « Donne-moi », et Il donne. Comme on le voit, tout est très simple avec Dieu. Tu demandes à Dieu qu'Il t'envoie des paroles. Où est la difficulté ? Tout est très simple ! L'homme n'a rien à attendre de lui-même : tout provient de Dieu – vraiment tout ! Donc, rien n'est plus facile !

Si on demandait à l'homme d'agir au-delà de ses possibilités, alors vraiment, ce serait difficile. Mais puisque tout provient de Dieu, c'est simple. Il doit donc demander : « Donne-moi la foi, inspire-moi des paroles, aie pitié de moi. Donne-moi les pensées adéquates, le bon esprit. Sois compatissant envers moi et rapproche-moi de Toi. Je suis Ton fils. S'il Te plaît, rapproche-moi de Toi, aie pitié de moi. Rien d'autre ne m'importe. Pourquoi m'as-Tu créé ? Pour me montrer Ta bienfaisance ! De grâce, aide-moi afin que je puisse me rapprocher de Toi, car il n'existe rien de mieux que de se rapprocher de Toi. »

Il faut bien imprégner son cœur du fait que tout ce qui arrive à l'homme est une lettre d'amour envoyée par notre Père céleste. On doit courir vers Lui et se rapprocher de Lui. Car en vérité toutes les souffrances humaines ne sont rien d'autre qu'une grande délivrance. Et on doit remercier beaucoup Dieu pour tout ce qu'Il nous envoie. Sans cela, on passerait son temps dans le mensonge et les erreurs, et à la fin de sa vie, on serait profondément désolé d'avoir détruit sa vie, et d'être resté dans les ténèbres à la poursuite de vanités. Comme je l'ai affirmé à une jeune fille qui fut frappée par la terrible maladie, et qu'on me présenta pour que je la bénisse et la guide ! Je vis combien elle était éloignée de sa finalité. Je lui ai donc dit que Dieu l'aimait, et qu'il voulait qu'elle s'éveille de sa torpeur, et qu'ainsi elle mériterait doublement : en se rapprochant de Dieu et en guérissant.

De toute manière, elle devra quitter ce monde après 80, 90 ans, et la vie ici-bas est remplie d'amertume, de haines, de jalousies, de compétition, de frustrations, de tensions psychiques, etc. Lorsque l'homme s'éveille, il sort de l'enfer de ce monde, mérite de connaître une vie riche de contenu, et remplit sa mission sur Terre. En conclusion : s'il s'éveille pour le repentir, qu'a-t-il à perdre ? Rien ! Que gagnera-t-il ? Tout ! Car se rapprocher de Dieu, c'est tout ! C'est ce qui lui restera pour l'éternité. Qu'il est donc agréable de recevoir une lettre d'amour, avant qu'il soit trop tard !

C'est ce que le bon sens impose. Finalement, le Créateur envoie telle ou telle épreuve afin d'enseigner un certain concept, éveiller à une certaine réparation, au repentir d'une faute ou transgression, ou se renforcer dans l'accomplissement d'un précepte ignoré ou négligé. Ou encore l'homme somnole et on doit le réveiller. Ou au contraire : tout lui réussit et il faut brimer son orgueil – et autres nombreuses éventualités. Selon son propre niveau, chacun doit tâcher de comprendre le message que le Créateur lui adresse, et tout faire pour se rapprocher de Lui.

Le message général qui se dégage est que tout ce qui arrive à chacun est une épreuve de la foi. À travers tout le vécu de l'homme, Dieu béni soit-Il le dirige pour lui enseigner la foi. Et chacun doit rechercher dans tout ce qu'il traverse ce qui pourrait le rapprocher de la foi. Comme il est écrit (*Likouté Moharan*, 1) : « L'homme juif doit toujours rechercher le sens de tout, et se lier à la sagesse cachée derrière chaque chose, afin d'en être éclairé et se rapprocher – grâce à elle – de Dieu béni soit-Il. »

La recherche du message divin est un sujet très profond et vaste. Mais ce que l'homme doit infiltrer en son cœur en priorité, c'est la perfection de la foi, afin de mériter d'acquérir cette vertu. Cette vérité est évoquée par nos Sages, de mémoire bénie, de cette façon : « Il n'existe pas de souffrance sans but » (*Chabbat* 55a). Les souffrances et les difficultés n'arrivent pas sans raison, elles sont toutes issues de la volonté divine.

Cette règle que rien n'est régi par le hasard et que rien n'arrive de manière fortuite, mais que tout est programmé depuis le Ciel, est la base de toute la foi, de tout le judaïsme et de l'ensemble du monde. Parfois, Dieu peut rapprocher de Lui une personne en lui envoyant un livre, un enregistrement ou un messager : c'est le rapprochement le plus grand qui soit. Mais parfois cela ne suffit pas, et Dieu lui envoie alors des difficultés – une « lettre d'amour » – qui lui dit : « Mon fils, Je t'aime : pourquoi ne Me cherches-tu pas ? » Comme le Ramban l'explique dans son commentaire sur la Torah (section *Bo*) : « L'homme ne détient une part dans la Torah de notre maître Moïse que s'il est convaincu que toutes nos vicissitudes sont de purs miracles ! La nature et les lois qui régissent l'univers y sont étrangères. Que ce soit un particulier ou un groupe, s'il accomplit un commandement, il sera digne d'une bonne récompense dont il profitera. Mais s'il le transgresse, une punition l'attendra : tout dépend du décret divin. » En d'autres mots, celui qui vit selon la foi que tout ce qui lui arrive provient d'un décret du Créateur d'après ses actions, et qui croit que toutes les souffrances ont un but et une finalité – lui seul a un lien authentique avec le judaïsme.

Il faut savoir que l'une des bases pour effectuer son examen de conscience est de vérifier la règle de mesure pour mesure dans sa vie. Le Créateur est d'une grande bonté envers nous, car en général les souffrances nous arrivent selon le principe de mesure pour mesure, afin de nous apprendre à corriger nos fautes. Comme le Talmud nous l'enseigne (*Sanhédrin* 90a) : « Les attributs du Saint béni soit-Il sont tous gérés selon la règle de mesure pour mesure. » Et puisque l'essentiel est la foi, l'homme qui amende sa foi – en disant « merci » pour tout – adoucit les rigueurs et se corrige de la façon la plus fondamentale qui soit.

42 – La guérison de la terrible maladie

Les médecins dirent à un homme, qui souffrait de la terrible maladie – Dieu nous en préserve – qu'il ne lui restait que quelques jours à vivre. Dieu l'aida et eut pitié de lui. Un de nos élèves, venu le visiter à l'hôpital, lui enseigna ainsi qu'à sa famille, à remercier Dieu. Ils l'écoutèrent et ne cessèrent pas de dire « merci » et il s'est avéré qu'il n'avait rien du tout ! Bien entendu, les docteurs ne crurent pas ce qu'ils voyaient de leurs propres yeux et conclurent qu'il y avait eu erreur ! Mais il n'y avait aucune erreur : le malade était devenu chauve et complètement anémié à la suite de leurs soins. Son état était effroyable – vraiment un mort-vivant – et il guérit grâce à la foi.

Notre saint maître rapporte dans son *Likouté Moharan* (II, 5) que certaines maladies sont incurables, et que seule la foi peut avoir raison d'elles. Il écrit textuellement : « L'essentiel est la foi. Chacun doit s'analyser et se renforcer dans la foi. Certains souffrent de plaies purulentes seulement parce qu'ils ont perdu leur foi, selon le verset (*Deutéronome* 28,59) : "L'éternel aggravera tes plaies et celles de ta postérité : plaies graves et tenaces, maladies cruelles et persistantes (litt. fidèles)." Pourquoi "fidèles" ? Parce que ces graves plaies arrivent à la suite d'une corruption de la foi : ce sont des maladies incurables qui ne guérissent ni par la prière ni par le mérite des ancêtres. » (Voir sur place comment il est expliqué que la guérison dépend de la foi.) L'essentiel qui ressort de ces paroles pour notre propos est que ces terribles maladies – que Dieu nous en épargne – ne peuvent être guéries par des moyens naturels, mais seulement si on mérite de réparer la cause spirituelle qui les a engendrées. Et puisque celle-ci est la perte de la foi, leur guérison se traduit donc par un renforcement de la confiance en Dieu.

Il faut savoir que se renforcer dans la foi signifie surtout remercier Dieu pour les souffrances qu'il envoie. J'ai expliqué dans la série des *Diamants* qu'on dit « merci beaucoup » pour ses souffrances quand on s'en réjouit. Dire « merci » n'est pas quelque chose d'extérieur, de factice, comme une panacée, un certain « truc » ou un logo qu'on colle sur le pare-brise de sa voiture : « Fais un sourire, tout est pour le bien », « Merci Dieu, je respire »... Vraiment non, la foi – dans son aspect intime et authentique – c'est un savoir-vivre qui accompagne l'individu à chaque instant de sa vie, dans toutes ses pensées. Le monde intime du croyant est à l'inverse du monde de celui qui a « une foi engourdie ». Sa foi s'exprime dans sa conduite et ses réactions à chaque situation.

43 – Il lui reste encore dix jours

Un homme se présenta devant rav Brizel et lui rapporta ce que les docteurs lui avaient dit : il ne lui restait plus que dix jours à vivre. Le rav lui apprit à dire sans cesse

« Rendez hommage à Dieu, car Il est bon, car Sa grâce est éternelle », et à se réjouir d'être encore parmi les vivants, en dépit de tous les pronostics scientifiques.

L'homme doit s'isoler et dire : « Maître du monde, je Te remercie pour les souffrances que Tu me donnes. Il est certain que tout ce que Tu fais pour moi est pour le bien. Non seulement Tu me fais du bien, mais Tu mobilises de grands flux d'amour et Tu partages ma douleur, en voyant que je dois passer par cette épreuve pour accomplir ma mission dans ce monde, pour ma finalité et pour ma vie. »

Lorsque l'homme remercie Dieu pour ses souffrances, pour le mal, il transforme l'attribut de rigueur en attribut de clémence. Car en disant de la dureté qu'elle est bonne, qu'elle est toute entière miséricorde, il annule absolument toute rigueur qui devient de la compassion et se métamorphose en un prodigieux cadeau provenant de la bonté divine. Transformer la dureté en pitié est une chose extraordinaire. Cela attire une abondance de bien dans le monde entier, comme on l'apprend de rabbi Yéhochoua ben Lévi qui déclarait que celui qui accepte les souffrances avec amour apporte la délivrance pour lui et pour l'univers, comme le rapporte le *Or Ha'Haïm* à plusieurs reprises. Car tant qu'un fils de Yaacov était vivant, l'exil d'Égypte ne pouvait pas commencer à proprement parler : c'est-à-dire que tant qu'un enfant d'Israël se réjouissait de cet exil, ce dernier ne pouvait pas se concrétiser, car il apportait la délivrance à tout le peuple d'Israël.

Dès qu'on décide d'accepter tout ce que Dieu veut – toutes les formes de souffrances qui soient –, on n'a plus rien à subir ni à supporter. Nos Sages de mémoire bénie se sont interrogés : Quelle médication faut-il prendre pour annuler les souffrances ? Et ils répondirent : accepter les souffrances avec amour ! Quelle médication devras-tu prendre pour annuler tes souffrances ? Les accepter avec amour ! Tu diras « merci » de tout cœur, tu te réjouiras en Dieu ! Il n'y a aucun problème dans le monde, il n'y a aucune délivrance que l'homme ne peut déclencher s'il a le mérite d'accepter les souffrances avec amour. Il pourra attirer toute délivrance qu'il voudra, pour le monde entier et à plus forte raison pour lui-même.

Il existe une autre raison avancée par le *Rachba* – un de nos Anciens – qui conseillait aux malades de louer Dieu, car la louange conduit à la joie, et la joie mène à la guérison. On m'a rapporté le cas de plusieurs grands malades qui se renforcèrent dans la foi et la joie, et ne cessèrent de dire « merci » à Dieu, « Rendez hommage à Dieu, car Il est bon, car Sa grâce est éternelle. » Ils attirèrent des bontés sur eux-mêmes, et guérirent.

44 – Des « diamants » de remerciement

Il y a quelque temps, un rav de Bné Braq qui m'est proche vint me visiter. Un grand malheur s'était abattu sur lui, et Dieu me donna le mérite de lui enseigner comment effectuer une heure d'isolement journalière et remercier Dieu pour cette terrible épreuve. Je lui conseillai des livres, des CD et la série des *Diamants*. Il vit lui-même de grands miracles et depuis, il ne cesse de les propager autour de lui.

Après une certaine période, ce rav me raconta qu'il avait reçu la visite d'un couple qui avait un fils unique. Que Dieu nous en préserve, ce fils tomba malade de la terrible maladie. Les médecins leur dirent qu'ils ne pouvaient rien faire, et qu'il était impossible de le guérir.

Ce rav leur dit : « Dites chaque jour pendant une heure des remerciements pour la maladie de votre fils ! » Il dit également au fils : « Dis chaque jour pendant une heure : je Te remercie Dieu de m'avoir rendu malade ! » En général je ne dis pas une heure, mais seulement une demi-heure. Il leur dit pourtant « une heure », et le jeune garçon et ses parents lui obéirent. Bien entendu, il leur expliqua les raisons de cet isolement, leur donna le livre *le Jardin des louanges* et leur dit : « C'est la seule chose qui peut apporter la délivrance. On vous a bien dit que selon la nature, il n'y a rien à faire ! » Ils acceptèrent et s'engagèrent à agir ainsi. Au bout d'un court laps de temps, ils reçurent la bonne nouvelle. Les docteurs leur dirent : « Reprenez l'enfant. Il est parfaitement sain ! On ne peut trouver aucune explication à ce qui s'est passé. C'est un pur miracle médical ! »

45 – Des tests de délivrance

Rav David Elkayam se rendit dans une ville pour y dispenser un cours. Il répéta ce qu'il avait entendu de ma part, sur le thème du remerciement et de ses prodigieuses vertus. À la fin du cours, une célèbre rabbanite lui déclara : « Écoutez, vous venez de me sauver la vie ! Je n'ai jamais entendu un cours aussi bouleversant. Dorénavant toute ma vie va se transformer après ce que je viens d'entendre sur le remerciement. »

Une semaine plus tard, cette rabbanite téléphona au rav Elkayam pour lui raconter qu'elle était très gravement malade et qu'elle devait passer un scanner. Depuis son cours sur le remerciement, pendant sept jours elle n'avait cessé de remercier et de louer Dieu pour sa maladie.

Une semaine plus tard, elle avait un rendez-vous pour de nouveaux examens. Après les avoir effectués, elle attendit les résultats. À leur lecture, le médecin s'aperçut que... la maladie avait tout simplement disparu ! Il n'en crut pas ses yeux ! Il lui demanda : « Quels soins avez-vous reçus ? » Elle répondit : « Aucun ! » Le docteur s'exclama : « C'est impossible ! Vous êtes certaine de n'avoir pris aucun médicament ? Vous n'avez reçu aucun soin ? »

« Certaine ! »... Que pouvait-elle lui dire ? Qu'elle remerciait une heure entière chaque jour pour sa maladie ?...

Sachez que lorsqu'on mérite de propager la voie du remerciement et des louanges, la série des *Diamants*, les CD et le livre *le Jardin des louanges*, on commence à voir des délivrances. Chacun commence à conseiller à son ami : « Écoute ! J'ai dit merci et j'ai été vraiment sauvé ! » Chacun parlera à ses proches et leur dira : « Écoutez ! J'ai dit merci à Dieu et j'ai eu des enfants ! », « J'ai dit merci et je suis guéri ! » Un autre dira : « Écoute ! J'ai dit merci et j'ai sauvé mon gagne-pain ! », « J'ai dit merci et j'ai reçu une maison ! » Et ainsi de suite.

Chacun commencera à vivre avec le remerciement. Chacun racontera ses histoires, et d'autres témoignages s'ajouteront !

46 – Guérir d'une grave maladie

Lors d'un cours à Beit El, quelqu'un me raconta que sa femme était atteinte d'une très grave maladie, une terrible maladie du sang, et que les docteurs lui donnaient peu de temps à vivre. Le couple écouta les CD, et Dieu merci, elle retrouva la santé.

Dieu m'a permis de condenser en une seule phrase une multitude de pensées dans un livret de la série des *Diamants*. La voici : « **Si tu veux ce que Dieu fait, Dieu fera ce que tu veux.** »

Si tu veux ce que Dieu fait : l'homme doit vouloir ce que Dieu fait, accepter tout ce qui lui arrive avec la foi – avec la foi, l'amour et la joie. L'homme doit savoir que tout ce qu'il traverse provient de Dieu, il doit vivre avec la foi. Et si – Dieu nous en préserve – il ne le veut pas et n'est pas satisfait, s'il s'accuse lui-même en pensant qu'il est responsable de ce qui lui arrive, s'il accuse quelqu'un d'autre, incrimine la nature, le mauvais œil ou la sorcellerie... Homme ! Tu dois apprendre à te satisfaire de ce qui t'arrive, à ne pas te rebeller contre Dieu pour ce qu'Il a fait pour toi. Sache que Dieu fait tout. Sois convaincu que tout ce que Dieu fait est pour le bien, et que le plus important est de Le remercier !

Homme ! Ton travail consiste à vouloir ce que Dieu veut, à te réjouir de tout ce qui t'arrive : c'est ton travail. Alors Dieu fera tout ce que tu veux.

Comme tout ce qui vous arrive, c'est Dieu qui le fait, il faut donc le vouloir et Le remercier. Se réjouir de tout ce qu'Il fait, ainsi vous Le ferez régner sur vous ! Dites : « Merci beaucoup Dieu que cela ne va pas pour moi comme je le voudrais. » Ainsi, vous Le placez Roi sur vous à chaque seconde. Par conséquent, le travail de tout homme consiste à prier beaucoup pour la foi. Prier pour mériter d'annuler sa propre volonté devant celle de Dieu ! Pour que l'homme s'annule lui-même devant Dieu béni soit-Il !

Pourquoi l'homme souffre-t-il ? Pourquoi pleurniche-t-il et gémit-il ? Pourquoi certains ont-ils perdu le goût de vivre ? Parce qu'il leur manque la foi que tout provient de Dieu et que tout est pour le mieux. L'homme n'accepte donc pas les décrets et la conduite divine à son égard. Il pense que tout lui revient et prétend savoir comment le monde doit être dirigé. Mais en vérité rien ne lui revient et le Saint béni soit-Il ne lui doit rien. Alors il est certain qu'il doit remercier Dieu pour tout ce qu'Il lui donne : il doit traverser ce qu'il traverse, et constamment se réjouir et être heureux en recherchant toujours quelle correction il pourrait effectuer dans sa spiritualité, car les souffrances ne viennent pas sans faute.

47 – En dépit de toute logique

Que Dieu nous en préserve, un de mes élèves tomba très gravement malade et on lui prescrivit une chimiothérapie. Il décida de ne pas suivre ce traitement, car il détruit l'homme, provoque une calvitie, affaiblit le corps et l'expose aux maladies – que Dieu nous protège. Il s'était dit : « Je suis un croyant qui effectue chaque jour une heure d'isolement et je me tournerai vers Dieu. »

Il s'isola chaque jour pendant une heure, chanta à Dieu et Le remercia de lui avoir envoyé cette maladie. En plus de son heure de remerciements et de louanges, il effectuait aussi une heure de repentir, récitait les *Noms des Justes*, lisait les Psaumes et les *Likouté Tefilot*. Il racheta également son âme auprès d'un rav important, afin d'adoucir les mauvais décrets : ce qui lui donna la force de s'attacher à Dieu et de se renforcer en prières et en supplications. Il se rendit sur les tombeaux de nos Patriarches pendant quarante jours consécutifs, car on peut y opérer de grandes délivrances et annuler tous les mauvais décrets.

La chimiothérapie anéantit l'homme, jusqu'à ce qu'il ne puisse plus rien faire. Car non seulement les rayons affaiblissent le corps et l'exposent à toutes sortes de dommages, mais son âme elle aussi en subit les conséquences, et sombre dans l'obscurité, la tristesse et la dépression – puisse Dieu avoir pitié de nous. Mon élève se renforçait par tous les moyens, et il se disait : « Au lieu d'être cloué dans un lit à cause de ces traitements, au lieu de tout cela je passe toute la journée en prières ! »

Il faut souligner qu'il fit tout son possible pour vaincre la maladie, à force de prières et de repentir. Il demanda même au professeur qui aurait dû le soigner de s'entretenir avec lui une fois par semaine au téléphone pour lui parler de la maladie et de ses dangers. Il me raconta qu'il avait besoin de cela pour se secouer. Lorsque le professeur lui décrivait la gravité de son mal et le résultat des tests, quelle nouvelle excroissance on lui avait trouvée, cela l'effrayait et l'incitait davantage à la prière et au remerciement à Dieu...

Si l'homme ne vit pas avec le remerciement et les louanges dans cette terrible épreuve, il tombe dans des peurs, des inquiétudes et le désespoir, et il finira par incriminer Dieu – qu'Il nous en garde. Mais cet élève mérita de remercier beaucoup Dieu pour sa maladie et il fut heureux de son lot, car convaincu que c'était pour son bien. Par ce mérite, il se renforça dans la foi et se rapprocha beaucoup de Dieu. C'est pourquoi il Le remerciait chaque jour.

Il mérita ainsi d'effectuer un réel travail quotidien de prières, d'heures d'isolement, et de visiter les tombes des Patriarches, etc. Et bien entendu, il pratiqua tout cela en plus de son heure du remerciement et – grâce à Dieu, béni soit le nom du Roi de l'univers – la maladie disparut !

Voilà ce qui arrive lorsqu'on vit avec la foi et la prière : on voit des miracles ! Surtout lorsqu'on vit avec le remerciement et les louanges. Quand l'homme remercie beaucoup, il se soumet totalement à Dieu, béni soit-Il, et accepte la Providence divine : « Maître du monde ! Merci de veiller sur nous de cette manière ! Merci ! »

48 – Tout a disparu

Afin d'accentuer le point que le remerciement ne provoque pas seulement la guérison de très graves maladies, mais renforce également la foi, nous rapportons ici cette lettre que nous avons reçue : « Merci beaucoup, honoré Rav. C'est par votre mérite que j'ai été sauvée et que j'ai vu des miracles.

Mon nom est K.T. J'ai vingt-cinq ans, et pendant six mois j'ai souffert de graves douleurs crâniennes. Mes parents ignoraient d'où cela provenait. Lorsque mes souffrances devinrent de plus en plus insupportables, et qu'aucune médication ne réussissait à les calmer, ma mère me conduisit à l'hôpital Wolfsohn et demanda qu'on me soumette à tous les examens possibles.

L'examen IRM révéla une excroissance cancéreuse dans la tête et une hémorragie cérébrale. Je fus hospitalisée dans le département d'oncologie. Au début de cette période, j'ai vu dans le site du rav qu'il était possible de lui demander une bénédiction. J'ai envoyé une demande pour une complète guérison, et après quelques jours, M. me contacta et me dit au nom du rav que je devais remercier Dieu chaque jour pendant une demi-heure pour cette maladie.

J'achetai les trois livres *le Jardin des louanges*, *la Sagesse féminine* et *Dieu te guérit*, et je commençai à me renforcer énormément. J'ai entrepris aussitôt des isolements journaliers d'une demi-heure pour remercier le Créateur du monde. Je suis restée à l'hôpital pendant un mois. Le traitement qu'on me donna n'eut aucun effet. Alors je me suis attaché à la voie des remerciements et j'ai arrêté de le suivre. Après plusieurs mois, je fus de nouveau hospitalisée pour surveiller l'évolution de la maladie, et lorsque les résultats des examens arrivèrent, ils m'annonçaient que l'excroissance avait disparu et que l'hémorragie avait cessé. Les docteurs ne pouvaient expliquer ce miracle médical qui s'était déroulé devant leurs yeux : tout avait disparu, sans laisser aucune trace – sans aucun traitement.

Ce fut un véritable miracle. Merci à Dieu et au rav, pour m'avoir donné le mérite de me renforcer. Je me déplace en tout lieu avec la série des *Diamants*, surtout les *Miracles surnaturels*, que je relis chaque jour. Et dans mon sac je garde également *J'ai dit "merci" et j'ai été sauvé*, *Baisers au Créateur du monde*, *Seulement "merci"* et *Dis "merci"*.

Il est important pour moi de dire que bien qu'à l'époque, je n'observais pas les commandements, je me suis beaucoup renforcée par le mérite des remerciements : j'ai commencé à respecter le Chabbat, à m'habiller décemment et à vivre avec la foi. De même, j'ai entrepris de convaincre mes amies de remercier pour toute peine et toute délivrance. Car tout provient de Dieu, qui nous éprouve afin de nous renforcer.

Avec mes remerciements,

K. T. »

49 – La maladie a complètement disparu

Un de mes élèves, qui venait seulement d'entrer dans l'univers de la foi, tomba malade et endura des souffrances inouïes durant de nombreuses années. Aucune de ses tentatives pour guérir ne réussissait – même pas le repentir ou la prière. Jusqu'au jour où il entendit un cours sur le remerciement, où il était expliqué que tout est pour le bien, et que l'homme est tenu de remercier de tout cœur pour toutes ses carences et souffrances.

Cet homme commença à s'isoler chaque jour pendant une heure en la dédiant exclusivement aux remerciements. Il exprima sa gratitude au Créateur pour l'avoir rendu malade, et pour toutes les années où il avait enduré toutes ses souffrances. Il ajoutait qu'il était certain que le Créateur, dans Sa miséricorde, n'agissait que pour son bien complet, pour l'expiation de toutes ses fautes puisqu'il avait eu le mérite de s'éveiller au repentir.

Chaque jour il consacrait une heure entière à seulement remercier Dieu qui lui avait envoyé cette maladie, sans demander aucune guérison. Au bout d'une quinzaine de jours, sa maladie disparut complètement ! Sans médicaments, sans panacées. Alors qu'il avait souffert de nombreuses années, et que rien n'avait été efficace, seul le remerciement le sauva ! Car exprimer sa gratitude est le summum de la foi. Comme nous l'avons écrit précédemment, le manque de foi est principalement à l'origine de toutes les graves maladies. Et en corrigeant sa foi, on devient sain de corps et d'esprit.

Il est bien évident qu'il faut remercier Dieu pour tout, pour l'abondance de biens, pour tout ce qui va comme on le veut, mais le plus important est de Le remercier pour ses difficultés, ses problèmes, ses privations, pour tout ce qui ne va pas.

On m'interroge très souvent : « Comment pourrais-Je remercier pour telle ou telle souffrance, pour tel ou tel problème ? » Si je répondais : « Renforce-toi dans la foi », ils répliqueraient : « Nous avons la foi, nous prions très fort, mais on ne voit pas encore la délivrance. » Alors je leur dis : « Prier est très bien, mais vous êtes encore très loin de la foi, car la foi, ce n'est pas seulement croire dans le Créateur qui veille et dirige le monde entier, qui possède tout et qui est l'unique adresse. La foi, c'est d'être convaincu que tout ce que Dieu fait, Il le fait pour le bien. Tout – pas presque tout –, vraiment tout. Si c'est ainsi, le mal, les problèmes, les privations n'existent pas, parce que Dieu fait tout pour le bien. C'est pourquoi il faut remercier pour tout. »

Il faut savoir que le travail du remerciement s'organise en trois étapes :

a) Première étape : croire que tout est pour le bien. Laisser de côté les rationalisations et se réjouir de la volonté divine, en étant heureux en toute situation, même difficile, douloureuse, quoi qu'il arrive. Sois convaincu que c'est la volonté de Dieu, et que c'est pour ton bien, bien que tu ne comprennes pas comment et pourquoi. Sois convaincu que tout ce qui arrive, à toi comme aux autres – même l'incident le plus petit qui soit – provient de Dieu, béni soit-Il, par Sa Providence divine et particulière, et que tout est toujours pour le bien. Et sache donc que tout ce qui t'arrive et t'arrivera, tout est pour le mieux.

b) La deuxième étape : dire « merci ». Remercier Dieu pour tout ce qui t'arrive, pour toute souffrance, difficulté et contrariété. Car si tu crois que tout est pour le bien, il ne suffit pas d'y croire, mais tu es tenu d'en remercier le Créateur du monde.

c) La troisième étape : se repentir. Dire au Saint béni soit-Il : il est certain que ce que Tu m'as envoyé est pour mon bien, pour me rapprocher de Toi. Alors je veux me repentir complètement, pour tout ce que je dois réparer. Et entre-temps je me renforce dans ma foi. Sois convaincu que Dieu veut te rapprocher de Lui, car tout ce que Dieu fait n'a qu'un seul but, et tout ce qui t'arrive n'est dirigé que pour te rapprocher du Saint béni soit-Il. Il n'y a aucune difficulté sans finalité – recherche donc dans tout ce que tu traverses ce que Dieu veut de toi.

50 – Des remerciements à échéances

Voici une règle fondamentale qu'il faut savoir : il est possible de remercier d'avance pour une délivrance à venir et en attente. On peut également promettre d'avance à Dieu que lorsque le salut arrivera, on Le remerciera pendant tant et tant de jours ou tant et tant d'heures. Comme je l'ai écrit dans *le Jardin des louanges,* on peut remercier à échéances, et promettre que si Dieu nous exauce, on Le remerciera pour cela pendant telle ou telle période.

Par exemple un étudiant marié de la *Yéchiva* souffrait terriblement d'un besoin incessant de dormir. Il ne voyait aucune issue, aucune possibilité de se transformer. Jusqu'au moment où il entendit un cours sur la force du remerciement, qui le décida à changer d'attitude... Dans son isolement, il promit à Dieu que s'il l'aidait à se lever à minuit, il Le remercierait pendant une demi-heure, et un miracle se produisit ! Cette même nuit, il se leva exactement à minuit et sans aucun effort !

Bien entendu, il accomplit sa promesse et remercia Dieu pendant une demi-heure. Mais il pensa : Peut-être est-ce une simple coïncidence ? De nouveau, il promit à Dieu que s'il l'aidait à se lever au milieu de la nuit suivante, il Le remercierait pendant une demi-heure ininterrompue – et de nouveau, il se leva sans difficulté à minuit ! Encore une fois, il accomplit sa promesse et remercia Dieu pendant une demi-heure de l'avoir aidé à se lever.

La nuit suivante arriva, alors qu'il était épuisé par le manque de sommeil, décuplé par son excessive habitude de dormir. De nouveau, il promit à Dieu une demi-heure de remerciements, et le miracle se reproduisit : Dieu l'aida à se lever exactement à minuit, et cela, contrairement à sa nature.

Depuis, il se lève régulièrement à minuit... Alors qu'autrefois il avait du mal à se lever à midi... Et chaque nuit à son lever, il en remercie Dieu pendant une demi-heure.

Beaucoup s'inquiètent du futur : Qu'arrivera-t-il ? Et si je tombais malade ? Peut-être y aura-t-il ceci ou cela ? En bref, pour eux, l'avenir est noir. Le conseil dans ce cas est bien entendu de... remercier Dieu ! Si on pense qu'il arrivera telle ou telle chose, on dira pour cela « merci ». Ainsi on jouira d'une tranquillité mentale.

Un conseil supplémentaire consiste à remercier d'avance pour toute délivrance dont on a besoin, à travers la foi et la confiance dans le Créateur du monde. Alors, Dieu enverra ces délivrances, selon le niveau de foi de l'homme. Cela signifie que celui qui veut opérer une certaine délivrance, combler un certain manque, remerciera à l'avance : « Maître du monde ! Je Te remercie déjà pour la délivrance que Tu m'accorderas, pour en finir avec les privations ! » Ainsi on multipliera ses remerciements, jusqu'à l'exaucement de ses demandes. Il y a en effet deux moyens d'être entendu : par la demande, ou par le remerciement anticipé. Ce dernier est toujours plus efficace, car le remerciement ne peut susciter aucune accusation céleste, contrairement à la demande. Le remerciement doit être sincère et honnête, parce que si on l'utilise comme une astuce, sans croire vraiment que tout est pour le bien, il sera inutile.

Comme nos Sages de mémoire bénie l'ont expliqué sur le verset de *Job* (41,3) : « Qui M'a rendu un service que J'aie à payer de retour ? Tout ce qui est sous le Ciel est à Moi. » Qui M'a rendu un service que J'aie à payer de retour ? – Qui peut dire au Saint béni soit-Il : « Je T'ai rendu un service, Je T'ai donné quelque chose, avant que Tu m'aies donné quoi que ce soit... » Qui peut parler ainsi ?

Nos Sages rapportent l'exemple du commandement de la *Mezouza* : qui peut se vanter et dire à Dieu : « J'ai fabriqué des *Mezouzot* en Ton honneur !... Par conséquent, paye-moi mon salaire ! » Dieu lui répondrait : « Qui t'a donné une maison pour y fixer une *Mezouza* ? Qui, sinon Moi ? » Dieu est toujours le premier, et Il donne à l'homme de ce qui Lui appartient. C'est seulement alors que l'homme peut rendre à Dieu de ce qu'Il lui a donné.

Il est vrai que chaque commandement accompli – et toute chose – ne provient que de Dieu. Néanmoins, c'est différent pour le remerciement. Car on peut anticiper un remerciement, et Dieu est alors – pour ainsi dire – tenu de régler Ses dettes. Car Il a dit : « Qui M'a rendu un service que J'aie à payer de retour ? » C'est-à-dire que si quelqu'un devance Dieu béni soit-Il, Il le payera en retour. Si on remercie d'avance Dieu, béni soit-Il, pour ce qu'Il fera à l'avenir pour nous, alors Il devra – pour ainsi dire – respecter Ses obligations, et payer.

De cette façon, l'homme peut remercier d'avance pour tout ce qui lui manque. S'il n'a pas d'enfants, il remerciera Dieu : « Merci beaucoup pour les enfants que Tu me donneras... » Ainsi il pourra remercier pendant une heure, deux heures ou davantage. Alors Dieu verra qu'il a émis tant de remerciements pour des enfants qu'Il ne lui a pas encore donnés, qu'Il devra lui en donner, comme Il a dit : « Qui M'a rendu un service que J'aie à payer de retour ? »

Or cet homme L'ayant précédé, Dieu le rétribuera en retour...

Il est également rapporté dans le *Sia'h Sarfé Kodech* que rabbi Its'hak, fils de rabbi Nathan, fut une fois gravement malade. Lorsqu'il demandait à Dieu béni soit-Il qu'Il le guérisse, il Lui parlait ainsi : « Maître du monde, que puis-je Te promettre ? Te promettre que si Tu me guéris, je serai dorénavant un homme parfait ? Cela, je ne peux pas Te le promettre. Mais je peux Te promettre que si Tu me guéris, je ne l'oublierai jamais, et je Te remercierai toujours pour cette bonté ! » Et en effet, il guérit.

De même, après avoir traversé tant de souffrances et avoir été sauvé de toutes les calamités, le roi David composa dans sa vieillesse le chant qui commençait par le verset (*Psaumes* 18,4) : « Gloire à l'Éternel, m'écriai-je, et je suis délivré de mes ennemis ! » Et Rachi commente : « Par ces louanges, j'appelle et prie toujours Dieu, à savoir que même avant la délivrance je célèbre Ses louanges, car je suis certain d'être sauvé de mes ennemis. » Et le *Malbim* ajoute : « Seules les louanges sur Ses bontés suffisent – je serai sauvé de mes ennemis et je n'aurai pas du tout besoin de prier. »

51 – La perfection spirituelle

À la fin d'un cours, j'ai demandé qui était prêt à s'engager à effectuer chaque jour une heure d'isolement (isolement dans la prière et l'examen de conscience). Bien sûr, plusieurs personnes se proposèrent. Plus tard, une femme s'approcha de moi et me dit qu'elle s'y était déjà engagée et qu'elle faisait dès lors quotidiennement une heure d'isolement, et une fois par mois six heures d'affilée. Elle me raconta que tous ses enfants étaient sortis du cadre d'un enseignement toranique, et qu'elle remerciait Dieu pour ses ennuis pendant six heures, une fois par mois, chaque fois pour un autre enfant. Elle vit des miracles de ses propres yeux. Une de ses filles l'accompagne déjà au cours et s'habille décemment, comme il convient à une fille d'Israël.

C'est la force d'une simple femme juive, mais qui croit dans le pouvoir de la prière et du remerciement !

Voici la règle : toute lacune chez l'homme provient uniquement de son manque de foi à opérer toute délivrance par le pouvoir des louanges, des remerciements, des prières et des requêtes. Le manque de la simple foi est l'unique cause de tous les problèmes de chacun et de chacune. Si l'homme détenait la simple foi qu'en priant et remerciant Dieu pour tout, il opérerait des délivrances dans tous les domaines qui lui tiennent à cœur, il prierait et comblerait toutes ses lacunes. On parle ici d'une personne très simple. J'ai vu de mes propres yeux certains de mes élèves, au début de leur processus de repentir, qui avaient encore du mal à étudier, et qui ne pouvaient pas accomplir la Torah et les commandements comme il convenait. Mais ayant mérité d'entendre des cours sur la prière et le remerciement, ils se renforcèrent dans la foi et se rapprochèrent de la voie des louanges et opérèrent de très importantes délivrances, d'une façon vraiment surnaturelle. Par exemple, j'ai vu de nombreux parents qui priaient pour leurs enfants qui avaient abandonné la voie de la Torah, et s'étaient déjà complètement découragés de pouvoir les ramener vers le droit chemin, opérer de grands saluts par le biais des remerciements et des louanges.

Comme le dit notre saint maître dans les *Likouté Moharan* (II, 2) : « En remerciant Dieu béni soit-Il, on est délivré de tous les ennuis. »

52 – Une bonne nouvelle : on m'a licencié !

Un Américain m'a contacté et m'a dit : « Vous avez affirmé que celui qui étudie chaque jour une page du *Jardin des louanges* jouit du paradis sur Terre. J'étudie quotidiennement une page de ce livre et en effet, c'est pour moi le paradis dans ce monde-ci ! Je ne connaissais pas cette vie ! Une lumière s'est allumée pour moi dans ce monde ! »

Voici l'histoire d'un juif qui s'est rapproché de la Torah grâce à mes cours. Il me dit : « J'ai une bonne nouvelle à annoncer au rav : on m'a congédié de mon travail. J'ai maintenant davantage de temps pour prier dans l'isolement. Je remercie Dieu pour Ses bontés à mon égard et je crois que de toute façon je recevrai ce qui me revient. »

Cela arriva lorsqu'il commençait seulement à se rapprocher de la Torah. Il venait aux cours, écoutait des CD, était joyeux et remerciait déjà Dieu pour son licenciement. S'il n'avait pas compris les concepts que nous avons étudiés, qui sait ce qui aurait pu lui arriver ? Il se serait probablement mis à pleurnicher et à se plaindre...

Lorsque l'homme acquiert ce savoir-faire, il peut bénir sur tout – pour le bien et le meilleur ! Et cela, comme dans la vie future, après la venue du vrai Messie, où il sera évident de ne plus bénir « Béni sois-Tu, Juge équitable », mais seulement « Béni sois-tu, car Tu es bon et bienfaisant ».

Rapportons ici une conversation téléphonique possible à l'époque du vrai Messie :

Le téléphone sonne, et Avraham répond :

– *Chalom* !

– *Chalom* !

– Que puis-je faire pour vous aider ?

– Votre nom est Abraham ?

– Oui.

– Nous venons d'apprendre que votre bateau a sombré...

– Vraiment ? Merci beaucoup mon Dieu ! Je vous remercie, cher inconnu, pour l'excellente nouvelle que vous venez de m'annoncer !...

Abraham se met alors à danser de jubilation et bénit avec une grande joie : « Béni sois-Tu Dieu, notre Dieu, Roi de l'univers, car Tu es bon et bienfaisant ! » Ensuite, il organise une fête de remerciement où il invite toute la ville. Lorsque tous arrivent, ils demandent : « Quelle est la raison de cette célébration ? » Il leur répond : « J'organise cette fête parce que mon bateau a coulé, tous mes biens ont disparu, et je suis maintenant sans le sou. »

En l'entendant, personne ne s'étonne, car tous savent que tout est dirigé vers le bien, et qu'on bénit sur tout : « Tu es bon et bienfaisant » et ils le bénissent donc : « Comme tu es heureux ! Béni soit Dieu ! Merci beaucoup Dieu ! C'est un grand bienfait que tu n'aies plus d'argent ! Il n'y a rien de meilleur ! Comme Dieu est bon ! Béni soit-Il, Lui qui est si bon et bienfaisant ! Tout ce que Dieu fait est bien : merci, merci, merci... »

Est-ce anormal ? Seulement pour celui qui pense que le mal existe dans le monde. Mais après la venue du Messie, tous sauront déjà qu'il n'existe plus aucun mal dans le monde et cette attitude sera tout à fait normale.

En vérité, chacun devrait déjà posséder cette connaissance et mériter de remercier pour toute chose.

Dans le Talmud (*Pessa'him* 50a), il est écrit qu'à l'avenir on ne bénira plus « Béni sois-Tu, Juge équitable », mais « Béni sois-Tu, car Tu es bon et bienfaisant. » Et le *Tsla'h* explique que nos Sages de mémoire bénie veulent dire que nous nous souviendrons de tous les événements qui nous ont paru porteurs de douleurs et de souffrances, et nous prononcerons la bénédiction : « Béni sois-Tu, car Tu es bon et bienfaisant », car nous verrons qu'ils n'étaient dirigés que vers le bien. Et à plus forte raison, on remerciera pour toute chose qui arrivera dans le futur.

Bénir sur tout « Toi qui es bon et bienfaisant », c'est la lumière messianique. Il faut remercier pour toute chose, car la pure vérité est que toutes les actions de Dieu sont dirigées exclusivement vers le bien ! L'absence de remerciement et de joie ne provient pas de ce que la réalité est mauvaise, mais de notre ignorance de la foi.

53 – Une Michna si étonnante

Dans le même ordre d'idées, on raconte que les disciples du *Maguid* de Mézeritch – puisse son mérite nous protéger – demandèrent une fois à leur maître de leur expliquer le sens de la Michna (*Berakhot* 9,5) qui affirme que l'homme est tenu de bénir sur le mal comme sur le bien.

En guise de réponse, le *Maguid* les dirigea vers le Juste rabbi Zoucha, car il était certain qu'il pourrait bien leur expliquer cette Michna...

Les disciples se rendirent auprès de rabbi Zoucha d'Anipoli. Celui-ci vivait dans une extrême pauvreté : il distribuait à la charité tout ce qu'il avait, c'est-à-dire ce qu'il recevait de ses élèves et de ceux qui lui demandaient de les bénir. En arrivant chez lui, ils virent une maison complètement délabrée, avec au sol des seaux remplis par l'eau qui tombait du toit criblé de trous. C'était la demeure de rabbi Zoucha. En pénétrant à l'intérieur, ils le virent vêtu de guenilles reprisées et déchirées, assis sur deux piles de bois et étudiant le Talmud. Son visage était lumineux et joyeux comme toujours.

Ses élèves lui rapportèrent les propos du *Maguid*, qui avait tenu à ce qu'il leur explique le sens de cette Michna. Rabbi Zoucha fut très surpris : « N'est-ce pas une erreur ? Le *Maguid* a-t-il vraiment parlé ainsi ? Souhaite-t-il vraiment que Zoucha vous explique les paroles de cette Michna ? Mais elle m'échappe complètement, car je n'ai jamais réussi à comprendre de quel mal il s'agit, et qu'il faille rendre grâce pour lui ? De plus, le mal existe-t-il dans le monde ?

Il ne m'est jamais arrivé aucun mal et tout va toujours très bien... Comment pourrais-je vous expliquer une Michna si étonnante ? »

54 – Le remerciement qui provoque le salut

Je reçois des lettres du monde entier, aussi bien de la Terre d'Israël que d'ailleurs. Voici une lettre qui contient un message très important :

« *Chalom,*

J'habite à Toronto (Canada). J'ai grandi dans une famille orthodoxe et je me suis mariée à vingt ans, aussitôt après la fin de mes études. J'ai reçu un appartement bien agencé avec tout le confort dont je pouvais rêver. Après quelques années je me suis retrouvée mère de trois enfants, avec un travail stable et intéressant. J'étais certaine d'être la personne la meilleure du monde et qui réussissait en tout. Tout était tellement parfait en moi que j'en arrivais à mépriser les autres en pensant qu'ils ne réussissaient que grâce à mon mérite. Je savais comment chacun aurait dû se conduire.

Jusqu'au jour où se déclara chez mon mari une maladie qui atteignit progressivement son corps, puis son esprit. Nous sommes entrés dans une période de soins interminables et épuisants. Pendant un moment de dépression, j'eus le mérite d'avoir une conversation téléphonique avec une amie d'enfance qui s'était mariée avec un disciple de rav Arouch. Après lui avoir raconté en pleurant mes difficultés avec mon mari, les humiliations, les soins et son hospitalisation dans un centre pour malades mentaux, elle me dit qu'en ce moment rav Chalom Arouch ne cessait de parler du pouvoir extraordinaire du remerciement : "Dis 'merci', et tu seras sauvée !"

Je lui ai dit : "Pour quoi remercier ? Pour l'enfer ? Pour les cauchemars dont mes nuits sont emplies ? Pour mes difficultés à gagner notre vie ? Pour le fait que je suis clouée à la maison pour m'occuper de mon mari ?"

Elle me répondit : "Oui, dis 'merci' sur tes difficultés, et tout sera excellent."

J'ai commencé à remercier : "Merci beaucoup, Dieu, pour les souffrances. Merci, Dieu, de nous avoir envoyé Untel qui nous a conseillé un bon médecin. Merci, Dieu, pour la baisse de nos ressources." J'étais en train de parler avec le Tout-Puissant, lorsque je reçus un appel téléphonique qui m'apprenait qu'on avait décidé de nous accorder une aide financière substantielle.

Un an après, l'état de mon mari commença à dégénérer et les *rabbanim* me conseillèrent de divorcer. Nous avons accepté leur avis, car ils estimaient que si nous ne divorcions pas maintenant, cela créerait des complications halakhiques pour obtenir le divorce plus tard. Je me suis donc retrouvée au tribunal pour entendre ces mots pas si simples : "Tu es répudiée."

Ce qui m'a retenu de ne pas flancher moralement, ce fut le remerciement à Dieu. Cette année-là j'ai recommencé à m'épanouir en étudiant des sujets intéressants, et j'ai reçu une promotion dans mon travail. Le remerciement m'a élevé, et c'est grâce à cela que je ne suis pas tombée. J'ai ressenti combien les difficultés passées étaient le meilleur cadeau que j'aie jamais reçu. Je sais qu'avant d'être venue dans ce monde j'avais saisi cette épreuve de mes deux bras et j'avais dit : "Dieu, je ne descends pas seule – sans ces épreuves – dans le monde", en dépit des difficultés, des pleurs et des humiliations.

Deux ans ont passé, et j'en avais assez de vivre seule. J'ai écrit une lettre au rav Arouch, et il me répondit : "Remerciez pour la difficulté et étudiez chaque jour deux pages du *Jardin des louanges.*" J'ai abandonné toute rationalisation et j'ai commencé à dire comme suit : "Merci, Dieu, pour cette difficulté. Merci, Dieu, d'être seule et de ne trouver personne qui me convienne." J'avais entendu au nom du rav, que si on veut une délivrance, il suffit de remercier, sans demander quoi que ce soit. Car une demande exprime en général un manque de foi, parce qu'en vérité la présente situation est la meilleure qui soit. Après plusieurs mois j'ai envoyé une nouvelle lettre au rav, et la réponse que j'ai reçue m'a donné des frissons : "Cela prendra du temps. Continuez dans la voie où vous vous êtes engagée."

J'ai multiplié mes heures de remerciement à Dieu. Certains – jours je parlais à Dieu pendant deux ou trois heures en remerciant ou en chantant Ses louanges. Un instant avant ma délivrance, j'ai reçu une bonne proposition de mariage, mais qui échoua après deux semaines. J'étais au bord du découragement. J'ai contacté l'amie qui m'avait orientée vers les remerciements, et je lui ai demandé : "Pourquoi ne suis--je pas encore sauvée ? Et pourquoi Dieu me fait-Il subir tout cela ?" Elle me répondit : "Remercie maintenant pour la proposition qui a échoué. C'est le mieux qui soit, comme il est écrit dans *le Jardin des louanges :* nous devons croire que Dieu qui a créé le monde est le premier à savoir ce qui nous convient."

Je suis alors revenue aux remerciements.

J'ai commencé à remercier Dieu d'une manière plus approfondie. Je disais : "Dieu, ce que Tu veux est le mieux qui soit. Tu veux que je sois une divorcée, merci Dieu ! C'est Toi qui diriges le monde. Tu sais à quel rythme les choses doivent se dérouler, Tu sais ce qui est juste pour moi." Ma foi se renforça. Je commençais à effectuer un véritable travail. J'arrêtai de dire "merci" pour être délivrée. Je disais véritablement "merci", car je croyais sincèrement que Dieu me faisait du bien. Cette même semaine, j'ai rencontré mon mari actuel ! Un être spécial qui me convient parfaitement. Nous nous sommes mariés au bout d'un mois et demi. Un vrai miracle !

Je voudrais ajouter un point important. Le remerciement n'est pas une "astuce" qu'il suffirait de dire du bout des lèvres pour être sauvé. Le remerciement est un travail intérieur ! Remercier signifie accepter en vérité l'épreuve avec l'amour et la foi. Remercier, c'est savoir que c'est ce que Dieu veut, et que c'est le mieux qui soit.

Il m'est important de souligner cela à l'intention de celui qui lit les histoires de remerciement. On doit savoir que si on veut une authentique délivrance, on doit s'investir, travailler sans relâche et sans se décourager. Si le salut n'est pas encore arrivé, il faut ajouter encore une autre heure de remerciements. Finalement, la délivrance doit se manifester. Car le Saint béni soit-Il – Lui-même – veut la délivrance. Il attend seulement que nous acceptions l'épreuve avec amour et avec une foi véritable.

Ne pas se laisser troubler par le mauvais penchant qui dit : "Regarde, tu as dit 'merci', mais tu n'as pas encore été exaucé..." Le mauvais penchant tremble et craint la foi puissante de l'homme qui remercie. Je sais que par le mérite de mon épreuve, j'ai reçu un cadeau précieux. Je n'ai pas peur. J'ai découvert le secret qui aide à traverser ce monde avec succès : être convaincu que tout est pour le bien et remercier, même si cela semble difficile.

Je veux remercier le rav pour le merveilleux cadeau, le prodigieux instrument qui m'a sauvé, car j'ai dit "merci" et j'ai été sauvée ! » (Fin de la lettre)

La lettre de cette personne contient une phrase importante :

« Je sais qu'avant d'être venue dans ce monde j'avais saisi cette épreuve de mes deux bras, et j'avais dit au Saint béni soit-Il : "Maître du monde, je ne descendrai pas dans le monde sans ces souffrances !"... » Cette phrase est capitale, car j'explique toujours que lorsque l'homme est insatisfait, on peut lui dire dans le Ciel : « Tu n'es pas heureux de ce qu'on fait pour toi ? À une certaine étape, on te prendra d'ici et tu verras Là-haut que tout était juste et droit, qu'il n'y a aucune injustice, que tout est jugé méticuleusement avec la plus grande intégrité. » Mais cette femme a innové quelque chose de prodigieux : déjà dans ce monde elle est parvenue à cette compréhension que les souffrances qu'elle a subies étaient le cadeau le plus grand que Dieu lui ait jamais donné, car c'est par leur mérite qu'elle s'est rapprochée de la prière dans l'isolement, du repentir et de la foi que tout est pour le mieux. Et elle reçut le plus grand cadeau qu'on puisse recevoir dans ce monde : la foi.

C'est pourquoi elle dit que, si avant sa descente sur terre, on lui avait montré les souffrances qu'elle devait subir tout au long de sa vie, et que, par leur mérite, elle avait reçu la foi, elle les aurait étreintes et embrassées. Et elle aurait dit à Dieu que sans ces souffrances, elle n'avait aucune raison de descendre ici-bas. Car sans ces souffrances, elle serait restée complètement éloignée de Dieu.

À ceux qui viennent me trouver avec leurs peines et leurs douleurs, je leur dis et répète : « Vous les voyez comme des souffrances : je vous dis que ce sont des délivrances ! » Comment sont-elles des délivrances ? La foi reçue comme un cadeau, c'est la délivrance. Existe-t-il une délivrance plus grande que celle-ci ?

Il est écrit également dans *Tana Débé Eliyahou* (18) sur le verset (*Lamentations* 2,19) : « Lève-toi, chante dans la nuit » : ce chant n'est rien d'autre que l'acceptation des souffrances.

L'homme fait tout ce qu'il peut, les souffrances viennent à lui pour son bien, pour le sauver de tout ce qu'il a fait, pour expier ses fautes. Et donc, l'homme se lève au milieu de la nuit, il bénit, loue, admire, élève, grandit et sanctifie Son nom, le Nom de Celui qui a créé le monde par Son verbe, béni soit-Il, comme il est dit (*Psaumes* 119,62) : « Au milieu de la nuit je me lève pour Te rendre grâce de Tes équitables jugements. » Existe-t-il dans le monde un seul homme qui voudrait du mal pour son fils ?

55 – On a retrouvé la moto

Quelqu'un est venu me raconter qu'on lui avait volé sa moto. Qu'a-t-il fait ? Il a remercié Dieu : « Je Te remercie, Créateur du monde, de m'avoir donné une moto, dont j'ai profité jusqu'à présent pendant tant et tant d'années. Merci d'avoir voulu qu'on me la vole. Il est certain que Tu m'aimes et que Tu fais tout pour mon bien éternel. Je suis très heureux et Te remercie abondamment. Tout ce que Tu me fais est pour le mieux. Tu sais ce que Tu fais dans le monde. Qui peut ignorer les miracles que Tu as opérés ? Tu es seul à savoir de quel danger et de quel décret Tu m'as sauvé. Le mal n'existe pas au monde. Tout est pour le mieux. Ce vol de ma moto est excellent. Merci... »

Il remercia ainsi de tout son cœur et honnêtement. Et soudain, il reçut un coup de fil du commissariat : on venait de retrouver sa moto ! C'était vraiment un grand miracle, pour celui qui sait ce qui arrive habituellement avec ce genre de plaintes.

Il faut savoir que le travail du remerciement à Dieu est l'exercice le plus authentique et le plus profond de toute la vie : il n'existe pas de lien plus véridique avec le Créateur ! Chaque fois que le remerciement est incomplet, le lien avec Dieu souffre d'une certaine lacune. Car le remerciement n'est pas seulement une preuve de savoir-vivre, de politesse, de droiture : il exprime la perfection de la foi. L'homme voit tout le bien que Dieu fait pour lui en tout temps et à tout instant. Lorsqu'il remercie Dieu, c'est le signe qu'il voit l'action de la parfaite Providence à son égard, que tout est pour le bien, à savoir la perfection de la foi : la foi que Dieu l'aime et veille sur lui, et que tout ce qu'il fait pour lui est pour le mieux. Le remerciement rapproche l'homme de la vérité.

C'est pourquoi le remerciement doit prendre place avant toute forme de prière, de confession et de repentir. Avant de se repentir, de présenter des requêtes, et d'exprimer des supplications, avant tout, il faut remercier. Car c'est par le biais du témoignage de reconnaissance, que l'on acquiert la vertu de vérité. On prie alors vraiment et on mérite de se repentir véritablement.

56 – Un test prodigieux

Voici une autre histoire en rapport avec les véhicules : un de mes élèves devait soumettre sa voiture à des tests. De quelle voiture s'agissait-il ? D'une vieille « guimbarde », d'un « tacot » qui avait besoin d'être vérifié pour tout ce qui marchait – et ne marchait pas. Il lui fit donc passer les tests, et à chaque détail, il remerciait. Il remercia d'abord Dieu pour sa guimbarde. Quand on lui annonça qu'une roue devait être changée, il dit : « Merci beaucoup, Dieu, pour cette roue endommagée, merci pour les trois bonnes roues. » Il remercia ainsi pour chaque chose qui n'allait pas, et comme nous l'avons dit précédemment, puisqu'il s'agissait d'un vrai tacot, il eut beaucoup d'occasions de remercier. Finalement, il passa tous les tests, et du premier coup !

De cette expérience, cet élève apprit à toujours remercier Dieu.

La nature de l'homme est telle que même s'il voit ou si on lui parle des miracles opérés au bénéfice d'autrui, quand il constate que Dieu ne dort ni ne somnole et qu'Il protège Israël, que le Créateur du monde nous garde et qu'Il réalise pour nous des prodiges – béni soit Son nom –, il n'en est pas tellement affecté. C'est seulement si le miracle le concerne vraiment directement, s'il le vit dans sa chair et le voit lui--même, qu'il en est stupéfait et cela renforce sa foi.

Nous apprenons d'ici qu'il suffit de vivre dans la foi. Celui qui vit dans la foi adoucit toutes les rigueurs, et attire à lui toutes sortes de bienfaits et toutes sortes de délivrances. La foi est la source de toutes les bénédictions, de la joie et du bien dans le monde. Comme l'expriment les mots de cette chanson que j'ai composée : « Ou la foi, ou l'enfer », car sans la foi, le monde entier est un enfer, et avec la foi, tout est paradisiaque.

Nous répétons donc que chacun doit prendre un cahier ou placer un carnet dans sa poche pour y inscrire journellement tous les miracles que Dieu opère pour lui. Ce carnet sauvera sa vie. Les miracles ne cesseront de s'accroître et de grandir ! Les délivrances ne feront que se multiplier et fructifier ! Lorsque l'homme termine quelque chose, il devra tout d'abord remercier et louer Dieu de lui avoir permis de le faire !

Si l'homme a le mérite de réfléchir correctement sur ce qui lui arrive, de constater comme c'est bon pour lui, de remercier, puis de méditer sur l'enchaînement des bienfaits dont il profite, il en viendra à remercier d'autant plus le Créateur. Le plaisir du monde futur consiste à ne jamais cesser de remercier – sans fin.

Comme le remerciement et la gratitude sont l'unique tribut que l'homme peut rendre à Dieu, l'ingratitude est le comble de l'hérésie. L'homme qui ne croit pas n'est donc pas appelé non-croyant, mais hérétique, parce que de la même façon que le summum de la foi parfaite est la gratitude, le comble du manque de foi est le reniement du bien que Dieu déverse sur chacun, car Il le nourrit et l'entretient, mais dans son ingratitude, l'homme prétend que cela ne provient pas de Lui, béni soit-Il.

La délivrance finale arrivera lorsque nous comprendrons que tout est pour notre bien, dans toute sa perfection. Dieu nous aime d'un amour infini, et même lorsque cinquante portes d'impureté nous séparent de Lui. Il nous a sortis d'Égypte avec une abondance de miracles et de prodigieuses transformations de la nature. Chacun parviendra donc à l'amour de Dieu avec une crainte suprême, et se dira : « Dieu est satisfait de moi. Dieu ne veut que mon bien. Dieu m'aime davantage que je ne m'aime », et ainsi de suite.

57 – Arriver à la simple foi

Une femme divorcée dévida devant moi son écheveau de tribulations. Je dis à cette malheureuse, mère de cinq enfants : « C'est sûr que je vous comprends. Mais d'un autre côté, vous avez cinq enfants charmants et en bonne santé. Des dizaines de milliers de femmes seraient prêtes à faire l'échange, avec joie ! Beaucoup d'entre elles n'ont pas mérité de se marier. Beaucoup n'ont pas d'enfants... Si vous le voulez, je peux vous donner sur-le-champ une liste. Vous pourrez choisir avec qui vous voudriez échanger... »

Je suis allé donner un cours dans une prison, et j'ai dit aux détenus : « Venez avec moi visiter les départements des hôpitaux où sont soignés les malades les plus graves, et interrogeons-les : "Préféreriez-vous être détenus en prison ou malades à l'hôpital ?" Je peux vous assurer que tous souhaiteraient être à votre place... »

En vérité il faut arriver au point de la simple foi où l'on ne se compare pas avec les autres. Mais parfois il convient de proposer une autre perspective à celui qui est plongé dans l'obscurité et privé de la foi. Je dis donc à ceux qui viennent me consulter : « Vous pensez que votre situation est la pire qui soit, mais beaucoup voudraient faire l'échange ! »

Je ne m'exprime ainsi que pour les secouer. Car vraiment, celui qui possède la foi n'a pas besoin de se comparer avec qui que ce soit. Il vit simplement avec la foi que ce que Dieu fait pour lui est le mieux qui soit.

58 – Le plus heureux du monde

J'ai lu dernièrement une histoire qui a fait couler beaucoup d'encre. Une histoire véridique qui contient un très fort message de foi. On peut rencontrer le protagoniste et rédacteur de cette histoire : il s'appelle Alon Paz, il est paralysé de tous ses membres. Comment réussit-il à écrire ? Sur son ordinateur est fixée une petite caméra orientée vers sa bouche où est fixée une minuscule étiquette ronde munie d'une puce informatique argentée qui envoie des ondes à l'écran. Par les mouvements de sa bouche, Alon peut diriger les ondes, à gauche, en haut ou en bas. C'est ainsi qu'il actionne son ordinateur, écrit des articles, lit des textes de Torah et répond à tous ceux qui s'adressent à lui par ordinateur ou par téléphone portable, sur lequel sont fixés des écouteurs spéciaux afin qu'il puisse répondre immédiatement aux requêtes de chacun. C'est ainsi qu'il écrit :

« Bonjour. Mon nom est Alon Paz. J'ai 38 ans. Je suis né et j'ai grandi dans la ville de Hod HaSharon. Je suis né avec un handicap aux jambes et malgré tout j'avais une certaine autonomie : je pouvais faire quelques pas, je conduisais, j'écrivais et je mangeais parfaitement. Il y a six ans, alors que je conduisais une voiture adaptée à mon état, j'ai eu un grave accident de la route qui me laissa entièrement paralysé. Mes poumons ont été également atteints et je suis branché à un appareil de ventilation artificielle. J'ai donc perdu tout usage de mes mains, de mes jambes et de ma respiration, et par la bonté de Dieu béni soit-Il, je vis grâce à un ventilateur artificiel, Son fidèle envoyé.

« Je suis hospitalisé à présent à Beit Rivka (Peta'h Tikva). À la suite de mon accident, ma foi s'est renforcée encore davantage. Mon temps est consacré à l'étude de la Torah avec l'aide de Rabbanim, de bonnes âmes et des amis qui me visitent et me tiennent compagnie. Certains viennent ici régulièrement.

« Je vis dans une chambre individuelle que je ne quitte presque jamais. Je suis plongé la plupart du temps dans la prière et l'étude. À présent je veux vous faire partager la façon dont je supporte mon état : les forces qui émanent de ma foi me donnent la volonté de vivre et de continuer à aller de l'avant. J'espère que ces lignes vous renforceront et que vous renforcerez également les autres. Un homme normal à qui il arrive la moindre chose commence à crier : "Pourquoi, Créateur du monde ? Pourquoi moi ? Pourquoi cela m'est-il destiné ? Qu'ai-je fait pour cela ?" Je ne me souviens pas avoir jamais dit "Pourquoi..." Depuis mon accident jusqu'à ce jour, je n'ai dit qu'un seul mot et je le répète aujourd'hui : "Merci ! Merci, Créateur du monde ! Si c'est ce que Tu as choisi pour moi, qui suis-je pour me plaindre, pleurer et m'irriter contre Toi ? Tu es le seul à savoir ce qui est le mieux pour moi, Tes voies sont cachées et Tes actions prodigieuses ! Rien n'existe hormis Toi, Père céleste, le Saint béni soit-Il. Tout est pour le bien."

« Il est le Créateur, je suis une créature. Il est le Père, je suis Son fils. Il est le Roi, je suis Son serviteur. Il ordonne, je suis dirigé. Je Le fais régner sur moi, sur mon corps et mon âme, chaque nuit et chaque jour, sur la ville où je me trouve, sur la Terre sainte, sur le monde entier et sur toute existence, car Il est le Roi de l'univers, le Saint béni soit-Il. Il a tout créé et tout formé. Il est Un et n'a aucune aide ! Il est Unique, Seul et Particulier ! Il est le Maître de tous les mondes ! Il est Celui qui créa et qui est responsable de tout – plus puissant que l'existant – plus puissant que tout ! Il peut faire de moi ce qu'il veut. Qui suis-je pour m'opposer à Lui ? Je m'en remets absolument à toutes Ses décisions, à toutes Ses actions. L'homme doit savoir que le monde a un Créateur. Les choses ne se créent pas d'elles-mêmes, sans raison. Il y a des comptes dans le Ciel, et il faut tout accepter avec compréhension, avec amour et joie, car si tu crois dans le Créateur du monde, alors ne te fie qu'à Lui et n'aie confiance qu'en Lui.

« De même que tu sais dire "merci" quand tu es satisfait, tu dois apprendre à dire "merci" même quand tu souffres. Il est préférable de subir, d'avoir mal, d'être affligé pour se nettoyer, se purifier, se corriger et expier ses fautes dans ce monde, et non dans le monde à venir, afin de parvenir directement à une bonne place En-Haut.

« Aujourd'hui je suis allongé dans une petite chambre, semblable à une "boîte d'allumettes", enchaîné au lit et connecté à la machine de ventilation artificielle. Je ne vois ni la terre ni le ciel – seulement moi et les quatre murs. Je sais que je ne perds rien de tout ce qui se trouve à l'extérieur : une grande ville, un grand pays, un monde immense, car je sais que tout à l'extérieur n'est que matérialité, appétits et vanités. Je suis alité dans cette chambre, et je m'isole avec le Créateur du monde, je Lui parle, je Lui présente des requêtes, je prie devant Lui pour les membres de ma famille, pour tout le peuple d'Israël. Je sais que lorsque mon jour arrivera, après cent vingt ans, je recevrai mille fois, un million de fois plus que tout ce que j'ai reçu ici dans ce monde. Je ne perds rien ! Au contraire, le fait que je me trouve dans un tel état est pour moi un mérite et non un malheur ! Y a-t-il quelque chose de mieux que d'expier les fautes du peuple d'Israël ?

« Aujourd'hui je comprends ce que les gens sains ont du mal à comprendre : le corps est une chose qui change. Tant que le cœur bat, que la tête fonctionne, que les yeux voient, que les oreilles entendent, que la bouche parle et mange et que l'âme chante – de quoi ai-je besoin de plus que cela ? Je n'ai besoin de rien de plus. Car tant que je sais que ce monde est temporel, que cette vie est éphémère, que le corps est passager, de quoi devrais-je m'inquiéter ? De quoi aurais-je peur ? De qui aurais-je peur ? Le Père céleste, le Saint béni soit-Il veille, protège et se soucie de tous mes besoins, comme le dit le verset (*Psaumes* 23,1) : "Psaume de David. L'Éternel est mon berger, je ne manquerai de rien." Béni soit Dieu, je suis bien tel que je suis, avec ce que je suis, comme je suis ! Je n'ai aucune plainte à adresser au Créateur du monde – seulement Lui dire "merci" ! Je suis très heureux.

« As-tu déjà apprécié la valeur de ton corps ? Celle du petit doigt de ta main ? Lorsque ton nez te démange, ton oreille ou un autre organe, tu l'élèves et tu le grattes aussitôt, sans problème, car ce sont des choses qui se font d'elles-mêmes, et ces organes sont à ton service. Si mon nez me gratte, mon oreille ou tout autre membre, je suis contraint de le supporter durant de longues minutes, dans le meilleur des cas. Rien n'est évident ! Quand as-tu apprécié pour la dernière fois la paume de ta main ? Ta main ? Lorsque tu as soif, tu t'empares d'un verre que tu remplis d'eau, tu l'approches de ta bouche et tu bois. As-tu déjà pensé à remercier pour les muscles, les tendons et les os de tes doigts qui te permettent de mouvoir ta main ?

« Je suis incapable de bouger un seul doigt. Je dois demander l'aide d'autrui pour boire, manger ou me gratter le dos. Je ne peux rien faire. Dis donc au Créateur du monde : "Créateur du monde, merci pour mes mains, merci pour la possibilité de faire ce que je veux, comme je le veux, autant de fois que je le veux. Je Te remercie, Créateur du monde !"

« As-tu jamais apprécié la valeur de tes jambes ? Une paire de jambes qui soutiennent plusieurs dizaines de kilos. Tu te tiens face à un escalier, tu dois monter plusieurs étages et tu te dis : "Ouf, combien il me reste encore à monter ?" Tu n'as pas de forces ! Dis plutôt "merci" au Créateur du monde qui t'a donné des jambes en bonne santé, qui te permettent de marcher et de gravir un escalier. Des handicapés et des vieillards prennent beaucoup de temps pour monter d'un étage à l'autre, alors que toi, tu peux le faire sans effort. Lorsque tu parviens en haut, remercie le Créateur du monde. Remercie pour tes jambes valides, remercie-Le de t'avoir donné le mérite de grimper un escalier sans t'essouffler. Cela n'est pas évident ! Cela ne coule pas de source ! "Je Te remercie de me gratifier de la possibilité de me rendre où je veux, quand je le veux, autant de fois que je le veux, sans dépendre de l'aide de quiconque. Merci de me donner le mérite de me doucher, d'être propre, de m'habiller..."

« Certains ne le peuvent pas : on les douche dans le lit, comme moi. Je suis couché dans un lit, je respire artificiellement, dans une petite chambre dont je ne sors presque jamais. Je ne vois pas ce qui se passe dehors. Mon ami, tiens-toi face à la fenêtre, regarde dehors, prends un bol d'air, remercie le Créateur du monde : "Je Te remercie, Dieu, je Te remercie de me permettre de respirer par mes propres moyens, de voir le ciel, de voir la lune et les étoiles, de voir les nuages, de voir les oiseaux, de voir la terre, de voir les arbres, de voir les fleurs, le gazon, de prendre plaisir aux prodiges de la Création." Cela n'est pas évident !

« Apprécie ce que le Créateur du monde te donne. Tu dois ressentir à quel point tu es heureux, combien la vie est belle, à quel point le Créateur du monde t'aime, te donne le mérite de profiter d'un corps valide et d'un esprit sain. » (Fin de citation d'Alon Paz.)

Rav Yaacov (Koubi) Lévi, qui rapporte ces propos dans l'un de ses livres, raconte qu'Alon Paz a été récemment invité à parler devant 1800 bénévoles de l'institution *Ezer MiTsion*. Il leur a dit : « Vous me regardez : vous voyez un homme handicapé, sans mains, sans jambes. N'ayez pas pitié de moi. Je suis heureux, je suis parfait. De plus, si le Saint béni soit-Il m'envoyait quelqu'un de riche, puissant et vigoureux, avec des mains fortes et des jambes solides, et qu'on me disait : "Alon, cet homme est prêt à prendre ta place, à vivre paralysé à Beit Rivka, avec ton corps, et tu recevras son corps et sa fortune. Tu pourras être comme les autres : riche, resplendissant de santé. Tu pourras voyager et te rendre en tout lieu et profiter de la vie. Quelle est ta décision ?" Eh bien je répondrais au Saint béni soit-Il : "Non, je refuse ! Et voici pourquoi : Maître du monde, Tu sais ce qui est le mieux pour moi. Si le mieux pour moi est d'être paralysé et cloué au lit, je préfère continuer à vivre ainsi, et je Te remercie pour tout." »

Alon Paz est parvenu à la parfaite foi que seul Dieu sait ce qui est le mieux pour chacun, et seul celui qui possède une telle foi est vraiment heureux de son lot : il est véritablement riche.

On apprend de cette histoire que la belle vie, c'est la foi. La vie heureuse, c'est la foi. Vis-tu avec la foi que tout est bien ? C'est tout ! Tout est bien !

Quels sont les besoins de l'homme ? Seulement parler avec Dieu. L'essentiel est d'avoir une bouche. C'est tout ! Il respire, le cœur bat et il peut parler avec Dieu ? C'est tout ce dont on a besoin dans ce monde : parler avec Dieu, dire « merci », étudier la Torah et prier. Il ne lui manque rien. Il est heureux et joyeux. Au contraire, nombre d'épreuves et de tentations lui sont épargnées, il ne connaît pas les pièges de ce monde. Il ne fait que le bien. Il ne peut déjà plus faire aucun mal. L'homme ne doit pas s'arrêter de remercier Dieu ! Remercier Dieu à chaque instant ! Remercier Dieu à chaque souffle de vie.

Combien l'homme se renforce quand il ravive sans cesse sa foi que le mal n'existe pas au monde ! Ainsi il sera encore plus joyeux. La tristesse, la moindre peine est la preuve que l'homme n'est pas encore parvenu à la foi parfaite que Dieu veille sur lui par Sa Providence particulière et méticuleuse, que tout ce qui l'attriste est dirigé vers son bien éternel et que le mal n'existe pas dans le monde. Il pense encore qu'il existe un certain mal, que quelque chose n'est pas bien...

Même quand on étudie d'autres sujets, on ne doit jamais abandonner le remerciement, à tout jamais. Il faut sans cesse raviver sa foi, se renforcer dans la foi. Toujours aller avec les chants et les psaumes, les remerciements et les louanges, toujours davantage.

59 – La foi authentique

L'un de mes élèves, rav Yonathan Galed, traducteur de mes livres en espagnol, décida de transmettre un de mes cours sur le remerciement et la Providence particulière au public hispanophone. Les médecins avaient certifié à une femme non-juive et mariée depuis plus de vingt ans, qu'elle ne pourrait jamais mettre d'enfants au monde.

Cette femme écouta le cours et avant même d'avoir lu mes livres, elle commença à dire une demi-heure de remerciements par jour : « Merci de ne pas avoir d'enfants ! » Au bout d'un mois, elle était déjà enceinte et nous a écrit : « Les juifs possèdent une foi authentique. En effet, j'ai dit merci et j'ai été exaucée ! »

Elle a dit merci de tout son cœur ! Sans pleurnicher, et de tout son cœur : « Si Tu en as décidé ainsi – merci beaucoup Dieu béni sois-Tu ! Qui suis-je pour Te dire quoi faire ? » Comme le dit Alon Paz dans une histoire précédente : « Qui suis-je pour venir me plaindre, pour pleurer, pour m'irriter contre Toi ? Tu sais ce qui est le mieux pour moi. Tes voies sont obscures, mais Tes actions sont prodigieuses. Rien d'autre n'existe hormis Toi, mon Père céleste, Saint béni sois-Tu, qui fais tout pour le mieux ! »

Si chacun compare ses souffrances avec celles d'Alon, il reconnaîtra qu'il ne remercie pas de tout cœur. Chacun devrait se réjouir de ses petites souffrances ! Ici on souffre un peu, là c'est un peu difficile, là-bas quelque chose ne va pas bien.

Dieu m'a permis de comprendre qu'à Alon, Il a envoyé une épreuve difficile, des souffrances inouïes, tandis qu'à toi, Il t'en a donné progressivement. Chacun a une quantité définie de souffrances qu'il doit traverser, alors qu'a fait Hachem ? Dans Sa bonté, Il te les a envoyées petit à petit et au fur et à mesure.

Chaque fois que vous souffrez un peu, souvenez-vous des souffrances inouïes d'Alon Paz, et dites : « Ah, qu'en serait-il si Dieu m'envoyait des souffrances très dures, et d'un seul coup... » Mais Dieu vous en envoie ici un peu, là-bas quelques difficultés, et ailleurs ça ne marche pas comme on le voudrait – réjouissez-vous ! Dites : « Béni sois-Tu Éternel ! Merci de m'envoyer des souffrances à petites doses ! » Et si certains savent remercier pour de grandes souffrances, à plus forte raison devez-vous remercier pour de petites douleurs ! Car vous pouvez vivre normalement, seulement en souffrant un peu ici et là par quelque douleur ou contrariété. Combien un homme devrait-il se réjouir que tout compte fait, il vit, respire et arrive à se déplacer !

Quelqu'un me raconta les problèmes qu'il rencontrait dans son couple. Je lui ai dit : « Cela est tout à fait vrai ! Mais après tout, vous avez des enfants, qu'ils soient bénis du Ciel. Grâce à Dieu, vous resplendissez de santé, vous pouvez aller faire six heures d'isolement. Il est vrai que cela vous est difficile, mais après tout, réfléchissez bien : vous êtes sain de corps et d'esprit, vous avez des enfants. Allez donc faire six heures, six heures de prière dans l'isolement. »

Il est certain que l'homme doit remercier sans cesse, mais le principal c'est à l'heure de l'épreuve. Quand on doit faire face à un problème, le mauvais penchant s'attache à affaiblir la foi. C'est pourquoi il faut renforcer sa foi précisément à ce moment-là. Dieu vous envoie une certaine difficulté ? Sachez que c'est le mieux qui soit pour vous. Elle est justement destinée à vous élever. Cette épreuve vous apportera des délivrances.

L'unique souffrance dans ce monde, c'est le manque de foi. Lorsque l'homme vit sa foi, ses souffrances ont déjà disparu.

Pourquoi pleurez-vous ? Pourquoi vous plaignez-vous ? Remerciez Dieu. Réjouissez-vous, ne perdez pas la foi, n'abandonnez pas la foi, ne quittez pas la foi. Sans la foi, c'est l'enfer. Vivez la foi que Dieu est bon, que Dieu sait ce qu'Il fait, et ce qu'Il fait est le mieux pour vous !

60 – Quand le salut arrive par une carte bancaire

Lors d'un entretien, quelqu'un m'a dit : « Honoré Rav, je veux vous raconter une histoire miraculeuse. »

Il voulait se rendre à Ouman, mais c'était au-dessus de ses moyens. Il se dit qu'apparemment il n'avait pas besoin de voyager, et il commença à louer Dieu : « Merci beaucoup, Dieu, de ne pas avoir assez d'argent pour prendre l'avion jusqu'à Ouman. » Arrivé à son travail, son collègue lui demanda : « Tu pars pour Ouman ? »

Il lui répondit par la négative. Son ami insista :

– Pourquoi ?

– Je n'en ai pas les moyens.

– Prends ma carte Visa et va à Ouman !

Ce fut le petit miracle... Le plus grand fut que l'Armée l'informa qu'elle engageait un procès contre lui et qu'il ne pourrait donc pas partir à Ouman. Il remercia Dieu : « Maître du monde, merci beaucoup de m'empêcher d'aller à Ouman. Maintenant c'est pour une autre raison, car entre-temps Tu as réglé mes problèmes financiers... » Et il était en train de remercier ainsi quand il reçut soudain un appel de l'Armée l'informant qu'il avait été décidé d'ajourner le procès...

On pourrait sans fin raconter des histoires de cette sorte. Elles sont très utiles pour se sensibiliser à l'importance du remerciement et des louanges.

61 – Il reçut aussitôt un billet d'avion

Quelqu'un m'a raconté qu'en plein milieu d'un cours donné à Beitar, un jeune garçon annonça à l'auditoire qu'il voulait voyager à Ouman, mais qu'il n'avait pas d'argent. Il partit faire une demi-heure de remerciements : « Je Te remercie, Saint béni sois-Tu, de ne pas avoir de quoi payer mon billet pour me rendre à Ouman », et il reçut un cadeau : quelqu'un lui offrit le billet d'avion. Celui de qui je tiens cette anecdote ajouta : « En écoutant cette histoire, je me suis rendu compte que moi aussi, je n'avais pas de billet... »

Son histoire réveilla deux personnes.

La première souffrait tellement de ses jambes qu'elle ne pouvait pas se déplacer. Elle se dit alors : « Bien, je dirai également merci... », et elle s'en alla remercier Dieu, et ses douleurs disparurent. Elle déclara ensuite que cet isolement lui avait permis d'en finir avec de vieilles souffrances.

La deuxième est celle qui me raconta l'histoire. Elle se dit : « Je remercierai également pour le fait que je n'ai pas de billet pour voyager à Ouman pour Roch HaChana... » Cet homme partit dire merci et en retournant chez lui, il rencontra un voisin qui lui lança : « Alors, qu'en est-il avec Ouman pour Roch HaChana ? »

Il lui répondit : « Dieu aidera... »

Et le voisin lui donna aussitôt un billet d'avion !

62 – Trouver son conjoint du jour au lendemain

On me raconta que dans un certain quartier vivait un homme d'environ 35 ans, aimable avec tout le monde, le sourire toujours aux lèvres, sans cesse prêt à aider : mais pour une raison ou une autre il ne réussissait pas à trouver celle qui lui était destinée ! Dans son entourage, tous priaient pour lui et lui cherchaient un parti, sans succès ! À la fin, on lui apporta le CD *Cesse de pleurnicher* !...

Il l'écouta et commença à remercier Dieu chaque jour pendant une bonne heure : « Merci beaucoup, Dieu, de n'être pas marié jusqu'à ce jour. Il est sûr que c'est excellent pour moi. Je Te remercie d'avoir retardé mon mariage jusqu'à ce jour. Car Tu fais toujours le mieux pour moi. Je Te remercie pour tout. Rien ne peut être mieux que cela. Je Te remercie de tout cœur, je me réjouis pour tout ce que Tu as fait pour moi jusqu'à aujourd'hui, etc. » Dans la quinzaine de jours qui suivit, il trouva sa conjointe et se maria. C'est là la force des remerciements.

Le Créateur du monde m'a donné le mérite d'expliquer au peuple d'Israël – dans les livres, les CD et la série des *Diamants* – qu'à travers tout ce qui vous arrive, avec toutes vos difficultés et vos lacunes, ne priez que pour la foi.

Il ne vous manque pas d'argent, c'est la foi qui vous manque ! Il ne vous manque pas un conjoint, c'est la foi qui vous manque ! Il ne vous manque rien, c'est seulement la foi qui vous manque ! Suppliez le Créateur du monde qu'Il vous donne la foi parfaite ! Demandez au Saint béni soit-Il qu'Il vous donne la foi parfaite !

Lorsque l'homme prie pour son gagne-pain, des accusations s'élèvent contre lui dans le Ciel, car il ne croit pas que la volonté divine est qu'il manque de subsistance, et que c'est pour son bien. Toute la finalité dans ce monde est de croire en Dieu. Par conséquent, toute accusation contre un homme est causée par le fait qu'il ne croit pas en Dieu ! S'il croyait en Lui, il Le remercierait, chanterait et danserait devant Lui pour le fait qu'il reste sans conjoint. « Jusqu'à présent je n'ai pas de conjoint ! C'est la meilleure chose au monde qui puisse m'arriver. Rien ne peut être mieux que cela ! » Il remercierait Dieu de ne pas avoir de gagne-pain ! Il serait heureux et se réjouirait d'être privé de subsistance. « C'est le mieux pour moi ! » Et ainsi de suite pour tout.

Avant tout, on doit savoir et être convaincu, que jusqu'à cet instant précis, c'est le mieux qui puisse être et que rien n'est mieux que cela. Il en résulte que l'homme qui respectera ce principe possédera une foi parfaite. Dans ces conditions, il n'aura plus aucune raison de souffrir, car les souffrances ne sont qu'un moyen pour le rapprocher de la foi. Ses manques et frustrations ne sont en effet motivés que par le besoin de l'éveiller à la prise de conscience que sa foi est faible ou inexistante : l'homme ne vient dans ce monde que pour la foi.

C'est difficile pour vous ? Cela ne marche pas comme vous le voudriez ? C'est pour vous inciter à travailler sur la foi. Lorsque l'homme dit « merci », il vit déjà dans la foi et donc, il n'y a plus aucune raison qu'il lui manque désormais quoi que ce soit. La seule raison qui créait son manque étant le manque de foi, à présent qu'il dit « merci », il vit parfaitement sa foi, car le remerciement est l'expression parfaite de la foi. Ainsi il annule le manque à sa racine, et il n'a déjà plus aucune raison de manquer de quoi que ce soit ! Il n'a plus aucune raison de rester célibataire, il n'a plus aucune raison de rester sans enfants, il n'a plus aucune raison de manquer de revenus, il n'y a plus aucune raison que tout ne s'arrange pas comme il le faudrait.

Devant chaque problème ou lacune, il suffit de dire : « Je n'y comprends rien, mais je suis convaincu que c'est bien. » Dites « merci » ! Vous avez des dettes ? « Je n'y comprends rien, mais je suis persuadé que c'est pour le bien. Merci pour mes dettes. » Pour chaque chose, vous ne comprenez pas, mais vous êtes sûr que c'est le mieux pour vous. Croyez ! Dites merci de tout cœur !

Voici le fondement de tous les remerciements et de toutes les louanges : savoir et croire que tout manque a pour but votre perfection. Le manque n'existe pas. La souffrance n'existe pas. Le mal n'existe pas. Tout est dirigé vers le bien, parce que la foi vous dicte que le Créateur du monde a considéré que vous ne pourrez atteindre votre perfection qu'à travers l'épreuve de ce manque. Si c'est ainsi, il n'y a rien de mieux pour vous. Par exemple, pour un homme dont la jambe est atrophiée – Dieu nous en préserve – selon la foi il doit croire et comprendre que le Créateur du monde ne veut pas simplement se jouer de lui, mais qu'Il veut le meilleur qui soit pour chacun et sait que le bien authentique est le bien éternel, et que c'est seulement par ce moyen – un corps avec une jambe atrophiée – qu'il parviendra à sa finalité et à un mérite éternel !

Il en est ainsi pour tout manque et chaque problème dans votre vie. La foi vous dicte que Dieu a vu qu'il vous était impossible de parvenir à votre complétude et de remplir votre mission sans tel manque ou tel autre, chacun selon la volonté divine à son égard. Et il faut demander à Dieu de nous donner la simple foi qui est la Porte ouverte à toutes les délivrances, la lumière cachée depuis les six jours de la Création, et qui révèle que tout est bonté et miséricorde.

Il faut se renforcer dans la foi. Abandonne ta logique ! Ta logique te dit : c'est mal. Mais la foi te dit : tout est bien. Écoute la foi. Dis « merci » pour tout. Avant tout, tu dois dire : Je Te remercie, Dieu. Le mal n'existe pas au monde. Tu le veux ainsi ? Merci !

63 – Le mariage de la délivrance

Lors d'un mariage, un de mes élèves vit quelqu'un assis et triste. Tout le monde était joyeux, mais lui, il était déprimé. Il s'approcha de lui et commença à lui parler. Cet homme lui raconta comment il était arrivé à un tel état : il avait investi plusieurs centaines de milliers de shekels dans une affaire, mais on le trompa et il se retrouva sans un sou, démuni de tout, coupé de tout et de son Créateur.

Mon élève tenta de le convaincre : « Écoutez-moi, croyez que Dieu est bon et que ce qu'il fait avec vous est bien, etc. » Il continua à lui parler ainsi. Au début, cet homme ne comprenait pas de quoi il s'agissait, quelle était la signification de « c'est bien » ? Quel est le bien dans tout cela ? Il avait perdu tout son argent, et c'était bien ? Mais à la fin, cet élève réussit à le convaincre de dire « merci » pendant une heure.

Cet homme s'en fut et remercia vraiment pendant une heure... Quatre heures après, il reçut un coup de fil lui annonçant qu'on lui donnait un appartement de six pièces, valant davantage que toute la somme qu'il avait perdue. Et on lui offrait de plus en prime l'argent suffisant pour fonder une affaire et remonter la pente. Après quatre heures ! Il contacta mon élève et lui dit : « Merci beaucoup, tu m'as sauvé la vie ! »

Dire merci, c'est – littéralement – toujours une délivrance ! N'oubliez pas ce qu'a déclaré rabbi Nathan de Breslev – il faut s'en souvenir, l'imprimer dans son cœur et vivre avec, jour et nuit. Rabbi Nathan de Breslev a dit : « Si le peuple d'Israël écoutait les Justes, qui leur enseignent que tout est pour le bien, et si chacun était convaincu que tout est pour le bien, tous remercieraient le Saint béni soit-Il pour le bien comme pour le mal. » Et rabbi Nathan ajoutait : « Et il est certain que cela annulerait complètement toutes les souffrances et tous les exils, et la délivrance définitive serait déjà arrivée ! Très certainement ! »

64 – Le mariage du fils

Une femme pleurait depuis des années parce que son fils restait célibataire, et cela depuis près de quinze ans. À la fin, elle dit à Dieu : « Écoute, j'arrête de pleurer et je Te dis merci pour toutes les bontés dont Tu nous gratifies, ainsi que pour ce fils qui ne se marie pas, car c'est sûr que tout cela est pour le bien. » Elle remercia ainsi pendant une certaine période, et ce fils s'est marié... Elle parvint à la conclusion qu'elle devait cesser de pleurer, car elle n'avait fait que cela, et sans résultat. Elle s'arrêta de le faire et elle eut le mérite de connaître la délivrance, sur-le-champ...

C'est ce que nous enseigne notre saint maître, rabbi Nahman de Breslev, à savoir que les uniques souffrances de ce monde ne viennent que de la perte de la foi. Comme il est écrit (*Likouté Moharan* § 250) : « Sachez que toutes les différentes souffrances et peines ne proviennent que de l'ignorance. Mais celui qui sait que tout dépend de la Providence divine ne souffre jamais et n'éprouve jamais aucune peine. » Tant que l'homme croit que tout est pour le bien et qu'il remercie Dieu pour tout, même pour ce qui n'est pas bon, une joie immense le submerge, il est rempli d'un bonheur authentique, et tout se transforme pour le bien.

65 – Ralentis !

On nous a raconté une autre histoire miraculeuse : en descendant vers la localité de Beitar, les freins d'un autobus ne répondirent plus. Dieu opéra alors un prodige tel que cela ne causa aucun dommage. En fin de parcours, il heurta un véhicule que ses occupants – un père et son fils – venaient de quitter quelques minutes auparavant. On interrogea ce père et son fils qui furent les bénéficiaires d'un vrai miracle : « Par quel mérite avez-vous échappé à une telle catastrophe ? » Le père répondit : « Le mérite d'écouter les cours de rav Chalom Arouch et le fait que je remercie tout le temps Dieu. »

Cela se passe de cette manière : celui qui vit avec les remerciements et les louanges verra sans cesse des miracles surnaturels. Celui qui croit en Dieu et vit avec les remerciements et les louanges le sait : personne ne peut lui causer du mal. Si Dieu s'y oppose, personne ne peut lui nuire ! Et si Dieu le veut, au contraire, il l'acceptera avec amour, et il Lui dira « merci » !

Dans de nombreux textes, j'ai expliqué que l'homme connaît toujours des délivrances lorsqu'il s'emploie réellement à remercier et à louer le Créateur. Il existe plusieurs raisons à cela :

1) En remerciant, l'homme trouve grâce aux yeux de Dieu et sa situation touche – si on peut dire – le cœur du Créateur, comme l'écrit rabbi Nahman de Breslev (*Likouté Moharan* 1) : « Quand l'homme sollicite quelque chose et qu'un certain charme se dégage de ses paroles, elles trouvent leur place dans le cœur du sollicité, et ce dernier a le désir de répondre positivement à sa prière et à sa demande. » Il en va ainsi dans le remerciement et les louanges qui entraînent l'exaucement des prières. Chacun peut l'expérimenter concrètement : lorsqu'on le remercie vraiment pour une bonté qu'il a accomplie, son désir est très fort de continuer à aider cette personne.

Mais au contraire, devant une personne ingrate, le cœur se ferme et toute volonté d'aider et de donner disparaît. Dans ce cas, il est même interdit de faire du bien, puisque cet individu ne le reconnaît pas et ne sait pas remercier.

2) Il y a un principe en vertu duquel **on conduit l'homme dans la voie qu'il a choisie**. Lorsque l'homme est convaincu que tout est pour le bien, on le dirige selon sa croyance. Et en vérité, devant ses yeux stupéfaits, tout se transforme pour le meilleur, et il assiste à des améliorations et des changements positifs. Et cela à la différence de celui qui s'égare et croit – Dieu nous en préserve – que le mal existe dans le monde, car il est conduit selon ses croyances, et rien ne marche pour lui comme il le voudrait.

3) L'homme qui remercie pour tout se lie immédiatement à la finalité de la Création du monde, à savoir révéler la miséricorde du Créateur béni soit-Il, comme l'écrit rabbi Nahman de Breslev (*Likouté Moharan* 64) : « Dieu béni soit-Il a créé le monde par Sa miséricorde (…). » Lorsque l'homme est convaincu que tout est bien, que le mal n'existe pas et que tout ce qui lui arrive provient de la miséricorde divine, il remercie Dieu pour tout, et il participe avec le Créateur à la finalité de Son monde. Cette attitude adoucit considérablement toutes les rigueurs, car le jugement ne peut s'adoucir qu'à partir de la racine. Et quand on s'élève jusqu'à la source de la

Création du monde, cela adoucit toutes les rigueurs qui s'enchaînent à sa suite.

4) On rapporte au nom du rabbi de Slonim que lorsqu'on remercie Dieu, on accepte en même temps Sa conduite et, mesure pour mesure, Dieu accepte la propre conduite de l'homme, telle quelle, sans rigueur, avec amour et compassion.

66 – « Merci », dans l'acceptation complète du mot

Quelqu'un vint me voir. Sa détresse était très grande. Depuis de longues années, il était célibataire, et rien ne semblait pouvoir changer sa situation. Il me raconta qu'il avait essayé tous les moyens pour trouver sa promise : réciter le *Perek Chira* durant quarante jours de suite, prier au Mur des Lamentations pendant quarante jours successifs, etc. Ses jeunes frères étaient déjà mariés et à chaque événement familial tout le monde lui souhaitait : « Bientôt ton tour ! » Ses parents priaient pour lui, et récitaient des Psaumes. Il était vraiment découragé, jusqu'à ce qu'il se rapproche de la voie des remerciements. Après avoir remercié Dieu pendant une certaine période, il vint se plaindre : « Je ne cesse de dire merci, merci... Mais sans succès ! »

À la lumière de ce que nous avons expliqué lors de la précédente histoire, il faut impérativement comprendre que si un homme souffre d'une manière ou d'une autre, c'est parce qu'il ne dit pas merci. S'il remerciait pour tout, il est certain qu'il serait exaucé.

Comment expliquer à un tel homme pourquoi son remerciement était infructueux ?

Je lui dis : « Il est vrai que tu dis "merci", mais seulement parce que tu as entendu qu'il faut le dire, et non parce que tu es convaincu que tout est pour le bien. Par conséquent, tu ne vois pas la fin de ton célibat. Tu dois pourtant savoir une chose très importante : tant que tu ne crois pas que tout est pour le bien, ton "merci" ne peut te conduire à la délivrance, même si tu dis "merci" mille fois de suite ! Cela peut aider pour adoucir les rigueurs, car tout compte fait tu remercies et ne pleurniches pas, et les paroles influent sur l'âme. Mais tu ne parviendras au but que si tu approfondis ta conviction que tout provient de la Providence divine et que tout est pour le bien. Alors tu seras sauvé. »

« Tu dois dire vraiment "merci" dans la pleine acceptation du mot ! Tu dois dire : "Je ne comprends rien ! Je ne comprends pas la conduite divine. Mais Dieu le veut – c'est certainement bien. Merci beaucoup, Créateur du monde. Je me réjouis de tout ce que Tu fais pour moi, et je Te remercie pour cela de tout cœur !" »

Il n'est pas le seul : beaucoup sont venus se plaindre à moi en me disant : « J'ai dit "merci", mais cela ne m'a pas aidé... » La raison en est qu'ils n'acceptent pas la conduite divine et sont insatisfaits de ce qui leur arrive. Ils disent « merci » comme des perroquets. Cela n'est pas un remerciement ! Un vrai « merci » n'est possible que si la personne le dit avec une joie authentique, exactement comme si on lui annonçait une bonne nouvelle qui lui fait plaisir. On doit de même se réjouir d'un « mal » qui nous arrive et remercier pour cela. C'est un remerciement qui nous sauvera et sauvera le monde entier avec nous.

Lorsque l'homme remercie, mais que selon lui, ce qui lui est arrivé est mauvais, son « merci » est également entendu à double sens, car son unique intention est d'opérer une délivrance. Dans ce cas, il profère un véritable mensonge. Car d'après lui il devrait se plaindre et pleurer. Comment peut-il trouver le salut avec un tel remerciement dit du bout des lèvres ? Le mensonge peut-il conduire à une délivrance ? Non, seule la vérité peut sauver l'homme. Dites donc « merci » en vérité et avec la foi et soyez convaincu que tout est pour le bien : « Créateur du monde, je crois que tout ce que Tu fais est pour le bien, je ne comprends pourtant pas ce que Tu fais, mais merci beaucoup... »

Si l'homme remercie sans être sauvé, c'est apparemment parce qu'il a substitué un remerciement à une demande... Il utilise le mot « merci » au lieu de « s'il Te plaît », car c'est plus « efficace », pour ainsi dire. Est-il donc étonnant qu'il ne soit pas sauvé ? Le but du remerciement est de remercier vraiment Dieu à travers la foi que tout ce qui arrive est le mieux qui soit, et cela fera prendre conscience que la meilleure attitude consiste à se repentir. En conséquence, même le désir de cet homme d'en finir avec son célibat doit découler de la volonté de se rapprocher de Dieu – et non de ne plus souffrir.

L'homme qui ne pense qu'à se rapprocher de Dieu se réjouit vraiment de tout ce qui lui arrive, car toute chose le rapproche davantage du Créateur. Et lorsqu'il prie pour une délivrance, il pense surtout à la délivrance spirituelle dont le Créateur veut bien le gratifier, c'est-à-dire lui donner les moyens de se repentir. Et bien qu'il opère concrètement des délivrances avec ses prières, elles viennent d'elles-mêmes, sans être un objectif en soi.

Celui dont le but est d'opérer des délivrances agit avec égoïsme, exactement comme ceux qui se rapprochent des Justes afin de mériter le salut. Ils pourraient de la même façon se tourner vers un docteur, s'ils étaient sûrs qu'il pourrait les sauver... Eux aussi s'isolent dans le but d'opérer des délivrances, mais le rapprochement avec le Créateur ne les intéresse pas. Il en résulte qu'ils n'atteignent pas l'objectif qu'ils se sont assigné et ils continuent à souffrir. Car la souffrance était destinée à les rapprocher de Dieu, comme une incitation à se rapprocher de plus en plus de Lui – bien évidemment par le biais d'un remerciement authentique.

À tous ceux qui me consultent et me disent que leurs souffrances ne cessent pas en dépit de leurs remerciements, je réponds : « C'est juste, vous avez raison, je sais que vous dites "merci". Mais c'est seulement parce que vous avez appris qu'il fallait dire "merci". Si vous vous analysez profondément, vous trouverez que vous dites "merci" tout en pleurnichant. Vous pleurez et vous vous plaignez tout en substituant le mot "merci" à une plainte. Un tel remerciement, dont l'origine est un gémissement, ne résout aucun problème. Seul un remerciement provenant d'une joie véridique, de la foi que tout ce que Dieu fait est bien, et que c'est pour cela que vous remerciez vraiment, seul un tel remerciement vous conduira au salut. »

Par conséquent, l'homme doit avant tout croire que tout ce que Dieu lui fait connaître est bien, et c'est seulement après qu'il peut Le remercier. Avant de dire « merci », il faut donc demander au Créateur du monde : « Je te prie, permets-moi de croire en Toi. Qui est l'auteur de tout, sinon Toi ?! Il est donc certain que c'est bien. Tout ce que Tu fais est entièrement pour mon bien... » Quand l'homme débute avec un tel préambule, il peut vraiment commencer à remercier.

De plus, ne dites pas simplement « merci » sans réfléchir au préalable. Car même si on ne pleurniche pas, mais qu'on remercie sans y penser, en regardant sa montre et qu'on dit : « Voilà, je viens de dire "merci" pendant dix minutes, c'est bon », il est évident que cela n'est pas sérieux. Comme on le dit : on ne plaisante pas avec le service divin...

On ne doit pas faire du remerciement une formule magique, une panacée. Croyez vraiment que tout est pour le bien. Si un grand malheur vous a frappé, vous avez besoin d'une plus grande foi et d'un remerciement encore plus véridique.

Souvenez-vous ! Le remerciement n'est pas un code d'accès, un mot de passe. Le remerciement est l'expression de la parfaite foi que tout est pour le bien, que tout provient de Dieu, que vous vous réjouissez de tout ce que Dieu fait pour vous ! Si l'homme se conduit avec de telles pensées, le remerciement le sauvera vraiment. Et pas seulement lui, mais le monde entier avec lui.

67 – Sauvé par des graviers

On rapporte l'histoire d'un homme chanceux qui avait réussi dans les affaires. Il était très éloigné du judaïsme, mais ce n'était pas son principal défaut. En effet il était très désagréable avec les gens : en un mot, c'était un homme mauvais.

En tout cas, il était sur le point d'acheter le dix-septième étage de la Tour Azriéli à Tel-Aviv. Mais un escroc le persuada d'investir une grande somme dans des terrains qu'il prétendait être destinés à la construction en Roumanie. Or il s'avéra que ces terrains étaient des champs sur lesquels on ne pouvait rien construire. Sa mise ayant été énorme, il perdit tous ses biens et s'endetta tellement qu'il risquait la prison pour non-paiement d'impôts.

Il tenta d'emprunter de l'argent à des amis, mais sans succès, jusqu'à ce qu'on lui propose un prêt au marché noir. On le dirigea vers un bureau qui se trouvait – ironie suprême – dans la Tour Azriéli... À quel étage ? Au dix-septième, celui qu'il avait failli acquérir...

Notre homme monta au dix-septième étage, entra dans le bureau des prêts, signa les papiers, prit les espèces et s'en alla. Avant de quitter le building, il décida de le visiter un peu, de monter aux étages supérieurs pour voir ce qui s'y trouvait. Il monta un étage, puis un autre ; il vit que tout était loué, et que tout semblait se passer normalement. Cela lui rongea le cœur, car il se rendit compte de sa grave erreur. Mais lorsqu'il arriva sur le toit... la porte se referma derrière lui ! Il ne pouvait plus reprendre les escaliers !

Il se mit à tambouriner sur la porte, à crier, mais bien entendu, cela ne l'aida d'aucune façon. Qui pouvait l'entendre crier de si haut ? Il jeta un regard vers le bas et vit des gens affairés qui allaient et venaient. C'est alors qu'il eut l'idée de jeter quelque chose afin d'attirer l'attention. Il se dit que seul de l'argent pourrait éveiller l'attention des passants. Il allait donc jeter de l'argent : les gens lèveraient la tête et chercheraient d'où cela provenait, puis ils viendraient le délivrer.

C'est ce qu'il fit. Il commença à jeter des liasses d'argent, mais à son grand regret, ceux qui recevaient des billets sur la tête les attrapèrent joyeusement sans lever les yeux vers le haut. Il jeta encore une liasse, puis une autre, encore un billet et un autre, mais personne ne levait la tête. La panique commença à le gagner. Il pensa qu'il n'avait plus rien à perdre. Que pouvait-il faire ? Mourir de faim ? Il décida alors de jeter tout son argent. Il jeta une fortune sur les gens dans la rue. Les personnes commencèrent à se ruer sur les billets et à les ramasser. Mais de nouveau et à son grand regret, nul ne pensa à lever la tête, car chacun était trop occupé à prendre le plus possible de billets.

Voyant que le malheur s'abattait sur lui, il parvint à cet état d'âme où l'homme le plus éloigné de la religion – et même la niant – trouve en lui une étincelle de foi ! Il se dressa face au Ciel et dit : « Maître du monde, sauve-moi ! Je n'ai aucune solution. Délivre-moi ! » Il pria du plus profond du cœur. Et bien entendu, le Créateur entendit sa prière et lui mit aussitôt une nouvelle idée en tête. Il y avait sur le toit beaucoup de graviers qui dataient de l'époque de la construction de la Tour, et il décida d'en jeter en bas, sur la tête des passants. Peut-être regarderaient-ils d'où cela provenait, et le verraient-ils ?

Il jeta plusieurs pierres et bien évidemment, lorsque les gens les reçurent sur la tête, ils commencèrent à crier et à maudire. Quelqu'un appela aussitôt le service de sécurité et l'informa que du toit, on lançait des pierres sur les passants. On monta sur le toit, où on découvrit notre homme ; on voulut l'arrêter, car on le suspectait d'avoir agi avec de mauvaises intentions. Comme un des policiers était prêt à l'écouter, l'homme lui raconta ce qui s'était passé : « Venez avec moi au 17ᵉ étage. J'y ai contracté un prêt il y a quelques heures, je suis ensuite monté ici et je m'y suis retrouvé enfermé. J'ai commencé par jeter mon argent, mais personne n'a fait attention à moi. C'est seulement lorsque j'ai pensé à jeter des graviers que cela a été efficace. La preuve en est que vous êtes arrivés immédiatement. »

On le crut, et on le libéra, et il revint chez lui sans argent ni sans savoir comment éviter la menace d'être envoyé en prison, mais avec cette expérience encore présente à l'esprit. Il s'assit et se mit à réfléchir à ce qui s'était passé : « Lorsque j'ai jeté l'argent, personne n'a levé les yeux. Mais quand j'ai commencé à jeter du gravier, tout le monde a regardé. Le Créateur m'a envoyé un message. J'ai crié vers Lui et c'est Lui qui m'a donné l'idée de jeter du gravier. C'est Lui qui m'a sauvé. »

Il comprit alors le message de Dieu comme une parabole qui lui était destinée. Tant que Dieu lui jetait de l'argent, c'est-à-dire qu'il le gratifiait d'une abondance financière et qu'il réussissait dans ses affaires – il était même devenu millionnaire – jamais il n'avait levé les yeux vers le Ciel, vers Dieu, et jamais il ne Lui avait dit « merci » ! Mais lorsque le Créateur lui avait jeté du « gravier », c'est-à-dire des ennuis, des dettes, l'enfermement sur le toit, c'est alors seulement qu'il avait levé les yeux vers Lui.

C'est de cette manière que tout le monde se conduit : lorsqu'on jouit de l'abondance, personne ne lève les yeux ni ne remercie convenablement. C'est seulement avec le « gravier » – les problèmes – qu'on lève les yeux pour demander un soulagement et le salut.

Ce juif pensa alors à se repentir. Il éclata en sanglots et demanda à Dieu pardon pour ses années d'ingratitude et Le remercia pour le miracle et la leçon qu'Il lui avait donnée. Il mérita ainsi de se repentir totalement et continua à remercier Dieu pour toute sa vie et pour tout le bien dont Il l'avait gratifié. Peu de temps après, il reçut un coup de téléphone : on venait de délivrer un permis de construction sur ses terrains de Roumanie, et ainsi il devenait instantanément milliardaire ! Il lui avait suffi de dire merci !

Cette histoire est porteuse d'une profonde morale : Dieu gratifie chacun d'une abondance constante, de la vie et de bienfaits. Dieu béni soit-Il nous fait du bien à chaque instant. Mais l'homme ne sait pas lever les yeux, à moins que des ennuis ne s'abattent sur lui. C'est alors qu'il se souvient... C'est pourquoi chacun anticipera le malheur avec le remerciement, et rendra toujours grâce à Dieu pour chaque chose qu'Il fait pour lui, pour tout le bien, la bonté et le salut.

68 – Un généreux donateur

Les élèves de la Yéchiva, qui s'occupent de rapprocher les éloignés dans la sainte ville de Safed, rencontrèrent un *Avrekh* qui recevait neuf cents shekels par mois dans un *Collel* et vivait dans une terrible précarité. Il faisait son possible pour améliorer sa situation : il se repentait et priait, mais rien n'y faisait – jusqu'à ce qu'il reçoive un CD sur le remerciement. Il se mit alors à pratiquer chaque jour une heure d'isolement en remerciant Dieu pour la gêne financière dont souffrait sa famille. Il disait que, Dieu merci, c'était leur expiation et qu'ils se portaient bien, etc.

Il continua ainsi chaque jour pendant une heure. Il remerciait et était satisfait de son lot. Au bout de quelques semaines, quelqu'un qu'il ne connaissait pas se présenta à lui et expliqua qu'il cherchait une personne qui voudrait bien étudier pour l'élévation de l'âme de son père, et qu'en contrepartie, il était prêt à le soutenir financièrement. Depuis ce jour, il lui donne mensuellement environ sept mille shekels.

Il faut savoir que lorsqu'un homme éprouve des difficultés et désire changer le cours de sa vie – par exemple s'il veut acquérir telle ou telle chose et qu'il ne peut pas se le permettre, ou que sa situation financière est très problématique, et ainsi de suite – c'est le signe que telle est la volonté divine, pour l'instant. Il doit alors annuler sa propre volonté et accepter celle de Dieu avec joie et savoir que cette situation présente est pour son bien, tout en exprimant ses désirs de changement dans la prière et les louanges. C'est-à-dire qu'il devra fixer un temps quotidien – plus ou moins long – pour remercier Dieu dans la joie de sa situation actuelle et pour l'abondance dont le Créateur l'a gratifié jusqu'à cet instant. Et il devra croire que tout a un temps et que Dieu, béni soit-Il, décide quand chaque chose prendra place.

Rabbi Elimelekh de Lizensk écrit dans son *Noam Elimelekh* (section *BéChala'h*) : « Si l'homme était confiant et fidèle dans son cœur, sa subsistance lui serait assurée sans peine ni labeur, et elle lui parviendrait comme la pluie qui tombe sans effort. » La seule raison à l'origine des efforts humains se résume en ce verset : « Et le peuple ira (littéralement : sortira) » (*Exode* 16,4). Verset qui signifie que lorsque l'homme est privé de confiance, et « sortira » de sa foi en le Créateur, alors il « ramassera chaque jour sa provision » (id.), opération qu'il devra renouveler journellement.

69 – Une apoplexie qui se transforme en un joyeux événement

Un juif d'une soixantaine d'années, éloigné de la Torah et des préceptes, fut frappé par une crise d'apoplexie et devint aveugle – que Dieu nous protège. Au même moment, ce malheureux apprit que la Justice allait saisir tous ses biens, qui d'ailleurs, ne suffiraient pas à rembourser toutes ses dettes...

Il tomba dans une terrible dépression. Dieu le prit en pitié et un de nos élèves, le voyant dans cet état, lui donna le CD *Cesse de pleurnicher*. Il commença par l'écouter plusieurs fois de suite, puis chanta même un peu, comme pour accompagner les chansons du CD. Il se mit à remercier Dieu, écouta de nouveau l'enregistrement et commença vraiment à se réjouir et à remercier pour ses souffrances, et cela pendant plusieurs heures consécutives.

Après ces quelques heures, il éclata en sanglots, demanda à Dieu de le pardonner et de le prendre en pitié. Il Le remercia pour tout, mais en priant qu'il l'aide dans sa situation. Dieu entendit sa prière et fit un miracle en le guérissant de sa cécité. Quelqu'un vint le voir et lui donna gracieusement toute la somme dont il avait besoin pour couvrir ses dettes ! Nous rappelons que cet homme était éloigné de la Torah et des commandements, et qu'il ne pensait pas du tout au repentir. Mais cette histoire montre la force du remerciement à Dieu exprimé du fond du cœur.

C'est justement à propos de celui qui, lorsqu'il éprouve des difficultés – d'argent, d'entente conjugale ou simplement face à soi-même – commence à se dire : « Pourquoi m'arrive-t-il ce qui m'arrive ? Que s'est-il passé ? Peut-être Dieu ne m'aime-t-Il pas ? Peut-être me déteste-t-Il ? J'ai pourtant prié ! » que la Torah nous apprend que l'essentiel est la foi.

Chacun traverse des épreuves dans la vie, et il n'est possible de les surmonter qu'avec la foi. Tourne-toi vers le Créateur du monde, confie-Lui tes peines, reviens vers Lui. Tu es juif : Dieu t'a choisi, t'a donné la Torah, tu es tenu de te conduire selon la Torah. Tu refuses ? Ce n'est pas Dieu qui te punit, tu te punis toi-même ! Tu mets ta main au feu. La nature se conduit selon la sainte Torah : si l'homme faute, il en subit les conséquences.

Il y a beaucoup à dire sur les épreuves de la vie. Le livre *le Jardin de la foi* est rempli d'explications sur les épreuves, sur les tests. Sachez que si vous vivez dans la foi, chaque épreuve ne fera que vous élever. Renforcez-vous et surmontez l'épreuve en parlant avec le Créateur du monde, en Le remerciant constamment pour tout. Renforcez-vous dans la foi, vous verrez alors que la vie est remplie d'épreuves auxquelles Dieu vous soumet afin de vous élever de votre condition.

Voici la chanson que nous chantons depuis déjà des années : « Je ne comprends rien, je ne comprends rien, mais je crois, je crois seulement que tout est pour le bien. » Le concept que nous avons appris n'est rien d'autre que l'explication de ces mots : « Je ne comprends rien » – car en vérité cela semble très mauvais, mais je crois que c'est pour le bien.

Car l'homme est limité. Il ne voit que ce qu'un être de chair et de sang peut voir, mais ce qui semble vraiment mauvais selon la raison est perçu différemment par le Créateur du monde : le passé, le présent et le futur s'emmêlent d'une façon qui dépasse l'entendement humain. Il existe des plans et des démarches qui ont pour but le bien et qui transformeront le mal – ou le « pas bien » – en un grand bien.

Chacun en déduira qu'en affrontant une épreuve, il ne devra pas chercher à comprendre quel bien elle recèle, mais il se reposera seulement sur la foi. Ainsi il pourra remercier et louer Dieu en toute occasion, et il adoucira alors toutes les rigueurs et méritera de voir – face à face – le salut et le bien.

70 – Des délivrances dans un rêve

Lors d'un cours à Ofra, une femme me demanda si elle pouvait parler au public. Elle raconta qu'elle avait mis au monde un fils, mais que les docteurs ne lui donnaient pas longtemps à vivre. Dans sa peine, elle ne cessa de pleurer et de supplier le Créateur, puis elle s'assoupit. Dans un rêve on lui dit ces mots : « Rav Chalom Arouch », « la foi », « Rav Chalom Arouch », « la foi ». Au cours de la journée qui suivit, cette femme vit une affiche annonçant une de mes conférences. C'est ainsi qu'elle commença à se rapprocher de la foi. Son mari vint écouter mes cours et son fils se mit à manger. Depuis, elle ne cesse de voir d'autres délivrances.

Comme je l'ai écrit dans *À travers champs et forêts,* on peut buter contre de nombreux obstacles sur la voie du remerciement. C'est ainsi que Dieu béni soit-Il réprimanda notre maître Moïse, puisse son âme reposer en paix : « Le Tout-Puissant adressa la parole à Moïse en disant : "Je suis l'Éternel" » (*Exode* 6,2), et Rachi explique qu'Il lui parla durement pour avoir dit (*id.* 5,22) : « Pourquoi as-Tu rendu ce peuple misérable ? » En vérité, c'est Datan et Aviram qui reprochèrent à notre maître Moïse que ses entrevues avec le Pharaon avaient aggravé l'asservissement d'Israël...

Il est évident qu'il ne faut pas prendre la Torah à la lettre et notre maître Moïse ne partageait pas l'avis des impies Datan et Aviram qui pensaient qu'il fallait se plaindre de la nouvelle situation, Dieu nous en préserve ! Moïse ne croyait pas que l'aggravation de l'esclavage était mauvaise, car il savait bien entendu que tout est dirigé vers le bien et que les nouveaux décrets étaient l'expression du bien éternel, mettant ainsi à jour une prodigieuse voie du remerciement et des louanges à Dieu, qui était prêt à chaque instant à les sauver. Moïse était certain que toutes les souffrances seraient annulées et qu'Israël mériterait de sortir d'Égypte avec un grand butin, selon la promesse de Dieu. Dans son livre *Likouté Halakhot*, rabbi Nathan explique que le reproche de Moïse consistait surtout à dire que Dieu béni soit-Il avait permis aux impies Datan et Aviram de s'opposer à lui, et qu'en agissant ainsi ils s'opposaient à cette vérité et dressaient le peuple contre les Justes qui leur enseignaient la foi – et les éloignaient donc de la délivrance définitive. C'est ici que rabbi Nathan rapporte ce que nous avons cité dans l'introduction de cet ouvrage, à savoir que par le biais de la foi que tout est pour le bien, le remerciement pour tout, pour le bien comme pour le meilleur, toutes les souffrances et les exils s'annuleront d'eux-mêmes et que nous aurons le mérite de vivre une délivrance totale !

Rabbi Nathan poursuit et explique qu'en vérité, même si les remerciements annulent les souffrances, ils aggravent aussi le mauvais penchant – que Dieu nous en préserve – caractérisé par les accusateurs Datan et Aviram, comparables à un lutteur devant son adversaire : lorsque le premier maîtrise le second, le second reprend la maîtrise aussitôt contre le premier. En conséquence, quand on se rapproche du salut, comme en Égypte, les tourments se précipitent et nul n'est épargné.

Si l'épreuve se limitait là, le peuple entier pourrait y faire face en écoutant la voix des Justes – comme celle de notre maître Moïse – en se renforçant de plus en plus dans la foi, les louanges et le remerciement, car ce sont les seuls moyens de sortir de l'obscurité et de l'affliction. Mais l'essentiel des ténèbres envahissantes n'est causé que par des dissidents, tels Datan et Aviram, qui s'opposent au Juste authentique, égarent des foules entières, et les empêchent de suivre la sainte voie de la simple foi, du remerciement constant et de la certitude que tout est pour le bien, provoquant le prolongement de l'exil.

Et ce fut le reproche de Moïse – « Pourquoi as-Tu rendu ce peuple misérable ? » –, car il avait entrevu que tout au long de l'exil, des dissidents s'élèveraient contre les Justes et éloigneraient le peuple d'Israël de la voie de la simple foi, de la joie et du remerciement. Si c'est ainsi, comment la délivrance arrivera-t-elle ? C'est pourquoi notre maître Moïse se plaignit : « Pourquoi as-Tu rendu ce peuple si misérable ? » Il voulait dire : cela ne suffisait-il pas que le Pharaon et ses ministres ajoutent de nouveaux décrets pour tourmenter le peuple – ce qui contraint déjà à un grand renforcement – fallait-il aussi faire face à des dissidents de l'intérieur ?

En vérité Dieu béni soit-Il lui promit que malgré tout, Il agirait constamment avec la plus grande miséricorde, grâce au mérite des saints Ancêtres, celui d'Aharon et de ceux qui l'accompagnaient, qui croyaient vraiment en notre maître Moïse, annulaient leur opinion devant la sienne et suivaient la voie de la foi simplement et totalement, en remerciant Dieu pour tout. C'est ainsi que le Saint béni soit-Il les sauva et qu'Il sauvera complètement le peuple d'Israël.

71 – Des paroles de consolation

Un terrible accident survint le jour de *Lag BaOmer* 5769, il y a huit ans. Un accident de la route mortel au retour de Méron. J'ai participé à l'enterrement des cinq saints jusqu'à deux heures et demie du matin : deux adultes et trois enfants. Le lendemain, je me suis réveillé le cœur atrocement serré, sans pouvoir dominer ma douleur. Je dus travailler sur moi très fort pour surmonter cette terrible peine.

Je réalisai alors que le Créateur du monde m'avait donné le mérite de dispenser de nombreux cours sur le remerciement dans les mois qui avaient précédé cette catastrophe. J'en parlais beaucoup et la seule chose qui résonnait constamment dans mon cœur était que Dieu agissait en tout pour le bien, que le mal n'existait pas dans le monde, que je ne comprenais ni ne savais rien, mais que je croyais seulement que tout est pour le bien. Toutes ces paroles résonnaient dans mon cœur, et c'est ainsi que la foi et la joie me sont revenues. Cela m'a renforcé et redonné vie.

Je me suis alors demandé ce que l'homme peut faire sans ces paroles ? Comment peut-il vivre ? Comment peut-il continuer à vivre ? Comment peut-il fonctionner ? En fait, j'ai entendu dire qu'il arrive que des gens soient complètement brisés quand survient un drame pareil, même moins tragique. Cela me renforça dans l'obligation de continuer sans cesse à parler et à répandre le sujet du remerciement et de la foi que tout est pour le bien et que le mal n'existe pas au monde, car c'est la pure vérité.

Nous sommes des êtres humains, et à l'heure de l'épreuve, cela fait mal. Il est impossible et même interdit de se dérober ou de réprimer ses sentiments. Même celui qui sait que tout est pour le bien doit souffrir. En vérité nous avons souffert et nous avons pleuré, mais à présent c'est terminé : il faut savoir où revenir, revenir vers la foi. Il faut savoir où puiser les forces pour continuer.

Je suis allé consoler une très jeune veuve. Et j'en suis sorti consolé et conforté. Elle me raconta que, dans les derniers mois de sa vie, son mari avait découvert un grand trésor. Quel était ce trésor ? Les livres *le Jardin de la foi*, *le Jardin de la sagesse*, *le Jardin de la paix*, etc. Puis elle raconta que pendant la dernière période de sa vie, son mari les lisait, les étudiait et les annotait en marge. Ils avaient chez eux tous les CD sur le remerciement et les louanges. Il ne cessait de lui répéter que chez eux le remerciement et les louanges devaient être permanents. Et après ces mois où ils avaient étudié ensemble, écouté les CD, et qu'ils s'étaient renforcés, son mari était mort – puisse son âme reposer en paix... !

La veuve me dit : « Écoutez, je dis merci pour tout. Si cela n'était pas inconvenant, je danserais et serais joyeuse. Mon mari m'a tellement préparée, et j'ai compris sa dernière volonté : il voulait que je dise merci pour tout. Merci ! Je remercie Dieu ! J'accepte tout avec foi, je ne comprends rien, je ne sais rien. Dieu sait ce qu'il fait. Il ne fait que le bien. Merci ! »

C'est la pure vérité. Car si elle avait pleuré et s'était endeuillée pour lui, aurait-elle pu le sortir de la tombe ? Est-ce possible ? Peut-être si elle avait pleuré très fort ? Bien sûr que non ! Cela est d'autant plus vrai lorsque cette femme doit continuer sa vie et élever les orphelins. Mais si elle pleure de trop, elle perdra la foi ! Elle peut pleurer avec nostalgie, mais sans se noyer dans d'excessives douleurs. En vérité, selon la foi, la douleur n'existe pas, car Dieu fait tout pour le bien. Lorsqu'un individu se désole plus qu'il ne doit, cela signifie qu'il pense et ressent que cela n'est pas juste. Mais dans chaque situation, il faut savoir ceci : Dieu est bon ! Le mal n'existe pas dans le monde ! Le « mal » c'est l'incroyance de l'homme, qui le persuade que le concept du mal existe. Or le mal qu'il voit et ressent est le fruit de son incroyance.

Si la Torah autorise à se désoler et à prendre le deuil pendant un temps limité, elle interdit toutefois de s'affliger trop longtemps. C'est pourquoi nous avons écrit qu'en fait, et selon la pure vérité, on ne devrait même pas éprouver de la douleur. Cependant on ne peut exiger cela de l'homme, qui est finalement un être humain doté de sentiments. Mais il ne doit pas prendre sur lui de souffrir excessivement.

Dieu m'a donné le mérite de rapporter dans mes livres une belle parabole qui explique très bien ce dernier concept.

Chacun est confronté dans sa vie à de nombreux incidents qui lui semblent profondément injustes. C'est seulement parce qu'il n'a pas une vision globale des choses. À quoi cela ressemble-t-il ? À quelqu'un qui arriverait très en retard à un spectacle. Lorsqu'il s'assied, la pièce de théâtre est sur le point de s'achever. Sur la scène, il voit un homme crier et injurier sans pitié une femme. Aussitôt s'échappent de ses lèvres des cris vengeurs : « Impie, vicieux ! Pourquoi hurles-tu contre une malheureuse femme ? »

Son voisin lui murmure : « Tais-toi ! Si tu avais vu le spectacle depuis le début, tu comprendrais que ces injures ne sont presque rien par rapport à ce que cette mégère lui a fait subir... »

Ainsi, la compréhension de l'homme est limitée : il ne voit qu'une infime partie de l'image. Il ignore le passé de chaque âme, ce qu'elle a vécu dans des vies antérieures, et quelles dettes elle règle dans cette réincarnation. Nous ignorons ce qui se cache derrière les conditions de vie de chacun, pourquoi untel est frappé de tel handicap, et un autre bénéficie d'une situation x ou y.

Si l'homme pouvait tout savoir, il réaliserait que tout arrive selon un calcul précis, juste et compatissant, et il ne poserait plus aucune question.

Chacun doit donc se convaincre que tout ce qui lui arrive est pour son bien, bien qu'il lui semble que c'est à son détriment. De nombreux incidents nous apprennent comment une chose qui semblait mauvaise se révèle être bonne et utile. Il suffit d'y réfléchir pour s'en persuader. À titre d'exemple, quelqu'un se dépêche, mais n'arrive à la station que lorsque son autobus s'apprête à démarrer. Le conducteur ignore ses appels, lui ferme la porte au nez et l'autobus disparaît...

Bien entendu, cet homme ne peut accepter avec amour ce qui lui est arrivé – soit à cause de l'humiliation subie de la part du conducteur, soit du fait du retard que cela va lui causer. Mais s'il s'avère, quelques instants plus tard, que cet autobus est impliqué dans un tragique accident de circulation, il verra les choses différemment... C'est avec des larmes d'émotion qu'il remerciera le Créateur de l'avoir sauvé, et il couvrira le conducteur de mille bénédictions, alors que précédemment, il n'était à ses yeux qu'un impie.

Bien entendu, au moment de l'épreuve, personne ne peut savoir ce qui se prépare, personne ne peut prévoir l'avenir, et on s'irrite donc pour tous les projets avortés. Mais le Créateur qui connaît le futur protège toujours l'homme, comme il est écrit dans les *Psaumes* (116,6) : « L'Éternel protège les simples. » Et même s'il n'arrive aucun accident de circulation, de nombreuses raisons peuvent expliquer pourquoi ce retard était pour le bien – raisons que seul le Créateur béni soit-Il connaît. L'homme doit savoir que ce contretemps était pour son bien, au lieu d'incriminer le conducteur, celui qui l'a retardé, ou lui-même, mais simplement que le Créateur l'a voulu ainsi et que c'est pour son bien.

Ce n'est là qu'un exemple banal, car il existe de nombreuses considérations qui conduisent le Créateur à diriger l'homme de telle ou telle façon et à le placer dans telle ou telle situation. Celles-ci lui sont bien sûr cachées au moment de l'épreuve ; et s'il triomphe de cette dernière avec la foi, il pourra le plus souvent comprendre quel est le bien qu'elle recélait. Pourtant, certaines choses lui resteront cachées jusqu'à l'ultime étape de sa vie, ou même jusqu'après sa mort, ou à l'arrivée du vrai Messie qui révélera à chacun le sens de ce qui lui est arrivé, et quel fut son bien.

Le principe est que seul le Créateur voit et connaît profondément le parcours, matériel et spirituel, emprunté par tout homme. Il est donc le Seul à savoir le bien de chaque chose. Sachez qu'il est indispensable que l'homme ignore ce bien au moment de l'épreuve, car sinon cela n'en serait plus une. La seule manière de la surmonter victorieusement est donc de croire que tout est dirigé vers le bien, par la voie du remerciement et des louanges à Dieu pour tout et pour chaque épreuve, même si cela semble à première vue « négatif ».

72 – Prendre soin de son âme

Il m'est arrivé une fois d'aller consoler la veuve d'un jeune étudiant en Torah qui était en train de se rapprocher de ma voie, et j'en fus le premier consolé. Après la purification du corps, son épouse se tint devant sa dépouille et remercia Dieu de tout son cœur. Elle ne prononçait que des paroles de foi et de louanges. Chacun put témoigner de la grandeur d'âme de cette jeune femme courageuse.

Il est certain que si elle avait pleuré, cela aurait été acceptable et compréhensible, d'autant que les pleurs d'une veuve sont agréés dans les Cieux. Mais il est dangereux que cela se prolonge, car quand le venin de la douleur pénètre dans le cœur, l'homme s'y laisse entraîner, il se décourage et c'est inacceptable. Nous voyons des gens traverser une dure épreuve qui gâche toute leur vie, parce qu'ils n'acceptent pas leur peine avec la foi. En revanche, d'autres qui se soumettent à ce qui leur arrive se dégagent de l'influence des souffrances, comme cette veuve qui, face au défunt, dit « Merci beaucoup », car elle était déjà au-delà du choc émotionnel.

Ce qui me consola et me réjouit encore davantage, c'est ce que je vis pendant la semaine de deuil quand je revins pour les consolations. Je remarquai alors comment les enfants étaient souriants, comment ils tournaient joyeusement autour de leur mère, car ils voyaient qu'elle était forte et joyeuse et qu'elle remerciait : sa force et sa joie étaient contagieuses. Si je n'avais pas vu ces enfants de mes propres yeux, je ne l'aurais jamais cru. Au spectacle de leur bonheur, je réfléchis à ce qui aurait pu se passer si leur mère n'avait cessé de pleurer, de se plaindre et de poser des questions sur la conduite de Dieu.

Si les orphelins avaient entendu des récriminations, des reproches et des plaintes, il est facile d'imaginer les blessures, la tristesse et le sentiment d'injustice que cela aurait pu provoquer chez eux. Comment auraient-ils grandi ? Avec des questions sur Dieu qui sont encore plus nocives lorsqu'elles proviennent de la mère : Pourquoi cela nous est-il arrivé ? Pourquoi sommes-nous orphelins ? Pourquoi nous a-t-on pris notre père qui était un homme droit ?

Quel merveilleux modèle que cette mère enseignant le concept de la foi et vivant avec le remerciement et les louanges ! Elle-même réussit à s'affranchir de l'amertume et d'une peine excessive, et ses enfants, voyant leur mère reconnaissante et forte dans la foi, acceptèrent joyeusement ce message : « Notre père est toujours avec nous. Notre père prie pour nous. » Ils ne ressentaient pas qu'ils étaient malheureux. Cela leur donna une leçon de foi et de joie pour toute leur vie, grâce à leur mère qui avait accepté toute cette épreuve avec la foi.

Tout son entourage et ses proches se renforcèrent grâce à sa foi. Mais que se serait-il passé si cette femme avait perdu la foi ? Eux aussi auraient alors perdu la leur, et bien entendu, les enfants auraient été influencés par tout cela et auraient sombré dans le malheur. On les aurait regardés comme de pauvres malheureux, et ils se seraient sentis misérables. Quelle vie aurait pu être la leur !

Mais grâce à la foi de la veuve, tous se renforcèrent, comme le frère du défunt qui était loin de la foi, mais qui se fortifia particulièrement pendant la semaine du deuil. S'il avait vu la femme de son frère souffrir, il se serait éloigné encore davantage, et cela aurait renforcé ses questions sur la foi : « Comment est-ce possible ? Après que mon frère s'est repenti, voilà ce qui lui arrive ! »

En réalité tout est dirigé vers le bien. Nous ne cherchons pas à nous en convaincre ni à persuader les autres, mais c'est la vérité. Pour peu que l'homme maîtrise son mauvais penchant, il peut vivre une bonne vie dans ce monde, même lorsqu'il traverse des épreuves. S'il ne croit pas que c'est pour le bien, pleurniche, pose des questions et accuse Dieu, cela résoudra-t-il son problème, ou en sera-t-il consolé ?

L'épreuve du veuvage, Dieu nous en préserve, est très difficile, surtout quand une jeune femme perd son époux qui vivait paisiblement avec elle et qu'elle reste avec des orphelins. Mais nous avons vu comment, avec la foi, on peut consoler ceux qui viennent consoler ! Nous réalisons là la puissance de la foi. Lorsque la femme se tient auprès de son mari défunt et remercie Dieu, nous voyons vraiment comment grâce à la connaissance diffusée par les

CD et les livres, on s'approche de l'arrivée du vrai Messie, car on dit à propos de tout : « Tu es bon et bienfaisant ! » Nous constatons ainsi le pouvoir des livres et des disques. Ces veuves que nous avons mentionnées étaient forcées de traverser cette épreuve. La seule question était : comment allaient-elles le faire ?

On voit que grâce aux livres et aux CD, toutes les rigueurs furent adoucies. Ces veuves ont accepté le jugement avec la foi, la joie et les louanges. Comment auraient-elles pu affronter l'épreuve sans les livres ? Celui qui y réfléchit discernera la différence entre les deux attitudes : c'est celle qui sépare le ciel de la terre !

À plus forte raison, doit-on tirer une leçon de ces épisodes particuliers pour toute la vie, car aucune épreuve du quotidien n'est comparable à celle du veuvage, que Dieu nous en préserve. Dans tous les domaines, la vie s'obscurcit lorsque l'homme se lamente pour le plus petit problème. En revanche, si on accepte tout avec la foi et qu'on remercie Dieu, la vie sera toujours belle. Voilà toute la différence.

Ici aussi il faut souligner que la façon dont l'homme affronte les épreuves de la vie influe sur ses proches et ses enfants. Par exemple : l'épreuve des dettes. À la lumière de ce qui précède, chacun peut imaginer la différence entre le débiteur qui accepte sa situation avec foi et celui qui ne l'accepte pas.

Lorsqu'on n'affronte pas l'épreuve avec remerciement et joie, c'est l'enfer à la maison : reproches mutuels, querelles et ténèbres épaisses. Les enfants voient des parents tendus, confus, angoissés, etc. Les disputes deviennent le pain quotidien. Face aux enfants, la mère crie sur son mari et ils ne cessent de parler d'argent toute la journée.

En revanche, lorsqu'on accueille l'épreuve avec le remerciement, les enfants ignorent tout du problème, ils voient leurs parents heureux et rayonnants. Peut-être remarquent-ils une certaine privation matérielle, mais comme tout le monde est joyeux, rien ne manque.

C'est vrai dans chaque domaine et pour tout – les épreuves avec un enfant, une perspective de mariage non réalisée, un divorce, un déménagement, la remise en état d'un appartement – on peut en sortir renforcé ou découragé, reconstruit ou démoli. Les difficultés de la vie peuvent construire un homme, lorsqu'il les accepte avec la foi, s'il croit que Dieu est bienfaisant pour lui. Alors les événements que Dieu lui fait traverser le modèlent. En revanche, s'il ne croit pas en Dieu et qu'il Le soupçonne de vouloir le détruire injustement, il se découragera. Tout dépend de la foi de l'homme.

La différence entre ces deux attitudes est la suivante : celui qui vit dans la foi et accepte tout joyeusement rend grâce – tandis que celui qui n'accepte pas avec la foi se plaint. C'est tout ce qui sépare la vie au paradis de celle en enfer, comme nous le chantons dans nos cours : « Soit la foi, soit l'enfer... » C'est pourquoi tous ont besoin de se renforcer, d'étudier la foi, d'apprendre à vivre avec le remerciement et les louanges. Ils jouiront alors du paradis sur Terre. Cela n'est pas difficile : cela ne dépend que de la volonté et du labeur de l'homme.

Celui qui mérite d'accepter ces paroles le plus simplement possible, et s'efforce de les appliquer, verra bien sûr de grandes délivrances et des miracles dans sa vie. Chaque jour nous parviennent des histoires miraculeuses et prodigieuses, dont bénéficent ceux qui vivent vraiment avec le remerciement et les louanges. Mais c'est justement parce que cette approche est source d'un grand profit, que les obstacles sont nombreux et que beaucoup éprouvent des difficultés à rendre grâce, surtout dans une situation qui leur paraît douloureuse. Pour eux, cela signifie renoncer à leur propre volonté et accepter la volonté divine.

Les gens oublient que ce monde n'est pas l'essentiel, que l'homme vient ici pour accomplir sa mission, et c'est de cet oubli que proviennent toutes les difficultés. En revanche ceux qui ont en vue le monde futur, et qui savent que l'homme vient dans ce monde pour réparer quelque chose, tous les obstacles disparaissent automatiquement. La croyance dans le monde futur est le fondement d'une foi authentique. Beaucoup d'énigmes de la vie reçoivent un éclairage complètement différent si on réalise que l'homme n'est que de passage dans ce monde, et qu'il se situe dans un processus bien plus vaste, dont le début a commencé bien avant sa naissance et qui se poursuivra après sa mort.

Il est important de connaître ce principe supplémentaire : il faut remercier pour tout, même pour des choses qui semblent anodines et auxquelles on s'est déjà habitué. Il suffit de réfléchir un peu pour se rendre compte qu'on aurait beau remercier et chanter des louanges à Dieu pendant un millier d'années, on n'aurait pas épuisé les raisons de louer : pour la maison, la santé, tous les commandements, etc. Il ne faut pas penser que pour certaines petites choses on pourrait se dispenser de le faire. En vérité, il faut remercier sur tout. La louange – même la plus petite – doit devenir une partie essentielle de notre vie.

73 – L'enfant s'est enfui de l'école

Un élève me raconta qu'en fin de matinée, il se trouvait chez lui quand son fils revint en pleurs de l'école. Chacun sait que ce n'est pas un bon signe lorsqu'un enfant revient en pleurant à la maison avant la fin des heures de classe. Mais la foi nous dicte que ce que Dieu fait est pour le bien.

Le père de ce garçon, qui avait entendu plusieurs cours sur les louanges et les remerciements, commença à remercier Dieu. Il chercha ensuite à comprendre ce que Dieu voulait de lui. C'est seulement après qu'il s'adressa à son fils qui lui raconta qu'il s'était enfui de l'école, parce qu'un camarade de classe lui cherchait querelle et qu'il s'était mis à pleurer. Son père lui expliqua calmement la perspective de la foi, en lui disant :

« Qui t'a embêté ? Cet enfant ? Tu sais que tout ce qui arrive, c'est Dieu qui le fait, n'est-ce pas ? C'est donc Dieu qui a fait que cet enfant se conduise ainsi avec toi. Tu sais aussi que tout ce que Dieu fait est pour le bien. Il semble que Dieu aime tes prières et Il veut que tu Le pries. Dorénavant prie Dieu afin qu'il te protège et que cet enfant ne t'embête plus. Il faut se renforcer dans la foi. Mon cher fils, écoute beaucoup les CD pour les enfants *Le petit Nahman*, *Yosselé*, etc. » Ils prièrent ensuite un peu ensemble et l'enfant retourna à l'école.

Quelle est la morale de cette histoire ? L'enfant a appris une leçon de foi, et comment prier un peu mieux. Car même si les parents lui montraient comment prier, l'apprentissage qu'apporte une épreuve est incomparable, comme ici où la confrontation le conduisit à découvrir la foi, à prier et à s'appuyer sur Dieu.

Après les faits, on reconnaît que tout est bien. Mais au moment où le père remerciait Dieu, il ignorait comment la situation évoluerait vers le bien. Selon le bon sens, que l'enfant se soit sauvé en pleurant de l'école sans la permission du maître était préoccupant. À l'heure de l'épreuve, le père ne comprenait pas ce que Dieu faisait, et il ignorait quel bien en sortirait. Mais il remercia de tout son cœur et il vit donc le salut...

Voici le point que nous devons apprendre ici : l'homme doit d'abord dire merci de tout son cœur. Dieu lui montrera ensuite le bien qui en ressort. Dans certains cas, c'est peu après l'événement que l'homme reconnaît que tout est bien. Dans d'autres, cela n'arrive que longtemps après. Notre ancêtre Yaacov attendit très longtemps avant de comprendre que ce qu'il avait vécu avec Elifaz et Lavan était pour son bien. Par contre, Na'houm de Gamzo n'eut besoin que de quelques jours. C'est que chaque cas possède son propre rythme, avant de réaliser que tout est pour le bien. Mais avant de comprendre rationnellement quel est ce bien, il faut avoir la foi.

74 – Remercier aussi pour des choses anodines

Bonjour,

Merci beaucoup pour le bulletin hebdomadaire *'Hout chel 'Hessed* (Fil de Bonté). Il renforce considérablement et aide à se rapprocher des Justes authentiques de notre génération. Je tiens à raconter une histoire très édifiante sur les bienfaits du remerciement, travail auquel je me suis astreint l'an passé après la lecture d'un article de rav

Chalom Arouch, paru dans le feuillet des Institutions de la Tombe de Ra'hel.

Je serais heureuse que vous publiiez cette histoire pour faire mériter le plus grand nombre.

Nous habitons Elad. L'année dernière, notre situation financière était très difficile et je ne parvenais pas à trouver un travail régulier. De plus notre machine à laver – qui nous avait bien servi pendant une dizaine d'années – rendit l'âme.

Nous ne savions pas comment faire. Notre compte bancaire était vide et nous ne pouvions plus tirer de chèques. En bref, nous ignorions d'où viendrait notre salut.

Un lendemain de Chabbat, je décidai de faire le tour des magasins pour choisir une nouvelle machine. C'était ma part d'efforts, la preuve que j'avais confiance en dépit de tout.

Mon mari tenta de m'en dissuader en me disant que c'était illogique. Il voulait payer avec des chèques sans provision, mais je m'obstinais à refuser de les signer. Je voulais seulement faire preuve d'initiative.

C'est ainsi que je fis les magasins, l'un après l'autre, vérifiai les modèles et les prix. Je posai des questions et m'intéressai à toutes sortes de types de machines à laver – sur leurs avantages et leurs inconvénients – comme si j'avais en poche la somme voulue. Quand j'eus terminé, je décrochai le téléphone et appelai mon père, puisse-t-il être béni et vivre de longs jours. Je lui demandai une aide, selon ses moyens. Il insista pour que j'achète une machine bon marché et ordinaire, en accord avec mes possibilités financières. Je lui expliquai que je voulais une machine qui réponde à nos besoins actuels, avec nos enfants – puissent-ils se multiplier – c'est-à-dire une grande machine de qualité, pouvant laver au moins 7 ou 8 kilos de linge. Il me raccrocha au nez, et je sortis du magasin, accablée de tristesse et profondément déçue.

En sortant, j'aperçus une feuille des Institutions de la Tombe de Ra'hel qui traînait par terre. Je la ramassai et commençai la lecture d'une histoire qui était arrivée lors de l'opération *Bordure protectrice* (guerre de Gaza de 2014) et les remerciements d'une femme. Je décidai alors à mon tour de remercier et de me renforcer dans la foi, comme l'écrivait rav Arouch : si l'homme remercie pour le mal comme pour le bien, l'attribut de rigueur se transforme en attribut de miséricorde.

En revenant à la maison je dis à mon mari : « Viens, on va travailler là-dessus, on va commencer par remercier pour la "catastrophe" de la machine à laver : "Dieu, nous Te remercions d'avoir profité d'une machine à laver pendant presque 10 ans sans incident. Merci d'avoir des vêtements à mettre dans cette machine, merci d'avoir à qui laver le linge, merci de ne pas avoir les moyens d'acheter une nouvelle machine, etc." »

C'est alors qu'un petit dépliant publicitaire, distribué par un magasin d'appareils électroménagers, nous parvint. Il ne vendait que des modèles peu coûteux et de qualité très moyenne, pas du tout comme je le désirais. De plus, ils n'acceptaient que les paiements en espèces ou par carte bancaire. Je rappelai mon père et lui expliquai tout. Il se radoucit et décida de chercher une machine pour moi dans un magasin proche de chez lui.

Une demi-heure plus tard, on m'appela du magasin pour m'informer que mon père désirait acheter le type de machine peu coûteux dont je lui avais parlé, mais le vendeur n'était pas d'accord : selon lui, il valait mieux prendre quelque chose de meilleure qualité. Et il me proposa un prix pour un certain modèle. Je lui répondis que c'était celui que je souhaitais, et qu'on m'avait indiqué un prix bien inférieur. On a un peu marchandé – et nous sommes tombés d'accord sur la somme qui me convenait, la même qu'à Elad. Mon père régla avec sa carte bancaire, et la machine arriva chez nous quelques jours plus tard.

Je dis à mon mari : « Louanges à Dieu : on nous a acheté une machine à laver. » En effet, le travail sur le remerciement a tout transformé en remerciements. Puissions-nous ne jamais cesser de remercier, car le remerciement est la base de la foi et du service de Dieu dans la joie.

En vérité, il faut prier et remercier pour chaque chose, la plus anodine qui soit, et pas seulement pour des choses importantes, comme le dit le 'Hazon Ich : « Comment parvient-on à croire réellement en Dieu béni soit-Il ? Demande-Lui tout ce dont tu as besoin. S'il te faut une nouvelle paire de chaussures, tiens-toi au coin de la pièce et dis-Lui : "Maître du monde, regarde mes chaussures trouées (ou vieilles) et trouve-moi de l'argent pour en acheter de nouvelles." Il en est ainsi pour chaque chose. Tu t'habitueras alors à reconnaître et à ressentir que c'est Dieu béni soit-Il qui te donne tout. Et c'est de cette manière qu'on grave la foi dans la peau ! »

Le *'Hafets 'Haïm* recommandait à chacun de s'isoler dans un coin, et de répandre son âme devant Dieu avec des mots qui proviennent du cœur, des mots simples, comme un fils devant son père, afin qu'il ait pitié de lui et épanche Sa bonté sur lui. Il est alors certifié que ses doléances seront entendues.

Le minimum de gratitude et de remerciements adressés au Créateur du monde consiste à formuler cent bénédictions par jour. Tel est le décret qui fut révélé au roi David par inspiration divine (*Bamidbar Rabba* 18,21 et *Tour Ora'h 'Haïm* § 46). C'est ainsi qu'on est quitte de son devoir minimal de remerciements. Comme rabbi Yéhouda HaLévi l'écrit dans son livre *HaKouzari* (chap. 3) : « Le plaisir spirituel de l'homme pieux consiste à ne pas oublier de bénir le Tout-Puissant. Nous avons reçu la tradition qu'un Juif ne s'acquitte pas de son obligation de louer le Tout-Puissant s'il ne bénit pas Dieu au moins cent fois par jour. En commençant par les bénédictions que contiennent les prières et en les complétant par celles des jouissances, comme celles sur la nourriture, les parfums, la vue et l'écoute. Plus on bénit le Tout-Puissant et plus on se rapproche de Lui. Comme le dit le roi David (*Psaumes* 71,15) : "Ma bouche proclame sans cesse Ton équité, Ta protection. Car je ne peux tout énumérer." C'est-à-dire que le nombre des bénédictions ne saurait convenir aux éloges qui Te sont dus, mais je m'engage à ne pas m'y dérober, chaque jour de ma vie ! »

L'homme apprend d'ici un principe très important concernant le devoir de remercier le Créateur pour tout. Si un malade qui guérit doit remercier le Saint béni soit-il, ne doit-on pas Le remercier doublement lorsqu'on est bien portant ? Si le Saint béni soit-Il aide l'homme à trouver sa subsistance quand il a contracté des dettes, et qu'il Le remercie profondément pour cela, ne doit-on pas Le remercier doublement lorsqu'il l'aide à gagner son pain et qu'il ne doit de l'argent à personne ? Si un célibataire trouve sa conjointe après des années de recherches et remercie aussitôt le Saint béni soit-Il, celui qui s'est marié facilement ne doit-il pas remercier doublement le Créateur du monde ? Il en est ainsi pour tout. Chacun réfléchira et verra que le Saint béni soit-Il, dans Sa grande miséricorde, organise sa vie pour le mieux, matériellement et spirituellement. Par conséquent, tout le monde doit Le remercier pour chaque chose.

Rabbi Nahman dit (*Si'hot HaRan* 233) qu'il faut prier pour tout. Si on a besoin d'un vêtement, il faut prier Dieu afin qu'Il nous fournisse un habit pour nous vêtir. Et ainsi de suite pour toute chose, grande ou petite : il faut s'habituer à toujours prier Dieu pour la satisfaction de tous nos besoins.

Bien qu'il faille surtout prier pour l'essentiel – à savoir pour servir Dieu béni soit-Il et gagner le mérite d'apprendre toute la Torah, de corriger tous nos traits de caractère, d'accomplir tous les commandements et de nous rapprocher de Lui – nous devons pourtant prier également pour des choses anodines ou secondaires. Et rabbi Nahman dit que celui qui ne se comporte pas ainsi, bien qu'il reçoive de Dieu béni soit-Il vêtements, subsistance et moyens d'existence ne vit pas différemment d'une bête aux besoins de laquelle Dieu pourvoit aussi. Puisque sa vie n'est pas régulée par des prières, un tel homme est vraiment comparable à une bête. Car c'est par ses prières et suppliques que l'homme obtient satisfaction de ses besoins.

Rabbi Nathan dit à ses disciples : « Une fois, un bouton manqua à ma chemise et rabbi Nahman me dit de prier pour cela à Dieu béni soit-Il. Je fus stupéfié, car il me semblait bizarre de devoir prier Dieu pour une chose aussi dérisoire et superflue. » Notre maître répondit à rabbi

Nathan avec sarcasme : « Prier pour un bouton compromettrait-il ton honneur ? »

L'homme est enclin à penser qu'il n'a pas besoin de prier pour ces petites choses, et il lui semble qu'il pourrait se les procurer par ses propres moyens. Cette pensée est trompeuse ! Car elle conduit à une aggravation du principe de « C'est ma propre force, c'est le pouvoir de mon bras qui m'a valu cette richesse », en croyant qu'elles dépendent de ses capacités, oubliant que cela aussi provient de Dieu béni soit-Il.

Le *Ritva* écrit (*Berakhot* 6b) : « Le monde entier fut créé pour satisfaire les besoins des hommes, et les hommes le furent pour louer et remercier le Saint béni soit-Il, Le servir et Le vénérer. Ceux qui se conduisent ainsi soutiennent le monde, quant aux autres, ils sont comme des bêtes qui n'accomplissent pas ce pour quoi ils furent créés. » L'homme qui remercie Dieu accomplit donc sa finalité et celle de toute la Création, et il convient qu'on fasse pour lui des miracles et des prodiges, et qu'il soit sauvé de grands tourments.

75 – Le sourire du gardien du parking

Un de mes élèves, qui travaille sur le remerciement pour chaque détail de sa vie, m'a raconté une histoire qui illustre parfaitement nos propos :

Un jour, cet élève alla garer sa voiture dans un parc de stationnement. Le gardien, qui était de bonne humeur, lui fit un sourire... Habitué à remercier pour chaque chose, mon élève rendit grâce à Dieu immédiatement : « Je Te remercie, Dieu, pour le sourire de cet homme. » Puis après coup, il éprouva des doutes : « N'est-il pas exagéré et superflu de remercier pour un tel détail ? Après tout, le gardien s'est montré simplement poli. » Telle fut momentanément sa pensée. Puis il oublia tout, le sourire et ses questions.

Le lendemain, une nouvelle fois il dut garer sa voiture dans le même parking. Cette fois-ci, le gardien s'irrita et commença à l'injurier, à l'humilier, sur la façon dont il s'était garé, etc. L'élève comprit que Dieu répondait aux doutes qui lui étaient venus à l'esprit. Il réalisa alors combien le simple remerciement pour une conduite agréable à son égard n'est jamais superflu, car tout peut se passer autrement...

Lorsque le Créateur le veut, Il inspire dans le cœur des créatures la bienveillance ou son contraire. Ainsi, nous apprendrons à remercier Dieu pour chaque chose, même pour la conduite bienveillante des gens ! Il faut remercier pour tout ! On doit simplement s'éduquer à dire merci : exactement comme on le ferait avec un enfant. Et celui qui mérite de s'éduquer à remercier pour chaque détail de sa vie en éprouve un grand plaisir, car c'est un travail sublime qui conduit l'homme à croire en la Providence divine particulière et à le rapprocher grandement du Créateur du monde. C'est ainsi qu'on sort de l'incroyance et de l'ingratitude occultant les bontés divines.

76 – Une autre histoire de parking

Cette nouvelle histoire pour nous apprendre que chaque jour l'homme doit augmenter sa connaissance de Dieu, comprendre ce qui lui arrive et se l'expliquer d'une meilleure façon.

Ce même élève me raconta :

Je me trouvais au marché de Ma'hané Yéhouda à Jérusalem, une veille de Chabbat. Je cherchai un endroit pour garer ma voiture, avant de courir faire mes achats : en hiver, le vendredi est très court et on n'a guère de temps de préparer le Chabbat. À chaque place qui se libérait, dix voitures étaient déjà en file. Pendant vingt minutes, je n'ai pas arrêté de tourner, cherchant une place qui se libérerait, mais rien ! Pendant ces vingt minutes, je priais le Créateur du monde afin qu'il m'aide à trouver un endroit où stationner. Mais ma prière ne fut pas exaucée. Comme je ne trouvais rien, je me suis arrêté sur le bas-côté et j'ai réfléchi à ce qui pourrait m'aider. Soudain je me suis souvenu des cours sur le remerciement, et qu'il fallait avant tout remercier Dieu. Je repris le tour du parking, mais cette fois je ne cessai de remercier et de chanter des louanges au Créateur du monde sur le fait que je ne trouvais pas de place libre pour garer ma voiture, sur la tension des veilles de Chabbat, sur chaque moment qui passe alors que je n'avais encore rien acheté en l'honneur du Chabbat. Tout ce que Dieu fait, Il le fait pour le bien, même si Tu veux que je ne trouve pas de place pour me garer et que je rentre à la maison les mains vides, merci d'avance. Car tout, tout est pour le bien.

Et ce fut un miracle ! Comme mes lèvres exprimaient des prières et des remerciements, quelqu'un me fit signe : « Eh, mon ami, je sors, peut-être veux-tu prendre ma place ? Viens, viens par ici ! » À cet instant je me remplis de joie et de remerciements : je pouvais enfin garer ma voiture et faire mes courses pour Chabbat. Je constatai qu'aussitôt après avoir commencé à remercier j'avais vu un miracle : le remerciement déclenche des prodiges que les prières ne peuvent produire. »

Le témoignage de ce jeune homme démontre que le remerciement ne provoque pas seulement une délivrance, mais que cette dernière est encore plus grande que celle qu'on attend. Après son récit, il me demanda : « Pourquoi mes prières n'eurent-elles aucun effet, contrairement à mes remerciements ? »

Je lui ai expliqué que l'exaucement des prières dépend du niveau de la foi : si cette dernière est faible, la requête n'est pas satisfaite. Lorsque l'homme prie pour combler un manque, c'est le signe que sa foi est absente. Sa foi n'est pas parfaite. Pour reprendre cet exemple, si on cherche une place libre pour garer sa voiture, et qu'on prie : « Maître du monde, montre-moi une place libre ! J'ai besoin d'une place ! Personne ne peut m'aider, sauf Toi ! Je n'ai pas d'autre adresse, seulement la Tienne ! Aie pitié de moi ! » On pourrait penser a priori que la personne est croyante, mais sachez qu'elle manque de foi ! Pourquoi ? Que lui manque-t-elle ? Quelle foi lui manque-t-elle ? Il lui manque la foi que le fait qu'elle ne trouve pas de place est le meilleur qui soit pour elle ! Lorsqu'on prie pour obtenir quelque chose, c'est la preuve qu'on pense que la situation présente n'est pas bonne, et qu'on demande au Saint béni soit-Il de nous aider à l'améliorer, afin de sortir d'une « mauvaise » situation et de parvenir à une « bonne » situation. Cependant, tout ce que Dieu fait est bien. Le mal n'existe pas au monde. Si on pense : « Maintenant, je ne trouve aucune place libre, cela n'est pas bien ! », cette pensée est l'expression d'un manque de foi. Et cela entraîne que notre prière ne peut être exaucée, car celle-ci ne peut être satisfaite que selon le niveau de la foi.

En revanche, le remerciement est la perfection de la foi : Dieu fait tout, et tout est pour le bien ! Le fait que je n'ai pas de place est le mieux qui soit pour moi. Merci beaucoup, Dieu ! Après avoir remercié de tout son cœur de ne pas avoir trouvé de place libre parce que c'est le mieux qui soit, si on prie maintenant : « Maître du monde, aide-moi ! Aie pitié de moi ! », c'est très bien, car cette prière est dite avec la foi, et elle sera donc exaucée.

Bien entendu, nous n'avons rapporté qu'un exemple : chacun en déduira ce qu'il convient pour tout ce qui lui arrive – comme une maladie, Dieu nous en garde. Si on dit : « Maître du monde, aie pitié de moi ! Guéris-moi, d'une guérison complète ! » c'est un signe que la foi est manquante. De quelle foi s'agit-il ? La conviction que si on est malade, c'est avant tout le meilleur qui soit ! Si on commence à prier avant de remercier, la prière n'est pas exaucée, car celle-ci n'est entendue que d'après la foi, et la foi manque ! Mais quand on dit « merci », quand on est joyeux, quand on remercie vraiment de tout son cœur, on croit que tout ce que Dieu a fait jusqu'à présent est le meilleur qui soit, et la prière est alors exaucée.

Dieu m'a permis de comprendre un autre concept profond. Nous avons appris que la finalité de l'homme est la foi et que tous ses problèmes, ses difficultés, ses tourments et ses lacunes, tout est pour le bien, afin qu'il parvienne à mériter la foi et à connaître Dieu. Il s'ensuit que tous les problèmes de la vie proviennent du manque de foi – toutes les contrariétés, le manque de subsistance, de conjoint, d'entente conjugale, de santé, et tout autre sujet du plus petit au plus grand – tout provient d'un manque de foi ! C'est pourquoi le remerciement déclenche aussitôt la délivrance, plus que toute autre chose.

77 – On n'a rien à perdre !

Puisqu'on parle de parkings, voici une histoire supplémentaire que m'a racontée un autre élève, et qui contient à la fois une grande leçon sur le remerciement et sur la correction des traits de caractère. Voici son témoignage :

« J'avais un jour rendez-vous dans un bureau à Guivat Chaoul à Jérusalem, et je ne réussissais pas à trouver de place pour y garer ma voiture. Pendant un bon quart d'heure, je fis plusieurs fois en vain le tour du bâtiment. Le temps pressait, car j'étais déjà en retard. J'adressai au Ciel plusieurs prières, mais aucune ne fut exaucée. Comme j'attendais sur une voie à sens unique face au bâtiment, je me suis alors souvenu des cours sur le remerciement.

Comme je remerciais Dieu de ne pas avoir trouvé de place libre, et demandais pardon de ne pas avoir remercié plus tôt pour la voiture, le rendez-vous, la santé, etc., une place se libéra derrière moi. Je m'apprêtais à faire marche arrière quand quelqu'un arrivé après moi – et qui cherchait lui aussi à stationner – s'engouffra dans l'espace qui venait d'être libéré. Ma première réaction fut de penser qu'il y avait là une injustice, et j'étais presque prêt à sortir de mon véhicule pour invectiver cet insolent qui était arrivé après moi. Mais je me retins et m'adressai ainsi à Dieu : « Je Te remercie Dieu, merci aussi pour le fait que cet homme a pris ma place. » Je continuai : « Je Te remercie Dieu pour le fait que je ne peux pas garer ma voiture. Même si je ne trouve pas de place, j'accepte totalement Ta volonté. Et même si je devais la garer très loin, revenir ici à pied et arriver très en retard au rendez-vous, je T'en remercie. Je Te remercie également pour le fait que cet homme ait pris ma place : c'est la meilleure chose qui soit pour moi. Tout ce que Tu fais, Tu le fais pour le mieux. » Aussitôt et au même instant, quelqu'un s'adressa à moi en disant : « Je quitte maintenant ma place, vous pouvez la prendre. Je vous donne aussi mon ticket : il reste encore une heure de stationnement payé. »

J'ai appris deux leçons de cette histoire :

1) On gagne à dire « merci ».

2) De plus Dieu m'a enseigné qu'on ne perd jamais à céder à son prochain !

78 – Remercier et bénéficier de l'indulgence

L'histoire prodigieuse suivante nous enseigne comment celui qui ne suit pas la voie des louanges et du remerciement est envahi de mauvaises pensées sur lui-même, sur les autres et, Dieu nous en préserve, sur le Créateur. Cela à la différence de celui qui se conduit autrement : il jouit d'une profusion de bonnes pensées, se prévient de juger autrui défavorablement, et est sauvé des peurs et autres angoisses, etc.

Voici l'histoire qui arriva à une femme et que nous avons publiée sur notre site :

« Au cours du dernier été, alors que je raccompagnais chez elle une passagère âgée, j'ai provoqué un accident de la route avec ma voiture. Grâce au Ciel, personne ne fut blessé. Malgré tout, quelqu'un avait appelé une ambulance qui arriva promptement. Pendant dix minutes, l'ambulancier s'efforça de convaincre ma passagère d'aller à l'hôpital pour y passer des examens. "Vous savez bien, au cas où..." Et elle accepta.

« Mais dès qu'elle fut dans l'ambulance, l'accident prit d'autres proportions puisqu'il y avait maintenant – et officiellement – une plaignante. Je dus me présenter au tribunal, qui me jugea coupable et suspendit mon permis de conduire pour plusieurs mois, si je ne voulais pas purger ma peine entre les murs d'une prison...

« Je connaissais les trois fondements de la foi de rav Chalom Arouch, qui sont développés dans son fameux guide de vie *le Jardin de la foi* : 1) Tout provient de Dieu ; 2) Tout est pour le bien ; 3) Je dois y chercher le message qui m'est adressé. En vérité, j'essayais de me conduire en général selon ces trois principes, et surtout à ce moment-là. J'ai donc lutté pour comprendre ce que le Créateur du monde voulait de moi à travers ce qui m'arrivait.

« Mais dans cette démarche, j'ai commencé à me culpabiliser pour ce qui s'était passé. Alors j'arrêtai et j'entrepris d'accuser le Tout-Puissant. En fin de compte, je n'avais fait que du bien à cette femme (la raccompagner chez elle était même un commandement, une bonne action). Pourquoi Dieu avait-Il causé cet accident ? Pourquoi m'avait-on poursuivi jusqu'au tribunal, en particulier à ce moment de ma vie où j'étais empêtrée dans de grandes difficultés financières ?

« À chaque fois que je repensais à l'accident et au procès, j'étais troublée et amère. Je me sentais pitoyable et misérable : "Pauvre de moi, ce qui m'arrive n'est pas juste : dans toute cette histoire, c'est moi la véritable victime..."

« Quelques mois après l'accident, je reçus une lettre d'un avocat m'informant que ma passagère me demandait des dommages-intérêts pour réparer le préjudice qu'elle prétendait avoir subi. Je ne pouvais pas en croire mes yeux ! Je bouillais de rage. Je me préparais à réagir, des pensées de vengeance traversèrent ma tête. J'oubliais le Tout-Puissant et le fait que c'est Lui seul qui dirige le monde !

« Un mois après, je commençai à ressentir les "retombées" de cette histoire. C'est à ce moment que les femmes de mon quartier me demandèrent de donner un cours sur le Pardon. Et c'est aussi à cette époque que je reçus la visite inattendue du fondé de pouvoir de ma passagère. Après une brève introduction, il me confia son adresse et son numéro de téléphone, en me conseillant vivement de régler ce problème à l'amiable et directement avec elle.

« Y avait-il un dénominateur commun entre tous ces faits ?

« J'ouvris un des livres de rav Chalom Arouch afin de me renforcer, et je lus : "Si l'homme ne voit pas Dieu derrière tout ce qui lui arrive, à travers les tourments qu'il subit sans Le remercier, il se prépare à en subir davantage, bien davantage..." »

« C'était exactement ce qui m'arrivait. Au lieu de remercier le Créateur pour l'accident, j'avais pleuré et gémi sans fin (le plus souvent, seule), car je n'avais pas accepté ce décret avec amour – et surtout le fait que j'avais dû me présenter au tribunal. À présent mon dossier s'aggravait à cause de la plainte de ma passagère. Pourquoi ? Parce que je n'acceptais pas le jugement. Parce que je ne remerciais pas le Créateur du monde. Parce que je ne croyais pas que tout est pour le bien, et qu'on m'envoyait un message que je devais déchiffrer. Alors je me suis sentie très mal.

« Après avoir lu et réfléchi aux paroles du rav dans son livre, mon approche du problème se transforma. Je compris alors que je devais cesser de me considérer comme une victime, et simplement remercier le Créateur du monde pour tout, y compris pour l'accident et pour la plainte, même si je n'arrivais pas à voir le bien dans tout cela. Par la même occasion je décidai de travailler sur un autre point : cesser de fuir et commencer à affronter la situation où le Tout-Puissant m'avait placée – qui était certainement pour mon bien.

« Par conséquent, puisque tout provient de Dieu, je paierais tout ce que la passagère réclamerait de moi, je me plierais à ses demandes et j'accomplirais ainsi la volonté du Créateur.

« Je tentai de la contacter, mais apparemment son représentant m'avait transmis un mauvais numéro. Je lui écrivis donc une lettre, mais ne reçus aucune réponse. Je décidai de lui rendre visite chez elle et voir sur place comment conclure cette affaire.

« La première surprise qui m'attendait était la suivante : l'accident s'était produit non loin de chez elle. Je reconnus ainsi le signe de la Providence divine particulière, comment Dieu traite chaque sujet, au détail près.

« La seconde surprise fut qu'en vérité elle ne me réclamait aucun dommage et intérêt : elle voulait simplement être remboursée de ses frais d'ambulance. Cette femme âgée ne pouvait pas se permettre des dépenses superflues. Ces derniers mois elle n'avait cessé d'insister auprès de sa Caisse de maladie à ce sujet, mais elle avait essuyé un refus. Son fils écrivit donc une lettre à l'avocat, qui me transmit – à sa façon – ses plaintes.

« La troisième surprise fut qu'en fin de compte je n'eus rien à lui payer, car une semaine plus tard (alors que j'avais cessé de me plaindre et commencé à remercier le Créateur pour tout), la Caisse consentit à lui rembourser les frais d'ambulance.

« Nous nous sommes embrassées et bénies mutuellement. Et je suis rentrée chez moi honteuse de l'avoir jugée défavorablement pour ce qu'elle m'avait fait – alors qu'en vérité, c'était une femme simple et juste. C'est avec honte et humiliation que j'ai reconnu avoir reproché au Tout-Puissant de me vouloir du mal et de m'impliquer dans des procès, alors qu'en vérité, Il cherchait à me donner une leçon.

« Je Te demande pardon, Ô Tout-Puissant. Je Te demande seulement de m'aider à me souvenir combien Tu es un Père aimant, et de m'aider à continuer à Te remercier chaque jour de ma vie. »

79 – Aucun mal ne descend du Ciel

Voici une autre histoire qui enseigne la nécessité de remercier Dieu pour tout :

« Un jour, en allant faire des courses, j'ai retiré 800 shekels d'un distributeur automatique de billets. En arrivant au magasin, je m'aperçus que l'argent avait disparu : il ne restait dans mon porte-monnaie que 50 shekels. Je suis revenu sur mes pas jusqu'à la banque, mais je n'ai rien trouvé. Je me dis que tout est pour le bien. Bien entendu, cette épreuve fut difficile, surtout après que quelqu'un me dit que si cela lui était arrivé, il en aurait pleuré de désespoir. Mais comment est-il possible de pleurer après avoir lu le livre de rav Chalom Arouch, *le Jardin des louanges*, où il est dit qu'il faut remercier pour le bien comme pour le mal ? J'ai donc remercié à contrecœur, et ce fut la première fois que je le faisais pour un incident qui me semblait vraiment injuste.

« Plusieurs jours après, comme je devais prendre de l'argent au distributeur, je demandai à la banque si personne n'avait trouvé l'argent. Et en effet, l'employé me dit que ce même jour une femme lui avait remis 750 shekels qu'elle avait découverts à proximité. Aucun mal ne descend jamais du Ciel. »

Il faut donc savoir que l'homme doit remercier le Créateur du monde chaque jour, même lorsque les choses vont bien.

80 – L'album d'un chanteur connu

Un célèbre chanteur me raconta que son dernier album ne se vendait pas. Je lui dis : « Tu dois considérer que Dieu béni soit-Il t'accorde un bienfait en ne réussissant pas à le vendre. »

Il me regarda, étonné : « Un bienfait ?

– Jusqu'à présent, disais-tu "merci" pour chacun de tes succès ?

– Non !

– Lorsque tout allait bien pour toi, tu pensais que "c'est ma propre force, c'est le pouvoir de mon bras qui m'a valu cette richesse". Maintenant, Dieu béni soit-Il veut te rapprocher de Lui, afin que tu saches qu'à l'époque, c'est Lui qui t'aidait et te donnait les forces pour que tout marche comme tu le désirais. Les difficultés que tu éprouves à présent visent à ce que tu te rapproches de Lui, que tu Le remercies et Lui demandes Son aide. Sache que c'est une grande bonté que Dieu béni soit-Il te fait en t'épargnant de penser que "c'est ta propre force, c'est le pouvoir de ton bras..." »

Le saint *Or Ha'Haïm* écrit (*Ekev* 8,18) que le verset : « C'est ma propre force, c'est le pouvoir de mon bras qui m'a valu cette richesse » est suivi dans le texte de la Torah par « Tu dois te souvenir de l'Éternel ton Dieu, c'est Lui qui te donne le moyen d'arriver à cette prospérité, etc. » afin de nous apprendre à reconnaître Sa bonté. Cela nous aidera sans cesse à nous souvenir du Créateur et de Sa providence à notre égard. Car la première des astuces du mauvais penchant consiste à nous le faire oublier, et c'est ce qui nous conduit le plus sûrement à notre perte. Il est probable que cela justifie la suite des versets : « Or si jamais tu oublies, etc. » C'est-à-dire que si nous oublions que c'est Dieu qui nous fait du bien, etc., à la fin on L'oubliera totalement. Au point de s'attacher à des dieux étrangers, et pas seulement en pensée, mais également en actions... On en déduit que ce souvenir est une grande protection dans le service de Dieu, et que son oubli encourage le mauvais penchant à nous entraîner toujours plus bas, d'un degré à un autre.

Le remerciement est comparable à la reconnaissance : je reconnais que tout ce que je possède provient de Lui, béni soit-Il. Ainsi cela me préserve de l'orgueil de « C'est ma propre force, c'est le pouvoir de mon bras. » L'auteur du *Tania* (*Torah Or*, *Mikets*) écrit que le Saint béni soit-Il n'envoie pas de souffrances à l'homme pour le punir. Nous l'apprenons de Nabuchodonosor dont les trois générations suivantes régnèrent sur le monde entier par le mérite des trois pas qu'il effectua pour honorer Dieu béni soit-Il. Et comme il n'existe aucun juif qui n'ait pas honoré Dieu de quelque manière que ce soit, on en déduit que tout le bien de ce monde lui revient. Mais les souffrances arrivent pour soumettre l'homme et rabaisser son orgueil naturel, comme nos Sages nous l'enseignent (*Berakhot* 7) : « Une rébellion dans le cœur de l'homme est préférable à plusieurs coups de verge. » Dès que les souffrances l'atteignent, son ego se rabaisse et il se soumet, ce qui est précieux aux yeux du Créateur.

Les propos de rabbi Yehouda HaLevy rapportés précédemment (histoire n° 74) nous le confirment : « Cela rapproche davantage du Tout-Puissant. »

Le remerciement ne conduit pas seulement à la foi, mais également à une connexion avec le Créateur du monde. Il est écrit dans la prophétie d'Isaïe (38,9-11) : « Cantique de 'Hizkiyahou composé à l'occasion de sa maladie [...] Je disais : Je ne verrai plus Dieu, mon Dieu dans le pays des vivants, etc. » Le *Radak* cite le commentaire de notre maître Saadia Gaon selon lequel il s'agit d'un remerciement. Et il ajoute que c'est exact, car voir Dieu est une expression de remerciement et de louange, et le signe d'une méditation sur Ses voies. En d'autres termes, il est possible de voir la main du Créateur et Sa réalité par le biais des louanges. En bref, il s'agit de s'attacher à Dieu dans ce monde. Lorsque l'homme médite sur tout, et qu'il remercie le Créateur, il s'attache à Lui et mérite que lui soit révélée la Providence divine dans toutes Ses ramifications. Quand l'homme remercie le Saint béni soit-Il, il renforce sa foi, car en vérité il dit : C'est le Saint béni soit-Il qui a agi ainsi. On ne peut décrire le bonheur de l'homme lorsque le Créateur se tient à ses côtés et qu'il Le remercie pour chaque chose, comme il est rapporté dans le *Midrach Rabba* (*Vaèt'hanan* 2,16) : « Les non-juifs disent à un juif : "Partout où tu vas, le Créateur est avec toi", comme il est écrit (*Deutéronome* 4,7) : "Où est le peuple assez grand pour avoir une divinité accessible comme l'Éternel notre Dieu l'est pour nous toutes les fois que nous l'invoquons ?" »

Les Écritures considèrent que l'homme qui remercie constamment est semblable à celui qui offre un sacrifice de remerciement. On sait que celui qui apporte un sacrifice se rapproche de Dieu. Ainsi la Torah nous enseigne que lorsque nos saints ancêtres offraient un sacrifice, Dieu se révélait aussitôt à eux. Quand l'homme dit « merci », il se rapproche de Dieu et gagne le mérite de l'amour et du rapprochement avec le Créateur du monde.

Voici les paroles de notre maître (*Likouté Moharan* II, 2) :

« L'essentiel du plaisir dans le monde futur consistera à remercier et à louer Son grand nom, béni soit-Il, à Le connaître et à reconnaître que par ce biais nous sommes proches et attachés à Lui. Car plus nous Le connaissons, plus nous nous rapprochons de Lui. Toutes les autres choses s'annuleront à l'avenir... Il ne restera que le remerciement et les louanges, comme il est écrit (*Isaïe* 11,9) : "La Terre sera pleine de la connaissance de Dieu, comme l'eau abonde dans le lit des mers." C'est tout le plaisir du monde futur. » C'est-à-dire que le remerciement et les louanges rapprochent l'homme du Créateur du monde.

81 – Apprendre à remercier

Un *Avrekh* m'a raconté que deux mois avant la date prévue de l'accouchement de sa femme, les médecins l'avaient informée que d'après les résultats des examens, la situation était si compliquée qu'on devrait procéder à une césarienne. De plus ils lui firent tellement peur en lui décrivant ce qui pourrait arriver, qu'elle commença à broyer du noir et tomba dans une grave dépression. Elle ne mangeait ni ne dormait plus. Elle n'arrêtait pas de pleurer. Mais du Ciel on eut pitié d'elle, et on lui envoya le CD *Cesse de pleurnicher* ; c'est ainsi qu'elle apprit à remercier pour tout, même sur le mal. Et elle commença à dire merci à Dieu.

Elle s'adressa ainsi au Créateur du monde : « Dieu, de quoi ai-je peur ? D'une césarienne ? Tout ce que Tu fais est pour le bien, même avec une césarienne. Je Te remercie – merci beaucoup, Dieu ! Je ne sais rien, mais ce que Tu fais pour moi est bien. » Elle ne cessa de remercier et de remercier encore. À chaque pensée alarmante, elle disait :

« Merci pour cette mauvaise pensée, je suis convaincue que le mal n'existe pas, et si Dieu veut que cela se produise ainsi, c'est pour le bien. Merci, merci, merci. »

Son mari me raconta qu'elle n'arrêtait pas de remercier. Pendant toute la période qui précéda l'accouchement, elle dansait et se réjouissait, et elle vit des miracles. Tout se passa bien, et non seulement l'enfantement se déroula le plus régulièrement possible, mais aussi avec une facilité exceptionnelle, sans douleur.

Chacun doit apprendre ce prodigieux concept que Dieu diffuse dans le monde, dans les livres, les CD et les *Diamants*. Il n'est pas suffisant de les lire une seule fois, il faut les revoir constamment jusqu'à ce que le concept pénètre dans le cœur, et prier pour réaliser ce qu'on a appris. C'est alors qu'on verra des miracles et des prodiges jour après jour.

82 – Il a tout essayé

Un jeune homme de 28 ans de la *Yechivat* Mir assista au cours que je donne tous les mercredis à Jérusalem. La *Yechivat* Mir est une fameuse et importante *Yechiva* lituanienne. Après la conférence, il monta sur l'estrade et raconta devant le public comment il avait vainement attendu plusieurs années pour trouver sa promise. Jusqu'à ce qu'il découvre la force du remerciement, qui l'avait sauvé. Il expliqua qu'il avait essayé différentes *segoulot* – quarante jours au Mur, etc. – et qu'à la fin il avait écouté les cours, lu les livres et avait décidé : « Je ferai aussi ce que rav Chalom Arouch dit de faire. » Il commença par remercier pour son célibat chaque jour pendant une demi-heure. Il disait : « Merci ! C'est ce que Tu veux ? Est-ce Ta volonté, Dieu béni sois-Tu ? C'est donc ce qu'il y a de mieux pour moi ! Je crois en Toi ! Merci ! » Après une quinzaine de jours, il rencontrait sa future conjointe et célébrait ses fiançailles !

Lorsque l'homme remercie pour ses douleurs, qu'il a confiance en le Saint béni soit-Il et qu'en attendant il ne se plaint pas, qu'il n'est occupé que par la joie de remercier et de ne voir que le bien, ensuite – quand arrive la délivrance –, il en profite le cœur tranquille et serein, comme s'il y était déjà préparé. Alors il dira d'autres remerciements pour son salut, comme il est écrit (*Isaïe* 25,9) : « Voici notre Dieu en qui nous espérions, soyons à la joie et à l'allégresse devant Sa délivrance. » Cela à la différence de celui qui échoue dans l'épreuve de l'attente et de l'espoir, et qui ignore que tout retard est dirigé vers le bien, car il se limite lui-même avec ses plaintes et ses gémissements. Ou bien – Dieu nous en préserve – si ses souffrances l'ont tellement attristé, comment pourrait-il se réjouir le moment venu ? Comment pourrait-il apprécier ce qui lui arrive s'il pense que tout lui est dû ?

Le principe selon lequel le remerciement ouvre toutes les portes n'est pas du tout miraculeux. Comme l'écrit rabbi Avraham Erlanger (*Birkat Avraham* 5759, I 297) : « Dans ce monde, si quelqu'un demande à voir le roi, on l'interroge : "C'est à quel propos ?" S'il répond qu'il est complètement démuni et qu'il vient solliciter son aide pour trouver un travail, on le dirige vers le ministre de l'Emploi. S'il déclare être malade et qu'il a besoin d'être traité par un médecin, on l'envoie vers le ministre de la Santé, et ainsi de suite. En revanche, lorsqu'un homme se présente pour voir le roi et le remercier pour sa manière de conduire le royaume, on ne l'envoie vers aucun préposé : on ouvre en grand le portail du palais royal afin qu'il puisse le remercier face à face. Il en va de même dans le Ciel : différents ministres sont préposés, chacun à un domaine particulier, mais devant celui qui vient remercier Dieu béni soit-Il pour tout le bien dont Il le gratifie, on ouvre en grand le portail royal, afin qu'il voie Sa lumière vivante, qu'il puisse Le remercier et Lui chanter des louanges... »

Le niveau du remerciement et des louanges est tellement élevé qu'il domine celui du Cantique des anges. Comme il est dit (*Yalkout Michlé* 951) : « "Une grande nation est une gloire pour le roi" (*Proverbes* 14,28). Rav 'Hama bar 'Hanina commente : Ce verset exprime les louanges du Saint béni soit-Il. Bien que des centaines de milliers de groupes d'anges soient à Son service et Le louent, Il ne désire rien d'autre que les louanges d'Israël, comme il est dit (id.) : "Une grande nation est une gloire pour le roi." » Et le saint *Or Ha'Haïm* explique (*Nombres* 16,22) que « les chants et les éloges qui s'élèvent de ce monde vers le Ciel atteignent un plus haut degré que ceux des armées célestes, et plus haut encore que ceux des âmes des Justes, parce que "provenant de la chair, elles ne peuvent connaître Dieu et pourtant elles s'évertuent à L'aimer, Le louer et Le remercier. Cela est plus prisé et recherché que toute autre chose par le Créateur, comme le livre du *Zohar* et nos Sages le développent très largement". » (Fin de citation du *Or Ha'Haïm*)

83 – Tu ne peux pas – mais Dieu le peut !

J'ai assisté une fois à l'inauguration d'un appartement qui m'a beaucoup réjoui. Je suis invité à de nombreuses inaugurations, mais celle-ci présentait un caractère particulier. J'avais rencontré la première fois cet étudiant marié alors que locataire, il était venu me demander conseil parce qu'il ne pouvait plus payer son loyer...

Je lui avais conseillé de s'isoler six heures consécutives pour remercier Dieu et Lui demander de pouvoir acheter un appartement à Jérusalem. Il faut savoir que même pour celui qui possède tout l'argent nécessaire, acheter un appartement dans la ville sainte tient du miracle, car il y en a peu de libres. À plus forte raison pour celui qui n'a pas même l'argent nécessaire pour payer un loyer...

Cet *Avrekh* alla faire ses six heures et revint me voir après quelques jours. Voici ce qu'il me dit : « Honoré Rav, on nous a mis dehors et nous nous sommes retrouvés dans un hôtel... » Je lui répondis : « Refais six heures. » Il recommença six heures consécutives d'isolement. Il revint plus tard en me disant : « Nous habitons maintenant chez mes beaux--parents... » Je lui recommandai de refaire six heures. Bref, il fit en tout quatre fois six heures et acheta un appartement à Jérusalem, qu'il paya comptant ! Peu importe comment. Le fait est qu'il acheta l'appartement et qu'au préalable, il n'avait pas d'argent.

Lorsqu'on parle d'isolement, il s'agit avant tout de louer Dieu et de Le remercier pour toutes les bontés et les prodiges qu'il opère pour nous, en général et en particulier.

L'homme doit donc consacrer un certain temps pour remercier Dieu pour Ses bontés. Il ne suffit pas de Le remercier de temps à autre, mais chaque jour. Remercier journellement est du reste bien plus facile, pour plusieurs raisons, comme je l'ai écrit dans *À travers champs et forêts* :

1) Sans un remerciement quotidien, la matérialité a le temps de dominer l'homme ; ses yeux s'assombrissent et ne peuvent plus reconnaître les bienfaits du Créateur. Ce qui n'est pas le cas lorsqu'il Le remercie chaque jour pour Ses bienfaits : c'est alors qu'il vit et respire réellement Son bien et Ses bontés.

2) Quand l'homme ne remercie qu'occasionnellement, il nie la plupart des bienfaits qu'il reçoit quotidiennement. Comment peut-on remercier de temps à autre pour tous les bienfaits prodigués chaque jour ? Mais lorsqu'on pratique journellement une heure d'isolement, on peut facilement remercier le Créateur pour tous les bienfaits reçus la veille.

De même, l'homme doit confesser ses fautes et il ne suffit pas de prier occasionnellement pour les réparer : il doit le faire chaque jour. Ici aussi la matérialité risque de le subjuguer, en particulier lorsque son cœur se referme du fait de ses transgressions. Quant à la deuxième raison, il est plus facile de reconnaître ses fautes chaque jour, c'est-à-dire au terme de la journée, plutôt que d'attendre longtemps avant de le faire, car alors les dettes s'accumulent et la plupart sont déjà tombées dans l'oubli.

Il est important que l'homme fixe un certain temps dans sa méditation solitaire pour prier sur la foi, et demander à Dieu béni soit-Il :

« Dieu, je Te prie, donne-moi une foi parfaite afin que je puisse être convaincu que le mal n'existe pas dans le monde, car tout est entre Tes mains et tout est pour le bien. Donne-moi la foi de croire que Tu m'aimes tel que je suis et que Tu es content de moi.

Donne-moi la parfaite foi que rien n'existe hormis Toi, c'est-à-dire que les hommes n'existent pas et que celui qui se lève apparemment contre moi n'est qu'un bâton dont Tu te sers pour m'éveiller à me rapprocher de Toi. Donne-moi la foi que ce n'est ni ma femme, ni ma belle-mère, ni mon patron, ni personne, mais que c'est bien Toi qui me fais signe, pour que je me rapproche de Toi et Te supplie.

Donne-moi la parfaite foi que Tu ne désires pas que je me mortifie ou m'accuse, car le "moi" n'existe pas, puisque rien n'existe hormis Toi, béni sois-Tu. Donne-moi la foi que par la prière, il est possible de tout réparer, briser tout défaut et entraver tout désir. Donne-moi la parfaite foi que chaque manque dont je souffre n'est causé que par un manque de prières et donne-moi la volonté d'intensifier et de prolonger mes prières pour chaque insuffisance matérielle et spirituelle, afin que je puisse mériter du bien dans tous les domaines.

Donne-moi la foi que tout est entre Tes mains, afin que je cesse de croire au principe de "C'est ma puissance et la force de mon bras", et que je n'investisse mes efforts que dans la prière et le remerciement, etc. »

84 – Un billet pour le Paradis

Quelqu'un est venu me dire qu'il effectuait chaque jour deux heures d'isolement. Je compris de suite qu'il avait lu le livre *À travers champs et forêts* et je lui demandai : « À travers champs et forêts ? » Il me répondit : « Oui, à travers champs et forêts... »

On me demanda : « Pourquoi avez-vous attendu si longtemps avant d'avoir écrit *À travers champs et forêts* ? Pourquoi n'a-t-il pas été votre premier ouvrage ? » J'ai compris qu'il avait déjà reçu son billet pour le Paradis.

Lors de l'une de mes conférences, un officier de l'armée m'a dit : « Vous m'avez sauvé la vie. » Je lui ai demandé :

– Quel élixir de vie avez-vous pris ?

– *À travers champs et forêts.*

– Cela n'est pas étonnant, vous avez choisi l'élixir le plus puissant qui soit.

À travers champs et forêts est un guide pour la prière dans l'isolement ; c'est le meilleur témoignage sur la foi d'un homme. Car celui qui croit en Dieu, Lui parle. Et comment pourrait-on dire qu'il croit en Lui, s'il ne Lui parle pas ? On peut le résumer de la façon suivante : Tu crois – tu parles. Tu ne parles pas – tu ne crois pas. L'essentiel du conseil donné dans ce livre consiste à s'habituer à s'isoler avec Dieu chaque jour pendant une heure, en sachant que là où l'homme s'isole, les paroles qu'il va prononcer et que Dieu lui prépare l'attendent déjà. Il lui suffit donc d'y aller pour trouver les mots. Même s'il ressent comme une pesante obscurité autour de lui, et qu'il lui manque le désir ou l'éveil pour Lui parler, il devra néanmoins se rendre à l'endroit où il a pris l'habitude de s'isoler, pour constater que les paroles l'attendent. Car Dieu les lui prépare là--bas. Il lui suffit d'y aller et de les exprimer. C'est le minimum d'effort : l'homme doit diriger ses pas vers ce lieu et ne pas renoncer à la régularité de cet isolement, et de cette manière Dieu béni soit-Il préparera son cœur, lui insufflera des mots et il pourra revenir vers Dieu.

Comme je l'ai écrit dans *À travers champs et forêts*, le sujet le plus important dans l'isolement – dont dépend le lien avec le Créateur et la lumière de la rencontre – est celui du remerciement. C'est donc la chose la plus difficile, car il est plus simple pour chacun de présenter ses requêtes et multiplier ses suppliques au milieu des pleurs, etc. On comprend mieux qu'il faille aborder directement le sujet et pleurer pour ses manques et ses problèmes, car c'est une tendance naturelle de vouloir combler ses lacunes. Par contre le remerciement n'est pas naturel chez l'homme qui est accoutumé – dès son enfance – à recevoir toute l'abondance céleste, sans se sentir obligé de s'acquitter de ses dettes. Le remerciement est une nouvelle activité dans son existence qui doit devenir pour lui comme une seconde nature.

L'homme ignore que le remerciement engendre une plus grande abondance que toutes les requêtes réunies. C'est pourquoi il est tenu de s'habituer à commencer tous ses isolements par des remerciements, et de toujours remercier pour les choses les plus importantes de la vie, comme pour ses parents, sa femme, le mérite qu'il a eu de se rapprocher de Dieu et de Ses justes, avant de remercier pour les événements qui se sont produits pour lui la veille.

Bien que la mauvaise inclination conduise l'homme à diminuer le temps consacré à ses remerciements et à commencer de suite par des prières pour la satisfaction de ses besoins – même si ses difficultés sont très grandes et qu'il veut ouvrir son cœur et crier vers Dieu – il est certain que seul le remerciement lui permettra d'en finir avec son affliction, car c'est le manque de remerciement qui est la cause de tous ses tourments !

Rabbi Nathan explique ainsi ce concept (*Likouté Halakhot*, Lois d'assistance pour décharger et charger un fardeau § 4) : toutes les peines proviennent de notre refus de croire que tout est pour le bien. Lorsque nous voyons des choses incompréhensibles et que nous suspectons Dieu – Dieu nous en préserve – d'agir injustement à notre égard, nous tombons dans une obscurité qui nous conduit à d'autres peines apparemment incompréhensibles. Et si nous ne nous renforçons pas pour nous convaincre que tout est pour le bien, nous tomberons encore davantage dans l'occultation de Dieu et les peines s'aggraveront – Dieu nous en garde – et ainsi de suite, puisse Dieu avoir pitié de nous !

Pourtant la seule manière d'être sauvé de tout malheur consiste à remercier constamment Dieu béni soit-Il du fait que tout est vraiment pour le bien et qu'Il nous sauve de toutes les peines – de ce qui nous paraît bon ou qui ne semble *a priori* pas bon, car il est certain que Dieu béni soit-Il fait tout pour le mieux. Même si nous ne commençons pas immédiatement par des remerciements et des louanges, et que le sentiment de l'éloignement de

Dieu nous envahit, et avec lui les peines et les exils, il n'est jamais trop tard pour remercier et louer, croire que tout est pour le bien, car de cette façon nous serons épargnés de douleurs. Si nous nous habituons à suivre en permanence la voie des remerciements et des éloges au Créateur, nous aurons le mérite de voir la délivrance divine, face à face.

Il est rapporté dans les écrits de notre saint maître (*Likouté Moharan* II, 2) que seul le remerciement permet à l'homme de tenir sa parole, car la lumière de vérité se révèle et l'éclaire alors. En revanche, en l'absence de remerciements, même un entretien avec Dieu dans l'isolement est entaché de fausseté. De quelle fausseté s'agit-il ? Du manque de foi que tout est pour le bien : ne pas dire « merci » pour tout est le plus grand mensonge qui soit au monde. C'est lui qui empêche de sortir de l'obscurité et de l'occultation, puisque cet isolement est alors pratiqué sans la foi que tout est pour le bien – ce qui est l'essentiel de la foi.

Comme notre saint maître le dit (*Likouté Moharan* II, 23), il faut poursuivre la peine et le chagrin et les faire entrer de force dans la joie. Il rapporte une parabole à ce propos : si lors d'une fête tout le monde danse joyeusement et qu'un seul individu, plongé dans la tristesse, se réfugie dans un coin pour passer inaperçu, et qu'un des danseurs le remarque et de gré ou de force l'entraîne dans la ronde où il est obligé de danser et se réjouir avec les autres, sa mauvaise humeur se transforme en une joie inégalée. Il est écrit de même dans la version abrégée du *Likouté Moharan* (*id.*) : « Lorsque l'homme est gai, sa bile noire et ses souffrances sont mises de côté. Une grande vertu consiste à poursuivre la tristesse et à la changer en joie. Comme un homme qui pénètre dans une fête où règne une grande joie, toute inquiétude et tristesse disparaissent.

Celui qui est doué d'entendement trouvera facilement une échappatoire pour lui permettre de transformer sa mauvaise humeur en une parfaite joie. »

Très souvent l'homme commence à effectuer l'isolement quand il est « sous pression » pour une raison ou une autre. Il lui arrive même de tout voir en noir, sans apercevoir un seul rai de lumière. Il est certain qu'il ne prend alors aucun plaisir en l'existence, et il lui sera difficile de remercier même pour des choses qui sont évidemment bonnes. Il peut essayer malgré tout de remercier pour tout le bien dont on le gratifie, mais en pensant dans son cœur qu'après avoir remercié, il priera aussitôt pour combler tel ou tel manque, en finir avec telle ou telle souffrance, se repentir de ses fautes et effectuer son examen de conscience : pourquoi me vient-il ce manque ou ces souffrances ?

Pourtant cette voie est loin d'être correcte. Au lieu d'insister pour traiter la pression ressentie avant de prier pour combler son manque, on doit au contraire prendre tout ce qui cause de la peine et le transformer en joie – c'est-à-dire qu'on ne doit pas se forcer à oublier sa peine pour se réjouir, mais considérer ce qui rend triste et s'en réjouir.

Car si on décidait seulement d'oublier momentanément ses peines et se réjouir de ses vertus et de ses gains – en dépit de l'aspect positif de cette conduite – cela ne serait pas une solution idéale, puisque les peines et les souffrances n'auraient pas disparu, et qu'elles continueraient à se cacher quelque part. Quand la joie se refroidit un peu, les peines remontent à la surface, et l'homme déborde à nouveau d'amertume.

Après s'être réjoui de ses bons points, le cœur en joie, on doit chasser maintenant ses peines et les transformer en bonne humeur en recherchant les raisons habituelles de sa tristesse. Et pour chacune d'elles, se dire qu'au contraire – selon la foi – il est agréable de l'éprouver, car Dieu la créée pour le bien afin de nous rapprocher de Lui. Il est alors évident que ce motif de mauvaise humeur amènera une délivrance, comme il est dit (*Jérémie* 30,7) : « C'est un temps d'angoisse pour Yaacov, mais il en sortira triomphant... »

On doit réfléchir posément et se demander : « Où est la vérité ? La vérité est que tout est pour le bien ! » Il faut donc prier pour cela et croire d'une foi parfaite que telle lacune, tel manque sont pour le bien, et s'évertuer à croire que c'est pour le bien. Lorsqu'on méritera de croire que c'est pour le bien, on pourra alors remercier Dieu.

Il en résulte que se focaliser pour parvenir au remerciement pour ce qui attriste conduit à prier pour la foi que tout est pour le bien, jusqu'au point où on acquiert la connaissance et qu'on peut remercier de tout cœur. Maintenant on peut s'atteler à faire son examen de conscience et se repentir, dans un état de parfaite foi.

Sachez bien que sans le remerciement, l'homme est impuissant à effectuer le moindre examen de conscience authentique ou à prier convenablement pour combler ses manques, car il est encore privé de la foi. Par conséquent, c'est seulement après être conscient d'être parvenu à un état de joie et de tranquillité – à savoir à l'authentique croyance – qu'il pourra aborder l'étape suivante de l'isolement : l'examen de conscience et le repentir sur la faute à l'origine de la souffrance, et finalement prier et supplier Dieu d'exaucer ses requêtes.

Il est rapporté aussi au nom de notre maître (*Sia'h Sarfei Kodech* vol. 2,1-2) : « Lorsque l'homme commence à s'isoler devant Dieu béni soit-Il et Lui demande de combler ses manques et de répondre à ses besoins, il est bon qu'il débute par des remerciements pour tous les bienfaits dont il fut gratifié. Car s'il commence aussitôt à Lui demander d'exaucer ses souhaits, Dieu béni soit-Il lui demandera, pour ainsi dire : "N'as-tu aucune raison de Me remercier ?" »

Rabbi Nathan écrit : « Se souvenir chaque fois des bienfaits authentiques et éternels que Dieu opéra avec nos ancêtres, avec nos contemporains et avec nous personnellement... Ainsi son cœur sera renforcé et confiant que maintenant – non plus – Dieu béni soit-Il ne détournera pas Sa bonté de lui. Celui qui commence la délivrance la conclut, parce qu'il est puissant pour sauver et Sa volonté est d'être bienfaisant. L'homme renforcera donc son cœur pour crier et supplier Dieu béni soit-Il d'être sauvé à présent également de toutes peines et souffrances. Car si on ne remercie pas pour le passé, il est très difficile d'appeler Dieu, à cause de l'alourdissement de l'esprit, de la multiplicité des tracas et de la prolongation de l'exil » (*Likouté Halakhot*, *Yoré Déah* Lois sur l'hétérogénéité des animaux, 4,4-5).

85 – Faire six heures d'isolement et acheter un appartement

Un soir où je me préparais à donner un cours, je priai *Arvit* à Bné Braq. En sortant de la synagogue, un étudiant en Torah courut après moi. C'était un homme jeune issu des milieux lituaniens et non un *'hassid* (adepte d'un mouvement 'hassidique) de Breslev. Peu importe qu'il fut lituanien ou non, mais je précise cela pour souligner l'impact du livre *Le Jardin de la foi*. Voici ce qu'il me raconta : « Honoré Rav, au *Collel* (institut d'études en Torah pour hommes mariés), tout le monde étudie votre livre et plusieurs étudiants mariés ont déjà effectué six heures d'isolement et ont pu acheter un appartement. »

C'est que le *Jardin de la foi* enseigne aux hommes comment parler au Créateur du monde, afin qu'ils sachent qu'il est possible de tout obtenir grâce à la prière et au remerciement – oui, tout ! Il n'y a rien qu'il soit impossible d'obtenir grâce à la prière, au remerciement et aux louanges.

Un *Avrekh* de la *Yechiva* effectua près de vingt fois les *Six Heures* avant d'être exaucé et de parvenir à acheter son appartement. Il n'y a aucune règle qui dicte combien de fois on doit effectuer les *Six Heures*. Seul le Créateur le sait. Par contre ce que nous savons c'est qu'une longue prière n'est pas ignorée (*Berakhot* 32b). J'ai vu de mes propres yeux de véritables miracles se réaliser dans tous les domaines, grâce à une simple prière. J'ai moi-même reçu gratuitement un appartement grâce à la prière et au remerciement, et j'ai été le bénéficiaire de plusieurs miracles dans ce domaine.

86 – Même le mobilier, je l'ai reçu gratuitement

J'étais encore célibataire et en pourparlers de mariage avec ma future femme – puisse-t-elle connaître une longue vie. Je parlais au Créateur du monde et Lui disais :

« Maître du monde, je veux rester dans la Torah. Tu diriges le monde et celui-ci est très vaste. Donne-moi un logement et du mobilier : je n'ai pas d'autre adresse au monde, Tu es le seul que je connaisse. Je n'ai personne d'autre que Toi et n'espère en personne. Il m'est arrivé d'espérer en quelqu'un, mais je m'en suis repenti. » J'étais encore célibataire et je parlais ainsi à Dieu et Le remerciais pour tout. Hormis le Créateur, je ne parlais à personne d'autre !

Un certain docteur en mathématiques, qui étudiait à la *Yéchiva*, s'approcha de moi et me dit : « J'ai entendu parler de tes fiançailles et je sais que tu es sur le point de te marier. J'habite dans un appartement que j'ai loué pour un an, mais ma femme veut le quitter. Je vais te donner la clé et tu pourras y habiter pendant un an... » Entre-temps, on me proposa un autre appartement où je pouvais rester toute ma vie, sans rien payer. J'ai répondu que je devais demander l'avis de ma future femme, et que je ferais ce qu'elle voudrait. C'est ainsi que j'ai commencé ma vie conjugale, avec le choix entre deux appartements. J'ai reçu aussi tous les meubles gratuitement.

Certains sont tellement soumis à l'incroyance qu'ils se moquent de tels récits miraculeux. Mais en vérité, il faut rire de ceux qui ne croient pas en Dieu ! Croire n'est pas drôle du tout. Je crois dans le Créateur du monde et je Lui parle de tout. Je suis un enfant gâté du Saint béni soit-Il. Pourquoi ne pas être gâté par le Saint béni soit-Il ? Pourquoi pas ? Qu'est-ce qui procure davantage de plaisir au Saint béni soit-Il : un homme qui travaille dix heures par jour et perd ce temps qu'il pourrait consacrer à la Torah, ou bien celui qui consacre une heure par jour à la prière dans l'isolement et les neuf heures restantes à l'étude de la Torah ?... Ce dernier Lui cause certainement plus de plaisir !

87 – Un juif incroyant de 82 ans

Des juifs américains sont venus me rendre visite. L'un d'eux me déclara qu'il venait spécialement pour me dire « merci ».

« J'aurais pu vous remercier par courrier ou par téléphone, mais j'ai décidé de venir en personne et vous remercier pour la belle vie que Dieu me donne par votre intermédiaire ! »

Ce juif, qui avait été religieux quand il était jeune, s'était ensuite complètement écarté de la voie du judaïsme. Et voici qu'à présent il se rapproche de la Torah par le biais des livres, et effectue chaque jour plusieurs heures d'isolement. Il est maintenant tout entier rempli de remerciements, d'enthousiasme et de foi. Il me raconta qu'il s'isolait chaque jour deux ou trois heures pendant lesquelles, bien entendu, il n'oubliait pas de remercier le Créateur du monde pour le bien comme pour le meilleur. Il déborde d'une joie intense toute la journée et raconte nombre d'histoires de miracles et de prodiges qu'il a vécus grâce à la prière et aux remerciements.

Ce juif me raconta que son père, âgé de 82 ans – et orthodoxe de naissance – n'a aucune foi : « Il est toujours en colère, toujours déprimé, toujours irrité... C'est un homme qui rédige des livres et a reçu les approbations des Grands de la génération. Je crois dans les Grands d'Israël et je suis convaincu qu'ils ont la foi, mais lui en est privé. Il en résulte qu'il est éloigné de la Torah, la foi en étant l'essentiel, et comme nos Sages de mémoire bénie le déclarent (*Makot* 24a) : "Vint 'Habacuc qui fit reposer la Torah sur un pied" – la foi. Tous ceux qui ont étudié la Torah ou qui l'étudient possèdent la foi, mais tous ceux qui sont nés orthodoxes ne la possèdent pas automatiquement. »

Le prophète Isaïe dit (33,13) : « Écoutez, ceux qui sont loin, ce que J'ai fait, et vous qui êtes proche, écoutez Mes exploits. » Le saint Rachi commente : « Qui sont ceux qui sont loin ? Ceux qui croient en Moi et accomplissent Ma volonté depuis leur enfance. Qui sont proches ? Ce sont les repentants qui viennent de se rapprocher de Moi. »

Notre maître, rabbi Nahman de Breslev, enseigne que lorsque le vrai Messie arrivera, très peu auront la foi. Pourquoi ? Pourtant tous croient en Dieu, tous sont convaincus que le monde a un Créateur, mais croient-ils que tout est pour le bien ? Croient-ils que tout ce que Dieu fait est pour le bien ? Croient-ils que tout est Dieu et qu'il faut se tourner vers Lui pour chaque chose ? Seuls quelques-uns en sont convaincus.

88 – Le propriétaire du terrain s'est transformé

Rabbi David Elkaïm raconte : « C'est l'histoire d'un entrepreneur ayant bien réussi qui eut le mérite de goûter à la foi et à l'isolement. Grâce à la bonté divine, pendant plus de deux ans tout alla bien pour lui et il ne cessa de s'élever dans tous les domaines. Mais Dieu le testa. Car comme notre maître nous l'enseigne, lorsque le Créateur veut élever un homme, Il le met à l'épreuve de la foi.

Pendant six mois, il ne parvint à réaliser aucun de ses projets et il ne reçut aucune proposition. En conséquence, il fut obligé d'accepter un chantier très inférieur à ce qu'il avait accompli jusque-là, et qu'il s'engageait à mener à bien pour un prix très bas. Il pensait malgré tout pouvoir gagner une jolie somme à la fin des travaux, mais il s'avéra très vite qu'il allait perdre près de cinquante mille shekels. »

On comprend que la pression mentale qu'il subissait devint de plus en plus forte, ce qui ne résolvait pas ses problèmes. Cela provoqua des disputes avec sa femme, une irritabilité avec sa famille et de fréquents heurts avec le donneur d'ordre du projet, qui persuadé que l'entrepreneur cherchait à l'escroquer, refusait de payer plus qu'il ne lui devait selon les clauses du contrat. Tous ses efforts pour trouver une solution restaient vains et ses demandes qu'on lui règle toutes ses dépenses tombaient dans l'oreille d'un sourd. L'entrepreneur était brisé, agacé et découragé. Un jour, le visage décomposé et très en colère, il arriva au *Collel* de rav Elkaïm qui l'avait rapproché de la voie de la foi. Comme le dit notre saint maître, celui qui est triste est en vérité en colère contre le Saint béni soit-Il.

Le rav s'approcha de lui et tenta de lui parler. Après quelques mots, l'entrepreneur lui révéla tout ce qu'il avait sur le cœur : à quel point on lui cherchait du mal, l'insensibilité du propriétaire du terrain, qui ne voulait rien comprendre, etc. Il lui raconta que depuis plusieurs mois déjà, il ne pouvait plus trouver le sommeil la nuit, que sa vie n'en était plus une, et que son foyer en subissait les conséquences. Après l'avoir laissé vider son cœur de tout ce qui l'oppressait, le rav lui dit brièvement : « Que se passe-t-il avec toi ? Où est passé *le Jardin de la foi* que nous avons étudié ensemble ? Où est passé *le Jardin des louanges* ? Où sont passés les prières, les isolements ? Où est Dieu dans tous tes problèmes ? »

L'homme le regarda, désemparé, dans l'attente d'une bouée de sauvetage, comme s'il lui disait : « Tout cela est bien beau, mais que faire à présent ? » Le rav lui dit :

« Cours maintenant vers les champs, effectue une heure d'isolement, en remerciant seulement Dieu. Répands-toi en remerciements et en louanges, sans rien demander. Demande-toi sérieusement si c'est bien le propriétaire du terrain qui refuse de t'écouter. C'est Dieu qui endurcit son cœur, tout comme Il a endurci celui de Pharaon. Tu ne dis pas merci, tu n'es pas joyeux : c'est une erreur. Tout est seulement pour le bien. Va remercier Dieu et tu verras des délivrances. » Les paroles qui étaient sorties du cœur du rav ne lui laissant aucun choix, notre homme partit immédiatement faire un isolement dans les champs.

Quand il revint vers le rav, il lui dit : « Vous ne pouvez pas savoir ce que cette heure d'isolement a produit », car il ignorait avec quelle rapidité on voit l'effet des remerciements et des louanges. Le lendemain, il arriva au *Collel* la mine resplendissante de bonheur. Il courut vers le rav et lui annonça la bonne nouvelle : le propriétaire s'était transformé. Il était spontanément venu le voir pour lui dire qu'il avait vérifié et vu que la qualité de ses travaux était bien supérieure à celle à laquelle il s'attendait. Il avait demandé un devis à plusieurs professionnels et décidé qu'il devait réellement payer le prix convenu. L'entrepreneur dit au rav qu'il n'en croyait pas ses oreilles, et que jusqu'alors il ignorait le pouvoir d'une heure de remerciements et de louanges devant Dieu.

« Tout compte fait, une seule journée ; tout compte fait, une seule heure. »

Comme il est dit dans les Psaumes (3,9) : « A l'Éternel appartient le salut ! Que Ton peuple Te bénisse pour toute l'éternité ! » On explique « A l'Éternel appartient le salut ! » comme suit : le rôle de Dieu est d'opérer pour nous des délivrances, et le nôtre – celui du peuple d'Israël – est de Le bénir. « Que Ton peuple Te bénisse pour toute l'éternité ! » (Voir le commentaire de Rachi.)

89 – « Ce que J'ai fait en Égypte »

Un juif me raconta que lorsqu'il était encore éloigné du judaïsme, on lui avait conseillé de consulter un psychologue, pour soigner ses problèmes. Mais ce psychologue était impie et vicieux. Il l'hypnotisa et abusa de lui quand il était sous l'effet de l'hypnose. Mais notre homme s'en aperçut, et Dieu, béni soit-Il, le sauva. Il mérita de se repentir, mais il ressentait encore des angoisses dues à cet épisode. Voici ce que je lui ai dit : « Ce sont tes souffrances qui furent à l'origine de ton repentir. Tu dois donc remercier pour toutes celles que tu as subies. Ne regarde pas le psychologue, mais Dieu qui savait que tu devais subir telle et telle souffrance, afin de mériter de te repentir. »

Lorsqu'on entend de telles histoires, une question vient à l'esprit : « Pourquoi doit-on subir de telles souffrances ? Pourquoi doit-on être abusé, que Dieu nous en garde ? » Même si on ne le comprend pas toujours, on croit que tout est pour le bien. Mais dans le cas présent, il me semble évident que sans les souffrances qu'il avait subies avec ce psychologue vicieux, cet homme n'aurait pas mérité de se repentir. C'est grâce à ce mérite qu'il m'écouta et commença à remercier pendant une heure chaque jour. Il se renforça dans la foi que tout est pour le bien, découvrit la joie et il guérit ainsi de la grande maladie qui le rongeait : la peine et la tristesse.

Voilà donc une leçon de morale pour ceux qui ressentent des angoisses et des craintes venues de leur passé – un accident encore gravé dans leur mémoire, ou une scène effrayante – toutes ces peurs lointaines proviennent de ce qu'on ne croyait pas alors en Dieu, que rien n'existe hormis Lui et que tout est pour le bien.

La réparation consiste à croire à présent en Dieu ! Il faut maintenant remercier : « Maître du monde ! Je Te rends grâce pour toutes les souffrances que j'ai subies pendant toutes ces années. Je Te remercie de m'avoir envoyé cet homme qui m'a effrayé. Créateur du monde, je Te remercie de m'avoir fait vivre cet accident, de m'avoir fait vivre cette scène effrayante. Je Te remercie de ne pas avoir été conscient à l'époque que tout est pour le bien, parce que Tu voulais que je souffre. Je Te remercie pour toutes ces souffrances subies pendant des années, car elles sont elles aussi dirigées vers le bien. Maintenant que Tu m'as montré Ta compassion et que Tu m'as donné le mérite de croire que tout est pour le bien, je T'en remercie infiniment ! »

Voilà comment l'homme doit se repentir sur son absence de foi, prier pour l'acquérir à présent, et ainsi effacer tout son passé.

Le manque de foi est à l'origine de la mauvaise humeur. Le manque de foi est à l'origine des souffrances des gens.

Le manque de foi est à l'origine de leurs douleurs. S'ils avaient la foi, ils jouiraient d'une belle vie. Comme on le dit : sans la foi, il est impossible de traverser cette vie et rester sain de corps et d'esprit.

Au contraire, si un homme est confronté à un grave souci, il a alors besoin davantage de Dieu. Car plus le problème est grand et plus on a besoin d'une forte foi. Existe-t-il une autre solution ? Existe-t-il une autre adresse – Dieu nous en préserve – que celle du Saint béni soit-Il ? Tant que vous avez un petit problème, vous pouvez le résoudre avec une petite foi ; mais si vous avez un grand problème, il vous faut une grande foi, géante, pour le transformer en bien.

On peut admettre qu'un homme souffrant terriblement – au point d'avoir le cerveau déformé et le cœur convulsé – ne peut être jugé. Le malheureux ! Comment le pourrait-on en effet ? Mais j'ai vu des gens avec de petits problèmes venir me consulter, et chacun – avec ses justifications – pense avoir toutes les bonnes raisons du monde pour être triste et découragé, pour ne plus prier, pour ne plus étudier, pour ne plus s'isoler, pour rester dans la confusion.

Il faut savoir qu'être triste est une terrible faute. Les gens ne savent pas ce qu'est la tristesse. Notre maître écrit dans son *Sefer HaMidot* des choses alarmantes à ce sujet. Il dit sur ceux qui veulent justifier leur tristesse : « L'inquiétude mène à la peur de la mort. » « La tristesse affaiblit l'homme. »

« La tristesse provoque des incendies. » « La tristesse est le signe d'une maladie qui couve. » « Lorsque l'homme est triste, le Saint béni soit-Il l'abandonne. » L'homme pense que s'il est contrarié, il doit être triste. Mais il ignore que s'il s'abandonne à la tristesse, il va se retrouver seul : Dieu ne sera plus avec lui. Or, est-il possible de faire quoi que ce soit sans Dieu ? Dans ces conditions, à quoi sert la tristesse ? « Avec la tristesse, on perd tout espoir. » « La tristesse attire le mépris. » « La tristesse est au fond du cœur de l'homme qui est persuadé être mauvais. » « Il faut se garder de la tristesse afin de ne pas porter le deuil » – puisse Dieu avoir pitié de nous.

Le pire – c'est que le Ciel est malveillant pour un homme triste ! Lorsque l'homme est triste, on demande dans le Ciel : « Quel mal lui a-t-on fait ? De quel nouveau mal souffre-t-il ? » Un homme s'adresse au rav : « Honoré Rav, quel est le tourment qui me travaille ? » Le rav lui répond : « Si tu as de grands tourments, remercie encore plus fort. Veux-tu sombrer dans la tristesse ? Sois triste, mais quelle compensation recevras-tu ? L'enfer sera pire. Veux-tu un plus grand enfer ? De plus grands tourments ? »

Dans une prodigieuse brochure *Beer HaParacha,* il est rapporté qu'il arriva au saint rabbi de Rodjin – puissions-nous bénéficier de ses mérites – de voir sa fille triste pour une certaine raison. Il lui dit : « Sache, ma fille, que la tristesse conduit à la tristesse, et le remerciement, au remerciement. Il convient donc que tu ne soupires plus, mais que tu acceptes tout avec amour et joie, avec des louanges et des remerciements. Et si tu dis merci, ton remerciement entraînera une abondance de bénédictions, et tes remerciements feront boule de neige. »

Le saint rabbi de Rodjin lui raconta alors l'histoire d'un homme riche qui ne suivait pas la parole de nos Sages de mémoire bénie « Qui est riche, celui qui est heureux de son lot », et qui ne cessait de se plaindre et de pleurer sur sa mauvaise étoile. On lui demanda du Ciel : « Est-ce vraiment "une mauvaise étoile" ? Maintenant tu verras une réelle "mauvaise étoile" ! » Il perdit sa fortune et devint un pauvre hère vivant de la charité des gens. Il est superflu d'ajouter que dans une telle situation, ses plaintes et ses pleurs décuplèrent ; il ne cessait de gémir sur sa terrible condition. De nouveau, on lui demanda du Ciel : « Est-ce vraiment une "terrible condition" ? À présent on va te faire connaître une situation vraiment terrible. » Le lendemain, la lèpre commença à ronger son corps, et ainsi toutes les portes se fermèrent devant lui et il ne pouvait plus recueillir aucune aumône. Tout le monde s'écartait de lui de peur d'être contaminé par ses plaies. Le malheureux continua à pleurer encore plus sur son état de lépreux et de paria, relégué au dernier échelon de la société. Du Ciel on lui dit : « Est-ce le dernier échelon ? On va te montrer une situation de "dernier échelon" ». Aussitôt il devint bossu et son corps se courba jusqu'à terre, à tel point qu'il ne pouvait plus avaler un aliment, comme tout un chacun.

Arrivé à une telle déchéance, il cessa de pleurer et de se plaindre. Il se dit qu'en effet son état était amer, mais « Pourquoi l'homme se plaindrait-il sa vie durant ? » (*Lamentations* 3,39) Ne lui suffit-il pas d'être vivant ? Je dois remercier mon Créateur d'être vivant, car si d'autres sont conduits à leur dernière demeure, je suis encore de ce monde ! On le vit ainsi depuis le Ciel et il fut décrété que s'il admettait que sa situation comportait tout de même un aspect positif, et qu'il remercierait Dieu pour cela, on lui donnerait d'autres occasions de remercier, et on lui montrerait ce qu'est le « bien ». Son dos se redressa, et l'homme continua à dire merci et à louer le Créateur pour avoir supprimé sa bosse. Personne n'était plus heureux que lui. On dit dans le Ciel : pour cela il est « heureux » ?

Montrons-lui ce que signifie « être heureux » ! On le guérit de sa lèpre, et il put de nouveau frapper aux portes. Sa joie grandit en voyant que les gens ne s'écartaient plus de lui. On lui dit du Ciel : « C'est pour cela que tu es joyeux ? On te donnera d'autres raisons qui te rendront joyeux ! » Du Ciel on inspira à l'une de ses anciennes connaissances de lui prêter une somme d'argent honorable afin de l'aider à redémarrer ses affaires et retrouver sa fortune, mais cette fois-ci avec les remerciements et les louanges. En bref, « dis merci et tu seras sauvé ».

Il en résulte que le principe que nous avons appris, à savoir que le remerciement annule la peine, est aussi vrai réciproquement : la tristesse accroît les tourments. Et il est dit à ce propos : N'aie pas raison, sois sage ! Lorsque j'apprenais à conduire et que selon le Code de la route, je pouvais refuser le passage à d'autres automobilistes, le moniteur me disait : « Beaucoup de personnes, qui pensaient comme toi avoir la priorité se sont retrouvées au cimetière... tu as le droit de passer, mais il y a des fous – donc regarde bien avant ! »

Il en est ainsi pour celui qui souffre et qui pleure sur ses souffrances. On lui dit dans le Ciel : « C'est vrai, tu as cent pour cent raison. Tu as raison, mais tu es en enfer. Peut-être te retrouverais-tu au paradis si tu avais un peu moins raison ? »

Chacun réfléchira et comprendra bien qu'il n'est pas possible ici de se tromper – non ! Dans ce monde il n'existe qu'une seule alternative : soit l'enfer, soit le paradis. Sois triste – cela sera l'enfer... Remercie Dieu – cela sera le paradis dans ce monde. Ne remercie pas – les tourments vont t'attendre. Dis « merci », tous tes tourments disparaîtront.

L'homme doit savoir qu'il peut réparer toute sa vie, annuler, corriger et élever toutes ses hérésies – avec le remerciement ! Il peut purifier tout son passé – avec le remerciement ! Il peut se nettoyer de toutes ses irritations, ses colères, ses problèmes avec les autres, ouvrir tous les canaux d'abondance – avec le remerciement ! Il peut se débarrasser complètement de toutes les adversités, les entraves, les problèmes spirituels, les stigmates – avec le remerciement ! Il peut en finir avec ses peurs – grâce au remerciement ! Et il faut bien se souvenir qu'il faut également demander à Dieu de croire que tout est pour le bien ! Il faut savoir demander à Dieu : « Maître du monde ! Donne-moi la foi ! Donne-moi le mérite de vivre la vérité que tout est pour le bien ! » Il est clair que lorsqu'on vit cette prodigieuse connaissance, on vit le paradis dans ce monde.

90 – Après deux semaines, nous avons été entendus

En sortant de chez moi, un *Avrekh* m'a accosté et m'a demandé de bénir son nouveau-né. Il me dit : « Je sais que je vous retarde, mais je vous prie d'entendre mon histoire. Les médecins nous avaient assurés que nous ne pourrions jamais avoir d'enfants. J'ai dit à ma femme : "Chaque jour pendant une demi-heure, on va dire merci pour le fait que nous ne pouvons pas mettre des enfants au monde." Nous avons commencé à effectuer journellement une demi-heure d'isolement et à dire merci. Au bout de deux semaines, nous avons été entendus, et voici notre fils. »

Ce sont des anecdotes tirées de la vie : on dit « merci beaucoup » à Dieu et tout mauvais décret est annulé. Car en remerciant Dieu, on transforme la nature. Si on croit que c'est pour le bien, et si on dit merci, on change réellement le « mal » en « bien ». En d'autres termes, on change les rigueurs en miséricorde. Par conséquent, celui qui veut vivre au paradis ne devra pas passer un seul jour sans étudier au moins une page du livre *le Jardin des louanges*. Cela ne prend pas plus de cinq minutes et il se rappellera chaque jour de vivre avec le remerciement. Il ne pensera plus que chaque chose vient d'elle-même.

Ce constat m'a conduit à avoir le mérite, avec l'aide du Ciel, d'expliquer à celui qui prie depuis des années sans voir aucune délivrance, que dorénavant il se contente de louer et de remercier Dieu. Par exemple, un homme célibataire qui prie beaucoup et se demande pourquoi il n'est pas encore exaucé provoque une accusation contre sa prière. Sa question entraîne une vérification céleste systématique de la balance entre ses crédits et débits : « Combien doit-il au Saint béni soit-Il ? Il respire, il est sain, il a une maison, une voiture, mais il n'a pas encore payé pour tout cela ? Passons à la caisse... » Au lieu de recevoir des présents, il risque de recevoir des coups, Dieu nous en préserve. C'est pourquoi il doit s'arrêter et changer son mode de vie. Il doit décider qu'à partir de ce jour, il cessera de demander et d'implorer ! Il ne pleurnichera plus, mais se contentera de remercier et de louer Dieu, pour chaque chose qu'il désire. Ainsi il n'aura plus à craindre que des accusateurs s'occupent de ses prières.

Il faut également remercier chaque individu qui vous fait du bien – les parents, les amis, sa femme/son mari, les enfants, les voisins, le chauffeur d'autobus, le balayeur des rues – tous ceux qui nous font du bien, car ce n'est pas une chose évidente et qui va de soi, même quand on leur verse un salaire, même s'il semble que « ma femme doit laver le linge et me préparer mes repas », et ainsi de suite. La lumière de la Torah est une voie de vie dans la foi, la réparation des pleurs coulés vainement, la réparation de tous les problèmes de notre génération, où tous devraient se conduire avec le remerciement et les louanges, avec le sourire et la joie.

Par conséquent, comme nous l'avons déjà écrit, chacun doit préparer un joli cahier relié où il écrira chaque matin ses remerciements au Créateur du monde, béni soit-Il. Après un certain temps, il regardera son cahier et y verra des miracles. Car la nature de l'homme est d'oublier les bontés dont Dieu le gratifie jour après jour. La nature de l'homme est de ne se souvenir que de ses manques, et ce qu'il pense qu'on lui doit et qu'il n'a pas encore reçu. Ainsi il devra éduquer ses enfants et ses petits-enfants afin qu'ils suivent la voie du remerciement et des louanges.

Chez nous à la *Yéchiva* – à chaque repas de Chabbat, après avoir goûté un peu de la *'hala* (pain traditionnel tressé) – nous avons pris l'habitude de dire : « Merci Dieu pour la *'hala,* pour la table, pour la chaise, pour chaque aliment », et nous remercions également la femme qui a peiné pour préparer les plats, et les enfants qui ont aidé à la préparation de Chabbat, etc.

91 – Le carnet de remerciements

Le livre *Sagesse de l'âme juive* rapporte une anecdote concernant le directeur d'un *Collel* très connu : les soucis que lui causait le joug financier de son institution étaient tels qu'ils lui déchiraient littéralement le corps et l'âme. Il fit part de ses préoccupations au rav Chelomo Zalman Auerbach :

« J'ai pris conseil auprès d'un psychologue qui ne respecte pas la Torah et les commandements. Il estime que mes responsabilités sont contraires à ma personnalité, et il m'a prévenu que si je continuais sur cette voie, j'étais susceptible de craquer ! Est-ce que je dois me fier à lui ?

Rabbi Auerbach lui demanda :

– Depuis combien de temps êtes-vous à la tête du *Collel* ?

– 25 ans.

– Avez-vous vécu d'autres périodes encore plus graves ?

– Oui.

– Et le Saint béni soit-Il vous a-t-Il alors envoyé Son aide ?

– Toujours, mais chaque mois les tourments reviennent, avant que le salut n'arrive.

– Vous constatez donc que c'est notre Père céleste qui dirige tout. Pourquoi vous inquiétez-vous ?... »

Nous avons recopié textuellement les paroles du directeur du *Collel*. Et rabbi Chelomo Zalman poursuivit ses paroles d'encouragement :

« Cher ami, sachez que vous n'êtes pas "fils unique". Ce joug plane sur la tête de chaque *Roch Yechiva* et de chaque chef d'entreprise – et en vérité de chaque père qui marie ses enfants. La réponse à toutes ces inquiétudes est unique : l'antidote contre l'inquiétude, c'est la confiance totale dans le Saint béni soit-Il. Comment y parvenir ? Avec les remerciements. Je vous donne un conseil qui a fait ses preuves : prenez un petit carnet que vous garderez bien précieusement. Chaque fois que vous bénéficierez d'une certaine délivrance, inscrivez-la dans votre carnet de remerciements. Avant la bénédiction de remerciement (*Modim*) dans la prière des Dix-huit bénédictions, méditez sur ce que vous y aurez inscrit, afin que les miracles et les prodiges ne restent pas au niveau d'une simple pensée, mais s'incarnent dans votre vécu. Si vous agissez ainsi, je vous promets que les inquiétudes disparaîtront, aussi vite qu'elles seront arrivées. »

92 – On lui rapporta son sac jusque chez elle

Dans notre programme radiophonique, une femme plus très jeune raconta qu'en revenant de ses courses, elle s'était assise sur un banc pour se reposer un peu. Elle avait ensuite repris ses paquets et continué sa route. Parvenue au quatrième étage – où elle habite –, elle réalisa tout d'un coup que son sac avait disparu.

Elle venait de lire la série des *Diamants* sur le remerciement, et elle se dit : « Bon, je vais dire "Merci" à Dieu béni soit-Il pour le fait que mon sac a disparu. Tout ce que Tu fais, Tu le fais pour le bien... »

Elle retourna au banc où elle s'était assise, chercha, mais ne trouva rien. Elle continua à remercier tout en regardant de tous côtés : « Je Te remercie Dieu. C'est ce que Tu veux ? Merci ! Le sac a disparu, merci ! » Quand elle revint chez elle, le téléphone sonna. Au bout du fil, quelqu'un lui dit : « J'essaie de vous contacter depuis pas mal de temps et vous ne répondez pas. Votre sac est chez moi. Puis-je vous l'apporter ? » Il lui rapporta son sac jusqu'à chez elle ! Et il lui dit : « Ouvrez et vérifiez bien qu'il ne manque rien !

– Pourquoi ? J'ai confiance en vous...

Mais il insista :

– Non, je veux que vous ouvriez le sac ! »

Elle ouvrit et vit que tout était en place. Tel est le pouvoir des remerciements.

En vérité la voie du remerciement est la voie la plus simple, la plus agréable et la plus prodigieuse qui soit, d'autant qu'il existe une promesse que cette conduite annule toutes les peines et tous les exils, et que grâce à elle, viendra la délivrance définitive ! C'est si simple, pourquoi donc ne pas écouter la voix des justes ?

La réponse se trouve explicitement dans la section de la Torah *VaEra* (« Je suis apparu »), déjà rapportée précédemment : « Ils n'écoutèrent point Moïse, ayant l'esprit oppressé par une dure servitude. » Pourquoi n'ont-ils pas écouté les justes ? À cause de leur esprit oppressé – c'est le manque de foi. Et de la dure servitude – c'est le résultat du manque de foi. Ils n'ont pas foi dans les justes quand ceux-ci disent que la délivrance globale arrivera à la suite d'une chose aussi simple que remercier et louer Dieu. Ils pensent que seules des actions pénibles peuvent faire venir la délivrance, comme ne pas manger, ne pas dormir, se rouler dans la neige, etc. Si les justes le leur conseillaient, alors ils les écouteraient. Mais les hommes ne veulent pas croire qu'une chose tellement simple – comme dire « Merci » – puisse faire venir la délivrance.

Chaque génération commet cette erreur, puisqu'Israël souffre d'un esprit oppressé, c'est-à-dire de l'absence de foi. Par conséquent ils ne peuvent croire que la délivrance puisse arriver aussi facilement, quand il suffit de dire « Merci » et de louer Dieu ! On n'est tout simplement pas prêt à recevoir ce message : Dis seulement « Merci », et tout sera bien ! Cela semble trop simple ! On ne peut pas à y souscrire ! Par contre, on est prêt à accomplir des travaux de force, comme être sous pression, déprimé, ne jamais sourire, ne jamais se réjouir – cela semble être « logique ». Mais remercier, entonner des louanges, danser, chanter et se réjouir, comment cela pourrait-il apporter la délivrance ? – C'est illogique !

C'est pourtant quelque chose qu'on voit vraiment très clairement : peu importe combien de cours et de conférences on entend sur ce sujet, on ne peut pas l'accepter, à cause de cet esprit oppressé et du manque de foi. Parce qu'ils ne croient pas en Dieu, qui est tout entier miséricorde, et que la finalité de la Création de Son monde est uniquement d'exercer Sa bonté envers Ses créatures, afin qu'ils jouissent de l'abondance et qu'ils ne manquent de rien, avec la joie et la réussite. Beaucoup de gens sont brisés par tout ce qui ne va pas, et à plus forte raison s'ils sont accablés par un malheur. Ils ne voient aucune issue, ne peuvent apprendre quoi que ce soit et reprochent au Créateur de leur envoyer des épreuves injustifiées – Dieu nous en préserve et nous garde de telles pensées. Car en toute chose il y a évidemment une bonne intention et un message prodigieux. Chaque peine engendre une délivrance bien plus grande que les souffrances qu'elle a engendrées. Il est dit à ce propos (*Jérémie* 30,7) : « C'est un temps d'angoisse pour Yaacov, mais il en sortira triomphant. » C'est l'angoisse elle-même qui produit le triomphe, et ce dernier sera tellement grand qu'il fera complètement oublier l'angoisse dont il découle.

On ne peut acquérir cette foi que des justes authentiques qui ont mérité de parvenir au niveau de la cinquantième Porte, celui de la délivrance et du monde futur. Celui qui croit en les justes, et écoute leur voix, peut lui aussi mériter d'être éclairé par ce concept et cette prodigieuse connaissance, et vivre vraiment avec le remerciement et les louanges.

Nos Sages de mémoire bénie disent que dans le monde à venir, tous les sacrifices seront annulés, sauf celui du remerciement, parce que la cinquantième Porte de sainteté sera révélée : à savoir la prodigieuse connaissance que tout est pour le bien. Chacun verra alors clairement qu'il suffisait concrètement de toujours et sans cesse remercier et louer le Créateur. Pour tout ce dont les gens se plaignent et se désolent, il suffisait de dire « Merci ». Comme un des disciples a commenté une parole de notre maître : il y a quelque chose qui peut tout transformer en bien – au lieu de dire « en bien », on peut dire « en remerciement ». Il y a quelque chose qui peut tout transformer en remerciement !

93 – Un rendez-vous illico chez le dentiste

À la radio une femme raconta qu'elle avait souffert de l'une de ses dents. Elle commença à dire : « Merci, Dieu, merci... », puis elle téléphona au dentiste qui lui dit de venir immédiatement. Elle ajouta que celui-ci était toujours très occupé et qu'il fallait habituellement attendre deux semaines avant de pouvoir décrocher un rendez-vous. Elle dit « merci » et la délivrance était déjà en route ! Elle précisa que pendant tous les soins, elle n'arrêta pas de murmurer : « Merci Dieu, Je Te remercie, merci, merci... » Elle dit « Merci » tout le temps, et les soins se déroulèrent le mieux du monde...

Au cours d'une conférence à Gan Yavné, une femme me raconta que son fils avait des problèmes avec l'armée. Elle lui donna les *Diamants* à lire. Son fils lui téléphona ensuite : « Maman, tu ne le croiras pas : j'ai lu les *Diamants*, j'ai remercié et j'ai été sauvé. » Il n'est pas important de savoir quelle fut exactement la délivrance, dont elle omit de rapporter les détails. Mais avec quel enthousiasme et avec quelle joie elle raconta que son fils s'était éveillé à la foi en réalisant qu'on dit « Merci » et qu'on est sauvé !

La plus incroyable innovation est que, même un homme qui ne respecte ni la Torah ni les commandements, mais qui remercie, peut être sauvé de ses tourments. Cette délivrance le conduit directement au point le plus important de la foi, à sa racine : que tout provient de Dieu et que tout est pour le bien. Et à partir de ce point, il peut se rapprocher plus facilement du Créateur du monde et observer la Torah et les commandements.

94 – J'ai commencé à crier : Merci !

Il faut savoir que grâce à la voie du remerciement et des louanges, on peut facilement aujourd'hui amener les gens à se repentir et les rapprocher de la foi. Un célèbre acteur israélien raconte : « Il est arrivé que rien ne marchât comme je le désirais. Un matin, j'avais perdu un rôle et reçu un coup de fil désagréable de la banque. C'est donc avec colère que je me dirigeais vers mon agence, quand au carrefour j'aperçus quelques *'hassidim* (adeptes d'un mouvement 'hassidique) de Breslev. Je leur donnai quelques shekels et ils me remercièrent tout en m'offrant une brochure et un CD, dont le titre était *Cesse de pleurnicher et dis merci*. Je l'ai écouté et une grande joie m'a alors envahi : j'ai commencé à crier "Merci" dans la voiture et j'ai éprouvé du bonheur. Le même jour, j'ai reçu un autre rôle et j'ai pu déposer un chèque à la banque. »

Il poursuivit :

« Tout a changé pour moi, du tout au tout. Rabbi Nahman est merveilleux : les écrits qu'il a rédigés voilà quelques siècles sont remplis d'une sagesse qui s'adresse directement à notre génération. Ils peuvent ouvrir le cœur et la tête de chacun ! Il nous livre des instruments adéquats pour que chacun puisse servir personnellement Dieu. Cela n'est pas évident ni tellement facile ! Il ne suffit pas de sauter pour réussir : c'est pourquoi je continue à étudier ses livres. »

Cet acteur raconte que depuis ce jour, il n'arrête pas de se renforcer. Il a commencé à mettre les *Tefillin* chaque matin et à observer la *cacherout* (lois alimentaires). Et lui et sa famille se sont engagés à respecter le Chabbat.

Cette histoire nous prouve comment un CD peut éveiller un individu, quel que soit son état spirituel. Dire « Merci », c'est assister à des délivrances.

Un homme très éloigné de la Torah a beaucoup de mal à changer ses habitudes, à commencer à respecter le Chabbat, à prier et à étudier, mais dire « Merci » est à la portée de tout un chacun. Le *Sefat Emet* écrit que « le remerciement convient à chaque juif, même s'il est profondément empêtré dans les fautes, les transgressions et les rébellions : il peut en effet se rapprocher par le biais du remerciement et de la confession orale... même s'il est coupé de toute sainteté ».

95 – J'ai voulu m'attacher à la lumière

Un homme qui a été l'objet de miracles ne parviendra pas pour autant à la foi. Pour cela, il aura besoin d'éprouver de la gratitude et d'exprimer des remerciements pour ce qu'il aura vécu. Chacun doit en effet ressentir dans son cœur des sentiments de reconnaissance, en remerciant pour ce qui lui semble « pas bien », car c'est ainsi qu'il arrivera à remercier également pour le bien, comme nous l'apprenons de l'histoire suivante :

Odelia (Sima) Levy vit dans la région du Sharon, où elle est professeure de sciences appliquées et mère de trois enfants. Elle raconte : « Cela s'est passé un matin de Chabbat. Mon mari était parti en promenade avec des amis, j'étais encore au lit, et les enfants dans leurs chambres. Soudain une vague de douleurs inconnues m'a lacéré le corps. J'éprouvai des frissons et fus entièrement recouverte de sueurs froides. En quelques minutes, je ressentis vraiment que j'étais proche de l'agonie. Tout d'un coup mon corps se mit à trembler et une grande faiblesse m'envahit. Avec les forces qui me restaient, j'essayai d'appeler mes enfants, mais aucun son ne sortait de ma bouche. Aux prix d'efforts surhumains, je réussis à téléphoner à notre médecin de famille, et je lui expliquai d'une voix faible ce que je ressentais. Il me répondit : « Appelez de suite un docteur privé. » Peu de temps après, un vieux médecin d'origine russe se présenta à la maison. Mais à cause de ma mauvaise étoile, ce docteur ne parlait pas hébreu. J'ai bien essayé de trouver quelqu'un pour traduire, mais cela ne fut pas possible. Il sortit alors de sa mallette une pilule du nom de Cordil et m'ordonna de l'avaler, ce que je fis. Je me sentais tellement mal que je n'eus même pas l'idée d'hésiter ou de refuser.

« C'est seulement plus tard qu'il s'avéra que ce médicament m'était contre-indiqué, sa fonction étant d'élargir les vaisseaux sanguins. Comme je souffrais d'une hémorragie, j'avais besoin du remède opposé. C'est l'Éternel qui l'avait désiré ainsi. Mon médecin traitant resta tout le temps au bout du fil, car il voulait comprendre ce qui se passait. À un moment donné, ce dernier ordonna au docteur qui était sur place d'appeler une ambulance privée. Quand elle arriva, mes enfants, qui avaient à l'époque entre 14 et 17 ans, pénétrèrent affolés dans la chambre. Je me souviens qu'en un instant la pièce se remplit d'une grande activité – la voix des gens et le bruit des appareils. L'équipe des infirmiers s'affairait autour de moi, et la dernière chose dont je me rappelle avant de m'envoler très haut, ce fut une voix hystérique qui criait : « Le pouls s'est arrêté, elle ne respire plus. On est en train de la perdre. » Et une autre voix qui s'irritait contre le docteur et tempêtait : « Vous auriez dû faire venir une ambulance de premiers secours, au lieu d'appeler une ambulance normale ! »

« Après quelques secondes qui me parurent une éternité, l'équipe soignante décida de m'expédier à l'hôpital. C'est mon fils aîné qui me porta jusqu'à l'ambulance. Lui qui s'entraînait alors à lancer des poids me raconta plus tard que cette tâche fut pour lui la plus difficile qu'il ait jamais connue. En attendant, je regardais les événements d'en haut : comment on me plaçait sur une civière, et même au milieu de la route les ambulanciers permutèrent entre eux. À un certain moment, je ressentis qu'on me donna sur la joue une gifle, et qu'on m'appelait par mon prénom. J'ouvris les yeux, et quand je vis le plafond de l'ambulance, je fus déçue, car il me semblait agréable de quitter ce monde. Une lumière géante balaya tout d'un coup mon champ de vision : elle provenait du plafond et s'approchait de moi en diagonale. Je n'eus qu'un désir : celui de m'attacher à cette lumière, comme à un aimant magnétique.

« Mes sensations furent alors prodigieuses. Je baignais dans cette lumière, avec une impression de bonheur et d'amour suprêmes, sans commune mesure avec tout ce que j'avais connu jusqu'alors. Béni soit Dieu, j'avais éprouvé de l'amour pour ce monde, mon mari, mes enfants, etc. – mais tout devenait relatif en comparaison à ce que j'expérimentais alors. Jusqu'à aujourd'hui, je me languis de cette lumière. Je n'eus aucune peur. Cette lumière était tellement douce, compréhensive et attirante que je n'avais nulle raison d'avoir peur. Je me sentais protégée en son sein. Soudain je compris la signification de la mort. On passe tout simplement d'un état à un autre, comme de l'état de veille à celui du sommeil. C'est tout : c'est comme cela que l'on meurt. Cela n'est pas effrayant.

« Peu à peu c'était comme si j'étais un ballon gonflé à l'hélium. Je sentais que mon âme planait vers cette lumière. Et tout d'un coup, sans aucun avertissement, j'entendis une voix qui me disait comme par télépathie : « Ton temps n'est pas encore arrivé. » À cet instant j'ai ressenti comme une main cachée qui me retenait et m'empêchait de progresser vers cette lumière. Brusquement mon âme revint dans mon corps, par les narines. J'eus alors l'impression de revêtir une combinaison sous-marine dont il m'aurait fallu plusieurs tailles au-dessus. Je tentais de m'opposer, mais sans succès : mon corps se refermait sur moi et sur mon âme.

« Je revins à la routine – sans spiritualité – comme professeur de sciences. Mon métier était un excellent alibi pour repousser les questions qui me travaillaient et dont ma conscience exigeait des réponses. Je traitais ce qui m'était arrivé comme si j'avais rêvé. Je me suis convaincu que c'est ce qui se produit quand le cerveau manque d'oxygène. Pendant des années, j'ai continué à me considérer comme totalement athée et à vivre comme par le passé.

« Ce qui m'a éveillé fut un documentaire vu par « hasard » sur la vie après la mort. Des personnes venues du monde entier témoignaient de leur expérience de mort clinique. Je compris brusquement que leur récit correspondait à ce que j'avais vécu, et qu'on lui attribuait même un nom spécifique. Ce fut une révélation très inspirante pour moi. J'ai commencé à me documenter et à étudier le sujet. C'est alors que s'est opéré en moi un renforcement intime. Mais, bien que cela puisse paraître bizarre, ma carapace était très épaisse. Je refusais d'attribuer une signification religieuse à la série de miracles que j'avais vécus. Au lieu de faire profiter de mon expérience le plus grand nombre, à mon regret, je ne cherchais qu'à l'utiliser pour mon usage personnel. En effet, après l'événement je ressentis que j'avais reçu de nouvelles « forces » – très particulières. Il m'est un peu difficile de l'expliquer, mais tout d'un coup je pouvais dire des tas de choses sur toutes sortes de gens, et j'entrevis, en potentiel, ce que cela pouvait rapporter. Je me suis dit : « Très bien, comme cela je pourrais gagner de l'argent » et je décidai de me lancer dans la lecture des lignes de la main.

« Bien entendu, j'ai très vite compris que cela ne correspondait pas à la volonté divine. À peine avais-je commencé que toute une série d'ennuis nous tomba dessus : sans raison apparente, des appareils électriques de valeur refusèrent de fonctionner. En trois mois nous avons vécu trois accidents de la route et mon mari échappa à l'un d'entre eux par miracle. Je subis deux opérations chirurgicales inutiles. Mon mari tomba subitement malade du cancer, et la liste ne s'arrête pas là. Des problèmes de tous les côtés...

« Un jour je demandai à un rav la raison de ces souffrances. Sa réponse me stupéfia : « Ce que vous faites est interdit. Dieu n'est pas satisfait de cela. » J'ai eu très peur, et le lendemain je prévins mes clients de la fermeture de mon cabinet de chiromancie. Entre-temps mon fils qui s'était engagé à l'armée commença à se renforcer et à se rapprocher de Dieu. Sans mon concours, bien entendu. Et lorsqu'il nous informa qu'il revenait à la pratique religieuse, mon mari et moi, nous eûmes l'impression que le ciel s'abattait sur nous. Je lui dis : « Tu veux devenir religieux ? Tu seras religieux dans ta chambre ! » C'est ce qui s'est passé. Il faisait le *kidouch* dans sa chambre, et nous, on regardait la télévision dans le salon. Jusqu'à mon cinquantième anniversaire où je décidai de m'offrir un cadeau : un foulard. Comme tout bon juif qui découvre le judaïsme, mon fils également voulait faire mériter sa mère en me donnant des conférences matin et soir qui démontraient l'antériorité de la Torah sur les sciences : « Tu enseignes les sciences, n'est-ce pas ? Comment peux-tu ignorer qu'il y a un ordre dans les choses, qu'elles ne furent pas créées d'elles-mêmes ? » Il m'interpella ainsi continuellement au point que je dus reconnaître la vérité.

« Je demande au lecteur de partager la morale qui se dégage de cette difficile expérience : à cause de l'échec d'une première intervention chirurgicale, je fus contrainte d'en subir une seconde, aussi superflue que la première. Pendant les trois longs mois suivants, je fus incapable de manger ou de boire, je souffris de douleurs atroces, physiques et spirituelles. Grâce au livre le *Jardin des louanges* de rav Chalom Arouch, au lieu de me plaindre, de pleurer et de gémir, j'ai commencé à remercier.

« Cela me prit du temps, mais peu à peu la plaie se cicatrisa et les douleurs devinrent plus tolérables. Je n'oublie pas le vœu que j'ai formulé devant Dieu : lorsque tout sera terminé, aussi longtemps que j'ai toute ma tête, je veux faire connaître le miracle dont j'ai bénéficié et sanctifier Son nom auprès du plus grand nombre. Raconter comment Il était avec moi pendant tout le parcours et qu'il ne m'abandonna jamais. Mon expérience m'a appris tellement de choses ! Mais la plus importante est le pouvoir du verbe, le pouvoir du remerciement. C'est grâce à eux que j'ai été sauvé, et c'est grâce à eux – avec l'aide du Ciel – que tout Israël verra sa délivrance définitive. »

96 – Remercier pour les blessures

Une femme me raconta qu'elle souffrait beaucoup d'affreuses cicatrices qu'elle portait sur le visage, et qu'elle voulait effectuer six heures d'isolement pour cela.

Je lui ai dit : « Vous pouvez vous isoler autant de temps que vous le désirez, mais sachez qu'au début de l'isolement, vous devrez remercier beaucoup Dieu pour ces lésions, car c'est grâce à elles que vous décidez d'entreprendre un aussi long isolement et de vous rapprocher autant du Créateur béni soit-Il. Sans elles, rien ne vous forçait à agir ainsi. Elles sont donc très bénéfiques. Vous devez vous réjouir et remercier pour elles. C'est seulement après que vous pourrez prier et demander à Dieu de vous montrer quel est le message dont ces cicatrices sont porteuses, comment vous pourrez réparer et comment Il veut vous rapprocher à Lui à travers elles. »

Si l'homme ne remercie pas Dieu pour ses douleurs et ne voit pas la bonté et la miséricorde divines en filigrane à travers les souffrances, s'il ne s'en réjouit pas, mais pleure et se plaint comme si Dieu béni soit-Il – Dieu nous en préserve – lui faisait ainsi intentionnellement du mal, ces pleurs seraient pour lui plus nocifs que s'il s'abstenait complètement de prier. Beaucoup se trompent à ce propos et prient tout en se plaignant, sans être convaincus que tout est pour le bien.

En revanche, quand on prie dans la joie, on ne risque aucun danger, car que pourrait-il arriver ? Tout au plus, le Saint béni soit-Il lui fera un sourire... Quel mal y a-t-il à cela ? Si au milieu de sa joie, l'homme s'éveille également pour épancher des pleurs de langueur, ou que son cœur se brise – c'est très bien, à condition de ne pas en faire l'essentiel, car il risque alors de tomber dans une vaine pleurnicherie, dont le danger est très grave.

En vérité, il est totalement interdit aux gens comme nous de commencer une quelconque prière avec des pleurs et des lamentations, car il est certain qu'ils finiront en larmes « de crocodile », comme notre saint maître l'explique

(*Likouté Moharan* II, 24) : « Même un authentique cœur brisé peut facilement sombrer dans la tristesse, surtout si dès le début, il gémit et se plaint. La faute de la tristesse est pire que toutes les autres transgressions, comme nos Sages de mémoire bénie le déclarent au sujet de l'égarement des explorateurs, où les pleurs versés en vain eurent pour conséquence un terrible décret contre Israël, ce qui n'est le cas d'aucune autre faute dans toute la Torah. »

Le principe est que chaque prière implique qu'elle soit récitée dans la joie, car la joie est la foi, comme l'écrit rabbi Nathan (*Likouté Halakhot, Ora'h 'Haïm,* Lois sur la lecture du *Chema,* 2) : « Dans la prière, on fait suivre la bénédiction *Goël Israël* de la lecture du *Chema,* parce que cette dernière est la foi, et la foi est l'essentiel de la joie. Car l'essence de la joie est définie par le verset (*Psaumes* 104,34) : "Moi, je me réjouis en l'Éternel." »

En vérité la prière dans la joie peut effectuer davantage de délivrances que celle récitée dans les pleurs. Et lorsque l'homme prie dans la joie il est facilement sauvé de toute peine, comme la suite de ce texte (*id.*) de rabbi Nathan le démontre : « Tous les problèmes proviennent d'un manque de joie. Alors que la prière dans la joie est un remède pour tout et une délivrance pour tous. » Quand l'homme prie dans les pleurs, outre que ce comportement n'est pas du tout obligatoire, il s'expose à un grand danger, en commettant la pire des fautes qui soit dans la Torah : celle des pleurs versés en vain, car il est dit (*Ta'anit* 29a) : « Je décrète contre vous des pleurs pour toutes les générations ! » C'est alors que furent décrétés toutes les destructions et l'exil amer et long que nous connaissons…

Aucune faute dans la Torah, la pire qui soit, n'entraîne une punition aussi grave que celle des pleurs versés inutilement. Il en résulte que c'est seulement si les pleurs de l'homme devant Dieu sont purs, s'il croit et sait vraiment que tout ce que le Créateur fait est pour son bien, et qu'il Le remercie de tout son cœur pour le tourment sur lequel il veut prier, s'il pleure de joie, par l'amour et la langueur qu'il éprouve envers Dieu, s'il voit combien Il est miséricordieux et bienfaisant pour lui, et que son cœur est brisé de fauter devant le Roi si bon : c'est à ces seules conditions que ses larmes seront agréées, comme il est dit : « les Portes des pleurs ne sont pas fermées » (*Berakhot* 32b).

Il faut toujours se souvenir que croire signifie : croire que tout est pour le bien. Et lorsque l'homme en est convaincu, il sait que la carence à propos de laquelle il prie est également pour son bien, car c'est grâce à ce manque qu'il s'éveille et prolonge sa prière du fond du cœur. Et il n'aurait sans doute pas agi ainsi sans ce tourment. Ce dont il souffre est donc très bénéfique puisque cela le rapproche du Saint béni soit-Il. C'est un bien éternel auquel rien n'est comparable, et déjà dans ce monde l'homme profite de ses fruits : il se rapproche de Dieu béni soit-Il, croit en Lui et sa vie est paradisiaque.

97 – Deux heures de remerciements – et il signe le contrat

Il est presque impossible de trouver un appartement proche de notre *Yéchiva* à Jérusalem. Ce quartier est très demandé et les offres sont très rares. Nombreux sont ceux – appartenant à différentes communautés – qui y cherchent un logement pendant des mois, sans rien trouver.

Ce fut le cas d'un *Avrekh* qui me raconta que chaque fois qu'il devait chercher un appartement, il s'engageait dans un long processus de souffrances, d'un déménagement à un autre. Une fois, après avoir réussi à signer un contrat, sa femme visita l'appartement et annula la transaction. Une autre fois, il vit le logement, mais avant que le contrat soit signé, quelqu'un d'autre le devança. Et ainsi de suite, rien ne marchait comme il le voulait.

Jusqu'à ce qu'il décide de suivre la voie du remerciement et de la prière. Cet *Avrekh* écouta plusieurs cours sur le remerciement, entreprit de remercier Dieu deux heures durant, et signa le contrat, béni soit Son nom – et tout s'arrangea de la meilleure façon possible. L'appartement se trouvait dans un bon quartier, très demandé. Sa femme donna son accord immédiatement et le propriétaire attendit sa signature. Tous les détails se réglèrent avec l'aide de la Providence particulière, de manière surnaturelle.

Il faut souligner ce point important : lorsque l'homme remercie Dieu, sans récriminations – et que le salut apparaît – non seulement il est sauvé, mais il voit de plus la Providence du Créateur du monde, dans ses moindres détails. Et ce qui arrive va au-delà de toutes ses espérances : il réalise que le Maître du monde s'est inquiété de tout, afin que le problème se résolve pour le mieux. Comme l'écrit le Maharal de Prague (*Netiv Ahavat Hachem* 5,1) : « La confiance en Dieu que chacune de Ses actions est pour le bien conduit à une transformation du mal en bien. »

Dans le *Noam Elimelekh*, il est aussi écrit que le remerciement n'offre aucune prise à une accusation : « En chantant les louanges de Dieu, on peut plus facilement opérer des délivrances que par le biais de requêtes. La raison est la suivante : louer le Créateur conduit l'homme à s'attacher et à lier son âme au monde qui s'appelle *Tehila* (Louange), où aucune accusation n'a de place. Toutes les demandes y sont donc exaucées sans devoir les détailler ou même les expliciter. »

98 – Le remède parfait

Une femme qui ne réussissait pas à mettre au monde des enfants en dépit de longues années d'efforts me raconta qu'elle avait tout essayé : prières, repentir, charité, différentes *segoulot* (actes favorables), vœux, rachats de l'âme, soins, alimentation adéquate, etc. Elle et son mari étaient très abattus et au seuil du découragement : la délivrance ne viendrait-elle jamais ? N'auraient-ils jamais le mérite d'embrasser leur propre enfant ?

Je dis à cette femme : « Abandonnez toutes les *segoulot*, arrêtez également de prier, mais tenez-vous chaque jour pendant une heure devant Dieu et dites seulement : "Merci beaucoup, merci beaucoup à Toi, Créateur du monde, pour ne pas m'avoir donné d'enfants jusqu'à ce jour, car il est certain que c'est le mieux qui soit pour moi. C'est seulement ainsi que je parviendrai à ma réparation, etc." Remerciez également Dieu pour chacune de vos amies qui a eu des enfants. Travaillez sur vous pour regarder tout d'une manière positive. Réjouissez-vous vraiment chaque fois que vous apprenez la naissance d'un nouveau-né. Seulement à la fin, faites cette courte requête : "Roi du monde, s'il Te plaît, donne-moi des enfants." Et je vous promets que vous aurez cette joie ! »

Elle me demanda : « En quoi est-ce mieux que tout ce que j'ai déjà essayé ? J'ai prié, j'ai pleuré, j'ai supplié, je me suis repentie, etc. »

Je lui ai répondu : « La différence est la suivante : avec le remerciement, vous arrivez à la foi, parce que le remerciement signifie que vous croyez que tout est pour le bien, que tout est exact et sans aucune erreur céleste sur le fait que vous êtes sans enfant jusqu'à cet instant précis.

« Vous savez que tout est dans les mains de Dieu, et que l'unique raison qui est à l'origine de votre stérilité est que le Créateur le veut ainsi – et tout cela est exprimé dans le "Merci" que vous dites.

« Sans le remerciement, et même avec des prières, des supplications et le repentir, il est certain que dans votre cœur subsiste quelque part le sentiment que cela ne dépend pas seulement de Dieu, mais également de la nature ou d'autres circonstances. Sans le remerciement, vous continuerez à vous rendre responsable, ou à porter des accusations contre les autres ou contre le Saint béni soit-Il, et ainsi de suite. Par contre, avec le remerciement, vous parvenez à une foi parfaite que rien n'existe hormis Lui et que tout ne dépend que de Lui, béni soit-Il. Et par ce biais, toutes les prières que vous avez déjà dites, et toutes celles que les autres ont dit pour vous, seront exaucées. Pourquoi une prière n'est-elle pas entendue ? Parce que la foi en est absente ! La foi signifie que ce qui était jusqu'à présent est le mieux qui soit ! De même que la valeur numérique du mot hébreu "foi" (*EMoUNA*) est de 102, identique au mot "enfants" (*BaNIM*), je vous affirme : "Ayez la *foi*, et vous aurez des *enfants*." »

Lorsque l'homme ne réussit pas à dire « merci beaucoup » sur ce qui lui manque, c'est évidemment parce que sa foi n'est pas parfaite, et il est presque sûr que sa prière est entrecoupée de pleurs vains. Alors, non seulement sa prière n'est pas exaucée, mais elle éveille un jugement céleste, ce qui ne serait pas le cas s'il s'abstenait complètement de prier !

Pour comprendre ce point, il faut savoir que le remerciement est le service essentiel de l'homme : il est la finalité de ce monde et de celui à venir. Et comme il est le moyen par lequel on peut se rapprocher de la foi authentique, le remerciement est également le travail qui adoucit le plus les rigueurs, et dont dépend toute délivrance, soit personnelle (de ses tourments), soit collective (celle du monde entier).

Il faut remercier Dieu autant pour les bienfaits manifestes que pour ceux qui semblent « mauvais » aux yeux du monde. Par exemple, un malade doit remercier pour sa maladie ; « merci beaucoup » pour le fait qu'il me manque telle ou telle chose ; « merci beaucoup » pour mes échecs, que rien ne marche, etc. Car en vérité toutes les souffrances – que Dieu nous en épargne – sont pour le bien éternel, et si on examine leur finalité il est évident qu'on devra s'en réjouir, comme cela est rapporté dans le *Likouté Moharan* (65) : « Le but est entièrement bon, car même les drames et les pires souffrances qui peuvent s'abattre sur l'homme – Dieu nous en préserve – si on regarde leur finalité, ne sont pas du tout mauvais, mais au contraire porteurs de grands bienfaits, parce qu'elles viennent intentionnellement de Dieu béni soit-Il pour le bien de celui qui les subit, pour lui rappeler de se repentir ou pour expier ses fautes. Ainsi les souffrances sont-elles de grands biens, car l'intention de Dieu béni soit-Il est, à n'en pas douter, pour le bien. Il en résulte que parmi tous les maux et toutes les souffrances subies par un homme, si on regarde leur finalité, c'est-à-dire l'intention divine, on ne trouve aucune raison de souffrir. À l'opposé, on devra se remplir d'une grande joie, à cause du grand bien que recèle leur unique finalité. Car en vérité le mal n'existe pas dans le monde, qui est seulement entièrement bon. »

Pleurer en vain est le défaut et la carence essentielle de nombre de gens. Leurs plaintes, leur insatisfaction, etc., ne font qu'exprimer la principale hérésie humaine, et elles éloignent l'homme de la finalité du monde, davantage que toute autre chose. C'est également ce qui éveille plus que tout la colère et les rigueurs divines. Et les punitions qui en résultent sont innombrables, et elles sont la cause de cet exil, si amer et si long.

Comme je l'ai écrit dans *le Jardin des louanges*, nous l'apprenons de la faute des explorateurs, et du peuple d'Israël qui pleura vainement dans le désert. Le Saint béni soit-Il leur infligea un châtiment très sévère et illimité ! Il dit au peuple d'Israël : « Parce que vous avez pleuré en vain, Je vous impose des pleurs pour des générations ! » Et ces pleurs se poursuivent jusqu'à ce jour. Et qui sait combien de temps ils seront encore notre lot !? Puisse Dieu avoir pitié de nous et nous envoyer notre vrai Messie aujourd'hui même.

Chacun qui y réfléchit ne manque pas de s'étonner : quelle terrible faute nos ancêtres ont-ils commise pour mériter une punition aussi sévère ? Un châtiment qui n'en finit pas ! Ils n'ont pas servi des idoles, ni attenté à la pudeur, ni tué. Ils ne se sont livrés à aucune de ces trois transgressions qui sont les plus graves de toute la Torah. Tout compte fait, ils se sont contentés de pleurer un peu... Il est possible de les comprendre et de les juger avec indulgence : ne furent-ils pas épouvantés par la description des géants que les explorateurs leur avaient faite ? De plus, ils étaient exténués par leurs pérégrinations à travers le désert. Pourquoi furent-ils donc châtiés de cette façon ?

Nous apprenons d'ici que pleurer inutilement – et le manque de foi que cela exprime – est la faute la plus grave de toute la Torah !

Une règle de la Torah exige qu'une bonne mesure ait plus de valeur qu'une mauvaise. Appliquons-la dans le domaine du remerciement : si des pleurs versés en vain, des gémissements et l'insatisfaction entraînent des punitions aussi graves et sans fin, comme une bonne mesure vaut davantage, il est évident qu'un remerciement adoucira toute rigueur au monde, si grave soit-elle, et attirera à sa suite de grandes bénédictions, sans fin.

Il en ressort concrètement que si un homme souffre ou subit une dure épreuve, cela signifie que des rigueurs pèsent sur lui, et la meilleure action à accomplir doit être destinée à adoucir les jugements en remerciant, remercier encore et continuer à remercier toujours...

L'essentiel, c'est de remercier pour le manque en soi ! Puisque le remerciement pour une carence est l'expression la plus grande qui soit de la parfaite foi authentique, et qu'il montre que celui qui remercie est convaincu que tout a pour source Dieu béni soit-Il, et que tout est pour le bien. Par conséquent ce manque aussi provient de Lui, par le biais de la Providence particulière et précise, et a pour but le bien éternel de l'homme. Car le Créateur – qui sait tout – a vu que cette absence est la meilleure chose qui soit pour sa réparation et que sans elle il ne pourrait y parvenir ni se rapprocher de Lui. C'est pourquoi Il lui crée ce manque avec une grande miséricorde, et seulement pour son bien complet et éternel.

L'enseignement pratique qui ressort de nos propos est que tant que l'homme ne peut remercier Dieu de tout cœur pour toute sa situation – y compris ses manques et ses souffrances – sa foi n'est pas complète, et par conséquent il ne pourra pas encore demander ou prier. Il devra alors s'efforcer de solliciter uniquement du Créateur qu'Il lui accorde la parfaite foi que tout est pour le bien, et que même ses manques sont pour son bien éternel, afin qu'il puisse prier, désirer et demander la foi, et recevoir cette dernière par la prière. Et lorsqu'il méritera de remercier vraiment pour tout, alors il avancera.

En vérité, cette femme que j'ai citée au début de cette histoire continua d'écrire des cahiers entiers de remerciements. Neuf cahiers, et au bout de neuf mois, elle eut le mérite d'embrasser son nouveau-né, béni soit l'Éternel !

99 – Lorsqu'un enfant se détourne du bon chemin

Quelqu'un me dit que son fils ne suivait pas la voie qu'il aurait voulue pour lui. Je lui répondis que tant qu'il ne remercierait pas Dieu du fond du cœur, il ne pourrait trouver aucune solution avec son fils :

« Réjouis-toi de ton lot, vois le bien en toute chose, accepte-le avec amour. Tu mérites un tel enfant, et c'est aussi bien sûr avec bonté et miséricorde. Si ce n'était cette réparation avec lui, qui sait ce que tu aurais reçu ? Dis maintenant : "Merci beaucoup Dieu ! Je le mérite ! Tu es juste pour tout ce que Tu me donnes. Il est évident que c'est ma réparation !" »

Chacun doit se poser cette question : Comment un homme peut-il croire en Dieu sans croire qu'Il est bon ? Sans croire qu'Il est juste ? Sans croire que le Créateur est miséricordieux ? En quoi croit-il en fait ? Et s'il croit que Dieu est bon, miséricordieux et juste, pourquoi n'est-il pas satisfait de son existence ? Sa vie est placée entre les mains du Saint béni soit-Il, qui est bon, juste et miséricordieux !

Pour sortir de cet imbroglio, chacun doit désirer fortement dire « Merci beaucoup » à Dieu. Cela devrait être sa première aspiration ! Avant de se confesser, avant de se repentir, avant d'exprimer des requêtes ! Notre maître nous enseigne (*Likouté Moharan* II, 2) qu'au sujet de la Torah, de la prière et des mariages, il est dit que pour étudier vraiment nos textes saints, prier sérieusement et former des unions authentiques, il faut remercier Dieu, car on reçoit la vérité par l'intermédiaire du remerciement. Parce que l'homme qui dit « Merci beaucoup » est éclairé par la lumière de la vérité, et il gagne le mérite de bénéficier de toutes les délivrances et de toutes les bonnes influences.

À l'opposé, lorsque l'homme est triste et éprouve le sentiment que tout lui revient, son insatisfaction lui ferme toutes les portes. S'il sollicite quelque chose de Dieu, il le demande comme si cela lui était dû ! Or on sait qu'il suffit qu'il le pense pour être jugé immédiatement au Tribunal céleste, qui va statuer pour savoir s'il le mérite vraiment. Car dans le Ciel on ne veut rien devoir à personne, et bien entendu, quand on ouvre les Livres, on s'aperçoit que cet homme est en dettes avec le Ciel, et il les règle... Dieu ait pitié de nous.

Il est évident qu'un homme insatisfait et amer n'est éclairé dans sa parole par aucune étincelle de vérité, parce qu'il se plaint de Dieu. Si quelqu'un vient prier et s'isoler devant Dieu avant même de Le remercier du plus profond du cœur, il en vient concrètement à se disputer avec Lui, béni soit-Il. Il pense que cela lui revient : « Donne-moi ! » Comme si Dieu ne voulait pas lui donner, contrairement à son désir...

Après avoir remercié comme il convient, tu pourras te repentir et chercher d'où vient le besoin de faire réparation. C'est seulement quand tu acceptes ce qui t'arrive avec amour, que tu pourras prier correctement. Tu comprendras alors : « Voilà ma réparation, il est certain que je dois réparer quelque chose. » C'est alors que tu chercheras vraiment à comprendre : « Maître du monde, que dois-je réparer ? Sur quoi dois-je me repentir ? Comment pourrais-je prier pour cela ? » Ensuite tu pourras demander à Dieu : « Pardonne-moi, excuse-moi. »

La foi et le remerciement te conduisent à te soumettre devant Dieu, et tu demandes alors : « Maître du monde, aie pitié de cet enfant, aide-le, guéris son esprit, gratifie-le de la sagesse, de l'entendement et de la connaissance. Donne-lui la foi, inspire-lui l'amour de la Torah et de la prière. Aie pitié de lui afin qu'il réussisse dans la vie, pour qu'il jouisse d'une belle vie, pour qu'il ait une forte confiance en Toi. » N'hésite pas à demander pour lui tout ce que tu veux. L'essentiel est que tu te soumettes.

Si tu es insatisfait et brisé suite à ce qui s'est passé, tu ne peux pas prier. Et même si tu pries, ta prière n'est pas authentique.

Il en va ainsi pour tout : si un homme éprouve des difficultés à gagner sa vie, il devra avant tout accepter le jugement qui pèse sur lui et il dira « Merci beaucoup, Dieu » : « Maître du monde ! Merci beaucoup ! Tout ce que je possède jusqu'à ce jour, je le dois à la pure bonté divine, rien ne me revient ! Jusqu'à aujourd'hui Tu as pourvu à tous mes besoins, et Tu as agi envers moi avec une grande bonté. Il est certain que si je n'ai pas de gagne-pain, c'est à cause de mes fautes, car il n'existe "aucune souffrance sans faute". Tu es juste dans tout ce qui m'arrive, Tu as agi avec vérité et je me suis rebellé. Je Te remercie Dieu. Il est manifeste que tout provient de Ton immense compassion, car si Tu t'étais conduit avec moi selon ce qui me revient, alors les conséquences auraient été dramatiques – Dieu ait pitié. Merci beaucoup à Toi, j'accepte tout avec amour, c'est ma réparation. Et maintenant je Te demande : Aie pitié de moi, donne-moi le mérite de me repentir, montre-moi ce que je dois réparer, etc. »

On remarque que les Grands de notre peuple demandaient toujours un cadeau gratuit et qu'ils ne pensaient jamais que quoi que ce soit leur revienne de droit. Comme il est écrit pour notre maître Moïse : « J'implorai l'Éternel », et Rachi commente qu'il sollicita un don gratuit. Nos Sages de mémoire bénie disent que Moïse a fait en sorte que le Saint béni soit-Il donne aux générations des présents gratuits. Comme l'explique le commentaire *'Hidouché*

HaRim (section *Vaèt'hanan*) : il existe dans le Ciel des trésors, et le plus important d'entre eux est celui des dons gratuits. On ne les distribue qu'à titre gracieux, et uniquement à celui dont on sait qu'on ne lui doit rien à cause de ses actions. Un tel homme peut recevoir par ce trésor toute l'abondance du monde. Dans le livre *le Jardin des louanges,* j'eus le mérite, avec l'aide du Ciel, d'expliquer que lorsque l'homme vit avec cette vérité – à savoir qu'il n'a aucun mérite et qu'il se limite à demander de Dieu une bonté – il est certain que sa prière sera toujours bien reçue. Cette prière est surnommée « la prière de l'indigent », dont le saint *Zohar* affirme qu'elle ouvre toutes les Portes pour quiconque se présente ainsi devant Dieu. Cette prière est plus élevée que celles de notre maître Moïse et du roi David. Lorsqu'elle parvient au Ciel, le Saint béni soit-Il la reçoit et sort tout le monde pour ne s'adresser qu'à elle, personnellement.

100 – Le modèle parental

Un père me raconta que son fils se liait avec des amis peu fréquentables et qu'en secret de ses parents il commettait déjà des actes terribles. Lorsque son père apprit que son fils était tombé si bas, il s'isola et pria pendant six heures successives, avec remerciements et louanges, pendant trois jours, l'un après l'autre, et il ressuscita son fils ! Dix-huit heures d'isolement et son fils revint à la vie... L'enfant revint de lui-même et abandonna ses anciens amis et leurs actions ignobles.

Un autre parent brisé me raconta que son fils traînait dans les rues, qu'il ne dormait plus à la maison, et qui sait ce qu'il faisait ? Je lui dis qu'il devait augmenter ses louanges et intensifier ses prières. Lui et sa femme firent six heures d'isolement successives avec remerciements et louanges, et l'enfant retourna à la *Yéchiva* ! Aujourd'hui c'est un bon garçon, assidu dans l'étude. Bien qu'il arriva à ce à quoi il est parvenu, les parents furent suffisamment forts pour le sauver du piège où il était tombé et réussirent à l'en sortir. Comment ? Seulement par le pouvoir de la prière et du remerciement ! S'ils s'étaient évertués à le sauver par d'autres moyens, ils n'auraient pas réussi, et il est probable qu'il se serait éloigné encore davantage. Mais la prière, et en particulier celle du remerciement et des louanges, est différente, en ce sens qu'elle est toujours efficace et utile, même après que les dommages ont été commis, Dieu nous en préserve.

En vérité, ces témoignages suscitent une question évidente : comment peut-on s'isoler pendant six heures en remerciements et prières ? La réponse est que tout dépend de la volonté. Si les parents ont la ferme volonté de sauver leur enfant, ils peuvent s'isoler non pas six heures, mais cent heures successives ! Il s'agit de leur propre enfant ! Aimez-vous votre enfant ? Est-ce qu'il vous tient vraiment à cœur ? Priez donc pour lui pendant plusieurs heures, suppliez et suppliez – quel mal y a-t-il à cela ?

Nos Sages de mémoire bénie ont déclaré que les mauvaises mœurs chez soi sont plus graves que la guerre de Gog et Magog ! J'ai écrit dans *le Jardin de l'Éducation* que quiconque a connu un tant soit peu une telle situation dans une maison où un enfant – ou davantage – a dévié de la bonne voie, et à plus forte raison si – Dieu nous en garde – lui-même l'a expérimenté dans sa chair, on sera tout à fait d'accord avec ces propos de nos Sages. Car ce sont des souffrances très difficiles à supporter pour les parents que de voir leurs enfants abandonner la source d'eau vive pour se creuser des citernes crevassées – abandonner la voie bonne et douce de la Torah grâce à laquelle on peut jouir d'une belle vie et déjà le paradis dans ce monde – en échange d'illusions éphémères de fausse douceur qui se muent très vite en une terrible amertume.

Dans de telles circonstances – Dieu nous en préserve –, les parents sont vraiment tenus de comprendre que l'unique force au service de l'homme dans ce monde est le remerciement ! Car tous les conseils ne sont que des « pansements », des premiers secours pour éviter que les dommages ne s'aggravent, mais en vérité ce ne sont pas de véritables conseils propres à apporter une solution. Le seul moyen pour résoudre le terrible problème des mauvaises mœurs chez soi est seulement de multiplier les remerciements et les louanges.

Est-il difficile de prier et remercier pendant six heures consécutives ? Cela fait-il souffrir ? Il est bien plus difficile de voir son enfant se perdre, Dieu ait pitié de nous. Chaque parent devra calculer ce qui cause le plus de souffrances : prier et remercier pendant six heures, ou assister – Dieu nous en préserve – à la chute et à la destruction de son enfant ? Qui sait ce qui attend, et quelles souffrances les parents subiront encore de leur enfant, puisse Dieu protéger dorénavant tout le peuple d'Israël.

Chaque parent doit bien comprendre ce message : aimez-vous vos enfants ? Aimez-vous votre fils ? Aimez-vous votre fille ? Levez-vous et priez ! Seul Dieu peut vous aider ! Seul le Créateur du monde est maître de la situation : c'est Lui seul qui détient les rênes. S'il devient impossible de parler à son fils parce qu'il n'écoute que ses pulsions, et qu'aucune initiative n'est efficace, seul le

Créateur du monde – qui a le cœur de l'enfant entre Ses mains – peut vraiment l'aider et changer son comportement pour le bien : priez beaucoup pour qu'Il agisse ! À celui qui prolonge sa prière, cette dernière ne tarde pas à porter ses fruits ! Il faut approfondir le livre *À travers champs et forêts* : on y développe largement la *segoula* (acte favorable) des six heures, et il est recommandé aussi d'étudier *L'Éducation avec amour – le Jardin de l'Éducation*.

L'essentiel du principe qui peut venir au secours des parents dans un cas pareil, c'est seulement la simple foi que tout est pour le bien. Il faut remercier pour cela. C'est ma réponse à ces parents qui me demandent comment il est possible de remercier – comme ce père d'une jeune fille qui avait quitté le droit chemin, et qui en souffrait tellement qu'il en tomba malade. Aucune des nombreuses prières qu'il récita pendant des heures, au Mur des Lamentations durant des années, aucune ne fut exaucée.

Comment ses prières pouvaient-elles être entendues, quand il pleurnichait et se plaignait ?

Comme nous l'étudions dans ce livre, il faut remercier pour tout, et après le remerciement il faut comprendre qu'il s'agit d'un travail personnel. Car c'est la vérité ! Il n'y a pas de souffrances sans faute, et lorsque les parents souffrent des mauvaises mœurs qui sévissent dans leur maison, ils doivent se repentir. Parce que tout cela est le signe de certaines carences chez eux. Par exemple : un parent constate que son enfant ne prie pas – lui-même néglige la prière. Le fils se révolte ? Un parent se révolte contre son Créateur, ou il se rebellait contre ses parents du temps de sa jeunesse. Il en est ainsi pour le reste, comme il est rapporté longuement dans les livres, que les parents sont contraints d'étudier afin de devenir des experts...

J'ai connu un juif dont le père lui avait demandé de consacrer toute sa vie à l'étude de la Torah. Il n'a pas parfaitement souscrit aux désirs de son père, mais il est resté néanmoins un juif révérant le Ciel, observant la Torah et les commandements – les plus légers comme les plus graves, mais il était loin de la définition de son père : « Consacrer sa vie à la Torah. » Cela faisait souffrir son père qui voyait sans cesse son fils s'occuper de transactions sans investir son temps dans la Torah, même pas un pourcentage infime de ce qu'il aurait désiré.

De nombreuses années après le décès du père, cet homme subit la rébellion constante d'un de ses fils qui s'opposait à sa volonté. Si ce juif m'avait écouté et s'était repenti de sa propre révolte contre son père, en refusant d'étudier assidûment la Torah comme il le voulait, il aurait été sauvé depuis longtemps et son propre fils l'aurait déjà écouté. Mais il ne se repentit pas, ne fut pas délivré, et il continue à subir constamment les contrariétés causées par son fils...

Les enfants sont le miroir des parents, et ce miroir peut parfois présenter de nombreuses facettes, plus fines les unes que les autres, où le parent peut croire qu'il n'est pas responsable du problème qu'il voit chez son fils. Pourtant Dieu lui montre qu'il est lui-même concerné, qu'il doit réfléchir plus profondément et avec une grande honnêteté sur lui-même. L'enfant ne prie pas – le parent est loin de la prière ! Que dire ? Que le parent se connaît et sait qu'il investit et dirige son cœur dans la prière ? Mais Dieu lui montre qu'il y a malgré tout quelque chose de corrompu en elle. Si le parent cherche vraiment à se corriger, il trouvera et se corrigera – et il verra clairement les résultats !

Dieu montre à chacun – selon son niveau – ce qu'Il exige de lui. Et à chacun ce qu'il doit corriger selon ses capacités, et ce que Dieu veut de lui pour le sauver. S'il lui semble qu'il s'évertue suffisamment, mais que ses problèmes demeurent, il devra savoir que Dieu sait mieux que lui ce qu'il peut faire. Apparemment il peut faire mieux, et il doit donc s'éveiller davantage.

Tout ce travail est bien détaillé dans les livres *le Jardin de la foi*, *À travers champs et forêts*, *le Jardin des louanges*, et d'autres. Les parents devront donc consacrer un certain temps à l'étude de ces livres, en incluant bien entendu ceux sur la paix du ménage : *le Jardin de la paix* et *la Sagesse féminine*, sans oublier celui sur l'Éducation, comme nous l'avons suggéré précédemment.

Comme nous l'avons déjà signalé, lorsqu'on effectue ce travail, il faut donner à l'enfant tout l'amour et le soutien dont il a besoin, car il traverse une phase difficile. Il lui semble qu'il a trouvé le meilleur de la vie : pourquoi donc tout le monde s'oppose-t-il à lui ? Il n'a pas compris qu'il suit seulement une voie qui le conduit vers l'enfer. Et comme c'est un point très sensible, cela n'est pas le moment de se débarrasser de l'enfant, mais au contraire de l'aimer. Et c'est cet amour qui le sauvera en le gardant attaché à ses parents et au bien, par un certain lien, qui le protégera et lui permettra de revenir au moment voulu, quand il comprendra que ses mauvais amis l'ont trompé.

C'est la seule voie ! Celle de la foi. Celui qui tente d'aller à contre-courant des épreuves et des difficultés que Dieu lui prépare s'est trompé de combat et ne fait que lutter contre les souffrances – et ces dernières ne feront qu'empirer, Dieu ait pitié de nous. Car il s'en prend au bâton de Dieu venu pour l'éveiller à corriger ce qu'il doit corriger. L'homme pense que c'est son fils qui le fait souffrir ? Alors Dieu, pour ainsi dire, lui dit : « Penses-tu que c'est ton fils ? Si Je t'écoutais, Je te suivrais dans ton raisonnement et te montrerais quels problèmes ton fils pourrait te causer, comme tu le crois... »

En revanche, si l'homme regarde les souffrances avec les lunettes de la foi, et dit « Merci Dieu » pour ces souffrances, les rigueurs s'adoucissent déjà considérablement et il peut d'ores et déjà réfléchir et prier, se repentir et voir des délivrances. Car ici aussi Dieu, pour ainsi dire, lui dit : « Comprends-tu que c'est Moi qui agis ? Si tu Me comptes dans le tableau, si tu te tournes vers Moi, alors Moi également Je te délivrerai ! »

Il existe en effet un principe évident : si on ne comprend pas que c'est Dieu et que c'est pour le bien, il est impossible de prier. Mais quand on croit et qu'on remercie – « Merci Dieu » – que le Créateur n'est venu que pour éclairer et éveiller l'homme, alors on cherche quel est le message. Que le parent comprenne que les problèmes dont il souffre proviennent de ses propres erreurs ou non, il cherchera la signification du message et se repentira – et ils seront sauvés, lui et son enfant.

101 – Guéri et riche en même temps !

Un juif ayant traversé une période de dénuement particulièrement amère me raconta qu'il avait l'habitude de mendier quelques pièces pour acheter des *'halot* et du vin pour Chabbat, mais qu'en dépit de ses difficultés il se renforçait sans cesse dans la foi et disait : « Créateur du monde, est-ce Ta volonté ? Je suis très heureux de ce que Tu fais ! Merci ! »

De plus, il fut atteint subitement d'une grave maladie, qui le rendit pratiquement paralysé. Un rav qu'il connaissait vint le visiter et lui dit : « Prie pour ta guérison ! » Cet homme lui répondit : « Pourquoi ? Si le Créateur du monde le veut ainsi, il ne me reste qu'à Lui dire "Merci". Je me sens honteux devant le Créateur : comment pourrais-je dire au Créateur du monde ce qu'Il doit faire ? Je ne peux que Lui dire "Merci" ! Si Sa volonté est telle, je dois me renforcer dans la foi : c'est mon travail ! Ce que le Créateur veut, qu'Il le fasse ! »

Ce juif a vu de vrais miracles. Il réussit à guérir seul, sans aucune aide. Comme cet homme avait une forte foi – ainsi que le dit le plus sage de tous les humains, le roi Salomon (*Proverbes* 28,20) : « L'homme croyant est comblé de bénédictions » –, il se renforça dans la foi et bénéficia de la Providence particulière. Il fut même le témoin d'autres prodiges que l'intellect ne peut saisir. Il avait autrefois travaillé dans le commerce international. Un diplomate africain vint le voir, parce que son pays avait besoin d'un homme d'affaires pour défendre ses intérêts économiques dans le monde entier. Il lui proposa de devenir le représentant de plusieurs mines d'or que comptait ce pays. Cet homme lui affirma qu'il conviendrait parfaitement pour ce travail.

Suite à quoi, il voyagea en sa compagnie à l'étranger et rencontra le président du pays en question. Il obtint la confiance du gouvernement et reçut le droit de négocier toutes les transactions concernant ces mines d'or. En une seule nuit, il s'enrichit considérablement.

Il lui avait suffi de se renforcer dans la foi pour devenir en un clin d'œil aussi riche que Crésus !

Cet homme me raconta que, bien qu'ayant traversé des années de marasme, il n'avait jamais cessé de se renforcer dans la foi. Bien qu'il fournît énormément d'efforts pour gagner son pain, s'il rencontrait un autre pauvre qui n'avait rien, il lui donnait ce qu'il avait, quitte à ne garder pour lui et sa famille que peu de chose. Et s'il avait de quoi préparer Chabbat, il le lui donnait. Il me raconta : « Je n'arrêtais pas de me renforcer dans la foi ! Je disais sans cesse "Merci pour tout" au Créateur du monde. Je ne cessais de Lui parler : "Créateur du monde ! Est-ce cela que Tu veux ? C'est très bien ! Merci ! C'est excellent !" »

Où commence l'épreuve de l'homme ? Lorsque l'intellect commence à faire des heures supplémentaires, et lui dit que c'est difficile, que ce qu'il vit n'est pas bien, l'homme commence à se culpabiliser, à se mortifier, à devenir triste, découragé et déprimé – alors qu'il devrait se ressaisir et dire au Créateur du monde : « Je ne comprends rien. Tu le veux ainsi ? C'est excellent pour moi. Créateur du monde, ce que Tu veux, je le veux aussi. » La vraie foi, c'est de dire : « Je suis heureux en toute occasion, en dépit de toutes difficultés et de tous les problèmes, qu'il s'agisse du gagne-pain ou de la paix dans le ménage. »

Chacun doit parler ainsi au Créateur du monde : « Ainsi Tu veux que ma femme ne partage pas mes opinions ? Tu veux insuffler à mon conjoint (ou à ma conjointe) qu'il (ou qu'elle) se rebelle contre moi ? C'est Toi qui décides de tout : je Te demande seulement de m'aider à me renforcer dans la foi ! Dans tout ce que Tu as décidé pour moi,

Créateur du monde, je Te demande seulement, Béni sois-Tu, de me permettre d'être fort dans la foi, jusqu'au bout. Que je puisse Te remercier pour tout, ne pas m'embrouiller un seul instant, n'accuser personne, et savoir que tout provient de Toi et que c'est pour mon bien parfait, même si je ne le comprends pas. » Et tout le temps, supplier le Créateur du monde : « Pourvu que le pire n'arrive pas, mais qu'au moins je me renforce dans la foi ! Est-ce Ta volonté ? Excellent ! Je n'y comprends rien ! »

Chacun doit être fort dans la foi et ne demander à Dieu que la foi ! Car si l'homme est fort dans la foi, Dieu béni soit-Il le paie comptant, comme on le voit souvent très clairement. Parfois ce n'est pas le même jour, comme il ressort de l'histoire de ce pauvre juif, mais Dieu paie comptant dans ce monde ! Quelquefois il faut tenir deux semaines pour se renforcer dans la foi, d'autres fois il faut patienter pendant des mois, ou même une année entière, selon la volonté divine. Mais l'essentiel est d'être fort dans sa foi.

Tant que l'homme est fort dans la foi que tout est pour le bien, qu'il remercie Dieu pour tout, même pour ce qui n'est pas bien, tout se transforme en bien pour lui. Il en résulte que la seule punition dans ce monde consiste à dessaisir quelqu'un de sa foi. Par conséquent, si on constate un problème ou une difficulté, on doit demander à Dieu de nous redonner la foi que tout est pour le bien, et recommencer à remercier pour tout, même si on ne ressent pas encore – en son for intérieur – que tout est pour le bien. Car le fait même de remercier ouvre de nouveau les portes lumineuses de la foi, et permet d'éprouver la joie au fond de soi-même.

De même, garder la foi que tout est pour le bien n'est pas un concept à rejeter après usage : il faut l'étudier sans cesse, l'écouter et se renforcer avec.

Une femme me raconta qu'elle développa énormément sa foi en lisant tous les livres, en écoutant les CD sur le remerciement et les louanges, et en pratiquant aussi l'isolement, et qu'en effet sa vie devint très douce. Cependant, peu à peu elle commença à s'éloigner jusqu'à se retrouver loin de tout. C'est pourquoi chacun doit se brancher à « la perfusion », s'attacher aux livres, aux CD, aux *Diamants*, en écoutant des cours, en ne cessant pas son travail de remerciement et d'isolement, en y consacrant chaque jour un temps fixe, en notant journellement, tous les jours de sa vie, dans un « carnet de remerciements » tous les miracles que Dieu lui a faits, en s'isolant dans la prière et en lisant les livres quotidiennement. Car le train-train habituel et les incitations du mauvais penchant conduisent à se détourner de la finalité de la vie et de la douce vie dans la foi.

Nos Sages de mémoire bénie ont enseigné que la première question posée à l'homme après cent-vingt ans est la suivante : « As-tu fixé des temps pour l'étude de la Torah ? » Car celui qui fixe des temps pour la Torah est obligé de se renforcer. Chaque jour il entendra des nouveautés, apprendra encore autre chose. De cette manière, il ne se détournera pas des bontés dont Dieu le gratifie et il se rapprochera de sa finalité.

102 – On ne me doit rien

J'ai reçu la visite d'un homme brisé et découragé – Dieu ait pitié de nous. Il avait de nombreux enfants, mais il ne disposait d'aucun revenu. Je lui ai dit que s'il avait la foi que tout est pour le bien, et qu'il remerciait une demi-heure par jour pour son manque d'argent, ses problèmes se résoudraient très vite et très facilement. Toutes ces rigueurs s'adouciraient et il attirerait sur lui une puissante bienveillance divine. S'il parvenait à la foi que Dieu est bon, tout serait bon.

Et en effet, cet homme remercia chaque jour, et toutes ses difficultés disparurent.

Une fois, je conseillai à une femme malade de dire « Merci beaucoup » pendant dix minutes chaque jour pour tous les organes de son corps qui étaient en bonne santé : « Merci que je puisse voir avec mes yeux, merci que je puisse entendre avec mes oreilles, merci que je puisse me déplacer avec mes jambes, etc. » Et cela pendant seulement dix minutes. Dire « merci beaucoup » pour les bienfaits que le Créateur du monde dispense, puis solliciter la compassion divine pour la guérison de la maladie dont elle souffrait : « Créateur du monde, aie pitié de moi, aide-moi, on ne me doit rien, mais j'implore un don gratuit : que Tu me guérisses. »

Le sentiment d'insatisfaction de l'homme est une hérésie. Que ce soit matériellement ou spirituellement, c'est une hérésie. C'est comme si on disait à Dieu, béni soit-Il, qu'Il ne dirige pas correctement le monde, Dieu nous en préserve, que Sa conduite du monde est injuste et corrompue, Dieu nous en préserve.

L'homme doit savoir qu'on ne lui doit rien, et dire « Merci beaucoup » à Dieu pour chaque signe minuscule que le Créateur utilise pour le rapprocher de Lui. Il y a un chant célèbre dont les paroles sont les suivantes : « Réjouis-toi, mon fils, de ton lot ; tu ne prendras rien de ce monde, même de ce que tu as amassé. » Ce chant renforce l'homme en lui rappelant qu'il ne prendra rien de ce monde en le quittant, et qu'il doit donc se réjouir de son lot, sans envier les autres. J'ai ajouté ces mots : « Réjouis-toi, mon fils, de ton lot – sinon tu perdras aussi ce que tu possèdes... »

Il est écrit dans le saint *Zohar* qu'on saisit tous les biens de celui qui ne se réjouit pas de sa part. Cela à la différence de celui qui s'en réjouit : il reçoit son lot intégralement et également celui des insatisfaits. Il s'ensuit que les gens tristes perdent leur lot qui est donné à ceux qui se réjouissent du leur...

103 – La manière la plus facile

Un homme très endetté vint me demander conseil, après que sa femme lui eut conseillé de partir aux USA pour ramasser de l'argent destiné à couvrir leurs dettes. Il hésitait à le faire.

Je lui répondis : « Je ne m'oppose pas à ton départ à l'étranger, mais j'ai un conseil plus simple à te donner, qui exige beaucoup moins de temps, n'entraîne aucune dépense et te sauvera définitivement de ton endettement : fais six heures d'isolement pour tes dettes... »

Mais cet homme hésitait encore. Il me dit : « Honoré Rav, comment ferais-je les six heures ? Je peux à peine parler à Dieu quelques minutes... »

Je lui dis alors : « Au lieu de gaspiller vingt heures à l'aller et vingt heures au retour pour ton voyage en avion, au lieu de dépenser beaucoup d'argent pour le coucher et le manger, sans compter les déplacements à pied et de dépendre de la bonté des gens – sans être assuré que tu réussiras à couvrir tous tes frais et que cela n'occasionnera pas d'autres dettes... ! Et même si la chance te sourit et que tu parviennes vraiment à rembourser tout ce que tu dois, tu n'auras pas encore supprimé le problème à sa racine. Il est presque sûr que tu seras obligé de repartir à plusieurs reprises ou de trouver d'autres solutions pour éponger toutes tes dettes. Au lieu de tout cela, il serait bien plus simple que tu t'isoles pendant six heures. C'est un peu moins que 20 heures, sans compter l'attente à l'aéroport, et c'est bien moins difficile que tous les voyages, et autres déplacements à l'étranger. La dépense est nulle et il est impossible de revenir avec des pertes. L'essentiel, c'est de mériter en vérité de résoudre le problème à sa racine, de prier, de se repentir sur la faute qui fut à l'origine de tes dettes. Et je te promets que tu n'en auras plus jamais.

« Maintenant à toi de choisir et de décider ce qui te convient le mieux : voyager à l'étranger pour ramasser de l'argent ou te rendre dans un champ, une forêt ou un jardin, et te tenir face à Celui qui pourra vraiment trouver une solution à ton problème et aplanir toutes tes difficultés. »

Je lui dis que s'il choisissait la voie la plus facile et la plus juste, je le guiderais dans les grandes lignes de la prière de la manière suivante :

1)   Tout d'abord il convient que tu remercies beaucoup Dieu pour tout le bien qu'Il t'a fait jusqu'à ce jour, pour toutes les fois où Il t'a aidé jusque-là à vivre en dépit de tes dettes, et pour les autres bienfaits dont Il t'a gratifié matériellement et spirituellement. Mais tu dois aussi dire

« Merci » pour les dettes elles-mêmes qui sont bien sûr bonnes, puisqu'elles te permettent de te tenir maintenant devant Dieu pour t'isoler longuement, une chose que tu ne ferais pas sans elles...

2) Ensuite, dire : « Maître du monde, il est certain que je n'ai pas de gagne-pain parce que je ne le mérite pas... Il est évident que ces grandes souffrances causées par mes dettes proviennent de mes fautes. Car "il n'existe pas de souffrance sans faute" et Tu es juste pour tout ce qui m'arrive. Tu as agi avec loyauté et je suis coupable. Tu es juste de me laisser sans subsistance, Tu es juste de m'avoir couvert de dettes. » Et justifie longuement les rigueurs qui te frappent.

3) Puis, demande à Dieu qu'Il te montre la voie du repentir et dis-Lui : « Maître du monde, tout est clair devant Toi. Tu sais précisément ce que je dois corriger dans ma spiritualité. Tu sais exactement ce que Tu me suggères par ces dettes, et ce que Tu veux de moi concrètement. Aide-moi alors à corriger tout ce qui est nécessaire... » Augmente, prolonge tes prières et supplie Dieu pour qu'Il te rapproche de Lui et qu'Il te montre quelle réparation spirituelle tu dois effectuer. Demande aussi de manière générale qu'Il te pardonne toutes les fautes qui furent à l'origine des souffrances causées par ta situation financière. Et sur ce dernier sujet, il convient de prolonger particulièrement tes prières.

4) Dans tes prières, insiste sur la foi, demande de croire que Dieu est le seul qui pourvoit à tout, qu'il

n'a pas besoin de ton aide pour te nourrir, et qu'aucune initiative de ta part n'est nécessaire. Prie sur la confiance, supprime toute inquiétude et sois complètement convaincu que tout ce que Dieu fait est le meilleur qui soit pour toi. Car seul le remerciement conduit à la confiance en Dieu, et la confiance est le réceptacle idéal pour recevoir l'abondance.

5) Prie pour mériter de donner la dîme de toute somme que tu reçois, pour mériter d'augmenter tes dons aux pauvres et de croire que cela ne te privera de rien. De même, prie beaucoup pour obtenir la compassion divine, afin que Dieu ait pitié de toi, de tes enfants et de ta femme. Invoque tes difficultés à te concentrer dans le service divin à cause des inquiétudes du lendemain. Ainsi que le dit notre maître : l'homme doit être assuré de sa subsistance afin de ne pas s'égarer. Et dis : « Dieu, pourvois à mes besoins, pour que je puisse réparer mon âme au lieu de m'évertuer à rembourser mes dettes. »

6) Demande au Créateur qu'Il te donne gracieusement ta subsistance, et argumente comme rabbi Nathan de Breslev : « Maître du monde, je veux devenir un homme honnête, mais il est clair devant Toi que cela prendra beaucoup de temps. En attendant, donne-moi de quoi vivre pour corriger tranquillement mon âme. »

7) Engage-toi à faire ce qu'il faut pour devenir vraiment intègre, comme fixer des temps pour l'étude de la Torah, etc. Car sans de tels

engagements, tes arguments pour assurer ta subsistance n'auront aucune valeur.

8) L'engagement principal consiste à ne pas passer un seul jour sans effectuer une heure de *hitbobedout* ! Car il est impossible de devenir intègre sans cela, comme il est dit (*Likouté Moharan* II, 100) : « On m'a rapporté que *Maran* a dit que du plus petit au plus grand, il est impossible d'être vraiment intègre, sinon par le biais de la prière dans l'isolement... »

« Et lorsque le Créateur du monde verra que tu agis comme il le faut, que tu t'efforces de te repentir et que tu suis le bon chemin pour devenir juste et droit, alors Il écoutera tes arguments sur tes besoins de gagner ta vie. Et pour finir, Il réglera tes dettes.

« Sache que tu es contraint d'opérer de cette façon pour payer ce que tu dois. Car Dieu béni soit-Il te signifie – à travers tes souffrances – que tu dois te repentir, et c'est Son unique volonté lorsqu'Il limite tes revenus : que tu t'éveilles et te rapproches de Lui. Et si tu ne trouves que des solutions qui t'éloigneront encore davantage de Lui – comme des voyages aux USA, qui sont l'occasion pour certains de perdre tout leur judaïsme – non seulement tu ne résoudras pas tes problèmes, mais tu t'enfonceras encore plus.

« Six heures suffisent pour prier et supplier Dieu encore et encore sur tout ce que nous avons dit, et sur d'autres choses similaires que l'Éternel t'a accordées, et il est évident que tu mériteras une grande délivrance. Mais même après t'être isolé dans la prière pendant six heures consécutives, tu ne devras pas perdre ton élan : pendant une longue période, tu devras consacrer chaque jour une heure quotidienne entièrement dédiée à la subsistance, dans la même direction et le même esprit que pour les six heures. C'est-à-dire : le remerciement, le repentir, la faute qui fut à l'origine de tes dettes, de nombreuses prières sur la foi et la confiance, des arguments devant Dieu afin qu'Il te donne maintenant et gracieusement de quoi survivre, et cela jusqu'à ton retour définitif vers Dieu et que tu sois devenu un homme intègre. Tu seras alors assuré d'avoir résolu tous tes problèmes à leur racine, et jamais plus ils ne reviendront. »

Il est important de connaître ce principe : pourquoi le remerciement et les louanges sont-ils des réceptacles idéaux pour recevoir la subsistance ? L'homme se trouve effectivement là où ses pensées le dirigent, et les pensées sont magnétiques. Ainsi un homme qui a peur de quelque chose est poussé vers ce qu'il craint : il attire à lui cette chose qu'il redoutait, car l'homme se trouve là où vont ses pensées. S'il pense donc à sa pauvreté et à ses difficultés, il s'y retrouvera en vérité, comme le dit notre maître et rav (*Si'hot HaRan* 62) que si l'homme veut devenir riche, il le sera. Tel est le pouvoir de la volonté.

Comme l'écrit rabbi Nathan (*Likouté Halakhot*, Lois de l'hétérogénéité chez les animaux 4,8) : « Parfois la conscience de l'homme se trouble à l'heure de la peine et des souffrances – Dieu ait pitié de nous – et il lui semble que le monde entier le poursuit, et c'est comme si les ennuis se rassemblent pour l'attaquer – Dieu nous en préserve – sans aucun répit. C'est pourquoi son cœur se tord devant Dieu béni soit-Il, et il devient incapable de crier et de Le supplier pour de bon. Par conséquent, ses tourments se multiplient vraiment, car quiconque est attiré par son tourment, son tourment le poursuit.

C'est pourquoi il faut beaucoup veiller à élargir sa conscience au milieu même de ses tourments en remerciant et en louant Dieu pour eux à chaque instant. Car il y a un répit à toute détresse dans le monde, comme l'expriment les versets : "Dans la détresse, Tu me mets au large" (*Psaumes* 4,2) et "Laissez un intervalle entre un troupeau et un autre" (*Genèse* 32,17). Selon le commentaire de nos Sages, notre ancêtre Yaacov demanda de laisser un intervalle entre un troupeau et un autre : c'est-à-dire un répit entre les tourments et entre les exils.

C'est de cette manière qu'on soumet les "écorces" du bœuf et de l'âne, incarnés par Essav et Ichmaël, représentant les tourments et les exils, et qui veulent corrompre le cœur au temps de la détresse, comme si l'espoir n'était plus de mise – Dieu nous en préserve – ce qui représente le pire des plus grands tourments. Même en temps de détresse, il faut savoir apprécier les intervalles que Dieu organise entre un tourment et un autre pour Son peuple, jusqu'à ce jour, et aussi au milieu du même tourment et du même exil. Ainsi nous pourrons crier vers Dieu béni soit-Il et nous serons sauvés de toute détresse, par Sa bonté et Ses prodiges. » (Fin de citation)

Le Maharal écrit sur la *Guémara* (*Baba Metsia* 33a) : « Rav Yehouda dit au nom de Rav : "En vérité, il ne doit pas y avoir d'indigent chez toi." (*Deutéronome* 15,4) "Chez toi" : c'est-à-dire que les vôtres doivent précéder les leurs. Mais rav Yéhouda ajoute, au nom de Rav, que celui qui veille scrupuleusement à observer ce principe finira lui-même par en souffrir. » Il finira lui-même par souffrir de la pauvreté, comme le dit Job (3,24) : « Ce que je redoutais vient m'assaillir » : à savoir s'il redoute le mal comme la pauvreté, il s'amoindrira devant l'objet de cette peur et il finira par en être la victime. La preuve en est que si un homme place une planche de bois entre les deux rives d'une rivière et qu'il la traverse d'un bout à l'autre, il risque de tomber. Mais si cette planche se trouve par terre, il ne tombera pas. Il passera tranquillement et sûrement, parce que l'intellect est la force active dont tout dépend. Par conséquent, en franchissant la rivière, des pensées traversent son esprit et l'homme a peur de tomber : et en effet il tombera ! Ce qui n'est pas le cas s'il emprunte ce même chemin sur cette même planche, à terre, car alors la peur est complètement absente. Il en va de même dans tous les domaines de la vie : celui qui s'effraie de toutes choses de peur d'en être la victime, c'est sa pensée qui lui apporte son mal. Ce qui n'est pas le cas de celui qui place sa confiance en Dieu, comme il est dit : « Quiconque a confiance en l'Éternel, se trouve environné de Sa grâce » (*Psaumes* 32,10). Celui qui se renforce et est persuadé que le Créateur le sauvera s'attire le bien.

Par conséquent, en ce qui concerne la subsistance, il convient que l'homme accepte tout ce qu'on lui envoie de la même façon : en remerciant Dieu pour tout et en ne s'inquiétant de rien. À quoi cela est-il comparable ? À un pauvre qui porte un fardeau si lourd sur ses épaules que son dos est sur le point de se briser. Un riche à bord d'un carrosse lui propose de monter ; le pauvre accepte, mais même une fois installé dans le bel attelage, il ne se déleste pas de son fardeau. Le nanti lui demande : « Pourquoi continues-tu à porter ce colis écrasant sur ton dos ? » Le pauvre lui répond : « Ne suffit-il pas que je charge mon corps sur votre carrosse, pourquoi devrais-je y ajouter aussi le lourd fardeau qui est sur mes épaules ? »

Cette histoire rappelle celui qui s'inquiète pour son gagne-pain. Dans Sa grande miséricorde, à chaque instant, Dieu donne à l'homme la vie et le souffle. Pourquoi s'inquiéterait-on de notre subsistance ? Comme nos Sages de mémoire bénie le déclarent : Celui qui gratifie de la vie pourvoit aussi à la subsistance, afin de pouvoir vivre, selon ce verset : « Décharge-toi sur Dieu de ton fardeau, Il prendra soin de toi » *(Psaumes 55,23)*.

Il faut savoir que le Saint béni soit-Il sauve ceux qui ont confiance en Lui, même s'ils ne le méritent pas, comme l'écrit le *'Hafets 'Haïm* – puissent ses mérites nous protéger – (dans son commentaire sur le psaume 31) : « Sache également que la confiance en Dieu ne dépend pas des mérites, car même si un homme n'est pas digne, mais que sa confiance est forte, cette dernière le protège et Dieu béni soit-Il est bienfaisant à son égard. Et c'est ainsi qu'on doit comprendre le verset : "Voici, les yeux du Créateur sont ouverts sur Ses fervents, sur ceux qui ont foi en Sa bonté" (*Psaumes* 33,18). »

Apparemment, une explication est ici nécessaire : pourquoi n'est-il pas dit « Ses fervents, ceux qui ont foi en Sa bonté », mais « sur ceux qui ont foi en Sa bonté » ? L'intention des Écritures est de différencier « Ses fervents » de « ceux qui ont foi en Sa bonté ». Sinon on pourrait penser que les fervents de Dieu sont ceux qui ont foi en Sa bonté, alors que celui qui n'est pas un fervent, même s'il croit en le Créateur et compte sur Lui, n'aura pas le mérite que les yeux de l'Éternel soient ouverts sur lui. C'est pourquoi il est dit « sur ceux qui ont foi » : pour souligner que tout comme les yeux de Dieu veillent sur Ses fervents, de la même façon ils veillent sur ceux qui ont foi en Sa bonté, en toute situation, même s'ils ne font pas partie de Ses fervents. Comme ils croient en Lui d'une simple foi, ils méritent que les yeux divins veillent sur eux et les protègent, comme il est dit : « Nombreux sont les maux qui menacent l'impie, mais quiconque a confiance en l'Éternel se trouve environné de Sa grâce » (*Psaumes* 32,10). Ainsi, même un impie qui place sa confiance en Dieu est entouré de Sa grâce.

104 – J'ai remercié et j'ai entendu

Je me trouvais à Méron auprès de notre maître rabbi Chimon bar Yo'haï, quand un *Avrekh* de Safed me dit : « Honoré Rav, je veux vous raconter une histoire qui peut renforcer les autres. »

Il me raconta que le tympan de l'une de ses oreilles s'était percé – Dieu nous en préserve – et qu'il ne pouvait plus entendre. Il eut recours à un chirurgien privé pour l'opérer, mais au lieu de l'améliorer, son intervention ne fit qu'empirer son état. Le docteur lui dit : « Sur les radios, il s'avère que non seulement l'opération n'a pas aidé, mais qu'elle a de plus aggravé la situation ! Mais comme j'ai reçu de l'argent, je suis tenu de vous opérer une nouvelle fois pour réparer les dégâts. »

Ce juif lui répondit : « Écoutez, je viens d'étudier la série des *Diamants*, je n'ai pas besoin de votre opération. » Il commença par suivre la voie des remerciements et des louanges, comme nous l'enseignons. Il dit : « Je Te remercie, Créateur du monde, pour le fait que je n'entende pas. Merci beaucoup, Dieu, pour mon tympan qui s'est déchiré. Merci beaucoup pour ce médecin qui n'a pas amélioré mon état. Merci beaucoup Tout-Puissant pour m'avoir fait subir cette opération, que j'ai payée de mes propres deniers, sans pouvoir encore entendre ! Tout ce que le Créateur fait, Il le fait pour le bien. » Toute la journée il ne cessa de remercier, et soudain il commença à réentendre.

Il passa un test auprès du même docteur qui lui dit : « Écoutez, vous avez le même tympan qu'un bébé. Qui a pratiqué cette opération ? Dites-moi la vérité, qui ? Qui et où ? Chez qui êtes-vous allé ? »

Devait-il lui dire : « J'ai dit Merci » ? On l'aurait aussitôt interné dans un service psychiatrique. Ce juif me dit : « Honoré Rav, je vous demande de raconter mon histoire, afin que d'autres gens entendent de leurs oreilles qu'après avoir remercié, j'ai été sauvé, et que j'ai recommencé à entendre parfaitement. »

Certains apprennent que de tels miracles, de telles histoires et de telles délivrances se sont produits, et pourtant ils restent éloignés du travail du remerciement et des louanges. Pourquoi ? Parce qu'ils ne sont pas encore parvenus à la conclusion qu'il n'y a qu'une seule et unique finalité dans leur vie : mériter la foi parfaite. Ils n'ont pas encore compris que la foi authentique est de savoir remercier. C'est-à-dire que l'homme doit se réjouir et dire « Merci » de tout cœur pour tout ce qui lui arrive, et être joyeux de son lot, en acceptant totalement la Providence divine et en recevant avec amour ce que Dieu lui fait. Un tel homme est persuadé que tout ce que le Créateur fait est le meilleur qui soit pour lui, et il annule donc sa volonté devant la Sienne et se soumet devant Lui : tout cela s'appelle la foi parfaite !

Le mauvais penchant – lui – sait quelle est la finalité de l'homme. Pour l'en éloigner, il introduit en lui des pensées hérétiques. Il sait aussi la prodigieuse force du remerciement et des louanges pour déclencher toutes les délivrances. C'est pourquoi le mauvais penchant s'ingénie à troubler le cœur des gens et fait tout pour les empêcher de remercier et de louer Dieu. C'est de là que naît la grande difficulté de remercier et c'est pourquoi l'homme est loin de ce travail des remerciements et louanges. Et cela bien qu'on sache que de tels miracles existent, que l'on a bien besoin d'être sauvé et qu'il est évident qu'il n'y a rien à attendre de la voie de la nature. Pourtant le mauvais penchant endurcit le cœur et ne permet pas de voir et de comprendre que par le biais du remerciement et des louanges, on pourrait provoquer d'autres miracles et prodiges, et que les délivrances surnaturelles sont illimitées. Par conséquent, c'est la voie à suivre pour quiconque a besoin de secours : dire « Merci », et s'arrêter de pleurnicher, car celui qui se réjouit de ses souffrances apporte la délivrance au monde. En agissant ainsi, on incite Dieu béni soit-Il à se comporter au-delà de la stricte application de la loi. Et l'homme vivra des miracles et des délivrances surnaturelles.

105 – J'ai dit « Merci » et j'ai respiré

Lors de mes conférences, je demande toujours au public de m'écrire des histoires sur le thème « J'ai dit Merci et j'ai été sauvé ». À la fin de l'une d'entre elles, un *Avrekh* monta sur l'estrade et raconta qu'il avait parfois des crises d'asthme qui l'empêchaient de bien respirer, et que rien ne pouvait l'aider...

Comme il ne pouvait plus parler, il commença à dire « Merci » en son cœur : « Je Te remercie, Dieu béni sois-Tu, de ne plus pouvoir respirer. Si Tu veux m'empêcher de respirer, je Te remercie également pour cela. Merci de m'avoir permis de respirer jusqu'à ce jour, je T'en remercie... » Il dit ainsi « Merci » et remercia le Créateur du monde pendant deux ou trois minutes, et ses difficultés respiratoires disparurent comme s'il ne s'était rien passé.

En vérité, si l'homme ne trouve pas sur quoi remercier, qu'il dise « Merci » sur le fait qu'il respire. Pour cela aussi il faut remercier à chaque instant. Tu respires ? Dis « Merci ! » Encore un autre souffle, une autre fois « Merci ! » Nos Sages de mémoire bénie rapportent (*Yalkout Chimoni, Psaumes* 150, entrée 889) : « Rabbi Lévi au nom de rabbi 'Hanina : Il faut louer le Saint béni soit-Il pour chaque souffle, pour chaque respiration, comme il est dit : "Que tout ce qui respire loue Dieu." » Et le Rokéa'h écrit dans son commentaire sur le Livre des prières : « En terminant tous les Psaumes, David mentionne "Tout ce qui respire" pour faire savoir que toutes les louanges qu'il a chantées ne valent pas la dernière, celle pour le souffle dont l'homme est gratifié. »

Le prophète Jérémie (*Lamentations* 3,39) dit également : « Pourquoi donc l'homme se plaindrait sa vie durant, l'homme chargé de fautes ? » Et le Talmud *Kidouchin* (80b) nous enseigne : Pourquoi l'homme gémirait-il sur la conduite du Saint béni soit-Il, alors qu'il est suffisant que Dieu lui ait donné la vie ! Et les *Baalé Tossefot* (*id.*) rapportent l'histoire de cette femme qui avait sept fils, dont l'un mourut. La mère se mit à pleurer. On lui dit : « Ne pleure pas, si tu continues tu perdras encore un autre de tes fils. » Elle ne put s'arrêter, et un autre fils mourut. Elle pleura de nouveau. Elle persista ainsi dans ses pleurs, jusqu'à la perte de tous ses fils. Ensuite elle mourut, parce qu'elle reprochait au Saint béni soit-Il Sa conduite !

On apprend de cette histoire que si, au lieu de voir la délivrance, l'homme pleurniche, ses souffrances s'aggravent et des raisons supplémentaires pour pleurer et se plaindre s'accumulent – Dieu nous en préserve. Cela à la différence de celui qui dit « Merci », et comme nous l'avons déjà expliqué, on proclame alors dans le Ciel : « On va te donner maintenant d'autres raisons pour dire Merci. »

106 – Le médecin ne sut pas comment l'expliquer

Un médecin dit à une jeune fille de 26 ans qu'on était obligé de lui ôter l'un de ses organes internes – Dieu ait pitié de nous –, mais elle mérita de dire Merci pendant une demi-heure par jour. Après un mois et demi, les tests ont prouvé que tout était complètement net et propre ! Le médecin lui dit : « Je ne peux pas vous expliquer ce qui s'est passé... » Elle lui dit alors : « Vous n'êtes pas du tout tenu de m'expliquer quoi que ce soit... » En général, les médecins réagissent avec le concept du « miracle médical ». C'est le pouvoir du remerciement.

Lorsqu'un juif vit dans la voie des remerciements et des louanges et qu'il s'habitue à remercier, il ressent les bontés divines l'environner à chaque instant et à chaque seconde. S'il lui arrive toutes sortes de crises et d'épreuves qui n'apparaissent « pas bonnes », il voit en fait la bonté de Dieu, Sa bienfaisance et Sa miséricorde. Il croit alors d'une foi parfaite que même les difficultés et les tourments sont très positifs, car seul Dieu béni soit-Il sait quel est le bien authentique pour chacun. L'homme se dit donc en lui-même : « Jusqu'à présent, Sa compassion m'a aidé et

Sa bonté ne m'a pas quitté, Dieu a fait gracieusement pour moi tant de biens. Il est évident que cela est aussi pour mon bien, et il est certain que Dieu ne m'abandonne ni ne m'oublie. Il veut avoir pitié de moi et semer sur ma voie d'autres délivrances et d'autres bontés, et m'enseigner que tout est "Je suis l'Éternel". »

Le vrai Messie ne pourra presque rien apprendre de nouveau à celui qui vit avec le livre *le Jardin des louanges*, avec les CD sur les remerciements et avec les *Diamants*. Que viendra-t-il nous enseigner ? Le vrai Messie viendra enseigner à tous de remercier pour tout, de croire en Dieu, et que tout est bon. Mais celui qui suit la voie du remerciement et des louanges le sait déjà parce que sa vie est entièrement bonne : il remercie déjà pour tout !

107 – A chaque problème sa solution

Voici une histoire racontée par le rav qui donne chez nous des cours en russe :

Un couple n'eut pas d'enfants pendant de longues années. Ils prièrent et ils furent exaucés, mais leur fille naquit malade. Aucun médecin ne put comprendre ce qu'elle avait. S'étant déjà rapprochés du judaïsme, ses parents prirent contact avec leur rav qui leur conseilla de dire « Merci », et que tout irait bien.

Ils se mirent à remercier et l'enfant surmonta ses difficultés. Il s'avéra alors qu'elle avait des problèmes respiratoires. Les médecins conseillèrent une doctoresse allemande qui pouvait soigner le germe dont elle souffrait avec un certain gaz. Les parents n'étaient pas tranquilles : un médecin d'Allemagne, un traitement par gaz, tout cela ne sonnait pas très bien. Ils contactèrent de nouveau leur rav, qui leur dit : « Remerciez de nouveau ! » Ils se rendirent dans une synagogue pour dire « Merci ». C'est alors que les docteurs décidèrent d'opérer l'enfant. Ils parvinrent à extraire sa trachée-artère, mais ne réussirent pas à la remettre en place. C'est à ce moment-là qu'ils comprirent qu'un morceau de chair bloquait sa respiration, ce qu'ils n'avaient pas pu déceler au cours de l'intervention. En sortant la trachée-artère, ce qui l'obturait sortit avec. Cette découverte rendait désormais tout traitement inutile.

Chacun doit bien comprendre ! Plusieurs manques empêchent de vivre avec la foi que Dieu est bon constamment, et que le mal n'existe pas du tout dans le monde :

- Soit la personne n'a pas une foi absolue en la réalité du Créateur de façon sensible et positive. C'est-à-dire qu'elle ne reconnaît pas dans sa vie le Créateur comme une présence qui supervise chaque détail de son existence. Selon elle, le Créateur se trouve quelque part dans le Ciel, et n'intervient pas dans le quotidien des hommes. C'est pourquoi elle ne pense pas à se tourner vers Lui pour les sujets qui la préoccupent.

- Soit il lui manque la conviction que chacun a le pouvoir, et le mérite, de s'adresser simplement au Créateur, pour Lui demander à tout propos une aide, pour prendre conseil, pour Lui raconter ses peines et L'associer à toutes ses occupations.

- Soit elle ne croit pas que le Créateur l'entend et écoute sa prière parmi toutes celles des créatures.

- Soit elle ne croit pas qu'Il l'aime et veut l'aider comme Il le fait pour chaque créature – d'autant plus quand elle se tourne vers Lui et Lui parle.

- Soit elle ne croit pas en Son infinie bonté et Sa compassion, et qu'Il peut aider en toute situation, même si le requérant est privé de tout mérite.

C'est la raison pour laquelle l'homme doit prier chaque jour et demander à Dieu de lui donner la parfaite foi, de lui permettre de croire que le Créateur l'aime constamment, qu'Il attend et aspire à entendre sa prière, à écouter chaque mot prononcé, car Il veut l'aider et lui faire du bien. Demander et supplier Dieu qu'Il lui permette de savoir que toute la finalité de la Création est que le Créateur veut faire du bien et être compatissant envers Ses créatures. Lui demander de croire que c'est le plus grand plaisir qui soit pour le Créateur et que Son honneur grandit quand l'homme bénéficie de tout le bien et qu'il réussit dans la vie. Le Créateur possède une infinie compassion propre à le sauver de la pire des détresses, même en l'absence de tout mérite – car il suffit qu'il se tourne vers Lui.

L'homme qui croit en cela s'adresse donc au Créateur à tout moment, à chaque instant, et il lui raconte tout ce qui lui arrive sans omettre aucune de ses difficultés. Il Le remercie, Lui demande de satisfaire chacun de ses besoins, fait appel à Ses conseils – et ainsi de suite.

108 – Plus doux que le miel

Quelqu'un m'a rapporté que son père – Dieu nous en préserve – était diabétique. De plus il était particulièrement obèse, et ses souffrances étaient terribles – Dieu ait pitié de nous. Des années de souffrances ! Jusqu'à ce que le CD *Cesse de pleurnicher* lui parvienne : il l'écouta, commença à remercier – et ses souffrances disparurent...

Il est écrit dans le *Pélé Yoets* (entrée *Hiloul*, louanges) : « Il convient de louer Dieu pour tout le bien qu'Il nous prodigue, et même si notre bouche était remplie de cantiques... nous ne pourrions cesser de Le louer. Même le silence est Sa louange ! Quoi qu'il en soit, il est impossible de s'abstenir complètement de Le louer, et il est convenable de remercier Dieu à des moments déterminés. Lorsqu'un homme raconte que ce qu'il a fait a réussi, il doit aussitôt mentionner le nom de Dieu et dire : "Louange à Dieu qui m'a gratifié de Ses bontés et aidé à réaliser telle ou telle chose." En dépit des souffrances qu'il peut éprouver, il doit louer Dieu qui lui a donné le mérite de faire partie de ceux qui sont réprimandés parce qu'ils sont aimés de Dieu, et non de ceux qu'on rétribue (en ce monde) parce qu'ils sont Ses ennemis. Il doit Le louer de ne pas souffrir davantage, car Dieu est miséricordieux dans Ses jugements et fait payer à l'homme son dû pour son bien. Si Dieu lui accorde un traitement préférentiel, il convient de Le louer, parce que cela ne découle pas de son mérite, mais uniquement de la compassion et de la miséricorde du Créateur à son égard. Car beaucoup parmi les plus valeureux sont privés de tout bien. Il devra beaucoup se soumettre et graver dans son cœur la parfaite foi que Dieu lui a donné la force de réussir, que tout provient de Lui et qu'il prévoit tout. »

Pourquoi est-il important de remercier explicitement ? Rabbeinou Yona répond à cette question (*Cha'arei Techouva*, Les Portes du repentir 3,148) : « Puisqu'il s'avère que Dieu béni soit-Il a tout créé pour Sa gloire, l'homme est tenu de veiller à chaque instant à honorer Son Nom, Le sanctifier et L'élever par toutes ses paroles, Le remercier et Le bénir sans cesse, comme il est dit (*Psaumes* 34,2) : "Je bénirai l'Éternel en tout temps, constamment j'aurai Ses louanges à la bouche." Et lorsqu'il prend la parole en public, ou quand il converse avec ses amis, il devra être très minutieux à chaque mot prononcé en sanctifiant Son Nom, en prodiguant des louanges sur Son service, des éloges sur Sa vénération, en complimentant Ses serviteurs et Ses adorateurs. Ainsi il gagnera un grand mérite : la pureté du cœur et de la bouche – sans aucun effort physique –, car c'est pour cela que l'homme a été créé. »

109 – Le mieux qui soit pour nous

Rav Chemouel Goldstein, l'un des survivants de l'attentat de la synagogue de Har Nof (Jérusalem), raconte : « Au milieu de la prière des Dix-huit bénédictions, j'ai entendu des coups de feu. Avec Mordekhaï, mon fils de 12 ans, nous nous sommes précipités pour nous cacher sous la table. J'ai dit *Chema Israël*. Entre-temps, les tirs continuaient. Et brusquement, un lourd silence a régné. Un Palestinien, armé d'un couteau, se dirigea vers moi et me donna plusieurs coups dans le dos et la tête. Puis il poursuivit son chemin. Couché par terre, je vis son compagnon, debout à côté du pupitre de l'officiant. Je remarquai que son arme s'était enrayée, ce qui me laissa le temps d'appeler la police. En remettant mon téléphone portable dans ma poche, je m'aperçus qu'il me tournait le dos. Le Saint béni soit-Il me donna alors des forces inattendues en ces secondes cruciales : de mes deux mains, j'attrapai l'homme par les épaules pour le faire tomber. Dans sa chute, il lâcha son couteau et son arme à feu. À ce moment-là, l'autre nous remarqua et marcha dans ma direction. Il me cria : "Sors d'ici !" Je courus dehors. Je réalisai que je venais de bénéficier d'un miracle : au lieu de saisir l'arme qui était tombée par terre, il m'avait renvoyé. C'est alors que des infirmiers sont arrivés : ils me firent monter dans une ambulance et je perdis connaissance. »

L'épouse de rav Goldstein raconte : « Lorsque mon fils Mordekhaï est entré à la maison et m'a dit : "Maman, il y a trois hommes dans la synagogue qui tirent des coups de feu", la première chose qui m'a traversé l'esprit fut : "Tout ce que Dieu fait, Il le fait pour le bien." J'ai embrassé mon fils et remercié en mon cœur Dieu béni soit-Il : un miracle vivant se tenait devant mes yeux... J'ai appelé la police en mentionnant tous les détails que je savais. J'ai fait asseoir les enfants et après leur avoir distribué des livres de Psaumes, je leur expliquai en quelques mots ce qui se passait. Je leur ai dit que ce que Dieu fait est pour le bien. Et nous avons prié que Dieu fasse le mieux pour nous. Notre petite fille de 2 ans s'est réveillée et celle de 4 ans lui a dit : "Ne t'inquiète pas, Dieu fera ce qui est le mieux pour nous." Nous avons continué à lire des Psaumes pendant que le téléphone sonnait sans cesse. Je reçus un appel de l'assistante sociale, qui m'apprit que mon mari était à l'hôpital, où il y était arrivé accompagné. Je sortis de la maison avec ma mère, ma sœur et mon beau-frère.

Je dis aux enfants : "Rappelez-vous : tout ce que Dieu fait, Il le fait par amour." Pour moi, être parent, c'est enseigner à ses enfants la foi et la simple confiance en le Saint béni soit-Il par l'exemple. Nous sommes convaincus, mon mari et moi, que tout ce qui arrive, peu importe quoi, tout provient de Lui béni soit-Il. De notre côté nous tentons d'agir selon nos capacités, pour les petites choses comme pour les grandes. Dans mon cœur je me préparais au pire. En arrivant à l'hôpital, le médecin de service nous annonça que l'état de mon mari était critique. Nous nous sommes assis dans la salle d'attente et nous avons continué à lire des Psaumes. On m'informa alors que mon mari avait été frappé à la tête par le manche du couteau et qu'un éclat de bois avait pénétré dans le cerveau ; son oreille n'était plus reliée que par le tympan et une grande et profonde blessure lui entaillait le dos. On me permit de le voir une minute, avant qu'on le conduise dans le bloc opératoire. Quand il entendit ma voix, mon mari ouvrit les yeux : le médecin était incrédule ! Je dis à mon mari : "Mordekhaï est à la maison, il est sain et sauf." Je vis son bonheur dans les yeux. C'est ainsi qu'il entra se faire opérer – une opération qui dura onze heures.

Au milieu de l'intervention, le chirurgien sortit et nous annonça qu'ils avaient réussi à ôter l'éclat de bois du cerveau. Il ajouta qu'une greffe serait nécessaire à l'endroit où il s'était fiché. Il s'arrêta alors et nous dit soudain : "Il n'y a aucun rapport entre son état neurologique et ce que nous voyons à l'intérieur. Vous bénéficiez de la Providence d'En-haut." Ainsi, à mesure que les jours s'écoulèrent nous avons assisté à d'autres miracles, l'un après l'autre. Une semaine et demie plus tard, contrairement à toutes les prévisions, mon mari était de retour à la maison, un pur effet de la bonté divine. En rentrant chez nous, j'ai repensé aux premiers mots qu'il avait prononcés en se réveillant de l'anesthésie : "Je veux chanter l'Éternel ma vie durant..." Nos bouches se remplirent de chants et de remerciements à Dieu béni soit-Il pour les miracles et les prodiges. »

Rav Chemouel Goldstein poursuit : « Quand je me suis réveillé le lendemain, à l'hôpital, ma première pensée fut : "Je veux chanter l'Éternel ma vie durant." Depuis, je ne cesse de revenir sur ce verset. J'ai vu la mort en face et j'ai été sauvé par une série de miracles, les uns après les autres – une suite de miracles totalement contraires à la nature. Depuis l'attentat, j'ai une tout autre conception de la vie. Tout est miracle. Ce ne sont que des miracles au milieu d'autres miracles. Nous sommes tenus de remercier le Saint béni soit-Il pour tout souffle de vie. Les gens pensent qu'en achetant un nouvel appareil, ils ne doivent remercier Dieu que pour ce cadeau. Quant à tout le reste, cela leur semble évident, car ils se sont déjà bien habitués à ce qui leur semble naturel. Cette conception est tellement fausse ! Nous devons Le remercier pour chaque chose, même pour ce que nous avons depuis des années. Chaque fois que nous en bénéficions, nous devons dire *Merci.* »

110 – Ses souffrances l'ont fait grandir

Voici une autre histoire qui illustre le pouvoir du remerciement. Elle a été publiée sur notre site et elle montre que le remerciement et la foi ont une valeur thérapeutique, et peuvent donner la force de tout supporter, les douleurs et les souffrances.

Galit Guilboa était heureuse : elle était sur le point de se marier. Cependant, quelques mois seulement avant son mariage, son fiancé fut tué lors de l'opération *Bordure protectrice*.

Galit avait grandi dans un quartier luxueux de Peta'h Tikva. Les vols à l'étranger et les séjours à l'hôtel lui étaient familiers. En dépit de cela, tout ne fut pas rose dans sa jeunesse. Au cours des conférences qu'elle donna à des femmes et des jeunes filles à travers le pays, elle raconta :

« Un jour que je faisais mon service à Psagot, mon frère est arrivé et m'a dit : "Galit, on n'a plus de maison. Tu dois chercher un autre endroit pour vivre." Nos parents venaient de divorcer. Pendant deux ans, quand le Chabbat arrivait, je devais chercher où dormir. » C'est ainsi qu'elle décrit cette période difficile. Elle supporta tant bien que mal toutes ces épreuves, qu'elle vécut jusqu'à l'âge de 18 ans. C'est alors qu'arrivèrent des événements peu communs.

En dépit de ces difficultés, elle se renforça dans la foi et s'inscrivit à des cours de graphisme de l'institut *Emouna* de Jérusalem, et elle logeait à l'internat. « Je suis arrivée une fois dans le dortoir, et là, mes amies étaient assises et pleurnichaient, chacune racontant combien elle était malheureuse. Je leur ai dit : "Vous n'êtes pas normales, nous sommes tellement riches !" J'ai commencé à leur prouver à quel point nous étions heureuses. Aucune d'entre elles ne savait ce qui s'était passé chez moi. Ma meilleure amie me dit : "Assieds-toi et tais-toi. Tu es riche : il n'est donc pas étonnant que tu sois gaie." J'ai ravalé ma salive et regagné ma chambre. »

À 22 ans, après de nombreuses propositions, elle rencontra Gad Ezra qui devint rapidement son fiancé. Galit et Gadi décidèrent de se marier. C'était à l'époque de l'opération *Bordure protectrice*. Et Gadi – qui avait un grade élevé à l'armée (« Il ne m'a jamais dit quel était son rôle exact, par humilité. C'est seulement après que j'ai découvert quelles étaient ses responsabilités là-bas ») – perdit la vie lors d'une opération à Jenin, quand une bombe explosa près de lui.

« Un jour, au cours d'une conversation, il m'avait dit : "Je veux vraiment te raconter ce qui m'arrive. Tu dois savoir ce qui se passe ici. Dimanche dernier nous avons enterré trois de mes soldats ; le lundi : cinq. Je voulais simplement te prévenir que s'il m'arrive quelque chose..." Je ne le laissai pas continuer, mais il était sérieux, je ne le connaissais pas ainsi. Il s'excusa d'insister et me répéta qu'il désirait vraiment me raconter ce qui se passait. Je lui dis alors : "Tu peux l'écrire ou le dessiner, mais si tu décides d'écrire – aussitôt après, déchire le papier en petits morceaux ou arrivé chez toi, jette-le dans les toilettes." Puis nous avons repris nos conversations habituelles – préparations du mariage, recherche d'une salle, et la joie fit oublier tout le reste. »

Galit venait de rentrer chez elle après avoir acheté des habits pour le *Henné* (cérémonie entre femmes précédant le mariage) et les *Sheva Berakhot* (Sept Bénédictions nuptiales), quand elle reçut coup sur coup des appels de ses deux frères qui voulaient la rencontrer – ils ne s'étaient pas vus depuis longtemps. En pénétrant dans le salon, elle fut étonnée d'y découvrir sa mère, qui aurait dû être au travail. Elle s'en réjouit et demanda pourquoi tout le monde était là : son anniversaire ne devait avoir lieu que dans quelques jours. Elle pensa qu'ils organisaient une fête surprise en son honneur. Lorsqu'elle voulut leur montrer les habits qu'elle venait d'acheter pour le mariage, elle se rendit compte que quelque chose n'allait pas.

Quand elle vit son frère pleurer dans un coin, elle comprit qu'il était arrivé quelque chose – son fiancé avait été tué. « Cela a fait tilt dans ma tête ! J'ai pleuré. Je ne croyais pas que j'avais une telle abondance de pleurs. Mais une minute après, je commençai à chanter le Psaume de David : "Devrais-je suivre la sombre vallée de la mort, je ne craindrais rien car Tu seras avec moi" et "Il est bon de remercier Dieu." J'ai entendu ma mère qui fondait en larmes : elle pensait que je déraillais. Je lui dis : "Maman, c'est l'épreuve la plus dure de toute mon existence. Tout est encore complètement brouillé. Je ne sais pas quoi faire avec tous ces habits que j'ai achetés pour les *Sept Bénédictions*. Mais malgré tout, une chose est certaine : tout vient du Saint béni soit-Il, et si cela provient de Lui, c'est la meilleure chose qui puisse être." »

Lorsque Galit arriva chez les parents de Gadi, elle se souvint de la conversation qu'ils avaient eue le mois précédent. « J'ai pensé que j'avais vraiment été idiote : pourquoi ne lui ai-je pas dit d'écrire ? Maintenant j'ignore ce qui s'est passé. Je suis entrée dans sa chambre et j'ai ouvert le premier tiroir, la lettre s'y trouvait. Je l'ai ouverte et l'ai lue, en long et en large, sans m'arrêter. Un instant, je me suis demandé si je devais la montrer à ses parents ou la garder secrète. »

Dans cette lettre, Gadi avait écrit : « ... Si ce message te parvient, cela signifie qu'il m'est arrivé quelque chose... Tout est pour le bien, cela aussi. Je t'assure que là où je me trouve, c'est le lieu le plus prodigieux qui soit. Je ne souffre pas et je ne suis pas malheureux. La seule douleur que j'éprouve, c'est en pensant à la peine de ceux qui restent – toi, la famille et les amis. Répands cette nouvelle : Il ne faut jamais se décourager – il faut être toujours en joie. C'est ce que je te demande, même si c'est difficile. Je sais que je peux te le demander, parce que je sais quelle joie et quel bonheur rayonnent constamment de toi. » (Extrait de la lettre)

À cause des réactions et du grand renforcement que cette lettre a suscités, Galit donna son accord pour la rendre publique.

« Je ne savais plus quoi faire. Comment continuer de l'avant ? Je me suis dit : Si c'est mourir – alors mourir jusqu'au bout, et si je choisis de vivre – alors vivre jusqu'au bout. J'ai pensé : Mourir dépend de la volonté du Saint béni soit-Il. Et s'il le voulait, Il m'aurait prise moi aussi. Sinon, il semble que j'ai encore quelque chose à faire ici-bas. Je me suis dit qu'il ne me restait plus qu'à vivre. Je ne savais pas du tout comment, mais je devais vivre jusqu'au bout, me réjouir et apprécier chaque chose. En terminant les sept jours de deuil, j'eus l'impression d'avoir avalé un éléphant de foi. »

Le jour suivant la semaine de deuil, on invita Galit à donner une conférence devant des jeunes filles. « Il y avait un millier de filles, je ne savais pas du tout ce que j'allais leur dire. Je n'avais dans les mains que la lettre de Gadi. » Elle se souvint qu'elle commença alors à chanter : « Il est bon de remercier Dieu. » Et comme la moitié de l'assistance se mit à pleurer, elle se mit à raconter sa propre histoire. Elle leur parla pendant quatre heures, et les jeunes filles et elle-même se renforcèrent ensemble. Cette prodigieuse réunion de la foi se propagea de bouche à oreille et la demande ne cessa de s'accroître, jusqu'à ce jour.

« Quand j'ai lu la lettre et la demande de Gadi de diffuser le conseil de ne jamais se décourager, je me suis dit : "On m'a pris la vie, pourrais-je retrouver la joie ?" Mais dès que j'ai compris que c'était pour le bien, ce fut tout : il m'était alors possible de vivre avec la joie. Dans ce monde, tout est planifié, il n'y a aucun hasard. Ce n'est pas un hasard si un éclat de métal le frappa au cou et qu'il mourut aussitôt. L'essence de la foi s'est beaucoup renforcée en moi par le mérite de Gadi, et nous nous efforçons de vivre cela et de le transmettre à nos enfants (elle s'est mariée, et a quatre enfants).

« Vivre cela, c'est savoir que tout ce qui arrive, il faut le vivre avec la joie : Dieu dirige le monde, on ne doit pas être sous pression, dans aucune situation. Nous nous efforçons d'étudier et de vivre avec cette certitude dans notre vie de tous les jours, à tout propos (avec aussi les enfants, bien entendu) en sachant que tout ce qui arrive – TOUT ! – de l'épreuve la plus petite à la plus grande, est un don que Dieu nous envoie, et nous avons le choix devant chaque situation !

« Je peux choisir de dire "Merci" pour cela, et y voir le bien, ou – Dieu nous en garde – me plaindre et accuser. À l'instant où cela fait tilt dans votre tête que le monde a un Créateur, que Sa miséricorde et Son amour sont grandioses et que Sa volonté consiste à être bienfaisant à notre égard, alors... quel plaisir et quelle joie ! Quand l'homme pense que tout est entre ses mains – cela fait vraiment peur. Mais lorsque je sais que tout ici – TOUT – provient de l'amour du Créateur, directement pour moi, alors je peux être joyeuse et tranquille, même dans les situations les plus compliquées et les moins agréables. »

111 – Zéro à l'examen

Nous avons créé à la radio une émission *J'ai dit « Merci » et j'ai été sauvé*. Un jour, une jeune fille nous téléphona et raconta que, contrairement à d'autres matières, elle ne réussissait pas à apprendre l'anglais. Elle voulait s'inscrire à l'Université, mais elle pensait : « Pourquoi m'inscrire ? Je ne sais même pas l'anglais ! » Elle le fit malgré tout, et reçut un zéro à son examen.

Après l'épreuve, tout en sachant pertinemment qu'elle ne serait pas reçue, elle remercia beaucoup Dieu pendant une demi-heure, et cela chaque jour : « Merci beaucoup, Dieu, d'avoir fait que je ne sache pas l'anglais et sois recalée à l'entrée à l'Université. Je Te remercie : tout ce que Tu fais est pour le bien et je suis heureuse de mon sort. » Elle avait jugé bon de se comporter ainsi parce qu'elle avait déjà lu la série des *Diamants* et connaissait l'efficacité des remerciements. Après quelques jours de remerciements et de louanges à Dieu, elle reçut un coup de fil : « Bien que tu aies échoué en anglais, on te reçoit quand même ! »

Quand on dit « Merci », toutes les lois sont bouleversées. On ne peut pas comprendre comment les choses se transforment, mais c'est la réalité : lorsqu'on remercie, même si on a reçu un zéro à l'examen, on est accepté !

Car remercier signifie être reconnaissant. Il semblerait donc que la gratitude c'est la fortune, alors que l'ingratitude c'est la misère. L'homme qui reconnaît le bien qu'on lui fait, et qui dit « Merci » à Dieu pour tout, réalise concrètement la prodigieuse maxime qui affirme : « Qui est riche ? Celui qui est heureux de son lot. »

Lorsque l'homme s'habitue à remercier pour chaque chose – « Merci, Dieu béni sois-Tu, pour ce verre d'eau, merci pour cette chaise, merci pour cette table, merci pour ces habits, merci pour tout ! Merci à Toi, Saint béni sois-Tu, pour chaque souffle de vie ! Pour la lumière des yeux, pour le son qui parvient à nos oreilles, pour les paroles qui sortent de notre bouche, pour nos pieds qui nous conduisent là où nous le désirons, pour tout cela : béni soit Ton nom ! » – quand il s'habitue à dire des remerciements, il commence à s'enrichir, car le remerciement ouvre toutes les portes, défait tous les nœuds, nettoie toute souillure et purifie. Le remerciement affranchit l'homme, attire à lui une infinité de bienfaits. Lorsque l'homme dit « Merci », il ouvre tous les canaux d'abondance.

Celui qui désire ouvrir les portes de la réussite, et demander la richesse spirituelle et matérielle, ne doit suivre que la voie du remerciement, sans cesser de dire « Merci » ! En revanche, tout est fermé devant un homme ingrat, qui peut sombrer dans une réelle misère. Il est difficile de décrire ce qui l'attend...

112 – L'épreuve de la richesse

Un certain couple qui pleurnichait sur ses problèmes de subsistance (*parnassa*) est venu me consulter. J'ai tenté de leur rappeler quelle était leur vraie richesse : « Vous avez vécu à l'étranger, complètement éloignés de tout judaïsme. Vous avez reçu un CD, vous vous êtes repentis et vous êtes arrivés sur la Terre d'Israël. » Le mari est devenu *Avrekh* (il étudie la Torah à plein temps) et de plus, il écrit des rouleaux de la Torah, des *Tefillin* et des *Mezouzot* : il a ainsi la possibilité de sanctifier ses yeux ! Mais autrefois, où était-il ?

Je leur ai dit : « L'impie Haman était l'une des personnes les plus fortunées du monde. Il fut à la tête de cent vingt pays. Il avait des centaines d'enfants qui tous s'agenouillaient devant lui. Mais quand il vit que le juif Mordekhaï ne se prosternait pas, il pensa : "Tout ce que je possède n'a pas de sens pour moi" : il était l'incarnation de l'écorce impure de Haman-Amalek. En ce qui vous concerne, vous avez un autre type de Mordekhaï qui ne se prosterne pas devant vous et cela vous contrarie. Mais d'un autre côté, vous avez des enfants, vous êtes arrivés sur la Terre d'Israël, à proximité de votre famille ! Et tout cela ne vous satisfait pas ? » Soudain, ils eurent honte...

C'est l'écorce impure de Haman...

Chacun doit apprendre de cette histoire que même s'il doit affronter certaines épreuves de la vie, s'il parvient à ôter l'écorce impure de Haman, il pourra en sortir vainqueur. Cette écorce est la cause principale et l'origine de tous les échecs. Elle inclut la tristesse, la dépression, le découragement, l'insatisfaction, le mécontentement de son sort, l'auto-accusation et le délire de persécution.

Lorsque l'homme ne connaît pas son bonheur, chaque seconde est une guerre contre l'écorce Haman-Amalek.

Quand l'homme est mécontent de sa vie, et qu'il n'est pas heureux ici-bas, il doit se dire : « Tout cela a un sens pour moi. Si je me plaignais en disant que "la vie n'est pas bonne pour moi", cela voudrait dire que tout ce que je possède n'a aucune valeur ! Pourtant, je mets les *Tefillin*, je m'enveloppe du châle des prières, je récite les bénédictions, je suis des cours, je vais à Ouman, etc. »

Le saint *Zohar* dit qu'aucune bonne intention n'est perdue. Il suffit d'éprouver un zeste de bonne volonté à l'égard de Dieu pour que cela soit inscrit chez Lui, dans le Livre du Très-Haut. L'homme doit constamment se représenter ce qu'il possède vraiment et s'en réjouir sans cesse.

Lorsque l'homme adopte la voie du « Tout ceci a de la valeur pour moi », il surmontera ses épreuves, et ses peurs disparaîtront. Sa joie sera immense, il sera très fort et ne cessera de s'élever toujours plus haut – en dépit de l'écorce de Haman-Amalek ! À chaque instant, il dira : « Tout ceci a beaucoup de valeur ! »

Devant moi, les gens sortent un carnet de leur poche et me disent : « Honoré Rav, j'ai commencé à noter tous les remerciements : ils m'ouvrent les portes du paradis. » Il est évident que si on voulait inscrire tout ce pour quoi on doit remercier, un seul carnet ne suffirait pas : il faudrait faire appel à des ordinateurs, des bibliothèques et des experts-comptables. Chacun possède une réelle fortune insoupçonnée. Lorsqu'il est heureux et remercie Dieu, il n'a déjà plus besoin de Lui formuler un quelconque souhait. Il reçoit tout sans rien Lui demander : avec la joie, tout s'arrangera.

Comment le Temple fut-il détruit ? Si vraiment on pouvait mériter de voir la fortune que représentaient pour nous le Temple et la révélation de Dieu... Si les enfants d'Israël avaient suivi la voie du remerciement et des louanges, des chants et de la musique, avec la joie, le Temple n'aurait jamais été détruit. Quand le vrai Messie arrivera, il dira à tous : « Dites Merci toute la journée ! »

113 – Le dixième appartement

Une femme vint me voir pour me confier qu'elle était malheureuse, qu'elle déménageait en ce moment même, et que c'était son dixième appartement en l'espace de quelques années... Je lui ai dit : « Vous verrez que dans le monde futur nous serons jaloux de vous ! Vous direz alors : "Comme le nombre de mes déménagements m'a été profitable ! J'ai pu ainsi expier mes fautes et j'ai mérité tant de récompenses..." »

Un des élèves de notre *Yechiva,* qui souffrait énormément, demanda à rav Mordekhaï Eliyahou une bénédiction afin que ses douleurs cessent. Le rav le questionna : « Es-tu certain de vouloir la fin de tes souffrances – et qu'elles soient transférées ailleurs ? Chacun doit recevoir son quota de souffrances ! » J'ai déjà expliqué, dans *le Jardin de la paix,* qu'un homme qui souffre dans son couple et veut divorcer ne fera en vérité qu'échanger un certain type de peine pour d'autres. Et après son divorce, il risquera de recevoir des souffrances pires que les précédentes – ô combien pires !

C'est pourquoi la seule voie que nos Sages, de mémoire bénie, préconisent pour en finir avec nos malheurs consiste à s'en réjouir, les accepter avec la joie et dire seulement et simplement « Merci » pour elles. Comme le Talmud nous enseigne : « La guérison des souffrances, c'est de les accepter » – avec amour. L'homme gagne à se souvenir de ce concept : accepte un peu de souffrances avec amour et tu n'auras pas besoin d'en subir davantage. Si on n'accepte pas quelques souffrances avec amour, on devra les subir pendant quarante ans, comme on le constate avec la faute des explorateurs, où le peuple d'Israël ayant pleurniché une seule nuit récolta à cause de cela des tourments sans fin – parce qu'il ne sut pas dire constamment « Merci ».

Il est très probable que si lors de son premier déménagement, cette femme avait accepté avec joie et amour ses souffrances, ce changement d'appartement ne se serait pas renouvelé...

Tu dois savoir que la foi est inchangeable et permanente. Tu es le seul à décider : croire ou ne pas croire ? Si tu crois, fais un sourire et danse. Dis : « Merci ! Le mal n'existe pas du tout dans le monde, Dieu est bon et bienfaisant. » Chante. Remercie Dieu de ne pas trouver ta conjointe, remercie Dieu de ne pas avoir de gagne-pain. Dis « Merci », sois patient et tu verras le salut. Pour combien de temps ? Toute ta vie. Car la raison pour laquelle nous nous trouvons dans ce monde est de croire.

Sache que si tu crois et dis « Merci » pour tout le bien dont tu profites, et que tu dis même « Merci » pour ce qui te manque – tu es déjà délivré. Car c'est bon pour toi et tu es joyeux. Yossef le Juste dut attendre longtemps – vingt-deux années – avant de voir la délivrance. Mais Yossef était toujours en joie ; il bénéficiait donc constamment de l'inspiration sainte et la Présence divine reposait sur lui. Durant les années où la joie avait quitté notre ancêtre Yaacov, que la paix soit sur son âme, la Présence divine l'abandonna elle aussi.

Il faut savoir que la foi ne changera jamais. Peu importe ce qui arrivera à chacun et à tout Israël. Puisqu'on ignore ce qui peut arriver, renforcez-vous très fort dans la foi. Même si vous apprenez ce que vous apprenez, même si vous voyez ce que vous voyez – n'ayez pas peur, ne vous troublez pas : dites seulement que le mal n'existe pas. Tout est bien, il suffit de remercier et de dire : « Créateur du monde, c'est ce que Tu veux ? Je suis joyeux car je crois que seul le Créateur sait ce qui est bien. »

Car en vérité, chacun – même le pire qui soit – a une notion très claire de son existence. Il lui suffit de méditer sur toutes les bontés et les délivrances dont il a bénéficié dans le passé et dont il profite jour après jour, chaque heure, pour qu'il s'en réjouisse et s'en félicite. Mais quelque chose lui cache toutes ces bontés : la peine qu'il a sur le cœur, qui est tout compte fait comme un « point noir » (dans les *Diamants* et les CD nous avons appris qu'il n'est pas si noir qu'il le semble), tellement grossi par le mauvais penchant qu'il lui cache toute l'image de sa vie et assombrit tout le bien et la bonté qu'il possède. L'origine de tout cela ? L'ingratitude, le sentiment que tout lui revient, qu'il est interdit de lui envoyer la moindre épreuve, la moindre difficulté, que sa vie doit se dérouler parfaitement, sans aucun accroc. Toute son ingratitude provient de sa paresse, de son refus de se travailler et de se rapprocher de Dieu.

Ce défaut conduit l'homme à placer ce « point noir » au centre de ses préoccupations, à le grossir tellement qu'il finit par cacher tout le reste et à lui masquer la beauté de sa vie. Concrètement, c'est cet homme lui-même qui agrandit son tourment jusqu'à ce qu'il lui semble que toute son existence est sombre, alors qu'elle est en fait remplie de lumière.

C'est pourquoi l'homme est forcé de sortir de ce mensonge, en oubliant d'abord son tourment, afin qu'il ne lui cache plus les beaux côtés de sa vie. Il n'y a aucun interdit à oublier le temps d'une heure ce qui le fait tant souffrir, ni aucun commandement de s'en souvenir, de l'amplifier et de se le remémorer à tout instant. L'homme doit le chasser de son esprit pendant une heure, et pendant ce temps méditer sur le bon côté de sa vie, chacun avec ce qu'il possède : la santé, un toit, et ainsi de suite, une femme, des enfants, un gagne-pain, etc. Il verra qu'il a mérité d'accomplir plusieurs commandements, qu'il a observé plusieurs fois le Chabbat, qu'il a mis les *Tefillin*, donné la charité, participé à des œuvres de bienfaisance, mangé des *Matsot* à Pessa'h, etc. Il se souviendra également de plusieurs délivrances dont Dieu le gratifia, autant de sorties d'Égypte personnelles. Il remerciera et louera le Créateur pour elles. On peut écrire des livres entiers sur les bienfaits que tout homme a reçus – du plus méprisable au plus malheureux qui soit au monde. C'est ainsi que cet homme commencera à remercier et à réaliser combien sa vie est belle et à quel point Dieu est bon avec lui.

Sur la Terre d'Israël, on voit concrètement les miracles qui sont opérés pour nous, en général comme en particulier. Chacun méditera donc sur les prodiges que Dieu a réalisés – et continue à réaliser – pour le peuple d'Israël, comme cela est écrit dans le livre *Kav HaYachar* (chap.18) : « Il n'existe personne qui n'ait pas bénéficié d'un miracle, surtout dans nos générations où les tourments s'amplifient de jour en jour, avec de mauvais décrets, des maladies graves, la violence et la faim, l'oppression et la détresse, et autres maux. Celui qui a reçu du Saint béni soit-Il un brin de bonté, lorsqu'il a été sauvé des tourments cités plus haut, ne doit jamais oublier les bontés divines faites en sa faveur. Il importe qu'elles ne quittent jamais sa mémoire, afin de renforcer sa reconnaissance et sa gratitude. De plus, celui qui est gratifié d'une abondance de bénédictions du Saint béni soit-Il, et qui mérite de s'asseoir chez lui dans le calme et la confiance, car sa subsistance est assurée, doit d'autant plus louer et exalter Dieu pour cela. »

Le livre *Ktav Sofer* sur la Torah (*Genèse* 29,35) rapporte les propos du Talmud : « Celui qui dit le *Hallel* chaque jour, insulte et blasphème. » Pourquoi ? Pourquoi serait-il puni parce qu'il rappelle sans cesse les bontés divines ?

En vérité l'homme doit remercier chaque jour pour le bien dont il bénéficie à chaque instant et à chaque heure, et nos Sages de mémoire bénie disent : « Chaque âme loue Dieu » pour chaque souffle de vie, etc. Quand un homme voit qu'un miracle surnaturel s'est réalisé pour lui, il est tenu de remercier Dieu et de louer Sa grandeur. Cela à la différence des choses banales et dites « naturelles », pour lesquelles il n'éprouve aucun besoin de remercier Dieu. Par conséquent, celui qui récite chaque jour le *Hallel* pense que ces louanges ne sont destinées qu'en remerciement des miracles opérés pour nos ancêtres en Égypte, et il ne manifeste sa gratitude que pour eux : c'est donc une insulte et un blasphème. Sa conduite démontre qu'il ne reconnaît pas les bontés divines quotidiennes, et qu'il considère ces dernières comme « normales » et de l'ordre de la nature.

114 – Des promesses de mariage annulées

J'ai donné un cours à la radio à la suite duquel les auditeurs pouvaient intervenir. C'est parmi ce public qu'une jeune fille raconta combien elle souffrait des promesses de mariage qui s'annulaient les unes après les autres. Je lui dis : « Comme vous avez de la chance ! Vous recevrez une très grande récompense dans le monde futur, car vous avez déjà beaucoup souffert ici-bas. Vous serez alors très fière et vous direz : "C'est formidable ! Comme mon monde futur est vaste et grand ! Combien de mérites ai-je amassés ! Merci beaucoup Dieu !" » À peine lui ai-je dit ces paroles qu'elle se calma et se réjouit. Car lorsqu'on regarde tout avec les yeux de la foi, le mal n'existe pas et toutes les rigueurs se radoucissent aussitôt.

Je lui dis ensuite : « Vous avez subi une deuxième rupture parce que vous n'avez pas accepté avec amour la première. » C'est ce qui s'est passé avec nos ancêtres : parce qu'ils n'avaient pas accepté avec amour et foi quelques souffrances lors des trois jours qui suivirent leur sortie d'Égypte, ils subirent quarante ans de pérégrinations dans le désert... Trois jours ne vous satisfont pas ? Alors voici quarante ans !

C'est un passage explicite du saint *Zohar* : le peuple d'Israël devait entrer aussitôt en Terre promise. Mais après la faute des explorateurs, le Créateur du monde leur dit : « Vous devrez errer dans le désert pendant quarante ans. » Et pourquoi ? L'explication est la suivante : avant la faute, ils disposaient déjà des instruments et des capacités spirituelles pour entrer en Terre d'Israël. Du fait d'avoir accepté la médisance de ceux qui furent envoyés dans le pays de Canaan, le Créateur du monde attendit jusqu'à la disparition de toute la génération fautive qui n'avait pas cru en la Terre promise. Et seule la nouvelle génération eut la permission d'y entrer. Le Créateur du monde dit : « Si vous pénétrez maintenant en Terre d'Israël, à la moindre difficulté vous direz : "Vraiment ! Quel est ce pays-là ? Où nous a-t-on amenés ? Les explorateurs avaient raison ! Dommage qu'on ne les ait pas écoutés !" » Ils médiraient sur la Terre d'Israël au sein même de la

Terre d'Israël. Le Créateur du monde en conclut : « Vous n'êtes pas prêts pour y entrer. Demeurez quarante ans dans le désert. » Et ils y passèrent vraiment quarante ans à cause de leur faute ! S'ils avaient accepté leur situation avec joie, le monde serait arrivé à sa rédemption. (Fin de citation du saint *Zohar*.)

« Votre promesse de mariage a été annulée ? Considérez cela avec foi et amour. Ne vous troublez pas. Ne vous accusez pas, n'accusez pas celui qui vous a opposé un refus, ni votre père, ni votre grand-mère, n'accusez personne ! Dieu le veut ainsi : c'est pour votre bien éternel ! Lorsque vous acceptez cela avec amour, vous expiez toutes vos fautes, vous vous préparez un réceptacle pour recevoir une abondance de biens, trouver votre véritable âme sœur et vous marier. »

Nous tâchons d'enseigner ce concept à chaque homme et à chaque femme d'Israël afin de les renforcer à tout accepter avec la foi et de dire « Merci beaucoup » pour tout, car ils verront ensuite d'authentiques délivrances.

115 – Tout va bien ? Réjouissez-vous ! Tout est difficile ? Grandissez !

Quelqu'un me raconta qu'il avait des problèmes pour gagner sa vie. Je lui dis : « Voyez combien Dieu béni soit-Il vous fait du bien. Vous avez commencé à observer le Chabbat, à effectuer une demi-heure quotidienne d'isolement, vous avez progressé. Si vous n'aviez pas ces questions de gagne-pain, vous ne vous seriez pas rapproché de moi. Dites-moi la vérité : m'auriez-vous recherché ? » Il en résulte que ce sont ses problèmes qui l'ont rapproché d'une vraie compréhension de la vie.

Un juif de Netanya est venu me voir : sa situation était si difficile qu'il voulait mettre fin à sa vie. Il avait écouté un CD et on a discuté. Après l'entretien il entendit que je disais à mon fils que je projetais de partir pour Ouman. Il me dit : « Vous savez quoi ? Moi aussi je veux y aller ! » Finalement, nous sommes partis ensemble à Ouman ! À six heures du soir, il était chez moi, et le lendemain, vers neuf heures nous avons voyagé. Il est revenu également avec moi. Je lui ai donné une formation express de l'école du remerciement.

Lorsque Dieu veut sauver un homme, un seul jour Lui suffit pour le sortir de l'obscurité vers la lumière. Un fameux adage dit : « Tout va bien ? Réjouis-toi ! Tout est difficile ? Grandis ! » La progression de cet homme fut très rapide.

C'est la réalité de ce monde. Depuis la faute du Premier homme avec le fruit de la connaissance, il est impossible de progresser sans difficulté. Dieu a expulsé le Premier homme du paradis. Pourquoi ? Parce que Dieu savait que s'il y restait, il ne pourrait pas grandir et se repentir : en d'autres termes il ne pourrait pas progresser. Il doit dès lors réaliser ce verset : « C'est à la sueur de ton visage que tu mangeras ton pain. » Toutefois lorsque l'homme effectue chaque jour une heure d'isolement (prières et examen de conscience dans l'isolement) et qu'il mérite ainsi de savoir que tout ce qui lui arrive est pour son bien, il bénéficie du paradis authentique déjà dans ce monde.

Certains me disent : « Écoutez, en vérité je suis déjà au paradis. Je ne cesse pas d'être heureux. Tout est bien pour moi. Peut-être est-ce un rêve ? Je me pince : peut-être suis-je en train de vivre un rêve ? » La réponse est : « Non, tu ne rêves pas. Celui qui pratique chaque jour une heure de prières et de repentir connaît déjà le paradis dans ce monde-ci ! »

Car la foi commence à se développer dès que l'homme ouvre la bouche et parle au Créateur du monde. Notre maître écrit dans *Likouté Moharan* (chap. 4) : « Lorsque l'homme sait que tout ce qui lui arrive est pour son bien, cette connaissance est comparable au monde futur. » Il poursuit et explique que c'est seulement grâce à l'isolement que l'on mérite de croire que tout ce qui se passe est pour son bien. C'est-à-dire que l'homme fait son examen de conscience journellement, et raconte au Saint béni soit-Il ce qu'il a fait depuis hier à la même heure jusqu'à aujourd'hui. Chaque jour il se repent. Si l'homme ne revient pas chaque jour vers Dieu, il ne pourra pas parvenir à cette foi, même s'il écoute un certain CD, et que ce dernier a le pouvoir de l'influencer un peu, car cela ne durera pas longtemps.

On ne se repent pas une fois pour toutes dans sa vie ou une seule fois dans l'année : le repentir doit être effectué chaque jour, pour chaque pensée, pour chaque parole et pour chaque action. C'est ce qui est écrit dans la Michna, et c'est aussi codifié dans la Loi juive. L'heure d'isolement n'est pas une invention de rav Nahman de Breslev. Le commandement du repentir a son origine dans la Torah, il fait partie des 613 commandements. Il faut se confesser sur ses fautes, effectuer son examen de conscience. Cela figure également dans les Lois de repentir du Rambam (Maïmonide), dans *Réchit 'Hokhma*, dans le *Zohar* et dans tous les livres saints : l'homme doit s'examiner spirituellement chaque jour. Pour nous, le Jour d'expiation (Yom Kippour) n'arrive pas seulement une fois par an : chaque jour est un jour d'expiation. L'heure d'isolement permet à l'homme de se faire pardonner toutes ses fautes, grâce à son repentir. Il est statué dans le *Choul'han Aroukh* que la seule pensée de repentir efface toutes les fautes : à plus forte raison si on effectue journellement une heure d'isolement. L'homme doit savoir qu'il ne peut – seul – maîtriser certaines fautes : il doit demander à Dieu de lui donner les forces de les subjuguer. Par exemple, à propos de la pureté des yeux, on sait que l'homme est impuissant à vaincre ce mauvais penchant, comme il est écrit dans le Talmud : « Sans l'aide du Saint béni soit-Il, l'homme ne pourrait pas en venir à bout. »

Par conséquent, le repentir sans la foi n'est pas suffisant. Quand l'homme mérite-t-il de savoir que tout ce que Dieu fait pour lui est pour le bien ? Seulement quand il pratique quotidiennement une heure d'isolement. Même s'il étudiait la Torah à l'endroit et à l'envers un milliard de fois, même si chaque jour il récitait entièrement le livre des prières, sans une heure quotidienne d'isolement, il n'aurait pas la foi minimale en Dieu béni soit-Il. La foi débute quand on commence à parler avec Dieu sans aucun livre. C'est comme parler avec son père : prend-on un livre pour lui parler ? Parle de cette manière avec le Créateur du monde, car Il se tient à tes côtés.

Il est important de souligner que chaque conversation avec Dieu doit se dérouler dans la joie. La réalité veut qu'il existe une grande méconnaissance du sujet de la joie et du remerciement. On voit concrètement que la plupart des gens pensent que c'est seulement s'ils pleurent au milieu de leurs supplications qu'ils auront fait une bonne prière et ils recherchent toujours l'occasion de pleurer en priant.

Mais en vérité, même s'il est très bénéfique d'épancher des pleurs avec un cœur brisé – comme nos Sages de mémoire bénie ont déclaré que « les Portes des pleurs ne sont jamais closes » –l'essentiel et la perfection de la prière proviennent précisément de la joie, et il n'est pas du tout nécessaire de verser des larmes. Quelquefois, les pleurs peuvent même être nocifs pour l'homme, comme rav Nathan l'écrit dans son *Likouté Halakhot* (Lois sur la lecture du *Chema*, 2) : « La prière est caractérisée par la joie, car il faut prier dans la joie, comme il est dit (*Psaumes* 100) : "Servez l'Éternel avec joie." Et la prière est le service du cœur, où réside la joie, comme il est dit (*id.*, 4) : "Tu mets de la joie dans mon cœur." Nos Sages nous enseignent (*Berakhot* 31) : "On ne doit prier qu'à travers la joie du commandement accompli." Il s'ensuit que la prière du cœur est caractérisée par la joie. » Et il poursuit que l'essentiel d'une prière parfaite consiste à prier dans la joie, jusqu'à ce que tous les soupirs « pénètrent » à l'intérieur de la joie.

Nos Sages de mémoire bénie n'ont loué la vertu des pleurs que lorsque l'homme pleure de joie et se languit pour le Créateur miséricordieux, et non à travers la tristesse – Dieu nous en préserve –, car le mot hébreu *BéKHIA* (pleur) peut être lu comme un acronyme formé par les initiales hébraïques du verset : « Sans cesse ils sont en joie à cause de Ton Nom » (*Psaumes* 89,17) comme l'écrit notre saint maître (*Likouté Moharan* 175).

Il en résulte que malgré cette parole de nos Sages, qui déclarent que la prière en pleurs est bien accueillie, dans la plupart des cas il est écrit au contraire que la prière doit être récitée précisément dans la joie. Mais la majorité des gens sont persuadés que c'est seulement s'ils pleurent devant Dieu et se plaignent de leur sort amer, qu'ils auront vraiment prié, en s'appuyant sur les paroles de nos Sages citées plus haut – que les Portes des pleurs ne sont jamais closes – tout en ignorant les autres expressions de nos Sages qui louent le haut niveau de la prière dite dans la joie. Les hommes oublient que les pleurs versés en vain sont une grave faute, car ils sont la cause de nombreux tourments. Seules les larmes versées en se languissant de Dieu sont celles dont nos Sages ont dit que « la Porte des pleurs n'a jamais été fermée ». Car ces larmes sont le résultat de la joie et de l'amour pour Dieu.

116 – La foi entraîne tout le monde derrière elle

Voici une parabole qui illustre bien l'idée que le remerciement et les louanges ouvrent toutes les portes, génèrent des délivrances surnaturelles et transforment tout pour le bien :

Une famille de juifs orthodoxes et craignant Dieu vivait à Odessa dans une indigence extrême.

Un jour, ils entendirent qu'on frappait à leur porte. Le maître de la maison ouvrit et vit des personnes souriant d'une oreille à l'autre et qui lui dirent *Chalom*.

Il leur demanda : « Qui êtes-vous ? »

Le premier répondit : « Je suis *Emouna* (la foi). »

Le deuxième dit : « Je suis *Berakha* (la bénédiction). »

Le troisième dit : « Je suis *Refoua* (la guérison). »

Le quatrième dit : « Je suis *Sim'ha* (la joie). »

Le cinquième dit : « Je suis *'Achirout* (la richesse). »

Le maître de maison leur répondit : « Si c'est ainsi, vous êtes les bienvenus. »

Ils rétorquèrent : « Non ! Vous ne pouvez inviter qu'un seul d'entre nous. Nous vous avons dit qui nous étions. À présent, seul l'un de nous peut entrer chez vous.

— Bien, je dois prendre conseil auprès de ma femme et de mes enfants. »

Il se tourna vers sa famille et demanda :

« Regardez quel miracle on nous envoie ! Regardez leur sourire ! Il y a ici la richesse. On peut devenir riches, enfin ! Il y a ici la bénédiction, la joie, la guérison, la foi ! Lequel choisir ? »

Ils discutèrent, discutèrent et finalement se mirent d'accord : « Nous voulons la foi ! »

Dès que la foi entra, tous les autres voulurent pénétrer derrière elle, mais le maître de maison les arrêta : « Vous avez dit que seul l'un d'entre vous pourrait entrer ! »

La joie lui répondit : « C'est vrai. Si vous aviez choisi quelqu'un d'autre, seulement lui aurait pu entrer, mais puisque vous avez choisi la foi, là où la foi se trouve, elle entraîne tous les autres derrière elle. »

Cette histoire contient une leçon très importante, car en vérité celui qui possède la foi possède tout ! La joie, la bénédiction, la réussite, etc.

Comme un commandement en entraîne un autre, une faute conduit à une autre, et un remerciement attire un autre remerciement. Dans *Cha'arei Techouva* (*Les Portes du repentir* 4,12), Rabbeinou Yona écrit : « Il est dit sur le remerciement pour le bien (*Psaumes* 52,11) : "Je veux Te rendre grâce éternellement pour ce que Tu as fait, et placer mon espoir en Ton nom, car Tu es bon pour Tes pieux serviteurs." C'est-à-dire que je Te remercie pour le bien que Tu m'as fait, et de ce fait j'espère en l'éternité de Tes bienfaits. » Le *Metsoudat David* explique en ce sens un autre verset : « "Nous entonnerons des chants et nous serons dans la joie toute notre vie" (*id.* 90,14) : puisque nous Te remercions, continue à nous gratifier de Tes biens en vertu de l'abondance de nos remerciements et de nos louanges, et nous Te remercierons de nouveau, et ainsi de suite, toute la vie. »

L'auteur du *Pélé Yoets* écrit (rubrique *Louanges*) : « Le remerciement entraîne une délivrance supplémentaire, à tel point qu'en guise de récompense, on envoie un autre miracle au bénéficiaire d'un premier miracle qui entonne un chant, comme il est dit : "Quiconque offre comme sacrifice des Actions de grâce, etc. Je le ferai jouir de l'aide divine." » Et c'est l'une des raisons pour lesquelles « J'ai dit Merci et j'ai été sauvé ».

117 – Rien ne va plus

Un *Avrekh* me confia : « Rien ne va plus pour moi dans la vie ! » Je vis qu'il n'était pas particulièrement joyeux. Je lui dis : « Si rien ne va pour toi, réjouis-toi de devoir peiner pour acquérir chaque chose. » Je poursuivis : « Cher ami, sache que tout va très bien pour toi dans la vie : tu t'es rapproché du Créateur du monde, tu t'es rapproché des justes, tu t'es rapproché de notre saint maître, tu sais que le monde a un Créateur, tout va très bien pour toi dans la vie ! Tu sais que grâce à la prière on peut tout avoir. Tu pries beaucoup, tu effectues chaque jour au moins une heure d'isolement, de temps à autre tu fais même six heures... »

Il me dit : « C'est vrai !

– Alors pourquoi dis-tu que rien ne va dans ta vie ? Tout va très bien dans ta vie ! »

Que s'est-il passé ? Parce que certaines petites choses n'avaient pas abouti, parce qu'il avait essuyé plusieurs petits désagréments, devait-il se décourager pour autant ? Pourquoi se décourage-t-il ? Parce qu'il n'a pas remercié pour tout, parce qu'il n'est pas ébloui par tout le bien dont il bénéficie et qu'il ne vit pas la connaissance que si tout ne va pas comme il le voudrait, c'est parce qu'il lui manque certaines prières. Il doit donc intensifier ses efforts : il doit découvrir en particulier la voie des remerciements et des louanges à Dieu pour tout. C'est donc pour son bien qu'il ne réussit pas : dans le Ciel on veut l'éveiller à réussir grâce à ses prières. Parce qu'il lui manque la foi que tout est pour le bien, il n'a pas dit dans la joie : « Béni soit Dieu ! Rien ne marche pour moi dans la vie ! Heureux celui qui ne réussit pas dans sa vie ! Je suis heureux de devoir persévérer dans mes efforts ! Je suis heureux de ne rien recevoir gratuitement ! Quel bonheur ! »

Comme je l'ai écrit dans la brochure de la série des *Diamants* : *Le mérite de Yossef le Juste*, celui qui ressent qu'il ne peut vivre dans la joie à cause du nombre excessif de ses manques – par exemple s'il ne peut réussir à étudier, à voyager pour se rapprocher du Juste, ou tel autre obstacle dans la bonne réalisation d'une sainte action – et qu'il considère qu'il a de si grands empêchements pour servir

Dieu qu'il est tenu de cultiver sa tristesse, cet individu doit se souvenir que même Yossef le Juste dans sa prison supporta des difficultés et des entraves illimitées. Il ne pouvait ni étudier, ni prier, ni accomplir aucun commandement, et malgré tout, Yossef était convaincu que c'était pour son bien et il débordait de joie.

Celui qui ne s'entend pas avec sa femme ou sa famille, quand la vie à la maison lui pèse et qu'il lui semble que vivre avec sa famille est une épreuve insupportable, doit savoir que cela est encore très loin de l'épreuve de Yossef, qui fut contraint de vivre en prison avec toutes sortes d'assassins, de brigands et de fauteurs de toutes sortes et s'accommoder d'eux. Malgré tout Yossef savait que c'était pour son bien – et il était joyeux ! Car il n'ignorait pas qu'en acceptant ce qui lui arrivait avec joie, c'était son service de Dieu qu'il accomplissait : savoir que tout est pour le bien !

Celui qui n'a pas d'amis ou a grandi sans famille, et qui ressent la solitude et la misère, devra se souvenir que Yossef était aussi très seul. Il ne recevait aucune lettre ni aucune visite dans sa prison ; il n'avait aucun ami et il était persuadé de ne jamais plus revoir sa famille. Et pourtant Yossef était convaincu que c'était pour le bien – et il était joyeux !

Si chacun et chacune est convaincu que Dieu le veut ainsi, que tout est pour le bien, et qu'ils suivent la voie du remerciement et des louanges, en consacrant une demi-heure par jour à des remerciements à Dieu, ils pourront se réjouir de toute situation ! Même sans amis et avec la pire des familles. Et cela d'autant plus quand la situation n'est pas si mauvaise, qu'il ne leur manque que la foi et qu'ils sont insatisfaits de leur fonction et de leur mission, ce qui les pousse à dramatiser la difficulté de l'épreuve.

Il faut savoir que devant la complexité d'une épreuve, il est nécessaire de prier et de demander à Dieu qu'Il donne la foi de croire que tout est pour le bien. Car la demande, la recherche et la prière construisent un réceptacle propre à recevoir l'abondance de biens dans un coffret adéquat. Si la personne recevait de suite ce qu'elle souhaite, elle l'obtiendrait sans rien autour, sans aucun contenant.

Les difficultés et les frustrations que l'homme rencontre le conduisent à intensifier sa prière et ses paroles à Dieu : il se rapproche du Créateur et revient à Lui. Tout cela concourt à la formation d'ustensiles propres à recevoir l'abondance divine et à concrétiser sa finalité et le projet de sa vie.

Lorsque l'homme est insatisfait et triste à travers tout ce qu'il traverse, c'est comme s'il voulait réellement dicter à Dieu son emploi du temps. C'est comme s'il voulait, pour ainsi dire, Lui envoyer un « plan de travail » ! C'est comme s'il Lui disait : « Je ne veux travailler que dans ces conditions : étudier sans être dérangé, et que tout se déroule selon ma volonté. » Chacun dicterait à Dieu ce qu'il veut, en Lui disant : « Renonce à Ta volonté et accorde-la à la mienne. Sinon, je refuse de travailler, je démissionne. » On doit dire à un tel homme : « Peut-être devrais-tu vraiment présenter ta lettre de démission ! » Il faut savoir que seul Dieu connaît le parcours que chacun doit suivre. Il sait quelles sont la voie et les conditions qui le conduiront à sa perfection, ce qui est la parfaite foi, et ce qui lui permettra de parvenir à la royauté, comme Yossef. Par conséquent, réjouis-toi et dis « Merci Dieu », pour tout et pour toute situation. Tu mériteras ainsi de conserver la joie, d'atteindre ta finalité et de te rapprocher du Créateur. Dieu n'est pas ton serviteur : tu dois comprendre que Dieu est le Créateur et que tu es une créature. Tu dois commencer à sortir de ton orgueil puéril.

L'homme doit donc se renforcer et savoir que tout provient de la force et de la bonté du Créateur du monde : il fera donc tout pour L'honorer et Lui faire plaisir. Tu ne sers pas Dieu à cause d'un désir ou d'un certain éveil. Au contraire, toute l'épreuve de l'authentique serviteur de Dieu consiste à Le servir quand il n'en a aucune envie ou aucune ardeur. C'est précisément dans l'obscurité complète qu'on recherche ce que Dieu veut de nous. On se renforce alors dans ce que le Créateur a décidé pour nous. On accomplit ce qu'on peut et on se réjouit de tout ce que le Ciel nous donne le mérite de réaliser par nous-mêmes.

Notre maître a écrit une épître destinée à nous rendre plus forts (*Likouté Moharan* II, 48), pour surmonter les époques difficiles, de chute et de trouble : « On doit beaucoup s'obstiner dans le service de Dieu sans renoncer au niveau qu'on a déjà atteint, quel qu'il soit : c'est-à-dire poursuivre le peu de service divin dont on est capable, advienne que pourra. » Peu importe ce qui arrivera, sois obstiné. Pas seulement obstiné, mais *très* obstiné. En quoi ? Dans ta volonté ! N'abandonne pas le peu que tu possèdes, car c'est la volonté qui t'habite, et que personne ne peut te prendre. Accroche-toi de toutes tes forces, et même si tu éprouves des difficultés et que cela n'est pas si simple – tu dois le vouloir.

Notre maître continue : « Souviens-toi, car tu en auras bien besoin, lorsque tu t'engageras un peu dans le service de Dieu... » Il insiste beaucoup sur ce point, car c'est précisément dans la chute que le mauvais penchant veut attraper l'homme afin qu'il s'accuse, se torture et abandonne tout. Mais il faut se souvenir que la chute aussi provient du Ciel, et qu'elle est une épreuve de la foi, comme notre maître l'écrit par la suite : « Être fort et courageux requiert une grande – très grande – obstination pour se rattraper soi-même, se tenir sur la brèche, même si à chaque fois on essaie de nous faire tomber, Dieu nous en préserve. Car il arrive qu'on fasse tomber quelqu'un du service de Dieu, comme on le sait. Malgré tout, on doit continuer à faire son travail comme on le peut, sans se laisser abattre complètement dans le service de Dieu – Dieu nous en garde. »

Un homme croit qu'il s'est écarté de Dieu parce qu'il lui est arrivé ce qui lui est arrivé et qu'il pense que cela ne va pas comme il le faudrait, etc. Mais en vérité, c'est le véritable ordre des choses, c'est la voie pour se rapprocher de Dieu. Notre maître le souligne donc : « Avant d'ouvrir les Portes de la sainteté, toutes ces chutes et confusions sont inévitables ; il faut se résigner là où les justes authentiques se sont également soumis. » C'est exactement ta juste voie, celle qui te conduit à te rapprocher de Dieu ! Il faut savoir dès le début que ce parcours est rempli de chutes et de confusions, et ne pas tomber. L'épreuve consiste à se renforcer dans sa volonté, la prière et de faire son maximum : l'essentiel est de ne pas abandonner la foi que Dieu le veut ainsi, et que c'est pour le bien, car Il a vu que c'est le seul moyen que tu as pour te rapprocher vraiment de Lui.

Par conséquent, tu dois te préparer à effectuer ce trajet semé d'embûches avec la foi et la ferme volonté qu'à travers tout ce qui t'arrivera, tu continueras à te renforcer intensément dans la foi. N'abandonne pas la foi que tout ce qui t'arrive provient seulement de Dieu pour ton seul bien. Dis « Merci » et veille à accomplir tout ce que Dieu veut. Rappelle-toi bien qu'on attend de voir comment tu ne vas pas flancher et que tu t'accroches à ta volonté. Pense en ton cœur et prononce ces mots : « Peu m'importe ce qui m'arrive, je veux être en joie, je veux tout faire selon la volonté divine, je veux servir Dieu béni soit-Il. Je refuse tous ces échecs, ces chutes et ces confusions. Je refuse de me soumettre à mes appétits et à mes défauts... » Souviens-toi bien que personne – advienne que pourra – ne parviendra à s'emparer de ta volonté !

Notre maître a dit à chacun : « Vous en aurez bien besoin », car c'est la juste trajectoire pour se rapprocher du Créateur du monde. Ne pense pas qu'il t'arrive ce qui t'arrive parce que ton service de Dieu n'est pas correct. Au contraire, on recherche ton service, précisément à travers ton trouble. Tous les justes ont affronté ces problèmes, et c'est précisément grâce à cela qu'ils sont devenus des justes. Yossef a dit à ses frères : « Je suis Yossef votre frère que vous avez vendu aux Égyptiens. » C'est seulement grâce au mérite de cette vente – et de tout ce qui s'ensuivit et que j'ai subi – que je suis devenu Yossef le Juste.

Chacun aura donc le courage de se préparer avec la bonne volonté, les prières et les initiatives requises pour accomplir la volonté de Dieu de la meilleure façon et aussi parfaitement que possible, en acceptant tout ce qui lui arrive avec la foi et l'amour, et en se renforçant fortement dans ses résolutions.

118 – Je suis revenu à la vie

Lors de l'un de mes cours, un homme s'est levé et a raconté :

Un de mes proches parents avait un travail très honorable où il ne cessait de gravir les échelons. Les autres employés le jalousaient et commencèrent à comploter contre lui. De plus, il rencontrait d'autres problèmes sur son lieu de travail, ce qui le conduisit à une très grave dépression. Il fut hospitalisé, suite à quoi il prit l'habitude de prendre des pilules. Après avoir lu *le Jardin de la foi,* il me dit : « Depuis que j'ai découvert ce livre, je n'ai plus besoin ni des docteurs ni des hôpitaux : j'ai jeté tous mes médicaments, et aujourd'hui j'ai l'impression d'avoir recommencé à vivre. »

À chaque rencontre avec le public, je suis témoin de plusieurs délivrances : des gens qui étaient dégoûtés de vivre, les uns en crise grave, d'autres qui étaient arrivés au seuil de la mort et qui ne désiraient qu'en finir. Dieu leur a fait parvenir un des livres ou un CD, et cela leur a sauvé la vie, littéralement.

Un *Avrekh* m'a raconté : « Un des plus grands *rabbanim*, érudit dans la Torah, a donné une conférence dans mon *Collel* et nous a expliqué combien il est important de lire les livres de rav Arouch. Il a dit textuellement que ces livres sont les "pompiers" de notre génération : ils viennent éteindre les feux qui nous rongent et nous offrent une autre qualité de vie. »

Il faut savoir que le remerciement est une forme de résurrection. Des « morts-vivants » viennent me consulter, écœurés de tout. Ils racontent qu'ils sont déçus par leur vie, ou très éloignés d'une vie authentique. Je les laisse épancher leur amertume, puis je leur dis : « Écoutez, vous n'avez besoin que de la grande lumière du remerciement. Il vous est interdit de demander quoi que ce soit. Ne dites que "Merci". Allez dire "Merci" même à contrecœur. Dites toute la journée "Merci" ! "Merci" pour mes ennuis, "Merci" que rien ne va plus, "Merci" pour mes difficultés. Dites "Merci" pour tout ce que vous me racontez, pour tous vos pleurs. Dites aussi "Merci" pour tout ce que vous avez : vous avez une chaise, dites "Merci" pour votre chaise, "Merci" pour votre table, "Merci" pour chaque souffle d'air, etc. Ne dites que "Merci". » Et ces personnes commencent à revivre. Parce que la lumière du remerciement et des louanges est une lumière qui ressuscite les morts, littéralement !

119 – « Merci » pour la fatigue

Un *Avrekh* m'a confié qu'il était fatigué et qu'il n'avait pas de force pour étudier la Torah. Que faire ? Je lui ai dit de dire « Merci » de ne pas avoir la force d'étudier la Torah et d'être sans cesse fatigué. Il remercia pour cela, vraiment de tout cœur, et alors Dieu l'éclaira sur les raisons de sa fatigue, et comment il pourrait la surmonter.

Dieu m'a permis de dire à cet homme qu'après son remerciement à Dieu, il devait Lui demander quel était le bien qui découlait de sa fatigue. Dieu lui montra alors que cela provenait de son manque d'amour pour la Torah ! Car un homme qui aime la Torah ne ressent aucune fatigue dans son étude.

Il m'est arrivé de voyager en compagnie de justes qui aimaient la Torah, qui ne s'interrompaient jamais d'étudier, et qui n'abandonnaient jamais leur livre. Même s'ils fermaient l'œil un instant, ils se reprenaient immédiatement pour revenir à leur étude, à cause de leur amour de la Torah. C'est ainsi quand on aime quelque chose : on le fait avec désir et courage.

J'ai dit à cet élève de comprendre qu'il n'était fatigué qu'à cause de son manque d'amour pour la Torah, et qu'il devait demander à Dieu de lui donner cet amour. Je lui ai expliqué que si on lui proposait, par exemple, d'aller effectuer une chose qui l'intéressait au plus haut degré, il sauterait sur l'occasion, et sa fatigue disparaîtrait aussitôt... Pourquoi ? Parce qu'il aime s'en occuper... Et que s'il disait « Merci », il le comprendrait tout seul...

C'est une des choses qu'on mérite de saisir quand on suit la voie du remerciement et des louanges ! Celui qui vit avec le concept du remerciement et des louanges est protégé du mauvais penchant. Celui qui remercie ne sait rien, sauf que tout est pour le bien. Par conséquent il est impossible de le circonvenir avec des arguments visant à le décourager et lui faire perdre tout espoir.

On doit savoir qu'il n'existe personne au monde pour qui tout va comme il le désire, car seul le Créateur connaît l'exact parcours que chacun doit suivre. Les gens qui sont privés de la foi sont donc toujours tristes et désolés, parce que cela ne marche pas comme ils le voudraient. Cela à la différence de celui qui a la foi, qui accepte tout avec la foi que Dieu le veut ainsi, que c'est le mieux qui soit pour lui. Il est toujours joyeux et remercie Dieu pour tout, car il s'appuie sur le concept du remerciement et des louanges. Il ne sait pas se plaindre : il ne sait que dire « Merci ». Si quelque chose ne va pas bien, que dit-il ? « Merci beaucoup pour cette embûche », et lorsqu'il tombe il chante : « Merci beaucoup Dieu pour mes chutes... »

Quand il rencontre une difficulté, il dit : « Je Te remercie Dieu pour ces difficultés. Merci, Dieu, pour tout ce désarroi ! » Lorsque des désirs le tenaillent, il dit à Dieu : « Merci d'être assailli par ces pulsions. Merci ! Tout est pour le bien. » Et ainsi de suite. C'est la façon de tourner le dos au découragement : espérer et rechercher toujours Dieu à travers toutes les chutes et confusions, qui lui donnent l'impression de vivre dans un désert. Ainsi on mérite de trouver Dieu, de continuer et recevoir directement la Torah de Dieu, de nouveau à chaque fois, et de s'élever sans cesse plus haut !

Lorsqu'on remercie pour ne pas avoir réussi dans la spiritualité, on montre qu'on l'accepte avec amour : c'est-à-dire qu'on reconnaît ne pas pouvoir recevoir davantage de spiritualité, qu'on se réjouit donc du peu qu'on a, et qu'on ne se plaint nullement de ses échecs. Car il est clair qu'on n'ambitionne pas davantage parce qu'on ne mérite pas plus. Ce remerciement est donc une preuve d'humilité, et c'est le moyen de se lier à Dieu. Alors que la tristesse de l'homme qui ne réussit pas dans la spiritualité prouve son orgueil : c'est comme s'il affirmait qu'il devrait recevoir plus spirituellement. Cela l'écarte donc de Dieu.

Il en résulte que le remerciement permet à l'homme de se lier avec Dieu. Il lui est alors aussi facile de Lui demander Son aide pour se rapprocher de Lui. La même raison qui était à l'origine de sa tristesse devient à présent la raison de se réjouir et de remercier.

Et ainsi de suite pour tout ce qui semble « mauvais » aux yeux des gens, pour tout ce qui pourrait conduire à l'insatisfaction ou même à la dépression – pour tout. Lorsque l'homme est convaincu que Dieu le veut ainsi, il ne se persécute pas : il sait que tout, tout, est entre les mains de Dieu, pour le bien, et il remercie pour cela. Alors non seulement, il ne considère pas ce qui lui arrive comme mauvais et désolant, mais au contraire il s'en réjouit de toutes ses forces.

C'est pourquoi il faut être toujours joyeux : seul cet état d'esprit permet de vivre avec une parfaite foi. Depuis que le Saint béni soit-Il a créé le monde, depuis notre ancêtre Abraham – le premier juif – jusqu'à ce jour, personne ne peut se glorifier de n'avoir jamais été contrarié. Notre ancêtre Abraham – non plus – ne pouvait pas s'en targuer. Personne. C'est la réalité de la Création. C'est pourquoi l'homme est triste sans la foi : lorsqu'il ne réussit pas, il s'accuse, se persécute ou en veut à Untel, et ainsi de suite.

Cela à la différence de celui qui possède la foi : il remercie pour tout ce que Dieu fait pour lui, et il est satisfait de tout ce que Dieu veut. Celui qui a la foi veut ce que Dieu veut. Car un homme qui a une volonté autonome ne peut pas ne pas être contrarié : quand il décide d'annuler sa volonté, rien ne lui importe – il est toujours joyeux.

L'homme doit donc se réjouir également de ses chutes, de ses échecs, de ses doutes, et lorsqu'il ne réussit pas à servir Dieu béni soit-Il. En sachant que tout ce qui lui arrive n'est que l'expression de la volonté du Créateur, il accomplit ainsi la volonté divine la plus prodigieuse qui soit. Il accepte tout avec amour, et fait ce qu'il doit faire selon ses possibilités. Et s'il se sent impuissant, il renforcera sa volonté, il priera, demandera et fera ce qu'il peut, avec ou sans joie, avec ou sans enthousiasme – comme Dieu le dirige.

Il montre ainsi qu'il ne sert Dieu que parce qu'Il le lui ordonne, et non parce qu'il se sent mieux, etc. Nous voulons tous servir Dieu avec la joie, mais parfois Dieu béni soit-Il la retire de nous afin de voir si nous Lui restons fidèles et continuons à Le servir sans joie, ou si nous nous réjouissons de notre seule volonté de Le servir.

Il faut savoir que tout dépend de la force et de la bonté divine, et l'homme fera tout seulement pour L'honorer et Lui faire plaisir. Tu ne sers pas Dieu parce que tu es plein d'entrain. Au contraire, l'épreuve de l'authentique serviteur de Dieu consiste à Le servir même sans aucune ferveur. Même dans la plus complète obscurité il recherche ce que Dieu veut de lui. Il se renforce, accomplit ce qu'il accomplit, et se réjouit de tout ce que le Ciel lui permet de faire, en se réjouissant de sa volonté, et en remerciant Dieu à la fois pour le brouillard dans lequel il se trouve et pour ses velléités.

120 – Un conseil pour être joyeux

Un juif vint me voir et me dit : « Donnez-moi un conseil pour être joyeux. » Je lui dis : « Effectue chaque jour une heure d'isolement dont l'essentiel portera sur le remerciement et les louanges, et tu seras ainsi joyeux. »

Et en effet, il suivit ce conseil littéralement et commença chaque jour à s'isoler dans les prières et à effectuer un examen de conscience. Bien entendu je lui ai enseigné que l'essentiel consiste à remercier Dieu et à se repentir : toute tristesse disparut alors et il devint joyeux. Car tant que l'homme ne se repent pas, il ne peut pas atteindre la parfaite joie puisque ses fautes lui cachent la lumière divine. Le meilleur conseil pour parvenir à une joie parfaite est donc d'effectuer journellement une heure d'isolement.

On doit savoir que le remerciement, en particulier dans l'isolement, est une des choses les plus importantes dans la vie. Il adoucit tous les jugements, permet à l'homme de retrouver la foi et d'atteindre le point essentiel que tout est bien et providentiel. La voie du remerciement réjouit tellement l'homme qu'il peut épancher son âme même avec un cœur brisé. Comme le dit notre maître : c'est seulement si on est joyeux que l'on peut parvenir à un état où le cœur peut véritablement se déverser – car sans la joie il est impossible d'ouvrir la bouche. Dans ce cas, sa prière ne serait que plaintes, et elle susciterait jugement et rigueurs, Dieu nous en préserve. À l'inverse, la joie et le remerciement chassent tous les faux-semblants et autres illusions, et permettent de distinguer le bon esprit du mauvais, grâce auquel on parvient à la prophétie, comme cela est expliqué dans le 54e enseignement du *Likouté Moharan*.

Par conséquent, bien que l'homme ressente que le moment n'est pas encore venu pour qu'il puisse remercier véritablement – car il ne voudrait que crier et pleurer sur ses échecs et ses douleurs – il doit être conscient du haut niveau du remerciement, et se forcer à remercier. C'est le remerciement lui-même qui lui montrera alors la vérité, et il pourra pratiquer un juste isolement tout en criant sur ses manques de manière adéquate.

En m'appuyant sur mon expérience personnelle, je peux affirmer que très souvent, il m'est arrivé de commencer un isolement dans un état de confusion et surexcitation, avec des sentiments d'amertume et toutes sortes de douleurs mentales : il me semblait alors que le monde entier était noir. Mais en remerciant pour des choses qui me paraissaient mauvaises, je me renforçais dans l'idée que bien entendu tout était bien. Et quand je parvenais à remercier vraiment pour elles, tout s'adoucissait aussitôt, et je voyais le monde de nouveau tel qu'il est réellement : bon, joyeux, le mal n'existe pas ici-bas, Dieu veille sur tout et aide, je me tiens devant Lui, je peux m'entretenir de tout devant Lui, résoudre facilement tous mes problèmes. Et par voie de conséquence, la suite de l'isolement prenait déjà une autre tournure : tout devenait plus agréable, et je méritais de trouver les signes et allusions qui me permettaient d'avancer spirituellement.

121 – Je suis joyeux d'être triste

Un des étudiants mariés de notre *Yéchiva* me dit douloureusement :

« Honoré Rav, je suis fatigué toute la journée, je ne réussis rien. » Je lui répondis : « Alors, dis Merci ! Merci beaucoup, Dieu, d'être fatigué, Merci de ressentir toute la journée une grande et lourde lassitude. Au lieu d'être déçu et déprimé, dis "Merci" pour cela. Car tout ce que Dieu fait, Il le fait pour le bien. Ne t'accuse pas, n'accuse pas ta femme, ne cherche aucune raison. Pour ce qui t'arrive, sache que tout vient de Dieu et que tout est pour ton bien. Dis donc : "Merci beaucoup, Créateur du monde, Tu sais ce que Tu fais, Tu agis de telle ou telle manière. C'est très bien, Merci."

« Même si tu es déprimé et découragé, réjouis-toi de ta situation. Celui qui est triste doit remercier Dieu, et dire : "Je suis joyeux d'être triste, je suis joyeux et je dis Merci." Moi-même, un jour que j'étais triste, j'ai dit : "Dieu, c'est Ta volonté que je sois triste. Je l'accepte avec amour, je suis joyeux d'être triste !" Et de suite je suis devenu joyeux ! Tu souffres ? Tu dois dire : "Dieu, est-ce Ta volonté que je souffre ? Merci ! Je suis joyeux pour ce que Tu fais pour moi !" »

La joie est le secret de la pérennité du peuple d'Israël : c'est grâce à la joie qu'on mérite la révélation de la Présence divine, la protection personnelle et de grandes bénédictions. Au contraire, lorsqu'on accomplit les commandements sans joie, c'est une terrible honte pour le Saint béni soit-Il. C'est pourquoi la Torah fait dépendre les 98 malédictions (de la section *Ki Tavo*) de l'absence de joie dans les commandements.

Pendant des années j'ai eu le mérite de revenir sur ces propos prodigieux en les présentant de nombreuses façons différentes, afin d'éveiller mon cher public à apprécier les préceptes et se réjouir de leur réalisation. Beaucoup écoutent ces cours qui les font revivre. Pourtant je suis le témoin d'une terrible réaction du mauvais penchant à ce sujet. Ce dernier a très peur de la joie, et il introduit donc dans le cœur ce type de pensées : « Il est certain que ces propos sont bien dits et qu'ils pourraient faire renaître un mort-vivant, mais cela n'est pas ton cas : tu accomplis déjà difficilement les commandements. Tu as déjà du mal à réaliser quelque chose dans ta vie, ton mauvais penchant est très puissant et tes échecs sont innombrables. Comment pourrais-tu ignorer tout cela et te réjouir ? Ta manière de pratiquer les commandements est faible, difforme et remplie de lacunes. Et tu voudrais te réjouir ? Il est vrai que les grands justes et ceux dont toute la vie a baigné dans la Torah et les bonnes actions peuvent se réjouir, mais quelqu'un comme toi n'a pas de quoi se réjouir... » Donc, malgré tous les propos encourageants, je vois que les gens sont brisés et déprimés, et ils répètent toujours cette question sempiternelle : « Comment pourrais-je être joyeux avec ma pauvre pratique religieuse ? »

C'est parce que ces idées fausses sont tellement bien ancrées chez l'homme et le brisent qu'on doit renforcer ce point sans relâche, comme le dit notre maître dans *Likouté Moharan* (5) : il faut faire revivre les âmes et répondre à leurs questions avec sept bonnes raisons pour leur redonner le goût de vivre. Notre maître les qualifie de « propos purificateurs et conformes ». Par conséquent, nous allons à présent nous efforcer – avec l'aide du Ciel – de prouver à chacun et à chacune que ces paroles lui sont également adressées.

Chacun doit connaître les notions suivantes concernant la joie :

1) Tout d'abord il faut savoir que pour chaque commandement – et pas seulement chacun d'entre eux, mais chaque détail le plus infime qui soit dans l'accomplissement de la volonté divine, même la volonté de réaliser Sa volonté – la valeur de chacun de ces détails est illimitée. Pour illustrer et faire comprendre ce concept, disons que chaque détail vaut un milliard de dollars. Il est vrai que vous ne possédez pas dix immeubles entiers ni un yacht privé – mais est-ce une raison pour ne pas se réjouir des milliards de dollars que vous possédez ?

On peut se réjouir de chaque précepte pendant des millions d'années. Lorsque rabbi Nahman de Breslev demande de se réjouir de ce qu'on a pu réussir, il parle aussi de celui qui doit chercher dans toute sa vie les traces d'une seule bonne action :

« Est-il possible de n'avoir jamais exécuté dans toute une vie une seule bonne œuvre ?... »

2) En outre, la valeur d'un commandement est proportionnelle au mérite de travailler et de servir le Roi de l'Univers, le Saint béni soit-Il. Par conséquent, parce que tu penses être tellement malheureux et indigne, cela te donne le droit d'être d'autant plus joyeux. Dis-toi : « Comment ne pourrais-je pas me réjouir quand je sais que le Roi si grand a choisi une création si basse que moi pour Le servir ! »

3) Dieu béni soit-Il récompense selon la valeur que l'homme attribue au précepte. Or reconnaître la valeur d'un commandement, c'est s'en réjouir. Donc si tu te réjouis des quelques commandements que tu as réalisés, tu recevras pour eux une grande récompense. Mais si tu ne leur accordes pas beaucoup de valeur, leur récompense sera moindre.

4) De plus, si tu as l'impression que tu n'as réalisé que quelques préceptes, tu dois te dire : « Et alors, que veux-tu ? Aller de l'avant, ou continuer à te sentir très malheureux, et avoir pitié de toi et tout abandonner – Dieu nous en préserve ? » Il est évident que tu désires poursuivre ton chemin. Si oui, quelle est la juste voie pour progresser ? Penses-tu que tu pourrais accomplir en un seul jour un grand nombre de commandements et étudier

autant que les plus grands Justes ? Sache que ces derniers ont commencé avec peu : ils s'en réjouirent et accomplirent encore un peu, et de nouveau un peu plus, jusqu'à parvenir à leur grand niveau. Si tu ne te réjouis pas et n'apprécies pas le peu dont tu disposes, tu ne pourras jamais aller de l'avant. Car si le peu ne vaut rien à tes yeux, tu n'accompliras jamais rien et tu ne pourras donc jamais réaliser ni peu ni beaucoup, car seul celui qui se réjouit du peu qu'il a accompli pourra accéder aux grandes vertus des justes. Réjouis-toi donc et accorde une grande importance à tes premiers pas : ainsi tu auras toujours le désir d'accomplir encore un peu, et tous les petits « bons points » s'accumuleront pour former une très grande somme, et la voie s'ouvrira devant toi pour en accomplir beaucoup d'autres !

5) De même, on ne peut pas toujours réaliser complètement une œuvre, mais seulement de petits morceaux. Par exemple, un homme voudrait terminer la lecture des Psaumes de David, mais il voit qu'il ne lui reste que quelques minutes. Il se décourage et se dit : Si je ne peux pas terminer, cela ne vaut même pas la peine de commencer. Cela à la différence de celui qui se réjouit et attribue de la valeur à la lecture d'un seul chapitre, car il trouvera toujours le temps d'en lire un autre plus tard, et il finira par terminer ainsi de très nombreux livres de Psaumes.

Il résulte de ces deux derniers paragraphes que la joie du peu éveille la volonté de l'homme, alors que sa dépréciation brise toute volonté, et par voie de conséquence, il ne peut aller de l'avant !

6) Attacher de la valeur au précepte conduit à se réjouir de son acquisition. Il s'ensuit que si on ne se réjouit pas d'un commandement, c'est la preuve qu'on n'y accorde pas beaucoup de valeur. Par conséquent, le manque de joie dans son accomplissement est un affront fait au Roi, et lorsque l'homme ne se réjouit pas des quelques commandements qu'il a réalisés, il paralyse la volonté divine de lui donner le mérite d'en accomplir d'autres. Car personne n'aime donner quoi que ce soit à celui qui n'y attache aucun prix, et à plus forte raison s'il le méprise : cela l'empêche de progresser.

7) Non seulement cette dernière attitude empêche l'homme d'aller de l'avant, mais elle éveille aussi une grande accusation contre lui, exprimée par les 98 malédictions de la Torah (section *Ki Tavo*). Car la tristesse génère chez l'homme le sentiment que tout lui revient, il se retrouve alors brisé et abattu, car rien ne marche pour lui puisqu'il pense que tout lui revient – et ce sont autant de pensées orgueilleuses qui éveillent une grande accusation dans le Ciel !

8) Sache que Dieu ne doit rien à personne, et ce qu'Il fait mériter n'est rien d'autre qu'un don gratuit. La demande de progresser de l'homme qui éprouve de la gratitude, et qui attache de la valeur à chaque commandement, est reçue avec bienveillance par

le cœur – pour ainsi dire – du Saint béni soit-Il. À la différence d'une demande adressée avec le sentiment qu'on lui doit quelque chose et qu'on se conduit avec lui injustement : si l'homme se plaint et argumente, son ingratitude est déplaisante aux yeux de Dieu. Il s'ensuit que la joie avec laquelle on réalise un commandement – et la valeur qu'on lui accorde – ont pour conséquence que ses requêtes seront reçues avec bienveillance.

9) De même, puisque la joie dans l'accomplissement d'un commandement est une marque de gratitude envers le Saint béni soit-Il, elle est donc le fondement de tout le bien dans ce monde. Car la gratitude est la racine et le fondement de toutes les vertus et du bien ici-bas ; alors qu'à l'opposé, l'absence de joie signifie l'ingratitude – la racine de tout le mal.

10) Un homme triste est abandonné par Dieu, et par conséquent, il tombe et défaille, comme le rapporte le *Sefer HaMidot* : Dieu ne se trouve pas avec un homme triste. Celui-ci attire en effet à lui des disputes, des souffrances, des humiliations et le deuil – Dieu nous en préserve –, de la colère, des maladies, des peurs, des incendies, des querelles, l'oubli et la perte de son gagne-pain. Cet homme éveille des jugements divins, et du Ciel, on projette du mal contre lui – que Dieu ait pitié de nous !

La conclusion est, que même si l'homme peut justifier sa tristesse, cette dernière lui rapporte-telle quelque chose ? Dieu l'abandonnera, et il ne cessera de tomber et de subir des calamités encore et encore : est-ce cela que tu recherches ? N'aie pas raison, sois sage ! Tu peux avoir raison, mais Dieu ne sera pas avec toi : cela te convient-il ? Ne sois pas « triste de droit », car tu endureras et continueras d'endurer sans fin. Mais sois sage et réjouis-toi même des faits les plus banals, et ainsi tu réussiras et t'élèveras toujours plus haut.

11) De plus, la tristesse est une grande faute, toute entière issue du mauvais penchant. Existe-t-il une quelconque autorisation au monde de commettre des fautes – dans n'importe quelle situation – de renforcer les forces de l'impureté et de causer l'exil de la Présence divine et celui d'Israël ? (Voir *Likouté Moharan* et *Likouté Halakhot*)

12) Nos Sages de mémoire bénie ont déclaré (*Chabbat* 30b) : « La Présence divine ne repose qu'au sein de la joie. » Lorsque l'homme est joyeux, Dieu est avec lui, avec toutes les bénédictions, les délivrances, les protections et les réussites. C'est donc « un grand commandement que d'être toujours en joie ».

Tout ce que nous avons écrit ici suppose que l'homme n'a accompli en vérité que quelques préceptes, et malgré tout il doit beaucoup s'en réjouir. Mais chaque juif dispose vraiment d'une somme innombrable de commandements, car « même les plus vides en sont remplis comme les grains d'une grenade ». Cette impression qu'il a réalisé peu de préceptes et qu'il en est dénué est fausse et mensongère. C'est une inspiration du mauvais penchant destinée à l'aveugler, à l'empêcher de reconnaître l'immense richesse qu'il détient, afin qu'il tourne le dos à la vérité, et que sa joie lui soit retirée, car ce penchant sait pertinemment que si l'homme est joyeux, il ne peut plus rien faire contre lui.

L'homme doit donc sanctifier son temps et méditer combien il est rempli de préceptes – à ras bord : chaque jour il met les *Tefillin* pendant près d'une heure, et à chaque seconde qu'ils sont sur lui, il exécute plusieurs commandements. Il suffit donc de multiplier l'heure par le nombre de minutes et de secondes, multiplié par le nombre de jours non fériés pour chaque année, multiplié par le nombre d'années où il les a mis jusqu'à ce jour, et il arrive déjà à un résultat astronomique de préceptes. À plus forte raison pour le commandement des *Tsitsit* que l'homme porte toute la journée, sept jours par semaine. Il calculera aussi que chaque instant de chaque Chabbat vaut plusieurs commandements égaux à toute la Torah ; il calculera ainsi toutes les secondes de tous les Chabbatot qu'il a déjà mérité d'observer. Il calculera également le nombre de mots de la Torah qu'il a déjà étudiés et le nombre des mots de prières qu'il a déjà prononcés. Tout éloignement d'une faute est également considéré comme l'observance d'un commandement, et beaucoup d'entre eux ne peuvent être calculés, comme la bonté, l'aide aux autres, travailler pour nourrir sa famille et les élever dans la Torah. Il en est de même pour une femme qui travaille chez elle et accomplit à chaque instant un nombre important de commandements et d'actes de bonté, notamment l'éducation de ses enfants et le respect du Chabbat. Sans compter un nombre incalculable et infini d'autres préceptes, et à plus forte raison quand on tient compte des bonnes intentions...

À ce sujet, grâce mon expérience personnelle, j'ai trouvé qu'il était profitable de s'habituer à inscrire chaque jour sur un carnet – pendant près de dix minutes – toutes sortes de remerciements et de choses dont il y a lieu de se réjouir. Les personnes qui se sont astreintes journellement à écrire cent bons points de ce type ont été témoins d'un changement notable dans leur vie. Le mauvais penchant fait oublier à l'homme tout le bien dont il jouit avec une telle force qu'il faut se dresser contre lui chaque jour pour se rendre compte de la simple vérité : chaque juif est rempli de préceptes, et il lui suffit de voir son « compte bancaire » grossir sans cesse pour qu'il s'en souvienne et ne l'oublie pas de sitôt, comme il est écrit : « Écris-le comme souvenir », car l'écriture ravive la mémoire, face à tous les mensonges du mauvais penchant.

Chaque fois que l'homme demande à Dieu de progresser spirituellement, c'est la preuve qu'il ressent combien il est vide, et qu'il désire mieux agir et se rapprocher de Lui davantage. À première vue, c'est positif et bénéfique, mais en vérité cela représente de très graves dangers. En effet il risque d'oublier tous les bienfaits que Dieu lui a prodigués et tous les trésors spirituels qu'il possède déjà. Par conséquent, lorsqu'il entreprend un isolement, ou s'il vient demander quoi que ce soit à Dieu, il est tenu de méditer au préalable sur tout le bien qui est son lot, sur tous les commandements déjà accomplis et les bons points qu'il a récoltés. Il ne parlera pas à contrecœur, mais recherchera au fond de lui-même – selon les règles que nous avons énoncées ici – et il vérifiera le plus sincèrement possible s'il a su accomplir et honorer chaque commandement comme il fallait. Et c'est seulement alors qu'il pourra présenter ses requêtes. Avant tout on devra remercier pour tout ce qu'on a mérité d'obtenir jusqu'à ce jour, et ensuite penser à aller de l'avant !

C'est la seule voie authentique pour progresser. Il est impossible d'avancer avec des impressions négatives, et avec un mépris des commandements. C'est seulement si vous ressentez que vous disposez de trésors extraordinaires que vous aurez le désir d'aller vraiment de l'avant – et vous obtiendrez l'aide du Ciel pour cela.

Pour illustrer ce dernier concept, voici l'explication de notre maître dans les *Sipourei Ma'assiot* (Les Contes de rabbi Nahman) : « Revenez et utilisez vos trésors » – méditez sur tous vos trésors spirituels, sur la Torah et les commandements que vous avez déjà accomplis, et ainsi vous pourrez progresser dans le service de Dieu. Vous utiliserez alors vos trésors comme un moteur qui vous stimulera dans votre travail. Un homme qui se réjouit de tout petit progrès avance beaucoup, car celui qui va lentement et joyeusement parvient très vite à son but.

122 – Se réveiller de son sommeil

Un autre *Avrekh* me raconta qu'il avait de grandes difficultés à se lever le matin. Peu importe les moyens qu'il utilisait, le nombre de réveils et de fois que sa femme tentait de le sortir du lit – c'était en pure perte. Il ne se réveillait que dans l'après-midi, et bien entendu il commençait sa journée du pied gauche et ne réussissait rien à réaliser : il était profondément désespéré.

Comme un tourment en amène un autre, sa femme ne pouvait plus supporter de voir son mari au lit toute la matinée. Et quand elle partait travailler, il se tournait de l'autre côté du lit. Elle l'avait déjà menacé que s'il continuait ainsi, alors... Il ne savait plus que faire : pouvait-il se réjouir d'un tel problème ? De tous côtés, il ne recevait que des humiliations, et en vérité, il transgressait bien la loi, le temps limite de la lecture du *Chema*, etc. Il peinait sa femme qui ne pouvait plus s'accommoder de cette situation. Comment pouvait-il rester joyeux ? S'en réjouir, ne serait-ce pas faire preuve d'une complète irresponsabilité ?

Je lui répondis : « Si tu utilises ce problème pour t'éveiller à prier longuement et du fond de cœur, si chaque jour tu investis au moins une demi-heure de ton temps en remerciements et en louanges pour tout le bien dont Dieu t'a gratifié, y compris pour le fait qu'Il ne te réveille pas et que tu n'arrives pas à te lever, alors tu n'es pas irresponsable. Engage-toi désormais à Lui demander journellement de t'aider à te lever le matin, à renforcer ta volonté de te conformer à la *Halakha*, à améliorer la qualité de ta prière, à étudier le sujet et à prier pour cela. Je te promets que si tu te comportes ainsi, tu ne souffriras plus de te lever tard, ta femme ne sera plus désolée et dans le Ciel on ne t'accusera plus d'avoir transgressé des lois.

« Il est certain que tu dois être joyeux, car tu accomplis la tâche qui t'incombe et le Saint béni soit-Il n'agit pas en dictateur avec Ses créatures. Tu n'as rien d'autre à faire que de prier et de remercier. Que dois-tu faire ? Te persécuter ? Tomber dans la dépression ? Est-ce que cela résoudrait ton problème ?

« Au contraire ! Sache que tant que tu n'es pas joyeux du fait de ta difficulté, tu ne pourras pas la corriger ! Avant tout, sois donc heureux que Dieu béni soit-Il te l'ait donnée, car c'est elle qui t'éveille à remercier, à prier et à te repentir. Et il n'y a aucun bien plus grand que celui-là. Seulement ensuite, consacre quotidiennement de longues prières à ce sujet, et je te promets que tu réussiras à la réparer. Tu mériteras aussi de recevoir le grand cadeau d'un rapprochement spécial avec Dieu béni soit-Il, et même avant d'avoir résolu complètement ton problème, tu n'en souffriras plus ! »

Je lui ai donc appris – comme à d'autres – que l'homme qui souffre ou qui subit une lacune, doit beaucoup remercier pour elle, car l'homme vient dans ce monde pour se corriger et non pour se torturer. C'est-à-dire que son manque représente la finalité pour laquelle il est venu ici-bas. Et ce n'est que quand il croit d'une foi parfaite que cette lacune est pour son bien, afin de s'éveiller à intensifier sa prière, de se rapprocher de Dieu et de recevoir de nombreux cadeaux qu'il se remplit de joie, et peut prier sur son manque, chercher ce qu'il doit réparer et quel est le message que le Créateur lui adresse. On doit bien souligner ce point, car si on ne place pas la foi et la joie avant la prière, celle-ci ne sera pas exaucée, car elle ne peut être exaucée sans la foi.

En vérité il faut même remercier pour le mauvais penchant. « Merci » pour sa présence, « Merci » pour ce qu'il détruit, « Merci » pour toutes les perturbations qu'il entraîne dans notre vie, « Merci » pour tous les dommages qu'il nous cause. J'ai dit qu'on ne doit pas se torturer, car ce n'est pas lui qui s'est créé avec le mauvais penchant. Devons-nous nous affliger de quelque chose qui ne dépend pas de nous ? Tout est pour le bien, et Dieu a créé également le mauvais penchant pour le bien, car Il éprouve du plaisir de voir l'homme lutter contre son mauvais penchant ! Comme l'écrit notre maître rabbi Nathan de Breslev sur ce thème (*Likouté Etsot*, renforcements 37) :

« C'est un grand avantage pour l'homme d'avoir encore un mauvais penchant, car il peut alors servir le Créateur avec lui. C'est-à-dire apprendre à se maîtriser malgré les assauts de ce penchant et poursuivre le service de Dieu béni soit-Il. Si l'homme en était dépourvu, son service divin n'en serait pas un ! C'est la raison pour laquelle Dieu laisse le mauvais penchant se développer tellement chez l'homme – en particulier chez celui qui veut vraiment se rapprocher de Lui. Bien qu'il cause de nombreuses fautes et de grandes corruptions, pour le Créateur béni soit-Il, cela vaut la peine : devant les attaques de ce penchant, l'homme se redresse et fuit, ce qui a plus de valeur pour Dieu que s'il Le servait pendant mille ans sans mauvais penchant. Car tous les mondes ne furent créés que pour l'homme, dont toute la qualité et l'importance se mesurent à son renforcement face au mauvais penchant. Donc plus il se développe et plus c'est précieux aux yeux de Dieu béni soit-Il, qui aide Lui-même l'homme à s'en débarrasser, comme il est écrit (*Psaumes* 37,33) : "L'Éternel ne l'abandonne pas entre ses mains." »

C'est-à-dire qu'un seul bon mouvement effectué en l'honneur du Créateur du monde, en dominant son mauvais penchant et les perturbations auxquelles il le soumet, est plus précieux et important à Ses yeux qu'un service de mille ans sans ce penchant !

Bien entendu, le mauvais penchant incite l'homme toute la journée : « Regarde-toi, tu es complètement mauvais ! Que de mal il y a en toi ! Combien de pulsions coupables, combien de terribles défauts... » C'est alors que l'homme se décourage : il pense qu'il a – lui – créé son mauvais penchant, et qu'il ne pourra jamais réussir à bouger d'un seul millimètre de là où il se trouve, et se rapprocher de notre Père céleste. Mais la vérité est toute autre ! Plus ton mauvais penchant se développe et plus ton service – tes bons mouvements, tes faibles prières, tes actions et tes agissements – prend une valeur bien supérieure à toutes les œuvres admirables que tu pourrais Lui présenter, mais en l'absence de mauvais penchant.

Où celui-ci frappe-t-il l'homme de préférence ? Dans sa pensée, dans son désir de devenir spirituel, proche du Créateur du monde, sans mauvais penchant ! Le piège qu'il tend à l'homme, c'est de lui faire croire que ces conditions ne sont pas réunies pour servir Dieu. Toutefois le Créateur veut pour lui cette situation : le mauvais penchant fait partie des conditions optimales pour sa progression et sa réussite, s'il veut se forger un avenir et parvenir à réaliser certaines choses. Sans un déclencheur, on n'arrive à rien. Ce n'est pas ce que désire le Créateur du monde : Il dispose d'innombrables anges qui le servent avec un tel enthousiasme qu'ils se laissent consumer pour Lui. Le Saint béni soit-Il n'exige pas de nous de telles prouesses, comme il est dit : « Il ne désire pas la vigueur du coursier, Il ne tient pas à l'agilité de l'homme. » Que veut-Il ? Que tu reconnaisses le fait que tu as un mauvais penchant et que tu l'acceptes avec amour, que tu reconnaisses le fait que c'est le Saint béni soit-Il qui a donné la force au mauvais penchant de te subjuguer, et qu'à partir de là tu viennes vers Lui avec humilité et abnégation, et que tu Lui demandes de t'aider à le soumettre, comme un don gratuit, avec une immense compassion et une grande bonté. « Dieu aime ceux qui Le craignent, ceux qui ont foi en Sa bonté » !

Comme il est rapporté dans les *Entretiens de rav Nahman* (51) : « Servir Dieu ? J'ignore qui peut dire qu'il sert Dieu, vu Son infinie grandeur, béni soit-Il. J'ignore comment celui qui reconnaît seulement un peu de Sa grandeur peut dire qu'il Le sert, béni soit-Il, et aucun ange ni séraphin ne peut se targuer de pouvoir Le servir. L'essentiel est la volonté. »

C'est le moment de souligner un détail très important : nous devons nous réjouir de tous nos bons côtés, de chaque bon côté ! Car chacun d'entre eux, chaque mouvement effectué dans ce monde – même le plus simple, dans l'obscurité et en secret – est plus précieux au Créateur du monde que tout le service des saints anges et séraphins. Si on le croit d'une parfaite foi, rien ne pourra nous briser ! Plus l'homme se sent bas et éloigné, et plus il se renforce pour saisir un autre bien et une autre bonne action en l'honneur du Créateur – encore une bonne intention, encore un bon mot. Si on intériorise profondément ce principe dans notre cœur, notre vie prendra un autre aspect : celui du paradis terrestre.

Cela est si précieux au Créateur du monde que le plus grand remerciement qu'on peut Lui adresser est de dire : « Merci beaucoup, Père céleste, de nous avoir donné un mauvais penchant. Merci beaucoup, cher Père céleste, que ce penchant ait réussi à me subjuguer. Mais à travers toute cette confusion, je parviens à Te faire plaisir, à me reprendre de nouveau et à chaque fois, sans me décourager, en courant vers Toi, en demandant Ton aide, en priant Dieu, en voulant me rapprocher de Toi. »

Il est écrit (*Genèse* 1,31) : « Et le Tout-Puissant vit tout ce qu'Il avait fait, et c'était *très bien.* » Nos Sages de mémoire bénie déclarent sur le mauvais penchant qu'il est *très bien*. Il n'est pas seulement *bien*, mais *très bien*. Le *Yalkout Yehochoua* soutient (Michna *Berakhot* 9,5) qu'« on est tenu de bénir sur le mal comme on bénit sur le bien ». De la même façon que l'homme remercie Dieu pour son bon penchant, il doit aussi Le remercier pour son mauvais penchant, comme il est dit : « De tout ton cœur, avec tes deux penchants. » Car sans le mauvais penchant, le monde ne pourrait pas subsister (*Yoma* 69b). Et comme l'écrit le *Ta'am Zékénim* : « Sans le mauvais penchant l'homme ne pourrait pas se marier ; il ne pourrait pas construire une maison ni peupler le monde. » Nous ajoutons que sans lui, nous ne pourrions pas survivre une seule heure, car l'âme est toute entière feu et langueur pour le Créateur du monde, et elle s'envolerait aussitôt du monde pour Le rejoindre. Le mauvais penchant donne sens à l'existence de l'homme sur terre, un vrai sens à ses acquisitions, à sa spiritualité et à toutes ses œuvres. Tout est pour le bien, surtout et essentiellement le mauvais penchant.

La volonté est le moteur qui fait agir l'homme, et le mauvais penchant éveille la volonté. Rabbi Nahman de Breslev dit que tous les empêchements visent à renforcer la motivation de l'homme. Le mauvais penchant est l'empêchement le plus grand qui soit, et sa raison d'être est d'induire chez l'homme le désir et la volonté. Sans lui, qu'on le veuille ou non, le monde serait ennuyeux, on agirait comme des automates, comme des marionnettes. Mais avec le mauvais penchant, on est en guerre. Il nous contraint à lutter, à renforcer notre volonté, il nous donne une raison de vivre, une raison de servir Dieu.

Désormais et à partir d'aujourd'hui, si le mauvais penchant vous dit que vous ne pouvez rien faire à cause de lui, sachez que c'est votre ennemi le plus terrible qui parle.

Dites-lui : « En vérité, je ne peux rien faire sans toi. Étonne-toi, mais tu es mon plus grand ami. C'est seulement grâce à toi que je suis parvenu où je suis. » Ainsi vous vous libérerez du plus grand mauvais penchant – celui qui vient vous affaiblir, celui qui vous martèle la tête en vous disant que sans le mauvais penchant, vous pourriez arriver très haut. Ne le croyez pas !

Maintenant on comprend très bien la force d'une demi-heure de prière sur un seul sujet de spiritualité. À savoir que lorsque l'homme prie pour mériter de subjuguer un défaut ou un certain appétit, il doit se souvenir qu'un seul petit mouvement et la moindre bonne intention sont plus précieux et plus importants pour le Créateur du monde que mille ans de service d'un saint séraphin. Alors, imaginez-vous l'effet produit par une demi-heure d'aspirations spirituelles, de désirs et de demandes au Saint béni soit-Il pour qu'Il ait pitié de nous ! C'est davantage qu'un milliard d'années ! D'autant plus quand on mérite jour après jour de prier assidûment une demi-heure sur un seul thème. Il est impossible de décrire et d'évaluer l'immense vertu de ce prodigieux service.

L'homme qui suit cette voie quotidiennement assiste à de nombreuses délivrances. Les changements ne tardent pas à arriver. Encore et à nouveau de bons mouvements, des paroles provenant du bon côté et nous encourageant à bien penser et à bien agir. Tout ceci aide l'homme à subjuguer son mauvais penchant. Même s'il tombe par la suite, cela ne justifie aucun découragement. Cette demi-heure a une grande valeur dans le Ciel. Elle opère de grands prodiges. À la fin, ces demi-heures s'associent et représentent une très grande somme, et on se retrouve propulsé au prochain échelon sur l'échelle de notre vie !

N'économisez pas vos mots, racontez au Père céleste combien c'est difficile, quel mauvais penchant nous avons tous, comment il réussit à nous subjuguer chaque fois de nouveau, à nous écraser, à nous rendre fous, à nous faire perdre la tête avec de terribles désirs, à nous endormir, à nous voler nos prières, à nous voler des heures, des jours et des semaines. Pourtant, aussitôt après, n'oubliez pas de dire : « Merci beaucoup Père céleste ! Pour ce mauvais penchant si fort et si grand qui réussit à me faire tomber et à me dominer de nouveau, et à chaque fois. Si c'est ce que le Créateur veut, si c'est Ta Providence, je l'accepte avec amour. Mais je suis persuadé que Tu attends que je me maîtrise et que je Te satisfasse précisément en résistant à ses incitations. Par conséquent, de même que Tu lui as donné la force de me subjuguer, donne-moi aussi la force de le vaincre ! »

123 – Il n'est pas bon que l'homme soit seul

Voici l'histoire d'un couple qui avait des problèmes d'entente conjugale et qui est venu me consulter. Le mari déversait des accusations sur sa femme, en prouvant clairement qu'elle était la seule responsable de leur mésentente et des problèmes avec les enfants, etc. Que puis-je vous dire : il était très persuasif...

Après avoir attendu son tour, sa femme expliqua clairement que son mari était coupable de tout... Et que puis-je vous dire : elle aussi était très persuasive...

Comme j'étais bien évidemment incapable de les aider, je me suis contenté de les écouter en me désolant pour ce foyer où tout le monde souffrait atrocement : la femme, le mari et les enfants. Ensuite, dans ma pratique de l'isolement, j'ai supplié Dieu pour qu'il m'ouvre les yeux, afin de comprendre ce qui manquait à ce couple.

Pourquoi ne méritait-il pas de vivre en paix ? Pourquoi tout était-il fermé devant eux ? Ces gens gagnaient une fortune, mais n'avaient rien. Ils vivaient en location et étaient privés de la bénédiction. Leur existence n'était qu'accusations réciproques et souffrances, alors qu'ils auraient pu vraiment vivre comme des princes, avec l'abondance que Dieu leur avait donnée.

Alors Dieu m'ouvrit les yeux : il leur manque l'écoute des CD sur le thème du remerciement : *Cesse de pleurnicher*, *Tout peut se transformer en remerciement* – tous les enregistrements qui traitent de ce sujet.

Il faut ici prévenir le lecteur de ne pas se contenter d'écouter un CD ou un extrait, car chacun d'eux traite d'un point spécifique. Il est donc très important d'écouter et de réécouter toute la série de ces disques. Et maintenant que les *Diamants* ont été publiés, on doit les étudier sérieusement, les revoir et prier pour accomplir leur enseignement. Il ne suffit pas de les lire une seule fois : encore faut-il les intérioriser et vivre avec le prodigieux concept du remerciement et des louanges.

Revenons à ce couple, à propos duquel j'ai compris qu'il leur manquait l'écoute de ces CD. Pourquoi ? Nous avons appris que l'homme doit remercier pour chaque chose afin d'être satisfait de sa part. Il est donc évident que si ce mari avait été heureux de son lot – c'est-à-dire, de sa femme avec les défauts qu'elle avait selon lui –, il n'aurait eu aucune raison de souffrir.

Il avait établi une liste de tous les défauts de son épouse, il se plaignait et l'accusait... En fait, d'après le concept de la foi, il aurait dû se dire : « C'est ma femme ! Elle a tel et tel défaut, mais c'est ma femme, c'est-à-dire c'est mon lot... Et je dois me satisfaire. »

Il aurait pu alors accepter avec amour tous ses défauts, puisqu'ils sont ce qui lui revient, et que cette situation est la meilleure pour lui. Car Dieu sait que c'est seulement avec cette femme, avec toutes ses imperfections, qu'il pourra parvenir à sa réparation et assumer parfaitement sa mission.

Car il faut bien se souvenir que la foi signifie : « Rien n'existe hormis Dieu » et que : « Tout est pour le bien. » Et puisque rien n'existe hormis Dieu, la femme n'y est pour rien, mais seulement Dieu. Tout est pour le bien : le mal n'existe pas dans le monde, et tout ce que fait Dieu est dirigé vers le bien.

Si ce mari avait possédé la foi, comme elle est expliquée dans le livre *le Jardin de la foi*, il aurait jugé sainement ; il aurait été satisfait de sa femme ; il ne souffrirait certes plus, mais remercierait Dieu : « Merci infiniment Dieu, pour la femme que Tu m'as donnée, que Tu as créée spécialement pour moi, que Tu as "programmée" avec précision pour ma réparation, avec un logiciel exact et perfectionné, conçu par le Programmateur le plus émérite du monde – le Saint béni soit-Il – et qui ne contient pas la moindre erreur... »

Si le mari avait cru en tout cela, s'il avait vu tout le bien que sa femme représente, tous les bienfaits qu'elle lui prodigue, et s'il avait remercié Dieu pour le mal et s'était satisfait de son lot, non seulement il ne se serait pas plaint, mais il n'aurait cessé de remercier et de rendre grâce, et se serait repenti pour chacun de ses défauts. Car la femme est le miroir de son mari : chacun de ses défauts est une allusion au sien propre, chaque souffrance éprouvée à cause d'elle est une allusion aux fautes qu'il a commises, selon les explications du *Jardin de la paix*.

La femme aussi n'est pas exemptée de la foi. Elle doit également croire que le Créateur du monde a créé pour elle ce mari et être satisfaite de sa part ; qu'il fut programmé exactement pour sa propre réparation. Elle s'en réjouira ainsi et remerciera Dieu.

Lorsque l'homme ne respecte pas sa femme, il ferme le canal par lequel parvient l'abondance qui lui est destinée. Tout est fermé ! Lorsque la femme s'irrite, il est certain que tout se ferme, puisque le couple reçoit toute l'abondance grâce au bonheur de la femme, comme cela est expliqué dans *Likouté Moharan* (69). Lorsqu'à son tour le mari s'irrite contre sa femme, à plus forte raison ferme-t-il la source de bénédiction ! Cette réalité est décrite dans le Talmud : la maison de l'homme n'est bénie qu'en fonction de l'honneur dont il gratifie sa femme...

Il faut souligner que dans cet exemple l'irritation est, pour ainsi dire, justifiée, car quand elle ne l'est pas, il s'agit alors d'une pathologie mentale. Cependant, même les reproches les plus justifiés entraînent la fermeture des grands canaux d'abondance : car c'est par l'union de l'homme et de la femme que jaillit toute bénédiction !

C'est ce que je vis dans ce couple dont les revenus étaient considérables : une grande abondance régnait, mais ils n'avaient pas de maison et difficilement de quoi manger. À première vue, comment était-ce possible ? C'est vraiment dans un cas pareil que la chanson « Je n'y comprends rien ! » est de rigueur. Car il était impossible de comprendre où partait toute leur richesse.

Mais en vérité, nous savons que l'abondance de l'homme n'est pas matérielle, car il est écrit : « C'est la bénédiction divine qui enrichit. » J'ai vu des gens possédant peu d'argent, et à qui rien ne manque sans jamais s'endetter : parce qu'ils sont bénis de Dieu. Si vous me demandez comment ils font, je vous répondrai que je l'ignore. En réalité, ils ont très peu d'argent, mais rien ne leur fait défaut. C'est la réalité et on ne peut la contredire ! En revanche, d'autres gagnent des sommes colossales, mais en fait, ils n'ont rien ! Parfois, ils doivent même emprunter pour acheter de quoi manger...

Plus tard, ce couple lut les *Diamants*, se renforça dans la foi, ne suivit que la voie des remerciements, et leur situation s'est radicalement améliorée.

124 – Le paradis chez soi

Un juif me raconta que son couple ne tenait plus qu'à un fil. Il pensait que sa femme était coupable de tout et qu'elle devait changer – seulement elle, mais pas lui, etc. Un de nos élèves frappa à sa porte. En le voyant, cet homme pensa immédiatement qu'il était venu mendier. Il s'enquit : « Vous êtes venu pour demander l'aumône ? »

L'élève lui répondit :

– Je ne viens pas pour cela, j'ai un livre !

– Quel livre ?

– Sur la paix du ménage.

– Je ne lis que l'espagnol !

– Je vais vous l'apporter en espagnol !

Il courut vers sa voiture et ramena *le Jardin de la paix* en espagnol.

Plus tard, ce juif me raconta qu'il avait consacré cette même nuit à l'étude de ce livre, et avait connu le paradis sur terre. Et ce paradis terrestre continuait, deux mois après. En plus, il avait maintenant trouvé un gagne-pain.

Pourquoi ce juif a-t-il mérité que la paix s'installe dans son foyer ? Il ne me connaissait pas du tout : c'est seulement après sa transformation qu'il vint pour me remercier. Mais la vraie raison de son changement – et de la paix conjugale reçue en cadeau – est qu'il avait étudié et accompli ce qu'il avait appris. Un des principes essentiels que j'enseigne dans tous les livres, c'est la foi que tout ce que Dieu fait est pour le bien, que tout est Dieu, et qu'il faut remercier Dieu pour tout...

Comme le dit ce juif : « Celui qui a la foi et qui remercie possède littéralement le paradis terrestre. »

125 – J'ai commencé à croire dans le Saint béni soit-Il

Mon voisin me raconta que, se trouvant alors aux États-Unis, un homme robuste se rua vers lui. Mais il n'eut pas peur, car celui-ci lui souriait. Il lui demanda :

– Dites-moi, vous connaissez rav Chalom Arouch ?
– Bien sûr, c'est mon voisin.

— Dites-lui qu'il m'a sauvé la vie ! J'ai étudié *le Jardin de la foi :* j'ai alors commencé à croire dans le Saint béni soit-Il et à dire « Merci » ! J'ai étudié *le Jardin de la paix,* et j'ai eu la paix dans mon foyer !

Voici une lettre que nous avons reçue d'Amérique du Sud :

« Grâce aux conseils de rav Chalom Arouch que j'ai suivis, le Créateur du monde m'a entendu et a opéré un grand miracle pour moi et ma famille. Après presque six ans de mariage, mon mari avait décidé de quitter la maison, suite à nos disputes continuelles et aussi parce que nous n'avions toujours pas d'enfants. Je suis restée seule à la maison, mais contrairement aux fois précédentes, je refusai de pleurer dans le giron de ma mère. Je compris que Dieu voulait m'enseigner quelque chose, et j'ai attendu pour voir ce qui allait arriver.

« Afin de ne pas sombrer dans la dépression, j'ai commencé à rechercher des sites instructifs sur Internet, et je suis tombée sur celui de *'Hout chel 'Hessed* (Fil de Bonté) en espagnol. Toute la nuit j'ai écouté deux ou trois conférences. Et dans l'une d'entre elles, j'ai trouvé le conseil qui a tout changé : dire « Merci » sur les difficultés, au moins une demi-heure par jour !

« Je me suis engagée de tout cœur à prier et à remercier le Père céleste et miséricordieux au moins une demi-heure quotidiennement sur le fait que je n'avais pas d'enfant, que je me retrouvais seule, que mon mari ne voulait plus vivre avec moi. Et j'ai cherché encore des dizaines de problèmes pour lesquels je pouvais remercier le Créateur du monde.

« C'est à cette époque – il y a cinq mois – que j'ai commencé à lire *la Sagesse des femmes* en espagnol. J'ai compris alors que j'étais responsable de toute ma situation, et non mon mari. Après plusieurs jours où j'avais remercié pour tout, soudain on frappa à la porte. Mon mari se tenait devant moi, les larmes aux yeux, pleurant et me demandant pardon pour tout ce qu'il avait fait. Il me raconta qu'il s'était senti subitement envahi d'une soif spirituelle, dont il ignorait l'origine...

« Il trouva un livre qui l'aida à tout comprendre, un livre intitulé... *le Jardin de la foi*, en espagnol, et il avait compris à sa lecture qu'il était responsable de toute sa situation, et pas moi.

« De plus, bien que j'aie été élevée très loin de la tradition juive, grâce au conseil que j'ai suivi et qui consiste à dire « Merci » au Créateur du monde, j'ai commencé à me renforcer dans d'autres domaines, comme se couvrir la tête, respecter la pureté familiale et la *cacherout*.

« Mais le plus incroyable, c'est qu'un mois après le retour de mon mari à la maison, nous avons appris une bonne nouvelle inattendue... j'étais enceinte. Après six ans de recherches, de soins et de prières, un grand miracle était enfin arrivé.

« À l'annonce de cette nouvelle, la première chose que j'ai dite fut que cet enfant était l'expression du remerciement au Créateur.

« Je sais maintenant que tout ce qui m'est arrivé a pour source l'amour du Créateur pour moi et mon amour pour Lui, et je ne le savais pas.

« Merci au Créateur du monde pour les cours de rav Yonathan Guilad en espagnol et au rav Chalom Arouch pour les prodigieuses connaissances qu'il nous transmet. Puisse le Créateur ne jamais quitter notre cœur, Amen.

« Le monde sourit à ceux qui sourient !

M.A. »

126 – Le plus grand miracle

Cette nouvelle histoire rapporte le plus grand miracle que j'ai jamais entendu de ma vie : un changement tellement radical de la nature que si on m'avait dit que la lune s'était scindée en dix morceaux, j'aurais été moins étonné.

Ce jour-là, je donnais une conférence dans une localité du sud du pays. Jusqu'alors, à chaque fois que je m'y trouvais, une femme s'approchait à la fin et me racontait comment son mari la maltraitait terriblement, l'humiliait et la rabaissait jusqu'à lui faire voir la vie en noir.

Mais cette fois-ci, elle était heureuse. Elle me raconta qu'après des années où elle avait écouté les conférences à demi consciente, préoccupée par ses propres malheurs, en se préparant à déverser tout son fiel quand je recevais le public, elle s'était engagée à lire sérieusement le *Jardin de la foi*. Après avoir commencé sa lecture, elle comprit finalement ce qu'elle entrevoyait vaguement : tout provient de Dieu, son mari ne la méprisait pas, mais à travers lui, c'était Dieu béni soit-Il qui lui faisait expier ses fautes – et tout était pour le bien, etc.

Les mots qu'elle lisait pénétraient tellement dans son cœur qu'elle commença à s'isoler pour remercier Dieu une demi-heure par jour, à propos de son mari, de toutes les malédictions, les humiliations et les souffrances qu'elle subissait jusqu'à ce jour de Dieu, par l'intermédiaire de ce bâton, représenté par son mari...

Elle raconta comment, à chaque isolement, après une demi-heure de vrais remerciements du fond du cœur, elle demandait pardon à Dieu pour ne pas avoir compris pendant toutes ces années que tout provenait de Dieu, et que tout est pour le bien. Elle Lui demanda pardon pour avoir pleurniché et s'être plainte, pour ne pas s'être réjouie de son lot, de son mari, de ses enfants et de sa maison. Elle justifia le jugement divin, car il lui était à présent évident que ses souffrances lui étaient envoyées avec mesure, en expiation de ses nombreuses fautes de jeunesse, etc.

Depuis ces découvertes, elle était joyeuse comme elle ne l'avait jamais été ! Et cela, sans avoir écouté les CD sur les remerciements et les louanges, et seulement grâce au livre *le Jardin de la foi*. Qui peut décrire ce qu'elle aurait mérité si elle avait écouté les CD et suivi la voie des *Diamants* ?

Elle demanda également à Dieu : « Montre-moi sur quoi je dois me repentir, pour quelle faute me sont venues les souffrances que m'inflige un tel mari ? » En bref, elle remerciait et se repentait, et commença à donner des cours sur le *Jardin de la foi* : elle s'épanouissait et baignait dans le bonheur.

Elle me raconta que son mari s'aperçut de son changement et lui demanda : « Que s'est-il passé ? Quelque chose a changé en toi. Tu ne te plains plus, tu ne parles plus comme autrefois, tu ne pleures plus... » Elle lui répondit : « Bien sûr, je suis heureuse de cette absence d'entente conjugale ! »

Son mari fut stupéfait : « Quoi ? Tu es heureuse de ne pas t'entendre avec moi ? » Elle lui répondit : « En effet, cela me rapproche de Dieu béni soit-Il. Je remercie Dieu pour toutes les humiliations et les souffrances que tu me causes. Je suis heureuse de tes vexations. Car tout compte fait, tu n'es que le bâton de Dieu qui veut me corriger. Toutes ces humiliations me sont dues, et si tu ne me causais plus de mal, Dieu me le ferait subir par quelqu'un d'autre à ta place. Chaque jour je me repens et me rapproche de Dieu. Chaque jour Il me fait comprendre d'autres choses, je suis heureuse de me repentir. Peu m'importe de ne pas avoir de paix dans notre foyer, l'essentiel est de me rapprocher de Dieu. C'est ma finalité, et le reste ne m'importe pas ! »

Qu'une épouse méprisée et maudite par son mari accepte cette situation avec amour, et que de plus, elle dise « Merci » pour ses humiliations, est un changement radical de la nature d'une femme, elle pour qui il est si important d'être honorée, qui remuerait terre et ciel pour un semblant de respect, et que rien ne peut apaiser quand elle est blessée dans son honneur. Mais avec la force de la foi que tout est pour le bien, elle réussit à transformer sa nature !

Rien ne peut faire souffrir une femme autant qu'une atteinte à son honneur. Et ici, non seulement ses humiliations ne lui importèrent plus, mais de plus elle dit « Merci beaucoup » à Dieu. Elle me dit : « Non seulement cela m'est égal, mais de plus j'ai peur que la paix règne dans mon foyer, car alors cela me conduirait à cesser de me repentir. Il est donc préférable que mon mari me méprise. » Changer sa nature à ce point !

De plus, sa soumission à Dieu fit que son mari se transforma. Un changement radical de la nature !

Lorsqu'il comprit que son épouse ne le regardait pas, mais ne voyait que Dieu – car il n'était en réalité qu'un bâton entre les mains du Créateur –, il eut honte et se dit en lui-même : « Je refuse d'être un bâton qui frappe. Je veux être une canne qui soutient. » Il eut honte de son comportement passé et de son ingratitude envers sa femme. Et il se repentit donc, lui aussi.

Il faut se souvenir que tant qu'elle voyait son mari comme une entité qui la faisait souffrir, il restait – LUI – ce mari qui l'humiliait. Mais dès qu'elle vit que tout provenait de Dieu, il ne fut plus le même, et il revint vers Dieu... Dès qu'elle vit que son mari n'était plus une entité autonome, et qu'elle vit Dieu, lui aussi vit Dieu ! C'est la force de la foi que tout est pour le bien et c'est la puissance du remerciement !

127 – Chacun peut opérer des miracles

Nous avons appris de toutes les histoires précédentes qu'il peut arriver des prodiges à chacun de nous !

Chacun de nous peut opérer des prodiges. À maintes reprises, nous avons prié pour telle ou telle raison et nous avons assisté à une transformation radicale de la nature. Il n'est pas nécessaire pour cela d'être un Juste. Chaque juif et chaque juive peuvent susciter des miracles. Priez et vous verrez des miracles !

Rav Nahman de Breslev écrit : « La nature possède ses lois propres, mais la prière peut changer la nature. » J'ai vu de mes propres yeux comment de simples juifs ont opéré des prodiges par la force de leurs simples prières.

On a demandé une fois à rav Nahman de Toultchin : « Racontez-nous un prodige de rav Nahman de Breslev ! »

Il répondit : « Un prodige ? C'est moi le prodige ! Le prodige de notre maître, c'est d'avoir pris un animal à quatre pattes et d'en avoir fait un être humain sur deux pieds ! C'est un grand prodige, un grand miracle ! »

Lorsque rav Nahman de Breslev faisait un miracle, il priait pour qu'on l'oublie : il refusait qu'on lui rappelle ceux qu'il avait réalisés. Par conséquent, leur souvenir s'est effacé. Une fois, lors de l'un de ses cours, l'un des hommes présents dans l'assistance ne pouvait plus bouger sa main depuis plusieurs mois déjà. Notre maître lui demanda trois fois : « Vous avez la foi ? » Et celui-ci lui répondit « Oui. » Notre maître lui demanda de bouger la main et cet homme l'agita, à la vue de tous.

Mais en règle générale, notre maître priait pour qu'on oublie ses prodiges : il refusait qu'on les lui rappelle. Il voulait au contraire que l'on se souvienne de lui comme celui qui avait enseigné comment servir Dieu, comment revenir vers Lui. Pour cela on a besoin d'un Juste authentique, qui inspire les paroles adéquates, et donne certains conseils pour s'éveiller et se renforcer. C'est la raison pour laquelle Dieu béni soit-Il a donné la Torah : le but est de se rendre compte qu'il est impossible de l'accomplir seul et qu'on doit chercher une aide.

Néanmoins chaque juif peut opérer des prodiges. Souvent mes élèves me racontent qu'ils ont prié de telle façon et que telle chose s'est arrangée, etc. La raison de vous parler de cela est que chaque juif doit croire en lui-même et dans sa capacité à opérer des prodiges. Si l'homme n'accomplit pas de miracles, c'est parce qu'il lui manque la foi en sa propre prière. Il ne croit pas que s'il prie et dit « Merci », il opérera des délivrances.

Dieu entend la prière de chacun. Si tu manques de foi en ta prière, il te manque la foi en Dieu !

Pourquoi ? Parce que si l'homme dit que Dieu est tout--puissant, pourquoi n'accomplirait-Il pas pour toi une délivrance ? Ne crois-tu pas que Dieu peut répondre à tous tes souhaits ?

Notre maître raconte l'histoire de deux amis. L'un d'entre eux, Dieu ait pitié de nous, tomba malade. Lorsque son ami l'apprit, il commença à prier pour lui. Après quelque temps, il s'enquit de ses nouvelles auprès de sa famille : « Est-il guéri ? » On lui répondit : « Pas encore. » Il reprit ses prières et de nouveau posa la même question, et reçut la même réponse. Et cela plusieurs fois de suite, jusqu'à ce qu'il obtienne une réponse positive : son ami avait recouvré la santé.

Notre maître dit que cette histoire était destinée à nous renforcer à croire en nos prières, pour s'obstiner à continuer même quand celles-ci ne sont pas exaucées. À l'exemple de notre maître Moïse, si une prière ne reçoit aucune réponse, c'est le signe qu'il manque un quota précis et nécessaire de demandes. Comme l'écrit rav Nahman de Breslev (*Likouté Moharan* 62) : « En vérité, si l'homme était profondément persuadé que "Toute la terre est pleine de Sa gloire" (*Isaïe* 6,3), et que le Saint béni soit-Il l'écoute au moment de sa prière, il est évident qu'il prierait avec un grand enthousiasme, et serait très attentif à diriger son cœur vers chaque mot prononcé. C'est seulement parce qu'il n'en est pas entièrement convaincu que sa prière manque de chaleur, et qu'il n'est pas tellement pointilleux. »

J'ai vu concrètement comment mes disciples qui avaient prié pour mériter d'acheter un appartement à Jérusalem, et qui firent même de longs isolements pour cela, avec des implorations et des remerciements, finirent par réaliser leurs souhaits. Des élèves qui n'avaient même pas le sou pour prendre l'autobus et visiter l'appartement !

Telle est la force de la prière et du remerciement. Et c'est vrai dans tous les domaines de la vie. L'homme doit être convaincu de la force de sa prière et de ses remerciements. Même si tu es l'être le pire qui soit au monde, Dieu écoute ta prière. Demande un don gratuit : « Maître du monde, fais-moi un don gratuit. Je sais que je n'ai aucun droit et que rien ne me revient. Aie pitié de moi, aide-moi. » Nous avons vu nos mères et grand-mères, de simples femmes – puisse leur vie se prolonger dans la santé et la félicité – ayant l'habitude de parler naturellement avec Dieu, dans leur langue. Cette simple foi manque au peuple d'Israël.

Tiens-toi dans un coin, toute la journée, et parle ainsi au Créateur du monde : « Père céleste, je n'ai aucune autre adresse ! Aide-moi, aie pitié de moi. » Dis « Merci ! » Même toute la journée, dis seulement « Merci ! »

128 – Cinq minutes de remerciements

Un élève de Rishon LeZion de passage chez nous nous a raconté que son voisin, d'obédience lituanienne, n'avait toujours pas d'enfants après plusieurs années de mariage.

Il téléphona au rav Goldlevsky et lui dit : « J'ai déjà essayé toutes les *segoulot* (actes favorables), dit toutes les prières, effectué tous les soins : mais le résultat est nul. J'ai entendu que rav Chalom Arouch conseille de dire "Merci". » Rav Goldlevsky lui répondit : « Dites "Merci" pour le fait que vous n'avez pas d'enfants. » « Pendant combien de temps ? » « Puis-je lui dire une demi-heure... ? » pensa le Rav. « Cinq minutes par jour ! enchaîna-t-il. Vous et votre femme ! Pendant 40 jours ! »

Le quarantième jour, sa femme tomba enceinte !

Il raconta que chaque jour à huit heures du soir, il se postait à un coin de la maison, et sa femme à un autre. Et pendant cinq minutes ils disaient : « Merci beaucoup, Saint béni sois-Tu, de ne pas nous avoir donné d'enfants ! Tout ce que Tu fais est pour le bien ! » Et comme nous l'avons dit, le quarantième jour elle fut exaucée !

Sachez que le remerciement est indispensable dans tous les cas, même pour ceux qui n'affrontent pas de telles épreuves. Eux aussi doivent remercier, car c'est manifester un minimum de gratitude que de dire « Merci » pour ce qu'on reçoit. C'est une marque de droiture minimale que de remercier Celui qui vous fait vivre et vous entretient. C'est pourquoi il faut remercier Dieu à chaque instant, en passant en revue tous les bienfaits reçus, avec le plus de détails possible. Comme il est écrit : « Notre bouche fut-elle pleine de chants comme la mer et notre langue remplie d'allégresse comme la multitude des vagues [...] nous ne pourrions pas Te rendre hommage, Ô Éternel notre Dieu, et bénir Ton nom, notre Roi, pour un seul des mille myriades de bienfaits, de miracles et de prodiges dont Tu nous as comblés, nous et nos pères. » Car en vérité, un milliard d'années ne suffiraient pas pour remercier le Créateur de Ses bienfaits. Néanmoins, il est impossible de s'abstenir complètement et nous devons nous efforcer de Le remercier, autant que possible.

Le remerciement ouvre toutes les Portes du Ciel, comme le *Zohar* le rapporte : « Grâce au remerciement, l'homme entre dans l'intimité du Saint béni soit-Il. » Le remerciement annule toutes les accusations, car son absence est ce qui provoque le plus de blâmes. Le remerciement est la finalité de la Création de l'homme, et comme l'écrit le Ramban (Nahmanide), sans le remerciement, le Saint béni soit-Il n'aurait jamais voulu créer Son monde.

L'auteur du *Yéssod HaAvoda* (Rav Avraham Weinberg de Slonim) écrit qu'il a entendu de la part de son maître, le saint rav de Kovrin – puissent ses mérites nous protéger – que le juif qui accepte ce que le Saint béni soit-Il fait pour lui s'épargne toutes les mortifications et les jeûnes. Il est nécessaire d'expliquer ses paroles : celui qui accepte tout avec amour et joie expie déjà toutes ses fautes, et les mortifications et les jeûnes deviennent dès lors superflus. Il est rapporté également dans *Torat Avot* que l'auteur du *Yéssod VéChoresh HaAvoda* (Rav Alexander Ziskind de Horodno) a déclaré que lorsqu'un juif est joyeux de la présence de Dieu béni soit-Il, et Le remercie constamment pour toutes Ses bontés et Ses bienfaits à son égard, grâce à cela, on l'empêchera de commettre des transgressions, et il sera préservé de toutes sortes d'événements fâcheux.

L'auteur du *Yéssod VéChoresh HaAvoda* a écrit dans son testament spirituel destiné à ses enfants : « J'ai toujours été très scrupuleux de remercier et de louer Dieu béni soit-Il pour tout ce que j'ai reçu. Et pour le moindre mal, petit ou grand – puisse Dieu avoir pitié de nous –, je justifiais

Son jugement avec joie et Le remerciais ainsi : "Mon Créateur, Tu es juste pour tout ce qui m'arrive et Tu as agi avec vérité selon mes transgressions. Mon Créateur, je Te remercie et chante Tes louanges devant Toi, car il est certain que Tu as agi ainsi pour mon bien." Pour tout bienfait que je recevais de Lui, petit ou grand, je remerciais Dieu béni soit-Il, et Le louais pour le bien dont Il me gratifiait... Tout cela, chacun le sait, bien sûr : c'est une Michna explicite : "L'homme est tenu de bénir sur le mal comme il bénit sur le bien..." Celui qui connaît les secrets pourra témoigner en ma faveur... car outre l'obligation formulée par la sainte Michna... je me suis toujours conduit ainsi, inspiré par le grand amour pour Dieu, béni soit-Il, qui est gravé en moi. Une très grande joie – inégalable – brillait en moi d'avoir un tel Dieu, dont la puissance ne m'a jamais déçu... Et après avoir créé des mondes innombrables, Il me créa aussi, être composé de chair, de sang et de vile matière. Et dans Sa grande bonté, il me plaça au milieu du saint peuple d'Israël... Je n'ai jamais cessé d'éprouver une grande fierté d'avoir mérité d'être un serviteur éternel d'un tel Dieu... »

129 – La fin d'un traumatisme

Un juif me raconta comment, il y a quelques années, quelqu'un avait menacé de le tuer et comment, par la suite, Dieu le sauva miraculeusement de ses mains. Malgré tout, depuis ce jour, à chaque fois qu'il s'en souvenait, il éprouvait des angoisses.

Je lui dis que toutes les douleurs qu'il avait subies dans son passé provenaient de son manque de foi en Dieu, car rien n'existe hormis Lui, et que cet homme n'était qu'un bâton entre Ses mains, les souffrances n'arrivant pas sans les fautes. Et même maintenant au souvenir de cet événement, il en était tourmenté et angoissé parce qu'il ne croyait pas encore complètement en Dieu, que rien n'existe hormis Lui et que tout est pour le bien. Par conséquent, je lui conseillai de prier et de demander au Créateur qu'Il lui donne la foi que rien n'existe hormis Lui, et qu'il se repente de toutes ses années de souffrances.

Certains vivent avec des « traumatismes », qui sont la conséquence de cicatrices sensibles datant d'un épisode douloureux. Avec les remerciements, la personne peut guérir et mettre fin à tout ce qu'elle aura subi. Car la douleur laissée par un traumatisme signifie que celui-ci ne fut pas vécu avec la foi, et que l'on continue à le ressentir comme quelque chose de « mal ». Or ce concept de « mal », comme nous l'avons déjà expliqué, provient concrètement d'une absence complète de foi.

Il est clair que si on acceptait globalement son passé avec une parfaite foi, peu importe ce qui s'est produit, on ne souffrirait d'aucun traumatisme.

D'où provient la souffrance ? D'un manque de foi ! Comme rabbi Nahman de Breslev le dit : « Celui qui est privé de foi, sa vie n'est pas une vie. » Toute souffrance tire son origine d'une absence de foi. Il en résulte que si cet homme éprouvait la foi, il ne souffrirait pas. Car tout ce que Dieu fait est pour le bien. Le mal n'existe pas dans le monde. Le concept « mal » provient d'une hérésie humaine.

Je lui ai donc dit que s'il voulait effacer son traumatisme, nettoyer son passé de toute souffrance et angoisse, il devait chaque jour, pendant une demi-heure, dire « Merci » pour tout ce qui lui était arrivé, et effectuer un double repentir : sur l'essence de la faute qui avait causé alors l'intervention de Dieu (à travers cet homme qui l'avait menacé), et sur le fait qu'il ne s'éveilla pas au repentir, mais sombra dans une complète incroyance.

Car pratiquement, il aurait dû déjà remercier pour cet événement, et chercher ce que Dieu attendait de lui et se repentir. Mais comme il s'était abstenu d'agir ainsi, il devait s'en occuper à présent.

Il devrait dire devant Dieu : « Maître du monde, je Te remercie beaucoup pour ces souffrances, qui se sont manifestées parce que je ne croyais pas alors en Toi. Car si j'avais cru en Toi – que cela n'était pas lui, mais Toi qui me les avais envoyées –, je T'en aurais remercié. J'aurais chanté et dit « Merci ». Ensuite j'aurais recherché le bien qui s'y cachait, à savoir sur quoi me repentir. Déjà, à l'époque, j'aurais été complètement sauvé – de ces menaces sur ma vie, de mes peurs et mes angoisses.

« Mais malheureusement, je ne croyais pas alors en Toi. Et aujourd'hui même ma foi n'est pas complète, et j'ai donc encore peur. C'est pourquoi : premièrement je Te remercie de m'avoir donné la foi qui me permet de Te remercier maintenant pour ce qui s'est passé, et je Te demande de renforcer ma foi de telle façon que je croie parfaitement que tout est pour mon bien. Et je Te remercie aussi pour les souffrances éprouvées, et de m'avoir donné le mérite de me repentir radicalement sur la faute qui fut à l'origine de mes souffrances... » Et ensuite, dire « Merci, Dieu, pour ma peine, merci, Dieu, pour mes peurs », et ainsi de suite pendant une demi-heure.

130 – Exécute ta volonté comme la Sienne

Un de mes élèves organise des ateliers où il enseigne la foi à des groupes. Il s'assied avec eux et leur apprend à dire « Merci ». Il est parfois confronté à des cas très difficiles. À chaque miracle, presque chaque semaine, il me téléphone : « Rav ! Je suis obligé de vous raconter le miracle de la semaine. » La dernière fois, il m'a fait part de l'histoire d'une femme, sans cesse angoissée et apeurée – que Dieu ait pitié de nous ! – parce que sa fille, épileptique, faisait plusieurs crises par jour.

Il lui conseilla de dire chaque jour pendant une demi-heure « Merci » pour sa fille épileptique. Il lui expliqua tout ce que nous enseignons, et elle se mit à dire « Merci » chaque jour pendant vingt minutes, car elle ne pouvait pas remercier pendant une demi-heure. C'est ainsi que la fillette cessa d'avoir des crises ! Plus tard, cette femme lui confia : « Je n'ai plus peur. Toutes les frayeurs que j'avais ont disparu ! » Et elle commença à vivre avec la foi.

Le remerciement est la solution pour toute peur et angoisse. Celui qui est assailli par toutes sortes de pensées affolantes doit savoir que toutes ses pensées proviennent de Dieu, et que tout est pour le bien. Par conséquent, il dira à chaque fois : « Merci beaucoup, Dieu, pour la peur que j'éprouve », pour se convaincre que tout est pour le bien.

Nous avons expliqué ce principe dans *le Jardin des louanges*, les CD et les *Diamants*. Dès que l'homme remercie, ses souffrances disparaissent complètement. Quelle est la raison profonde pour laquelle je vous demande à chaque fois de remercier Dieu pour les souffrances ? C'est qu'il convient de les accepter avec amour ! Se réjouir de ses souffrances ! Et dire à Dieu : « Maître du monde ! Est-ce Ta volonté que je souffre ? Je Te remercie pour mes souffrances ! Rien ne peut être meilleur que d'éprouver ces souffrances ! Je Te remercie, que Ton nom soit loué pour toute l'éternité ! Tout ce que Tu fais est pour le bien ! Merci beaucoup pour ces souffrances ! » Vous cherchez votre conjoint ? Dites « Merci » à Dieu ! Chacun se réjouira de ce que Dieu lui donne ! Avec joie ! Comme nous l'avons rapporté précédemment, c'est une parole explicite de nos Sages de mémoire bénie : « Le remède aux souffrances consiste à les accepter avec la foi » ! Nous revenons sur ce principe encore et toujours, au nom de notre saint maître, rabbi Nahman de Breslev : « Sache que l'essentiel de l'exil ne provient que du manque de foi » ! (*Likouté Moharan* 7), car ne pas croire que tout vient de Dieu et que c'est pour le bien – c'est cela l'exil.

Nous apprenons de là que lorsque l'homme se réjouit au milieu de l'exil, son vrai Messie est déjà arrivé et il est déjà délivré. Comment définir l'exil ? Celui-ci n'est rien d'autre que l'exil de la connaissance. L'exil – comme la délivrance – n'est pas le nom d'un lieu ou d'un temps spécifique. Quand la connaissance est exilée, l'homme l'est aussi. De même l'exil actuel n'est que le manque de foi. L'exil est l'exil de la connaissance. Un homme qui possède la connaissance ne connaît pas l'exil. Comment définir la connaissance ? C'est vivre avec la parfaite foi que tout ce que Dieu exécute, Il l'effectue pour le bien, et remercier pour tout. Chacun dira « Merci » à Dieu : « Dieu, c'est ce que Tu veux de moi : c'est donc le mieux qui soit. »

Dire « Merci » à Dieu, c'est la marque intime de celui qui croit en Dieu et se réjouit des souffrances qui s'abattent sur lui, sans les rejeter. Car l'homme qui rejette les souffrances est comparable à celui qui – Dieu nous en préserve – Lui dirait : « Va-t'en d'ici », « Va ailleurs. » En effet, les souffrances que le Créateur du monde envoie à l'homme sont la révélation du grand amour qu'Il éprouve pour lui. Nos Sages de mémoire bénie déclarent que la Présence divine est désolée de la peine de l'homme, comme il est rapporté dans le traité *Sanhédrin* (46) : Rabbi Méir dit : « Lorsque l'homme souffre, que dit la Présence divine ? "Comme Ma tête est lourde (en hébreu *Kalani*, venant de *Klala*, malédiction) ! Comme Mon bras est lourd !" » Il en résulte que la Présence divine ne se désole que parce que l'homme est privé de la foi et souffre. Mais l'homme qui se réjouit de ses souffrances ne cause aucune souffrance à la Présence divine.

Dieu nous préserve de « rejeter les souffrances », car un Midrach nous enseigne (*Tana Débé Eliyahou Raba* 2) : « Nos Sages ont dit qu'on redouble les souffrances de celui qui les rejette. À quoi cela est-il comparable ? À un propriétaire dont la vache encornait quiconque voulait l'approcher. Son maître l'attacha à une corde de cinq mètres pour la maîtriser. Comme elle continuait à être agressive envers tous, il la remplaça par une corde de vingt-cinq mètres... On apprend d'ici que refuser ses souffrances n'est pas un bon présage. » On retrouve la même idée dans le *Yalkout Chimoni* (section *Yitro*, 276) : « Si vous recevez les punitions avec joie, vous recevrez une récompense. Sinon, vous recevrez un châtiment. »

À quoi cela est-il comparable ? Imaginez un homme qui, ayant enfreint une disposition mineure du Code de la route, se voit passible d'une légère amende. Mais lorsqu'on vint la lui réclamer, il commença à injurier et maudire le gendarme, ou encore pire, il l'attaqua violemment. Pour lui, la punition pour avoir « refusé les souffrances » sera bien plus grave que la petite contravention qu'il avait préalablement reçue. En revanche, s'il avait reconnu sa culpabilité, s'il avait remercié Dieu pour l'amende, et s'il s'était engagé dorénavant à respecter la loi, il y aurait eu une chance que sa contravention se transforme en simple avertissement. Rabbeinou Yona écrit ainsi (*Portes du repentir* 4,12) : « Si le fautif se trouve dans une situation critique et qu'il en souffre, s'il justifie le jugement et accepte le châtiment avec amour, cela le protégera des nombreuses souffrances qu'il aurait méritées. » Et Rabbeinou Yona ajoute que lorsque l'homme remercie Dieu et accepte les souffrances qu'Il lui envoie, on lui épargnera la majorité d'entre elles, comme il est dit (*Isaïe* 12,1) : « Je Te remercie ô Seigneur d'avoir fait éclater sur moi Ta colère ! Car Ta colère s'apaise et Tu me consoles. » C'est-à-dire : je Te remercie pour Tes remontrances et je les reçois avec amour. Et parce que je T'ai remercié d'avoir fait éclater sur moi Ta Colère, Ta colère s'apaise et Tu me consoles. Et sur le remerciement pour le bien, il est dit (*Psaumes* 52,11) : « Je veux Te rendre grâce éternellement pour ce que Tu as fait, et placer mon espoir en Ton Nom, car Tu es bon à l'égard de Tes pieux serviteurs. » C'est-à-dire : je Te remercie pour le bien que Tu as fait pour moi, et pour cela j'espère en l'éternité de Ton bien. Et il est dit (*id.* 116,13) : « Je lèverai la coupe du salut et proclamerai le nom de l'Éternel », et aussi (*id.* 3-4) : « J'avais éprouvé détresse et douleurs. Mais j'ai évoqué le nom du Seigneur. »

Comme nous l'avons déjà rapporté au nom du saint *Or Ha'Haïm* (section *VaYigach*) : le remède pour guérir des souffrances consiste à les accepter avec amour.

Et comme nous l'avons écrit dans *le Jardin des louanges* : si tu n'acceptes pas quelques souffrances avec amour, tu devras en subir bien davantage, jusqu'à 5000 fois plus, comme nous l'avons démontré, selon les paroles du *Sefat Emet,* sur l'épisode des explorateurs – puisse Dieu nous sauver ! Il convient donc d'étudier sérieusement *le Jardin des louanges,* toute la série des *Diamants,* et d'écouter les CD sur le remerciement, en les réétudiant et en les réécoutant, et en apprenant à accepter toutes sortes de petites choses de la vie de tous les jours avec foi et amour. Tu auras alors le paradis dans ce monde et dans le monde futur. Car quand tu regardes cela avec un regard juste, tu vois que ces petites souffrances sont très faciles à accepter. Et combien il est agréable de savoir qu'elles te permettront d'hériter des deux mondes, et de mériter la Torah et la Terre d'Israël, etc.

Lorsque l'homme sait que tout provient de Dieu et qu'il l'accepte avec amour, il annule tous les décrets d'En-Haut, comme le dit notre saint maître (*Likouté Moharan* 250) : « Celui qui possède la connaissance et sait que tout provient de la Providence divine n'éprouve aucune souffrance ni aucune douleur. » Non seulement il ne ressent aucune douleur, mais il protège aussi le monde entier, et selon les paroles de rabbi Yehochoua ben Levy que nous avons rapportées précédemment, il apporte la délivrance à toute la Création.

131 – Tristesse et bile noire

Dans un cours à la radio, j'ai expliqué que la foi signifiait remercier pour tout, croire que le mal n'existe pas dans le monde, que Dieu est tout entier bon et bienfaisant, etc.

Une femme me téléphona en disant : « Honoré Rav, mon fils a abandonné le judaïsme, la *Yechiva*, et maintenant il profane le Chabbat : pour cela aussi il faudrait dire "Merci" » ? »

On peut comprendre l'exacte portée du remerciement à travers ma réponse. Avant d'analyser profondément le problème, je lui ai expliqué très simplement pourquoi elle devait remercier et être joyeuse : « Si votre tristesse et votre humeur noire – ainsi que celles de votre mari – pouvaient être utiles pour faire revenir votre fils dans le droit chemin, je suis prêt à vous autoriser à cultiver votre tristesse... » Cela, je le dis à chacun et à chacune : si votre tristesse, votre humeur noire et votre dépression vous aident à combler vos manques, à parfaire votre repentir, à résoudre vos problèmes – je suis prêt à vous trouver une permission pour être triste... Mais tout le monde sait pertinemment que la tristesse n'est la solution d'aucun problème : bien au contraire, elle l'aggrave.

Et je l'explique de différentes manières :

Tout d'abord, même selon les lois de la nature, lorsqu'un enfant voit ses parents tristes, qui pleurent, sont en colère, inquiets, etc., il ne veut pas leur ressembler, et pour ainsi dire, il en conclut : « Si votre voie ne conduit pas au bonheur, à la joie et à la force d'affronter toute difficulté, pourquoi la suivrais-je ? D'après ce que je vois, vous n'avez rien de sérieux à me proposer, votre marchandise n'a aucune valeur. Si votre Torah ne vous donne pas la joie de vivre en toute situation, je la refuse. »

Cela à la différence de l'enfant qui voit ses parents danser, chanter, remercier pour tout, tout accepter avec la foi : cela le fait revenir vers la foi ! Il apprécie ses parents et il en est fier, car ils possèdent la foi. Il voit concrètement chez eux la force et la lumière de la foi que leur donne la joie, et comment elle leur permet de surmonter la moindre difficulté. Il éprouve alors le désir de profiter lui aussi de cette lumière qui lui manque encore. Car on n'est éloigné de Dieu qu'à cause d'une dépression intime, et chacun recherche la joie.

Par conséquent il faut être dans la joie et la foi, augmenter ses remerciements à Dieu, et cela pendant une demi-heure chaque jour et prier secrètement, sans que personne le sache. Et lorsque l'homme est joyeux, ses prières sont reçues immédiatement. Il s'ensuit que, déjà selon les voies de la nature, le comportement des parents dans la foi et la joie fait revenir l'enfant vers le bien – et même leurs prières sont exaucées.

Parmi les raisons simples d'être en joie en toute situation – même la pire qui soit –, il faut en considérer une troisième, qui est l'essence de la foi, et qui consiste à accepter la conduite divine avec amour et dans le remerciement. Rappelons que la question posée était : Pourquoi faut-il remercier pour le fait que mon fils s'est éloigné ? La réponse est qu'avant qu'il se soit concrètement éloigné du judaïsme, votre fils en était déjà bien loin ! Sinon il ne s'en serait pas écarté – car celui qui a goûté à la douceur de la Torah, de la foi et du judaïsme, est-il prêt à l'abandonner, même pour une seconde, pour toute la fortune du monde ? Bien sûr que non ! Pour qui a vu la lumière et goûté la douceur de la Torah, de la foi et du judaïsme, la question ne se pose pas du tout !

Il s'ensuit que, concrètement parlant, cet enfant était déjà bien éloigné avant qu'il le manifeste, mais cela n'était pas encore visible de l'extérieur : c'est seulement maintenant qu'il dévoile ses réels désirs. C'est donc un bien prodigieux pour lequel nous devons remercier, danser et se réjouir ! Car à présent, les parents réalisent combien leur enfant était éloigné, alors qu'ils l'imaginaient « dans le rang », comme tous les autres. Dès lors qu'ils savent quel est son véritable niveau, ils peuvent enfin commencer à le rapprocher. En fait, s'ils avaient pris conscience plus tôt de l'état réel de leur fils, ils auraient compris à quel point ils s'étaient eux-mêmes éloignés – comme lui –, n'ayant jamais goûté à la douceur de la Torah, etc., ni jamais vu sa lumière. Sinon, ils auraient réussi à la lui transmettre, sans avoir à lui dire un seul mot ! À plus forte raison s'ils avaient été un exemple de lumière, de foi et de joie. Il y a là une raison supplémentaire de remercier pour ce nouveau bien prodigieux, générateur de toutes les danses et les remerciements. Car à présent ils vont pouvoir commencer à se repentir et se rapprocher de la lumière de la Torah. Ne faut-il pas remercier pour ce qui permet de se rapprocher de Dieu ?

Lorsqu'on regarde ainsi toutes les choses de la vie, cela s'appelle avoir la connaissance : croire que tout est pour le bien et remercier pour tout. Nous disons dans le *Kadich* : « *Yéhé Chémé Raba Mévorakh*, etc. », car l'homme doit pouvoir crier en tout temps, devant chaque situation et chaque épreuve : « Que Son nom soit béni ! » Sauter dans le feu et dire : « Dieu est bon et bienfaisant ! Le mal n'existe pas dans le monde ! » Le sens littéral de *Yéhé Chémé Raba Mévorakh* est de bénir Dieu pour tout : Sois magnifié, sanctifié et béni, etc. C'est la connaissance pour laquelle nous pleurons quand elle nous manque. En effet, celui qui la possède pleure de voir ses frères en être privés, lorsqu'ils ne voient pas la lumière, qu'ils ignorent le mérite d'être juif, qu'ils ne se réjouissent pas de chaque point – le plus infime – de judaïté qu'ils possèdent, qu'ils ne croient pas en Dieu qui est totalement bon, que tout est pour le bien et que le mal n'existe pas. Ils ne savent pas non plus comment affronter les épreuves de l'existence pour grandir avec elles, pour se rapprocher de Dieu grâce à elles – sur eux, il faut pleurer. Et c'est aussi le cas de celui qui est tout à fait orthodoxe, mais qui poursuit encore la satisfaction de ses appétits, ce qui prouve qu'il n'a jamais goûté à la douceur de la connaissance ni entrevu la lumière de la foi. À ce sujet, notre saint maître écrit (*Likouté Moharan* 157) : « Quand on s'est déjà attaché aux paroles de la Torah exprimées par le Juste, comment pourrait-on ensuite supporter et désirer la vie de ce monde, ainsi qu'il est enseigné (*Avot* 4,5) : "Celui qui tire profit de son étude sacrée compromet son salut éternel" ? »

Parce qu'ils sont éloignés de la connaissance que tout provient de la Providence divine et que tout est pour le bien, ils pleurent vainement ne sachant pas comment se rapprocher de Dieu à travers ce qui leur arrive. Ils gémissent et se plaignent comme si Dieu nous faisait du mal – Dieu nous en préserve – et ils retardent ainsi la reconstruction du Temple.

L'essentiel du Temple, c'est la connaissance. C'est la raison pour laquelle l'exclusivité de la sainteté du Temple et le pouvoir de l'expiation dépendent du Grand Prêtre (*Cohen Gadol*), comparable au Juste de la génération – le seul apte à transmettre la connaissance à chacun. Par conséquent, Dieu ne reconstruit pas le Temple, car nous n'avons pas fourni suffisamment d'efforts pour acquérir les lumières diffusées par le juste de la génération. Celui-ci enseigne que l'essentiel est la foi : il nous rapproche du service par la prière et l'isolement. Tant que nous ne recherchons pas ce juste – « Le juste périt et nul ne le prend à cœur » –, nous serons privés des instruments nécessaires à la reconstruction du Temple.

La règle est que Dieu ne peut pas encore reconstruire le Temple parce que nous ne recherchons pas la connaissance ! Dieu a donc créé l'exil afin que nous comprenions que quelque chose d'essentiel et fondamental nous échappe, au-delà de l'étude simpliste de la Torah et de l'accomplissement superficiel des commandements. Or la recherche de la foi, de la connaissance, de la vraie lumière de la Torah, est seulement accessible en se rapprochant du juste authentique.

C'est pour cela que Dieu crée ces exils personnels – comme ce fils qui s'éloigne du judaïsme, etc. – afin de faire comprendre aux parents combien ils en sont éloignés eux-mêmes et qu'ils se repentent. Autre exemple, un couple dans lequel seule la femme retourne au judaïsme, sans son mari. Et elle se plaint : « Pourquoi ne se réveille-t-il pas ? » Le but de cette situation est de lui apprendre à regarder sous l'angle de la foi et du remerciement, à éprouver de la gratitude envers Dieu pour tous Ses bienfaits qui lui ont permis de se rapprocher – béni soit Dieu ! D'autant qu'elle est mariée, a des enfants qui étudient dans des institutions de Torah. Si elle se comportait joyeusement et suivait la voie des remerciements et des louanges, son mari verrait la lumière et se rapprocherait lui aussi, et ses prières seraient fructueuses. Et il n'y aurait entre eux aucune dispute. L'essentiel est de l'éveiller à rechercher la connaissance qui lui manque, la foi que Dieu est tout entier bon et que tout est pour le bien. Celui qui en est convaincu, et remercie Dieu pour tout, verra comment réellement tout est vraiment dirigé vers le bien – il n'existe aucun mal dans le monde ! Dieu est seulement bon et bienfaisant ! C'est la connaissance à propos de laquelle il est dit que, pour celui qui la possède, c'est comme si le Temple était reconstruit de son vivant. Car cette connaissance peut faire revenir le monde entier vers le Créateur !

132 – Il a dit « Merci » et on l'a libéré de prison

J'ai parlé avec un juif qui avait découvert en prison le livre *le Jardin des louanges*. Il l'étudia et demanda au Saint béni soit-Il : « Maître du monde, si Tu changes ma peine en résidence surveillée, je dirai pour Toi chaque jour une demi-heure de remerciements ! » Le Saint béni soit-Il modifia sa peine. Son procès devait bientôt avoir lieu. Il dit au Saint béni soit- Il : « Si Tu m'innocentes, je Te remercierai chaque jour une heure durant ! »

Cet homme mérita d'être libéré à la suite de sa promesse de dire « Merci » : Dieu le crut et le délivra. Et en effet, il tint sa promesse et bénéficia – évidemment – d'un nouveau miracle : il fut totalement innocenté, puisque Dieu avait cru qu'il Lui dirait « Merci » quotidiennement pendant une heure.

On rapporte de la même façon que le *'Hafets 'Haïm* – que ses mérites nous protègent – avait coutume chaque nuit, avant de se coucher, de remercier Dieu pour tous les bienfaits dont Il le gratifiait. Et il détaillait toutes les bontés divines dont il avait bénéficié durant toute sa vie : Son soutien quand il était devenu orphelin, Son aide dans l'étude de la Torah et la rédaction de ses livres, de lui avoir donné de bons gendres, etc. Rav Yé'hézkiel Avramski racontait que dans sa jeunesse, il eut l'occasion de passer la nuit dans une certaine auberge. Très tôt le matin il fut surpris d'entendre à travers la cloison la douce voix de son voisin juif qui récitait la prière *Nichmat Kol 'Haï* (« L'Âme de tout vivant »), dont il traduisait en yiddish mot à mot toutes les louanges et tous les éloges avec un grand enthousiasme et des pleurs. Rav Avramski rapportait avoir été tellement ému que tout son corps en trembla. Le lendemain, il apprit que l'occupant de la chambre voisine n'était autre que rav Israël Méïr – le *'Hafets 'Haïm* – qui avait ainsi l'habitude d'exprimer ses remerciements devant Dieu.

133 – Plutôt que de se suicider – commencer à s'isoler !

Des gens du Portugal m'ont rendu visite. Ils avaient lu mes livres qui, selon leurs dires, leur avaient sauvé la vie. Ils étaient venus me remercier.

Un Juif d'Afrique du Sud me contacta pour me dire qu'une femme de 60 ans, qui pensait être non-juive, projetait de mettre fin à sa vie. Elle reçut le livre *le Jardin de la foi* et commença à croire, à s'isoler, à dire « Merci » pour tout à Dieu, et elle sortit de sa dépression. Elle découvrit ensuite qu'elle était juive, fille d'une rescapée de la Shoah, et elle se repentit.

Les *Diamants*, comme leur nom l'indique, sont le support d'une très grande lumière que le Créateur diffuse dans le monde. Chaque diamant pèse 1000 carats : *Le Jardin de la foi*, *Le Jardin de la paix*, *Mon Alliance de paix*, les *Diamants* et les CD sur le remerciement : *Cesse de pleurnicher*, *Dis « Merci »* – des pierres précieuses, des joyaux, chacun doit être pris et taillé. Il faut travailler chaque livre.

Presque chaque jour, je reçois le public. Que de drames ! Comment pourrais-je encore aider les gens ? Même si je prie pour, eux, combien pourrais-je le faire ? Si l'homme ne se prend pas en main et ne travaille pas sur soi, cela ne l'aidera pas beaucoup. L'essentiel du commandement de la Torah de prier concerne la prière de l'homme pour lui--même.

134 – Des remerciements pour les missiles

Voici une histoire qui a pour cadre la dernière guerre à Gaza. Une femme raconta qu'au cours d'un long voyage en voiture, elle écouta un de mes cours où j'expliquais la prodigieuse vertu du remerciement, que tout provient de Dieu, que Dieu est seulement bon et qu'il est possible d'apporter de prodigieuses délivrances au monde grâce aux remerciements.

Lors d'une soirée familiale, cette femme rapporta les paroles de mon cours. Elle dit aux membres de sa famille que, selon le rav, si un juif remercie Dieu béni soit-Il pour une blessure douloureuse comme s'il avait reçu un cadeau, c'est la preuve qu'il croit que tout ce que Dieu fait est pour le bien, parce qu'Il nous aime infiniment. Et que si on sait se conduire ainsi, on annule tout jugement et mauvais décret. Elle leur répéta simplement ce qu'elle avait entendu.

Ses filles se dirent entre elles : « Maintenant, chaque fois qu'on entendra la sirène d'alarme, on dira "Merci" ! Chaque fois qu'on entendra une explosion, on dira "Merci" ! » Quelques jours plus tard, lorsqu'on apprit qu'un cessez-le-feu avait été conclu, cette famille prit la décision d'aller se détendre dans la nature : « Cela fait déjà presque trois semaines qu'on ne sort pas de la maison, allons maintenant prendre un peu l'air et voir la verdure... » Ils décidèrent donc de se rendre dans un parc. Ils prirent avec eux des provisions. Arrivés sur place, ils virent qu'ils étaient seuls. Ils étendirent une nappe et commencèrent à manger. Ils parlèrent entre autres choses de la foi, se renforcèrent et bavardèrent. Soudain ils s'aperçurent que leur plus jeune fille avait disparu. Tous se précipitèrent, chacun dans une direction différente, pour la chercher. Le mari, qui accompagnait sa femme, l'entendit dire : « Merci beaucoup, Saint béni sois-Tu, pour la disparition de notre fille ! » Il lui dit alors : « Bravo ! Dans un moment aussi stressant ? Pourquoi remercier ? Parce que notre fille a disparu ? »

Au même moment la sirène d'une alerte retentit, et chacun s'enfuit dans une autre direction. La mère commença à dire : « Merci ! Merci pour cette alerte, merci pour la disparition de ma fille ! » Elle avait vraiment bien intériorisé le cours ! Son époux lui dit : « Cette fois, excuse-moi, tu dépasses les bornes ! Pardonne-moi, mais tu exagères ! » À peine avait-il terminé son mot qu'ils entendirent une grande explosion ! Ils retrouvèrent ensuite leur fille derrière une voiture, apeurée et crispée, mais tout allait bien : elle parlait. Tous remercièrent le Ciel : « Merci à Toi, Dieu, pour avoir retrouvé l'enfant. Nous Te remercions, Dieu. » Lorsque le mari revint vers l'endroit où ils avaient laissé leurs affaires, il découvrit que le missile était tombé justement là où ils s'étaient installés...

Bien entendu, tous tombèrent d'accord avec la mère, qu'il fallait remercier et croire que tout ce que Dieu fait est pour le bien, même si on ne le saisit pas de suite. Dans ce cas précis, ils comprirent aussitôt pourquoi la fillette avait disparu, et pourquoi tous s'étaient mis à courir tous azimuts à sa recherche, parents comme enfants. Ils le comprirent en voyant que le missile avait explosé à l'endroit même où ils étaient assis auparavant.

Dans cette histoire, toute la famille comprit immédiatement et concrètement comment Dieu dirige tout pour le bien. Mais même s'ils n'avaient pas vu le bien qu'il leur fit, ils auraient dû croire que c'est pour le bien, et dire « Merci ». Car on ne saisit pas toujours pourquoi Dieu opère de telle ou telle façon. Et on ne voit pas toujours quel est le bien caché dans chaque événement, et il nous reste pourtant à croire que tout est pour le bien.

Ce témoignage nous révèle un point supplémentaire : comment quelques mots de foi peuvent transformer la vie d'une personne. En effet, cette femme entendit un cours rapide, et toute son existence s'en trouva métamorphosée. Ces cours sont très brefs, ils durent près d'un quart d'heure, avant les questions. Mais cela avait suffi pour que cette femme acquière la foi et la transmette à son mari et ses enfants.

C'est la raison pour laquelle notre tâche essentielle est de diffuser le plus possible la foi et le remerciement ! Même vers une personne encore éloignée de la Torah et des commandements, qui ne met pas les *Tefillin*, qui ne respecte pas les lois de la décence, qui n'observe pas le Chabbat, rien. Mais la foi et le remerciement : tout le monde le comprend, et cela peut conduire plus tard à un repentir total ! Car dès que la personne s'engage à parler à Dieu, qu'elle commence à Le remercier, sa vie prend un nouveau tournant et se dirige dans le bon sens ! Cela conduit à tout ! Plutôt que de chercher à aborder de suite des thèmes plus élevés, il faut réveiller la foi minimale ancrée au fond du cœur de chacun – en particulier dans des périodes difficiles !

Il faut donc diffuser le plus possible les livres *le Jardin de la foi*, *le Jardin des louanges*, les CD et les *Diamants* sur le remerciement.

135 – Dire « Merci » en anglais

J'ai entendu que rav Yossef Chalom Eliachiv avait demandé qu'on lui apprenne à dire « Merci » en anglais. Comme on cherchait à savoir pourquoi, il répondit qu'il voulait remercier son médecin traitant qui ne parlait que cette langue. On insista : « Pourquoi tous ces efforts ? On peut le remercier en votre nom ! » Mais il s'obstina à apprendre et à répéter ces mots « Thank you », afin de pouvoir les lui dire directement et de vive voix.

Comme ses proches s'étonnaient de son acharnement, à la fin il leur expliqua : « Dans la prière des *Dix-huit bénédictions* on voit que le *'hazan* acquitte la congrégation de son devoir pour toutes les bénédictions sauf une : celle du remerciement où les membres de la communauté aussi disent : "Nous Te remercions" (*Modim ana'hnou Lakh*). C'est-à-dire qu'il est impossible de s'acquitter de son devoir de remercier par l'intermédiaire d'autrui : il faut remercier soi-même. » C'est pourquoi rav Eliachiv s'obstina à apprendre les mots en anglais pour exprimer sa gratitude à son médecin traitant !

Puisque nous venons de citer la bénédiction de remerciement, nous apprenons ici un concept supplémentaire : non seulement il est impossible d'acquitter autrui de son devoir de remercier, mais de plus il faut remercier pour le remerciement. Chacun doit remercier Dieu d'avoir la possibilité de Le remercier, comme le saint Rachi l'écrit dans le traité *Sota* (40a) dans son commentaire sur cet enseignement : « Lorsque le *'hazan* prononce la bénédiction du remerciement, que dit la congrégation ? Rav dit : "Nous Te remercierons de pouvoir Te remercier." » Et Rachi ajoute : « "Nous Te remercions" d'insuffler dans nos cœurs de nous attacher à Toi et de Te remercier. » En d'autres termes, nous devons remercier parce que nous avons le mérite de pouvoir Le remercier. Nous concluons d'ici que le remerciement et l'attachement à Dieu sont une seule et unique chose, comme nous l'avons déjà expliqué précédemment.

De même, le livre *Bina Léitim* explique ainsi le verset (*Psaumes* 63,4) : « Ta bonté vaut mieux que la vie ; mes lèvres proclament Tes louanges. » « Ta bonté » est que « mes lèvres proclament Tes louanges » : le Créateur nous permet de Le louer et de Le remercier, et c'est une plus grande bonté que de nous donner la vie. Et selon le commentaire du Malbim sur ce même verset : « Pour Toi la bonté a plus de valeur que la vie, parce que la vie n'est pas un but en soi, mais seulement un moyen qui permet à mes lèvres de chanter Tes louanges. Car sans la vie je ne peux pas Te louer avec mes lèvres, parce que le but essentiel de l'existence consiste à pouvoir remercier Dieu pour Sa bonté de nous donner la vie... »

Le 'Hatam Sofer (*Torat Moché*, section *Nasso*) écrit que nous répétons deux fois (*Psaumes* 150,6) : « Chaque souffle de vie loue Dieu, loué soit Dieu ! », car nous devons remercier sur le fait même que nous disons « Merci ». Et il poursuit : « "Chaque souffle de vie loue Dieu, etc." est répété deux fois, puisque Dieu est loué à chaque souffle de vie, car Il nous a maintenus en vie par cette respiration. Je Le loue parce qu'Il me donne le mérite de Le louer à chaque souffle de vie : sinon comment pourrais-je Le louer pour un souffle et une vie vaine et dérisoire ? Je Le loue pour chaque souffle qui me donne le mérite de Le louer pour chaque souffle de vie. »

L'Admour d'Ozorov ajoute dans son *Béer Moché* :

« Le sacrifice de remerciement ne sera jamais annulé, parce qu'après tous les remerciements que nous Lui prodiguons, nous sommes encore tenus de Le remercier pour le fait même qu'il nous donne le mérite de Le remercier et de reconnaître les bienfaits dont Il nous gratifie, ce dont tout le monde n'est pas capable de convenir. »

De ces commentaires, on peut conclure que la finalité de la vie consiste à remercier et à louer le Saint béni soit-Il, soi-même et à chaque instant, car Dieu nous donne cette possibilité de Lui dire « Merci » pour notre remerciement.

Il faut savoir que dire « Merci » à Dieu n'est pas une *segoula* (acte favorable) ou une coutume pieuse : c'est un commandement positif de la Torah, comme l'écrit le *Sefer 'Harédim* pour qui méditer sur les bienfaits de Dieu est l'un des 613 préceptes. « C'est un commandement positif de se souvenir toujours des bienfaits que Dieu a prodigués à nos ancêtres, comme il est écrit (*Deutéronome* 8,2-4) : "Tu te rappelleras cette traversée de quarante ans [...] puis

Il t'a nourri avec cette manne [...] tes vêtements ne se sont pas usés sur toi" (*Abrégé du Sefer 'Harédim* 16). » Et par ailleurs, il ajoute (*idem* 9,23) : « Chaque juif est tenu de se souvenir des bienfaits dont le Créateur nous gratifie constamment... » À plus forte raison chacun est astreint de se rappeler les bienfaits que Dieu effectue pour l'ensemble d'Israël à notre époque, et d'autant plus pour celui qu'il réalisa le jour de sa naissance.

Rabbénou Yona écrit que c'est un précepte de la Torah (*Cha'arei Techouva*, Les Portes du repentir 3,17) : « Se souvenir de Ses bienfaits et les méditer témoigne d'un haut niveau de spiritualité. Comme il est écrit (*id.* 2-5) : "Tu te rappelleras cette traversée, etc. Et tu reconnaîtras en ton cœur que si l'Éternel, ton Dieu, te châtie, c'est comme un père châtie son fils." » Et le roi David a dit (*Psaumes* 107,43) : « Quiconque doit... se pénétrer des bontés de l'Éternel. » Et ailleurs (*idem* 26,3) : « Car Ta bonté est devant mes yeux. »

Dans le préambule à la « Porte du Culte du Tout-Puissant » du *Traité des Devoirs du cœur* (*Hovot HaLevavot*), il est écrit : « S'engager à servir le Tout-Puissant comme la raison l'exige, remercier et éprouver de la gratitude envers son bienfaiteur... Selon ce que nous savons, nous devons être également reconnaissants envers celui qui a eu l'intention de nous aider autant qu'à l'égard de celui qui nous a fait réellement du bien... » Et au 6e chapitre de cette section, l'auteur poursuit : « Du fait que la Providence divine s'est manifestée pour les enfants d'Israël lors de leur sortie d'Égypte, les conduisant vers le pays de Cana'an, les Hébreux ne réduisent pas leur culte à l'accomplissement des préceptes dictés par la raison. » Il s'ensuit que parallèlement aux paroles du Ramban, le *Traité des Devoirs du cœur* explique que la finalité de la sortie d'Égypte consistait à faire éprouver de la gratitude, exigeant l'accomplissement de toute la Torah.

De même, le Ram'hal dans son *Sentier des justes* (*Messilat Yécharim*, chapitre 8) écrit : « Afin de renforcer sa motivation [à acquérir le zèle], il convient de considérer les nombreux bienfaits dont le Saint béni soit-Il gratifie l'homme en tout temps et à chaque moment, et les grands miracles qu'Il accomplit pour lui depuis sa naissance jusqu'à son dernier jour. Car plus nous méditerons sur ces faits et plus nous reconnaîtrons notre grande dette envers Dieu, qui nous dispense ces bienfaits... »

Toutes les lettres publiées ci-après démontrent ce que nous avons écrit précédemment. À savoir que des gens du monde entier – juifs et non-juifs, religieux et même ceux qui n'accomplissent pas encore les commandements – des personnes ne m'ayant jamais vu, ni entendu, mais ayant seulement reçu un CD, un livre ou les *Diamants*, ont vu leur vie transformée aussitôt. Elles ont dit « Merci » et ont été sauvées.

136 – « Un vrai miracle »

Chalom et bénédictions,

Je veux vous raconter de quel miracle j'ai bénéficié à la suite de la lecture du livre *le Jardin des louanges*.

Personne n'a pu croire comment j'ai pu me remarier, avec quatre enfants et une situation difficile. Je n'avais pas le sou et de plus de nombreuses dettes. Tout était « complètement fichu », et je ne voulais qu'un *Avrekh* (étudiant la Torah à plein temps) ! Je disais à tout le monde que Dieu est tout-puissant. Le rav conseille de tout demander à Dieu et de dire « Merci ». Je ne disais rien d'autre que « Merci » : Merci d'être seule, Merci pour une telle situation, Merci pour de tels problèmes. Seulement « Merci » et « Merci ».

Cela a duré près d'un an et demi, après de nombreuses et difficiles épreuves. Aujourd'hui, je suis mariée depuis un an avec un *Avrekh*, le mariage de mes rêves. Grâce à ce mariage, j'ai pu rembourser 71.000 shekels de dettes, et il me reste en plus un sérieux bénéfice. J'ai mérité un grand bonheur ! Mon histoire est un vrai miracle ! Nous avons pris des vacances sans presque rien dépenser. Mes filles ont lu le livre *Devinez qui je suis* et ont commencé à prier. Toutes les deux ont gagné des bicyclettes l'année dernière. Cela grâce au mérite des prières et des remerciements.

137 – Mon défenseur

Chalom et bénédictions,

J'ai eu le mérite de me rapprocher du rav, béni soit Dieu, et j'ai lu tous ses livres. Celui qui m'a le plus renforcé, c'est *le Jardin des louanges*. C'est grâce à lui que je suis devenu un autre homme. Je dis chaque jour « Merci » à Dieu. Je ne regarde que la bonne moitié de ma vie. Mes enfants ont également commencé à suivre la voie du remerciement et des louanges, ainsi que ma femme. Notre quotidien est devenu un vrai paradis terrestre. Ma vie est coupée en deux : avant le livre *le Jardin des louanges*, correspondant à la mort de mon âme – et après sa lecture : une résurrection spirituelle.

On me poursuivait pour avoir été le garant d'une

somme importante. Je me suis rendu au tribunal en remerciant d'avance Dieu pour le procès, sachant que tout est dirigé vers le bien. Je me suis effacé devant la volonté de Dieu. À la suite de cette affaire, je me suis rapproché de Dieu, et j'ai commencé à Le remercier. Je suis arrivé au tribunal sans avocat, sans rien, seulement en compagnie de Dieu et avec *le Jardin des louanges* dans le cœur. Dès le début du procès, j'ai vu réellement un miracle se produire face à moi. Le juge commença à crier à l'avocat du plaignant : « Pourquoi l'accusez-vous ? C'est la dette d'un autre ! »

L'avocat resta sans voix. Finalement il répondit au juge : « Mais il était garant ! »

Le juge déclara : « Cela ne m'intéresse pas. J'annule votre plainte. »

Je déclarai alors que j'étais prêt à payer une partie de la dette, mais sans les intérêts, les frais d'avocat et les différentes taxes qui s'élevaient globalement presque au double de la dette originelle.

Le juge apostropha à nouveau l'avocat de la partie adverse : « Il voudrait même vous régler une partie de la dette : alors pourquoi voulez-vous le poursuivre ? »

L'avocat resta coi.

Le juge décida alors que je paierais seulement les arriérés, en autant d'échéances que je le souhaitais et aux dates que je choisirais. En bref, ce fut un grand miracle ! Et bien entendu je dis « Merci » de tout cœur à Dieu ! Mais ce ne fut pas tout : à la fin du procès, l'avocat me dit : « Écoutez, quand je me suis occupé de la saisie de vos biens, j'ai découvert que vous aviez un vieux compte bloqué, exactement de la somme en question.

Apparemment vous l'ignoriez. Si vous le voulez, on peut prendre cet argent, et vous n'aurez pas besoin de payer quoi que ce soit. » Tout ce temps-là, à cause de l'émotion, des larmes coulaient de mes yeux, car je voyais clairement comment par le simple mérite du remerciement j'avais été sauvé : Dieu prodigue des dons gratuits, bien qu'Il ne me doive rien, bien que je n'en sois pas digne, seulement parce que j'ai décidé de m'annuler devant Lui.

Heureux sommes-nous d'avoir le mérite de nous être rapprochés de notre maître !

138 – Devant un tribunal allemand

Chalom,

J'ai été poursuivi pour blanchiment d'argent et non déclaration de revenus. Avant le procès, mon avocat me prévint que je risquais cinq ans de prison.

J'ai alors découvert le site *Breslav Israël* et j'ai acheté le livre *le Jardin de la foi*. Chaque jour j'ai commencé à consacrer un certain temps pour parler avec Dieu, Le remercier pour tout et prier.

Mon procès devait avoir lieu hier, mais en arrivant au tribunal, je découvris que mon avocat n'était pas là. Au téléphone, il me demanda de venir rapidement à son bureau. J'étais stupéfait, car c'est au même instant que mon procès devait démarrer. À ma question « Que s'est-il passé ? », il me répondit de venir de suite.

Grâce aux conseils du *Jardin de la foi*, j'eus le mérite de bénéficier d'un miracle : le Trésor public, qui m'avait déjà poursuivi pendant deux ans, avait présenté devant le

Procureur général une pile de classeurs contenant toutes les preuves contre moi. Mais les feuilles n'étaient ordonnées ni par sujet ni chronologiquement. Ce qui aboutit à une dispute entre le Procureur et les représentants du Trésor public sur le manque de professionnalisme les ayant poussés à présenter un tel dossier à l'instruction.

L'adjoint du Procureur, cherchant à éviter toute complication, téléphona à mon avocat et lui proposa une conciliation : au lieu de devoir passer cinq ans en prison, je pourrais payer la somme de 10 000 euros. Un miracle du Ciel !

À présent je prie chaque jour pendant une bonne heure.

(Lettre provenant de notre site en allemand)

139 – Merci pour le remerciement

Une lettre d'Europe est arrivée à la rédaction. Le lecteur est invité à lire et à s'émouvoir avec son auteur.

En arrivant chez moi, j'ai trouvé le paquet expédié par le site *Breslav Israël*. Je l'ai ouvert et découvert le livre que j'attendais depuis longtemps. Je commençai à me demander cyniquement si rav Chalom Arouch pouvait vraiment « dépasser » la qualité de ses anciens ouvrages qui avaient tant influé sur moi ces dernières années et grâce auxquels j'avais trouvé la tranquillité de l'âme et la sérénité spirituelle. En d'autres mots : était-il vraiment possible de n'écrire un livre que sur la gratitude ? Et sans qu'il soit basé sur les principes de la foi ?

La réponse est « oui » à mon premier doute et « non » au second.

En terminant ma première lecture de ce livre, j'ai pensé que les quatre livres traitant de la foi – *le Jardin de la foi*, *le Jardin du désir*, *À travers champs et forêts* et *le Jardin des louanges* – fermaient la boucle. Ils forment un ensemble complet, chaque livre étant le bourgeonnement du précédent, tout en ayant son identité propre, avec un contenu, un message et une écriture qui répondent précisément à l'attente du lecteur.

Selon mon expérience personnelle et ma connaissance de ce qui se passe dans le monde, et en tant que personne étant revenue à la pratique religieuse et ayant également travaillé pour une organisation visant à rapprocher les gens du judaïsme, on a tendance à être un peu « réservé » – si on peut dire – lorsqu'on parle de la foi, et encore plus quand on mentionne le concept d'isolement dans la prière.

Je me souviens m'être trouvée, il y a plusieurs années, assise dans le hall d'un des hôtels de Jérusalem, à proximité d'un groupe de touristes non-juifs. Deux dames discutaient entre elles. L'une d'elles paraissait très perturbée : un certain problème l'angoissait peut-être. Son amie lui proposa alors simplement de prier ensemble. Oui, dans le hall de l'hôtel. Je remercie le Ciel d'avoir assisté à cette scène, qui réveilla d'abord en moi le sentiment d'exister, et me révéla ensuite qu'on pouvait s'adresser librement au Créateur du monde, tout-puissant, en tout lieu, sur n'importe quel sujet – même dans le hall d'un hôtel !

Alors pourquoi s'en tient-on à cette « réserve » ?

À présent, après plusieurs années, ayant étudié profondément et à plusieurs reprises le livre *À travers champs et forêts – le jardin de la prière*, moi aussi je parle avec Dieu. On ne peut imaginer combien c'est agréable. Parfois je me sens comme une prisonnière qui se libère des chaînes et des fers qui la retenaient cloîtrée depuis des années.

Désormais, avec le livre *le Jardin des louanges*, qui souligne l'importance du remerciement, rav Chalom Arouch propose à celui qui cherche la spiritualité une autre approche, originale et novatrice, afin que l'âme juive retrouve cette voie, si évidente en soi, car après deux mille ans d'exil, nous avons oublié cette démarche élémentaire.

Passons à présent au sujet du remerciement.

De nombreuses pensées me sont venues à l'esprit en lisant une nouvelle fois ce livre merveilleux. C'est pourquoi je me permets d'en exposer certaines devant vous :

Je n'avais jamais compris jusqu'à quel point, en tant que nation, nous avions un passé « lamentable » et combien il est facile et simple de le corriger. Pourtant, même lorsqu'une grande partie d'entre nous affirme éprouver une profonde gratitude envers Dieu pour Sa générosité et les bienfaits dont Il nous gratifie, nous ne sommes pas tellement honnêtes avec nous-mêmes. Lors des épreuves qu'Il nous inflige, combien de fois nous arrive-t-il de dire :

« Je sais que les sujets de remerciements ne manquent pas, car Dieu m'a donné ceci, cela... » Pourtant, en écoutant attentivement, on perçoit peu de conviction dans la liste de bienfaits reçus, qu'on égrène au vent. Car elle est aussitôt suivie de lamentations sur nos manques et autres frustrations. Et ce faisant, on détruit toute gratitude, passée et future.

En ce qui concerne le concept de « l'exil », rav Chalom Arouch écrit : « L'exil est une situation non désirée par les hommes... L'exil est une vie sans signification ni finalité. La délivrance est une vie avec finalité. » Comme c'est juste !

On se dit en nous-mêmes que tout est perdu : « J'aurais dû agir autrement » ; « Si j'avais fait ceci, alors les choses se seraient passées différemment. » Nous n'avons pas encore intériorisé que chaque instant de notre vie est une occasion de remercier et de servir Dieu, même dans notre quotidien et dans les actions les plus courantes. Chaque jour, même les choses les plus petites sont porteuses de prodiges : sourire et remercier les caissières dans les magasins, être bon envers son conjoint, son enfant, ses amis, dire « merci beaucoup pour l'autobus qui est arrivé à temps », merci pour les denrées que je devais acheter, et qui se trouvaient toutes à leur place sur les étagères, sans devoir courir d'un endroit à un autre. Le plus important consiste à briser cet humain fermé et cruel qui est en nous, à remercier Dieu pour le prétendu « mal » qui est dans nos souffrances. En vérité, je pourrais continuer cette liste...

Mais je m'en garde,

Lisez le livre... Et permettez-vous d'être réellement libres.

140 – De la prison à Ouman

Chalom, je m'appelle Yonathan et je suis encore sous les drapeaux. Il y a environ un an, alors que nous étions en exercice à la frontière syrienne, j'ai tenté de convaincre mon commandant de me permettre de rentrer à la maison, mais il refusa. J'ai remercié Dieu et le soir même il me dit de partir : « Va chez toi ! On te libère... » Je n'ai pas tardé et j'ai quitté la base. En attendant l'autobus près du Hermon, il s'est avéré qu'il n'en passait plus à cette heure-ci. Je commençai à dire « Merci », et bien qu'il soit maintenant interdit à un soldat de faire du stop, grâce à la gentillesse d'un automobiliste, je suis arrivé jusqu'au carrefour Golani.

Là-bas, en continuant à faire du stop, une voiture s'est arrêtée. J'ignorais que ses deux occupants étaient des inspecteurs militaires. Ils me dirent : « Monte ! On te prend, avec plaisir ! » Mais au lieu de me conduire à Jérusalem, ils me ramenèrent à la base où je fus mis aux arrêts et jeté dans un cachot. Quand j'en sortis, on m'apprit que je serais traduit devant un tribunal une semaine avant *Roch HaChana* (Nouvel An juif). En attendant, j'ai acheté un billet pour Ouman (pour passer la fête selon la tradition, auprès de Rabbi Nahman).

Une semaine avant le Nouvel An, on me convoqua pour le procès. On me dit : « Tu n'as aucune chance de t'en sortir : c'est une désertion. Tu as abandonné ton poste, tu seras condamné à au moins deux mois de cellule ! » J'ai commencé à dire : « Merci ! Merci ! Merci ! » Je suis allé dans les champs, j'ai dansé, en ne disant que « Merci ! » et j'ai suivi la voie des *Diamants* que conseille le rav.

Le matin du procès, il y eut une erreur dans l'organisation du bureau militaire. Une jeep arriva pour me prendre de Safed bien avant l'heure : ce qui fit que je passai toute la journée dans la jeep avec le chauffeur et un autre soldat qui l'accompagnait. Nous sommes allés au vieux cimetière de Safed, je les ai conduits au *Mikvé* du *Ari Zal*, et tout le long de la route, je leur lisais des extraits du *Jardin des louanges*. Je leur fis écouter un CD du rav. Je dansais, je riais. Au début les soldats ne comprenaient pas. Ils se disaient entre eux : « Il est devenu fou, il va devoir bientôt purger sa peine et pendant longtemps, et il est devenu fou... » Ils téléphonèrent à un psychiatre, officier de l'Armée, en lui disant : « Le soldat est fou ! » Mais de mon côté, je ne faisais pas attention à eux, je leur expliquai les principes du remerciement, et à la fin de la journée, ils commencèrent eux-mêmes à dire « Merci ! » Bien qu'ils ne soient pas tellement religieux, ils étaient déjà sur la voie de dire « Merci ! »

Nous sommes arrivés au tribunal en fin d'après-midi. Plusieurs soldats attendaient leur tour. Je dansais, je chantais devant Dieu, et je Lui disais « Merci ». Quand je suis entré dans la salle d'audience, il m'a semblé que le juge ne connaissait pas mon dossier. Il me demanda : « Tu as vraiment fait cela ? Tu as déserté ton unité ? » Je lui ai répondu : « Oui ! »

– Les inspecteurs t'ont fait monter de force dans la voiture quand ils t'ont arrêté ?

– Pas du tout... désolé...

Il commença alors à s'embrouiller et à plaisanter, tandis que des tas de gens patientaient, parmi lesquels toutes sortes de gradés qui attendaient qu'on rentre dans le vif du sujet... Et pendant ce temps-là, le juge me racontait des blagues à propos d'autostop...

Ensuite il me dit : « Je suis désolé : je dois te punir à titre d'avertissement huit jours. »

Je dis « Merci ! » à Dieu et je suis sorti. Mais je devais voyager à Ouman dans quelques jours. Je dis alors à Dieu « Merci ! » Et au lieu de m'arrêter simplement, on m'envoya directement en prison, sans délai. Ce fut un véritable miracle, personne n'y croyait.

Le lendemain en prison, j'ai apporté les minutes du procès. Après les avoir lues, une femme-officier me dit : « Ce sont des faux ! Sors d'ici ! » On me libéra et je rentrai à la maison. C'était vraiment incroyable !

Mais j'avais à présent besoin d'un certificat militaire pour prendre l'avion et passer le Nouvel An à Ouman. Si je retournais à mon unité, ils ne m'auraient pas cru, et ils auraient été capables de me remettre en prison. Je ne me suis pas démonté : j'ai dit à Dieu « Merci » et je me suis rendu dans ma base. Quand ils m'ont vu là-bas, ils ont cru que je m'étais enfui de prison, et ils me firent un nouveau procès. J'ai dit à Dieu « Merci ! » et j'ai dansé. C'était trois jours avant le Nouvel An. Et qui devait me juger ? L'officier qui m'avait autorisé à partir à l'étranger ! Je suis arrivé au tribunal, et j'ai dit « Merci ! » Le procès a duré près d'une heure. À la fin, on a reconnu mon innocence, et j'ai même reçu une permission pour voyager à Ouman !

141 – Des miracles manifestes

Au rav Chalom Arouch,

Le Jardin des louanges a transformé ma vie et a sauvé véritablement mon foyer. Mon mari était parfois cruel envers moi, il m'injuriait et me maudissait. Mais depuis que j'ai commencé à remercier, il lui arrive de se conduire comme un ange, comme s'il avait étudié et revu plusieurs fois *le Jardin de la paix* (de mon côté, j'ai lu la *Sagesse des femmes*). Notre situation pécuniaire, qui était autrefois très difficile, s'est améliorée depuis ces deux dernières années. Béni soit Dieu, la famille de mon mari ne manque de rien, mais elle ne donne qu'à mon mari, et presque tout le poids financier de la maison et de nos enfants repose sur moi. Depuis que j'ai commencé à remercier, ils se sont engagés à régler certaines factures et à nous aider d'une manière ou d'une autre.

Je dois vous dire qu'au sujet de l'éducation des enfants, leur comportement s'était considérablement détérioré depuis mon remariage. J'avais presque baissé les bras. On m'avait proposé des comprimés, des psychiatres, une guidance parentale, et le reste à l'avenant. La situation n'avait fait qu'empirer, puisse Dieu nous sauver !

Depuis que j'ai commencé à remercier, j'ai assisté vraiment à des miracles manifestes : tous mes enfants se sont bien adaptés, béni soit Dieu, dans les *Yéchivot* et écoles religieuses. On m'a rapporté que ma fille priait d'une façon peu habituelle pour son âge, et que cela venait certainement de l'éducation qu'elle avait reçue à la maison...

On dit que celui qui sauve une seule âme, c'est comme s'il avait sauvé un monde entier : Rav, vous avez sauvé notre maison, et seulement chez nous, il s'agit de neuf âmes... Qu'en est-il des autres familles qui furent sauvées en même temps que la nôtre ? Merci beaucoup !

142 – La marieuse m'a proposé sa fille

Chalom,

Voilà plusieurs années, j'ai commencé à m'intéresser aux propositions de mariage. C'est ainsi que j'ai rencontré une jeune fille qui me semblait très convenable. Mais le lendemain, on me dit qu'elle refusait de me rencontrer à nouveau. Je souffris beaucoup de ce refus, mais décidai de prier à proximité de l'arche sainte de la synagogue, et je dis « Merci »... « Merci »... J'ai longuement remercié et j'étais convaincu que tout était pour le bien. En sortant de la synagogue, en jetant un coup d'œil sur mon portable, je vis qu'on m'avait appelé... C'était la marieuse qui me faisait une nouvelle proposition – sa propre fille ! Celle-ci est aujourd'hui ma femme et la mère de nos filles.

Merci beaucoup au Créateur du monde, et merci beaucoup au rav !

143 – Une proposition qui vient du Ciel

L'un de mes élèves prend mes paroles très au sérieux. Il donne un cours une fois par semaine et enseigne le sujet du remerciement.

Une des participantes à ses cours était une femme dont le fils était gravement handicapé. Bien entendu, celle-ci était découragée, triste et déprimée, avant de connaître cette prodigieuse lumière du remerciement. Cet élève lui conseilla de remercier Dieu une demi-heure par jour : « Je Te remercie, Dieu, pour ce fils que Tu m'as donné. Merci pour son handicap qui l'empêche de mener une vie normale. Merci qu'il reste ainsi célibataire... » Elle remercia pendant quatre mois et son fils handicapé se maria avec une jeune fille totalement saine de corps et d'esprit.

Tel est le pouvoir prodigieux du remerciement : quatre mois de remerciements – et le fils handicapé reçoit une proposition de mariage du Ciel, une jeune fille saine à tous points de vue. Lorsqu'on dit « Merci » et qu'on est convaincu que c'est seulement pour le bien – on verra que tout est pour le bien.

On n'exige pas de nous l'impossible : seulement d'écouter la voix des Justes qui nous enseignent comment comprendre que tout provient du Saint béni soit-Il, que tout est pour le bien, et que le mal n'existe pas dans le monde. Comme nous le récitons chaque matin : « Rendez hommage à l'Éternel, car Il est bon et Sa grâce dure à jamais. » « Rendez hommage à l'Éternel » : pourquoi devons-nous Lui rendre hommage ? « Car Il est bon », parce que le Créateur est seulement bon et tout chez Lui est bon. « Et Sa grâce dure à jamais » : Il ne cesse de prodiguer des bienfaits. **Après avoir entendu qu'encore un autre et une autre ont remercié et qu'ils ont été sauvés, que pouvons-nous ajouter ?**

Il ne nous reste qu'à intérioriser cette simple vérité : la foi que le Créateur est tout entier bon et clément, que Son amour est infini, qu'Il ne créa le monde entier que pour avoir pitié de nous et nous prodiguer du bien.

Il est facile de lire ces lignes, mais il est bien plus difficile de les accomplir. Malgré tout, comment y parvenir ? Comment transformer des paroles théoriques, écrites sur papier, en une pratique concrète ? C'est très simple : il faut le vivre !

Il est vrai qu'il n'est pas si simple de croire que tout est pour le bien et de dire « Merci ». Car l'homme traverse dans la vie des événements dont il ne peut comprendre avec son seul intellect qu'ils sont pour le bien. Au contraire, il lui semble que tout est mauvais. Le monde paraît être rempli de mal : l'homme ne voit que des êtres mauvais qui blessent, font souffrir et assassinent. Comme il ne peut pas comprendre, il n'est pas prêt à accepter la volonté divine. Comment pourrait-il alors remercier ? Telle est la difficulté principale : accepter, croire et vivre le fait que tout est pour le bien et que le mal n'existe pas dans le monde.

Comment les Justes ont-ils traversé tout ce qu'ils ont vécu ? Comment ont-ils affronté leurs difficiles épreuves ? Ils avaient cette simple foi, cette connaissance que tout ce qui leur arrivait était l'expression de la volonté de Dieu, et que tout est pour le bien ! Tout ce que Dieu fait, Il le fait pour le bien ! En particulier, au sujet du remerciement, j'ai entendu au nom de mon maître, rabbi Yéhouda Zeev Leibovitz – puissent ses mérites nous protéger – qu'il est écrit dans la Torah (*Genèse* 32,13) : « Pourtant Tu as dit : "Je te comblerai de faveurs et ta descendance sera semblable au sable de la mer dont la quantité est incalculable." »

Rabbi Yéhouda Zeev commente ainsi ce verset : Notre ancêtre Yaacov dit au Maître du monde : « Tu as dit que celui qui s'habitue à dire que tout est pour le bien, même sur le mal, comme il est écrit "Je te comblerai de faveurs", à savoir sur chaque bonne chose, le Maître du monde le comblera de faveurs, lui et sa descendance. Car par le mérite du remerciement constant au Maître du monde, Dieu comblera de faveurs celui qui remercie. »

Une explication est ici nécessaire : il est vrai que, selon ce qu'on est capable de voir, la situation est très mauvaise. C'est une donnée perpétuelle ! Par exemple, pour Na'houm *ich* Gamzo, pour Rabbi Akiva, pour notre ancêtre Abraham, pour Joseph le Juste et le roi David, tout paraissait dramatique. Mais tous ont tenu bon, car ils vivaient dans la foi. L'homme doit choisir où se trouve la vérité. Quelle est la finalité de ce monde, sinon mériter la parfaite foi ? Et à cela, l'homme peut parvenir à chaque seconde de sa vie. C'est parce que les Justes authentiques le savaient qu'ils purent surmonter toutes leurs difficiles épreuves.

Par exemple, Joseph le Juste : il fut jeté en prison en Égypte, un lieu où il ne pouvait réaliser aucun commandement de la Torah, sauf un seul : croire. Il comprit que le Maître du monde voulait qu'il soit dans cette prison, et que c'était le mieux qui soit pour lui. Je me contente de croire : c'est la seule chose que Dieu attend de moi, en ce lieu, dans cette épreuve. Par conséquent, « Merci » à Toi, Dieu, du fait que je suis dans cette prison. Je ne peux ni prier ni étudier la Torah : je ne peux que croire en Toi.

Il est vrai que, selon l'intellect, cela peut sembler

terrible. Est-ce agréable de se retrouver en prison, avec la lie de l'espèce humaine ? Mais ma joie est de réaliser la volonté divine – je crois en Lui et je suis joyeux de croire – « Merci » Dieu de pouvoir réaliser Ta volonté et de me trouver là où Tu veux que je sois.

C'est ce qui a permis à tous les Justes de tenir bon. En affrontant des épreuves qui défiaient le bon sens, notre ancêtre Abraham parvint à accomplir tout ce que Dieu voulait de lui : il se jeta dans le feu, quitta sa terre natale, obéit à l'ordre de sacrifier son fils Isaac, et d'autres encore. Comment tint-il bon ? En se débarrassant de ses rationalisations et en vivant dans la foi. Notre ancêtre Isaac, lui aussi, tint bon, car il comprit que la finalité consiste à vivre dans la foi, et que c'était l'unique commandement qu'il devait accomplir dans ce monde, à ce moment-là.

Comment le roi David – que son âme repose en paix – a-t-il pu voir le bien à travers toutes les souffrances qu'il a subies ? Notre maître répond à cette question (*Likouté Moharan* 195) : « Car David savait trouver dans les tourments les bienfaits dont le Saint béni soit-Il le gratifiait, comme il est dit (*Psaumes* 4,2) : "Dans la détresse Tu me mets au large." Même pendant la tourmente, le Saint béni soit-Il lui venait en aide, et il méritait un répit : ce sont les bienfaits de Dieu au milieu des tourments. »

Plus que tout autre, le roi David possédait la vertu de remercier et de louer Dieu en toute occasion, fût-ce même au milieu de l'affliction et de la détresse. Ainsi qu'il est écrit dans le livre *Tiferet Chelomo* : à la mort des deux fils d'Aharon le Grand Prêtre, les Écritures le louent : « Et Aharon garda le silence » (*Lévitique* 10,3). Aharon se tut et en fut récompensé. Mais il existe un niveau encore supérieur, celui du roi David qui déclara après toutes ses souffrances : « De la sorte mon âme Te chantera sans relâche, et je ne garderai jamais le silence » (*Psaumes* 30,13). C'est-à-dire que je ne tarirai pas d'éloges et de chants sur les souffrances. Les commentateurs ajoutent que le roi David avait « un œil bienveillant » et qu'il considérait tout ce qui lui arrivait du bon côté – même le mal, pour ainsi dire.

C'est ainsi que le *'Hatam Sofer* (*Derachot* I 185) explique ce verset des Psaumes (118,21) : « Je Te rends grâce pour m'avoir exaucé, car Tu as été mon sauveur. » « Pour m'avoir exaucé (*'anitani*) » : ici, *'anitani* est dérivé du mot *'inouï* (souffrance), comme il est dit (*Lamentations* 3,27) : « Porter le joug dès sa jeunesse est une bonne chose pour l'homme. » Cela signifie qu'il faut subir les douleurs de ce monde avec joie, parce que leur finalité sera bonne. C'est pourquoi le roi David – que la paix repose sur son âme – dit : « Je Te rends grâce pour m'avoir exaucé, car Tu as été mon sauveur. » À savoir que j'ai commencé à Te remercier aussitôt que Tu m'as exaucé, parce que je savais qu'à la fin, la délivrance serait complète – mais je ne pouvais pas le voir alors.

144 – « Le son des chants de joie et de salut »

J'ai reçu la visite d'un couple marié depuis de longues années, mais toujours sans enfants. Ils me dirent : « Nous sommes déjà allés auprès de tous les rabbins et de tous les Justes. Nous avons utilisé toutes les *segoulot* et récité toutes les prières, mais nous n'avons pas été exaucés. On nous a dit de venir chez vous. » Ils sont donc venus écouter ce que je pouvais leur proposer de nouveau.

Je les ai regardés et leur ai dit doucement : « Dites "Merci" au Créateur du monde chaque jour pendant une demi-heure pour le fait de ne pas avoir d'enfants. » Aussitôt la femme se mit à crier : « Comment ? Dire merci ? Je suis triste, j'en souffre et j'en pleure toute la journée ! Et vous me dites de dire merci ? Cela n'est pas pour nous ! » En réalité, je la comprenais très bien : elle avait apparemment raison. Ce qu'elle vivait est une épreuve vraiment difficile, et on comprend qu'on éprouve énormément de peine si quelqu'un vient et vous dit : « Dites merci pour cela. » Comment le remerciement pourrait-il sauver et apporter la délivrance ?

Quand elle se calma, j'ai poursuivi : « Le Gaon de Vilna s'interroge sur le sens du verset "Le son des chants de joie et de salut retentit dans les tentes des justes" (*Psaumes* 118,15) : logiquement ce n'est qu'après avoir été délivré par le Créateur que l'homme chante Ses louanges. Il devrait donc être écrit "le son des chants de salut et de joie". Or c'est l'inverse qui est mentionné ! Le Gaon explique que si les Écritures mentionnent d'abord les chants de joie, c'est que la délivrance n'intervient qu'après que l'homme a loué et chanté devant le Créateur du monde, attirant ainsi par ses louanges et ses chants tous les saluts et une abondance de bienfaits. »

Il faut méditer sur ces dernières paroles et comprendre ce qu'elles cachent. Pourquoi le remerciement au Créateur génère-t-il la délivrance ? Dieu protège le peuple d'Israël de toute détresse et de toute affliction. Mais quand on éprouve une douleur (que D.ieu nous en préserve), un problème ou une lacune – qu'on soit un/une célibataire endurci(e), ou confronté à des problèmes conjugaux, avec des enfants ou sans enfants, ou des problèmes mentaux, des maladies, des dettes, ou toute autre chose – la foi exige que, puisque tout provient de Lui, béni soit-Il, il est évident que tout est pour le bien, car aucun mal ne vient de D.ieu, et tout ce que Dieu fait, Il le fait pour le bien.

Chaque juif est tenu de croire à cela, car c'est la pure vérité. La première considération doit donc être : « Dieu le veut ainsi et c'est le mieux qui soit pour moi. Si le Créateur veut que cela soit ainsi, il est évident qu'Il comprend et sait mieux que moi ce qui est bien. Donc moi aussi je le veux et je suis joyeux, et je Lui dis "Merci". Il n'existe pas d'autre alternative. C'est le mieux qui soit pour ma finalité. Si je comprends autrement et que j'éprouve d'autres désirs, il est clair que je m'oppose à la volonté du Créateur. C'est peut-être naturel, mais le Saint béni soit-Il attend de nous que nous annulions nos désirs devant Sa volonté, comme le dit explicitement une Michna (*Avot* 2) : "Annule ta volonté devant la Sienne." »

Lorsque l'homme dit « Merci » au Créateur du monde pour toutes les difficultés et les défis de la vie, il Lui dit en vérité : « Maître du monde, Tu veux que je surmonte cette difficulté, que je relève ce défi, alors moi aussi je le veux. Je ne Te contredis pas – D.ieu nous en préserve –, je ne m'oppose pas à Toi, je suis joyeux. Merci beaucoup, Dieu. » Il s'ensuit que l'homme annule sa volonté devant celle de son Créateur. Et quel est le résultat d'une telle démarche ? La Michna le dit textuellement : « Annule ta volonté devant la Sienne, afin que la volonté des autres s'annule devant la tienne. » Quelle est la source de tous tes problèmes ?

Des anges accusateurs créés par les volontés opposées à la volonté divine se dressent contre toi et t'empêchent de recevoir l'abondance de biens. Mais parce que tu as annulé ta volonté devant celle du Créateur, Dieu annule « la volonté des autres » – c'est-à-dire celle des accusateurs – devant ta volonté et te délivre pour satisfaire tes besoins ! Il en va ainsi pour toutes les souffrances et les problèmes de la vie, les difficultés et les défis. Il faut dire à voix haute : « Merci à Toi, Créateur du monde, si c'est ce que Tu veux, c'est évidemment pour mon bien... » C'est la manière de remercier pour les souffrances, et de faire venir en un clin d'œil toute délivrance dont nous avons besoin !

Cela à la différence de l'homme qui ne remercie pas et n'annule pas sa volonté devant celle du Créateur. Ses requêtes et prières sont terribles : « Maître du monde, annule Ta volonté devant la mienne... » Il est évident qu'une telle prière ne peut être acceptée au Ciel, car il n'existe pas de plus grande insolence. C'est pourquoi de nombreuses personnes qui restent sans enfants, sans conjoint, sont malades, etc., m'ont dit que pendant des années elles ont prié, mais sans aucun résultat. Mais dès qu'elles commencèrent à dire « Merci » (après l'écoute des CD *Cesse de pleurnicher*, *Des Baisers au Créateur du monde* et la lecture du *Jardin des louanges*), elles furent exaucées immédiatement ! Elles annulèrent leur volonté et comprirent que la foi signifie que tout est pour le bien.

Comme l'écrit notre maître rabbi Nahman de Breslav (*Likouté Moharan* 177) à ce propos : « **L'homme doit annuler absolument sa volonté devant celle de Dieu béni soit-Il, et qu'il n'ait aucune autre volonté : seulement celle du Créateur béni soit-Il. Qu'il ait de l'argent ou pas, des enfants ou non, D.ieu nous en**

préserve, et d'autres désirs, il ne doit rien vouloir d'autre : seulement ce que veut Dieu béni soit-Il. » Il est vrai que c'est difficile, mais c'est notre travail ici-bas, le travail de notre vie : prier et demander au Saint béni soit-Il qu'Il nous donne le mérite d'annuler nos volontés devant la Sienne. Et de savoir qu'Il veut également que l'on s'en réjouisse, et qu'on L'en remercie !

Ce ne sont pas de simples paroles ou de belles idées à partager autour de la table de Chabbat, ou lors d'une rencontre avec des amis, devant une tasse de café. Ce sont des concepts qui appellent à être concrétisés dans la vie de tous les jours, dans l'accomplissement pratique de la loi. Il faut savoir que dans nos moments difficiles, bien avant de courir vers des rabbins et de remuer ciel et terre pour trouver toutes sortes de *segoulot*, la première des choses à faire est de s'adresser au Créateur du monde et Lui dire « Merci beaucoup » pendant une demi-heure. On annulera ainsi notre volonté et on verra le salut. Et aussitôt après, pour faire mériter le plus grand nombre, on racontera à chacun qu'il est possible de suivre la prodigieuse voie que les justes nous ont transmise, après leur découverte des merveilleux secrets de la Torah à ce sujet. De cette manière, nous aiderons les gens qui ont besoin d'être sauvés dans tous les domaines. « L'un prêtera assistance à l'autre et chacun dira à son frère : "Courage !" » (*Isaïe* 41,6) Et ainsi d'autres personnes rejoindront le cercle du remerciement, le cercle des miracles, le cercle de la délivrance, vers la vie du paradis terrestre.

Le moment est venu de votre délivrance, le temps est arrivé où le peuple d'Israël doit vivre cette prodigieuse connaissance. Il est interdit de laisser ces lignes passer à côté de nous et de les éloigner de notre conscience. Il faut les graver dans le cœur, les revoir chaque jour le plus possible, faire de notre travail du remerciement et des louanges une part indissociable de notre existence, aussi essentielle que notre respiration, car c'est notre finalité. Nous ne fûmes créés que pour louer et remercier le Créateur, comme il est écrit : « Ce peuple Je l'ai formé pour Moi, pour qu'ils publient Ma gloire » (*id.* 43,21). Et le livre des Psaumes (en hébreu, *Téhilim*) du roi David, qui n'est que louange (*téhilati*) du Créateur, se termine par ce verset : « Que chaque souffle de vie loue le Seigneur, loué soit Dieu. » Pourquoi le roi David a-t-il conclu son livre avec ce verset ? Car c'est la finalité de chaque homme : que chaque souffle de vie loue et remercie le Créateur du monde, jusqu'à ce que cela devienne une seconde nature.

145 – J'ai reçu 30 000 shekalim

Chalom et bénédictions,

Je veux vous raconter ce qui m'est arrivé cette année. Un miracle incroyable qui témoigne du formidable pouvoir du remerciement et des louanges. J'ai eu le mérite de me rapprocher de rabbi Nahman de Breslav et de ses prodigieux conseils grâce à la lecture du livre *Jardin des louanges* et des CD de rav Chalom Arouch *Cesse de pleurnicher* et autres enregistrements sur le remerciement. Cela fait deux ans que j'effectue une heure d'isolement quotidienne. Je suis réellement sorti de l'obscurité vers la grande lumière, et depuis je ne cesse de m'élever spirituellement et de me rapprocher de Dieu. Ma vie s'est transformée.

Un jour, ma femme me téléphone et me dit : « On a besoin d'emprunter dans des *Gma'him* (caisse de prêt sans intérêt), car on doit beaucoup d'argent à la banque.

Il nous en faut aussi pour payer les réparations de l'appartement qu'on avait projetées. » Au même moment ma fille dit à ma femme qu'elle venait de découvrir une *segoula* (acte porteur de délivrance) de rabbi Yéhouda Ha'Hassid (auteur du *Sefer 'Hassidim*), selon lequel celui qui s'engageait à dire *Nichmat Kol 'Haï* (L'Âme de tout vivant) accompagné d'un *minyan* (groupe de dix juifs adultes) aurait le mérite de se voir exaucé.

Je demandai à ma femme : « Combien te faut-il ? »

Elle commença à bredouiller. Je lui dis alors :

– Fixe un montant, n'aie pas honte ! La bienveillance de Dieu est infinie. Est-il rien d'impossible au Seigneur ? Dieu peut même donner tout d'un coup un million de shekels.

– Plus de 20 000 shekels.

– Ok, arrondissons cela à 30 000 shekels. Je dis maintenant « Merci pour tout » à Dieu, et je m'engage, sans formuler de vœu, à remercier Dieu et à dire *Nichmat Kol 'Haï* avec dix personnes, lorsque Dieu nous enverra 30 000 shekels.

C'est vraiment incroyable, mais le lendemain matin, quelqu'un avec qui j'avais travaillé il y a plusieurs années me téléphona et me dit : « J'ai besoin de toi pour un petit projet à réaliser immédiatement. » Je lui répondis que j'avais déjà cessé toute activité dans ce domaine, mais il rétorqua : « Cela ne fait rien, je te fais confiance : tu pourras t'arranger. » Deux jours après je lui fournis un devis, et il donna son accord pour la somme.

Le soir, ma femme me demanda si je voulais aller au

Kotel. Je lui répondis : « Avec joie. » Elle s'enquit alors : « À propos, combien toucheras-tu pour le projet qui a été signé aujourd'hui ? »

— Je n'ai pas vérifié tous les détails.

— Peux-tu le faire ?

— D'accord.

Je consultai le tableau des barèmes et les comptes, et entrepris de calculer : mon gain atteignait 30 000 shekels !

Nous sommes restés sans voix.

En arrivant au *Kotel,* je récitai *Maariv,* et après la prière je demandai à dix juifs de rester pour dire *Nichmat Kol 'Hai,* mais tous se dispersèrent rapidement.

Je dis à Dieu : « Merci pour cela également, bien que je veuille Te remercier déjà maintenant pour cette délivrance aussi rapide qu'imprévisible. »

J'avais à peine fini d'y penser que j'entendis quelqu'un annoncer : « *Nichmat Kol 'Haï* avec *minyan* ! *Nichmat Kol 'Hai* quand le peuple est nombreux, la gloire de Dieu s'en trouve multipliée ! »

Je rejoignis le *minyan* et dis à Dieu avec émotion : « (...) Notre bouche fût-elle pleine de chants comme la mer, notre langue remplie d'allégresse comme la multitude des vagues et nos lèvres de louanges comme l'étendue du ciel, nous ne pourrions pas encore Te rendre hommage, ô Éternel notre Dieu et le Dieu de nos pères, pour un seul des mille myriades de bienfaits, de miracles et de prodiges dont Tu nous as comblés, nous et nos ancêtres. »

146 – Il retourna à la Yéchiva et grandit spirituellement

Après avoir relaté cette dernière histoire, ajoutons ici d'autres délivrances grâce à la *segoula* de rabbi Yéhouda Ha'Hassid : en cas de détresse, s'engager – sans formuler de vœu – à remercier et louer Dieu avec la prière *Nichmat Kol 'Haï* après avoir été sauvé.

Ce texte figure déjà dans la Michna, et la Guemara : il fait partie des prières pour la pluie, et on le récite lors du Seder de Pessa'h. Le Rambam la rapporte aussi. Et les cabalistes ont écrit que celui qui dit ou s'engage à réciter *Nichmat Kol 'Haï* sera sauvé de ses tourments, comme le cite le livre *Derekh Yéchara* : « Quand on sort de la ville, on a coutume de dire : "Je m'engage à réciter *Nichmat Kol 'Haï* dès que j'arriverai à destination." Et de respecter son vœu, en y parvenant. Cette pratique est vérifiée et confirmée. »

L'auteur du *Pélé Yoets* écrit dans *'Hessed LéAlafim* : « On nous a transmis une coutume datant de rabbi Yéhouda Ha'Hassid selon laquelle il convient de réciter *Nichmat Kol 'Haï* avec joie et en *minyan,* pour chaque détresse dont on a été sauvé. Beaucoup furent exaucés grâce à ce vœu. D'anciens livres le mentionnent comme une *segoula* vérifiée et confirmée. Bien entendu, il ne suffit pas d'accomplir ce vœu : le but consiste à remercier le Créateur du monde pour tous les bienfaits et les prodiges dont Il nous gratifie. » Le Steipler le recommandait également et ajoutait qu'on devait : 1) Donner la charité ; 2) Après avoir été sauvé, réciter *Nichmat Kol 'Haï* jusqu'à la fin de *Yichtaba'h* (Que D.ieu soit loué), sans la bénédiction finale.

Voici plusieurs histoires rapportées par rav Aharon Gamliel dans son livre *Maté Aharon* à propos de personnes de notre génération qui furent sauvées après avoir suivi le conseil de rabbi Yéhouda Ha'Hassid. Rav Gamliel raconte le cas d'un jeune homme célibataire d'environ 25 ans, qui avait quitté la *Yéchiva* pour prendre un emploi salarié. Bien entendu, il avait changé de style de vêtements.

Un jour il fut invité à compléter un *minyan* pour un repas de *Nichmat Kol 'Haï* dans le centre du pays. Comme je lui demandai pourquoi il avait quitté la *Yéchiva*, il me répondit : « J'avais perdu l'envie d'étudier, c'était difficile pour moi de continuer, j'ai donc cherché un travail. »

Je lui dis : « Cela n'est ni une solution ni un but : tu es célibataire et tu n'as aucune famille à nourrir. Nos Sages de mémoire bénie disent qu'on doit étudier ce que le cœur désire, chercher un lieu qu'on aime de tout son cœur. Et pour trouver la conjointe adéquate, tu dois savoir que la plupart des jeunes filles, à notre époque et dans le milieu orthodoxe, ne veulent se marier qu'avec un jeune homme qui étudie la Torah toute la journée, ou au moins à mi-temps. Il est certain que le cadre d'une *Yéchiva* pourra t'aider. Sache qu'en travaillant, tu as aussi des dépenses de loyer, de nourriture et d'habillement. Calcule combien tu pourras économiser sur ton salaire : même si tu mets de côté 10 000 shekels par an, cette somme ne suffirait pas à couvrir les frais de ton mariage. »

Je m'étendis sur le sujet et lui exposai les avantages et les vertus de l'étude dans une *Yechiva*, où on prie régulièrement trois fois par jour en *minyan*. On se trouve dans un lieu imprégné de pureté, où la Torah aide à soumettre le mauvais penchant. Et cela, contrairement à un jeune homme qui n'évolue pas dans ce cadre : le mauvais penchant l'incite facilement, il va fréquenter des gens éloignés de la Torah, ses défauts auront raison de lui et ses pensées ne tourneront qu'autour du manger et du boire. Ce qui aura des conséquences néfastes lorsqu'il cherchera à fonder un foyer en accord avec nos traditions ancestrales. Par contre, un jeune homme qui étudie dans une *Yéchiva*, qui respecte les trois prières quotidiennes, assiste à des cours de Torah et de *Moussar*, saura se conduire correctement lorsque sera venu pour lui le moment de se marier. »

Le jeune homme me répondit :

– C'est très juste, mais cela m'est difficile.

– Je sais que c'est douloureux, mais pour chaque souffrance qu'on traverse, il faut s'engager à dire *Nichmat Kol 'Haï* dont le pouvoir est grand pour provoquer des délivrances. Lorsque, avec l'aide de Dieu béni soit-Il, tu analyseras tes actions et que tu prendras une décision correcte en ce qui concerne ton avenir, tout deviendra juste et bénéfique, car nos Sages de mémoire bénie ont déclaré dans le traité *Avoda Zara* (sur les idolâtries) : « L'homme ne peut étudier que dans un lieu qu'il aime. » Puisse Dieu t'aider à trouver le cadre d'étude qui te convient, qui te permettra de t'intégrer dans l'ambiance d'une *Yéchiva*. Et je te propose de dire dès maintenant les louanges de *Nichmat Kol 'Haï*. Il accepta ma proposition et s'engagea par écrit : lorsque le Saint béni soit-Il lui aura trouvé une *Yechiva* qui lui convienne, il dira *Nichmat Kol 'Haï* avec dix juifs adultes, offrira un repas de remerciement et donnera la charité pour célébrer sa délivrance.

Deux mois plus tard, ce jeune homme m'annonça la bonne nouvelle : il avait intégré une bonne *Yéchiva* et il était très satisfait du niveau de l'étude. Il avait de bons amis, le lieu lui plaisait et il se renforçait dans le service de Dieu et la crainte du Ciel. Après un certain temps, il me rencontra de nouveau pour me confier qu'il se sentait déjà spirituellement mûr pour envisager de se marier. Il désirait s'engager encore une fois à dire *Nichmat Kol 'Haï*. Je fus donc une fois de plus le témoin de sa nouvelle promesse : lorsqu'il trouverait sa promise, il promettait de dire *Nichmat Kol 'Haï* comme remerciement à Dieu, et organiserait un repas, selon les paroles du roi David (*Psaumes* 119,117) : « Accorde-moi Ton appui (en hébreu *séadéni*, que l'on peut traduire littéralement par "restaure-moi") pour que je sois sauvé. » Car d'après le saint rabbi Méchoulam Zoucha d'Anipoly – puissent ses mérites nous protéger – un repas de *mitsva* a la force d'attirer toutes les délivrances dont on a besoin.

En rédigeant cet « engagement », il me demanda soudain la permission de s'écarter un moment pour répondre à un appel téléphonique. Il s'avéra qu'on venait à l'instant de lui proposer un parti, proposition qui trouva une suite heureuse. Après ses fiançailles, il respecta sa parole, offrit un repas *Nichmat* accompagné de chants et de remerciements, en présence de dix personnes. Et il mérita de se marier comme un *Ben Torah*.

147 – Après 21 ans de mariage, il eut le mérite d'avoir des enfants

Rav Gamliel poursuit son récit :

« Lors de ce même repas de *Nichmat* qui eut lieu dans le centre du pays, un *Avrekh* est arrivé pour compléter le *minyan*. Je tentai de le convaincre de dire *Nichmat Kol 'Haï* en présence de 10 personnes, comme *segoula* pour avoir une descendance, car marié depuis de nombreuses années, il n'avait toujours pas d'enfant. Il faut souligner que cet *Avrekh*, qui avait essayé toutes sortes de *segoulot*, en était profondément affligé. Le roi David – que la paix soit sur son âme – disait : « Gloire à l'Éternel, m'écrié-je, et je suis délivré de mes ennemis » (*Psaumes* 18,4). Bien avant sa délivrance, il chantait déjà les louanges de Dieu. C'est pourquoi je profitai de ce repas et de la présence de dix juifs adultes pour renouveler ma demande.

« Sans formuler de vœu, cet *Avrekh* s'engagea à dire *Nichmat Kol 'Haï* avec un *minyan* lorsqu'il serait exaucé, avec l'aide du Ciel, et que sa femme accoucherait sans problèmes en son temps. Il organiserait également un repas de remerciement. Trois mois plus tard, il m'annonçait que sa femme était enceinte. Au terme des neuf mois, sa femme donna naissance à un garçon. Au cours du repas de la circoncision et en présence de centaines d'assistants chantant et dansant, Dieu lui donna le mérite de dire *Nichmat Kol 'Haï* pour Le remercier du grand bienfait de s'être souvenu de lui après 21 ans d'attente. »

148 – Le policier mérita d'être exaucé

Un jour rav Gamliel reçut la visite d'un policier en uniforme. L'inquiétude se lisait sur son visage. Après s'être présenté, il raconta qu'un ami lui avait vanté les bienfaits de la *segoula* de *Nichmat Kol 'Haï* et qu'il avait décidé de se renseigner à ce sujet. Rav Gamliel l'invita à entrer pour l'entretenir de cette *segoula*. Le policier lui ouvrit son cœur, gonflé de chagrin : marié depuis cinq ans, il n'avait toujours pas d'enfant, bien qu'ayant essayé toutes sortes de moyens. Il était proche du découragement et souhaitait entendre des détails sur la lecture de *Nichmat Kol 'Haï*.

Rav Gamliel se souvient : « Je m'assis avec lui et entrepris de le réconforter, en lui montrant les sources de la *segoula* dans les livres des Grands de la Torah. Lorsque l'homme est confronté à une épreuve difficile, il doit s'engager, sans formuler de vœu, quand il sera sauvé, à réciter *Nichmat Kol 'Haï* avec joie et reconnaissance. Le visiteur s'engagea par écrit à organiser également un repas de remerciement avec *minyan*. Il sortit de chez moi réconforté, plein d'espoir et de joie.

« Après un certain temps, j'entendis frapper à la porte. J'ouvris : un homme barbu d'apparence religieuse se tenait devant moi. Il me demanda : "Vous ne vous souvenez pas de moi ?" Après un échange de quelques mots, je fus surpris de découvrir que c'était le fameux policier. Il venait maintenant, avec une mine triomphante et réjouie, m'annoncer que six mois plus tôt lui étaient nés des jumeaux en parfaite santé, et qu'il désirait à présent organiser un repas de remerciement, comme il s'y était engagé. Béni soit Dieu : il eut le mérite d'offrir ce repas et de remercier le Créateur. Sa vie s'était radicalement transformée. Au cours du repas il raconta avec émotion les bienfaits dont Dieu l'avait gratifié. Il remercia le Saint béni soit-Il pour le prodigieux conseil de s'engager à dire *Nichmat Kol 'Haï* : cette louange contient un pouvoir extraordinaire qui attire la délivrance divine et répond aux besoins de l'homme. »

149 – Il mérita le salut grâce à Nichmat

Un *Avrekh*, criblé de dettes, et qui ne parvenait plus à payer son loyer et les frais d'étude de ses enfants, arriva chez rav Gamliel pour se renseigner sur le *Nichmat Kol 'Haï* et ses vertus. Il alla ensuite prendre conseil auprès de rav Ovadia Yossef, en lui présentant notamment le livre de rabbi 'Haïm Falaggi (*'Haïm LeRoch*), dans lequel celui-ci affirme – au nom de rabbi Yéhouda Ha'Hassid – que le pouvoir de réparation obtenu par la récitation de *Nichmat* devant dix juifs adultes a été vérifié et confirmé. Rav Ovadia Yossef lui dit que c'était une source autorisée et qu'on pouvait se fier à elle. C'est ce qu'il fit : les larmes aux yeux, il s'engagea à effectuer le repas qui accompagne la lecture publique de *Nichmat* lorsqu'il mériterait une amélioration dans sa situation pécuniaire, le libérant de ses tourments quotidiens et lui permettant de fêter l'imminent mois de Tichri dans la dignité.

Avec l'aide du Ciel, après quelques jours, il rencontra un ami qui lui présenta un homme important, intègre et généreux, devant lequel il épancha son cœur. Celui-ci lui conseilla de continuer à étudier au *Kolel*, et qu'il se soucierait de régler ses dettes et les frais d'étude. Sur-le-champ, il lui remit un chèque destiné à couvrir ses charges les plus urgentes, et son loyer pour un an. Il paya les scolarités de ses enfants, et il lui donna aussi 5000 shekels pour les achats ménagers, les légumes et l'habillement pour un an. Il mérita ainsi de pouvoir étudier pendant toute une année l'esprit tranquille.

C'est dans la joie et le visage réjoui qu'il organisa un repas pour 200 personnes, au cours duquel il remercia Dieu en récitant *Nichmat Kol 'Haï*. Pourtant, presque un an après, il s'inquiéta que l'aide qu'il recevait tarisse. À sa grande stupéfaction, son mécène lui annonça qu'il continuerait à le soutenir l'année suivante, afin qu'il puisse poursuivre son étude tranquillement et l'esprit libre. Lorsque l'*Avrekh* apprit cette bonne nouvelle, il remercia à nouveau Dieu pour toutes les bontés dont Il le gratifiait, en présence d'un *minyan*. Depuis, dans son foyer, tous les membres de sa famille prirent l'habitude de dire *Nichmat Kol 'Haï* pour tous leurs besoins.

150 – Grâce à ce conseil, nombre de délivrances se produisirent

Rav Gamliel poursuit : « J'ai participé à une réunion dans un des villages proches de Jérusalem pour l'élévation de l'âme du juste rabbi Yohanan ben Séra'h. J'ai alors expliqué la signification de la lecture de *Nichmat Kol 'Haï* et ses précieuses vertus qui génèrent des délivrances à ceux qui s'engagent à le réciter ensuite.

150 – Grâce à ce conseil, nombre de délivrances se produisirent

« Il faut souligner que dans l'assistance se trouvaient des traditionalistes et des laïcs : une étincelle de foi allait jaillir dans leur cœur.

« Après mon cours, les villageois s'engagèrent à dire *Nichmat Kol 'Haï* lorsqu'ils seraient exaucés. Parmi le public se trouvait un entrepreneur qui s'engagea à remercier le Saint béni soit-Il devant dix hommes après la naissance de son premier enfant. Avec l'aide du Ciel, un mois et demi plus tard, sa femme lui annonça qu'elle était enceinte. Lors du repas de *Brit Its'hak,* la nuit précédant la circoncision (selon la tradition séfarade), l'entrepreneur se leva et récita avec des larmes de joie les louanges de *Nichmat Kol 'Haï.*

« Son frère, qui était présent, s'engagea devant l'assistance à une promesse similaire lorsqu'il trouverait sa conjointe. Un de ses amis se joignit à lui pour le même sujet. Après plusieurs mois, je reçus un appel téléphonique qui m'annonçait que son mariage était prévu dans quelques jours et que son ami devait se marier également le lendemain. Bien entendu, chacun d'eux organisa un repas de remerciement et ils chantèrent les louanges de Dieu avec la lecture de *Nichmat Kol 'Haï.*

« La sœur de cet entrepreneur était présente à ce repas de sanctification du Nom. Comme elle aussi était laïque, elle objecta que l'engagement de son frère n'était peut-être pas valable parce qu'il n'était pas religieux. Nous lui avons répondu qu'il est écrit dans la Torah que lorsqu'Ismaël pleura et pria le Saint béni soit-Il, un accusateur se présenta devant D.ieu et lui dit que, dans le futur, il assassinerait le peuple d'Israël. Le Saint béni soit-Il lui répondit : « Maintenant c'est un juste, et le fait même qu'il se tourne vers Moi le rend déjà méritant d'une délivrance. » Cette femme accepta cette explication, et raconta qu'après la naissance de son fils – il y avait huit ans – elle n'arrivait plus à concevoir. Elle était donc prête à s'engager à lire *Nichmat Kol 'Haï* devant le Saint béni soit-Il après la naissance d'un nouvel enfant. Et béni soit Dieu, car l'année suivante elle accoucha d'un fils et elle remercia Dieu pour Ses bontés. » (Telles sont quelques histoires parmi des dizaines autres qui figurent dans le livre de rav Gamliel.)

Bien que les lettres suivantes ne concernent pas directement le sujet de *J'ai dit Merci et j'ai été sauvé*, nous pouvons conclure que lorsque l'homme parvient à la foi que tout ce que Dieu fait, Il le fait pour le bien, même avant qu'il Le remercie, sa vie s'est transformée. Car dès que l'homme possède la foi, c'est comme s'il vivait déjà la vie que l'on obtient par le remerciement.

151 – Un message parmi d'autres

J'ai reçu une lettre d'une étudiante égyptienne, qui étudie l'hébreu. Voici la traduction intégrale de cette lettre écrite en hébreu :

Chalom !

J'ai 23 ans et je suis étudiante à l'université Al-Azhar au Caire. J'étudie l'hébreu à mes moments de libre. Je possède trois livres (en hébreu) de rabbi Chalom Arouch. Lorsque j'ai lu *le Jardin de la foi* – un très beau livre ! –, j'ai senti que ce livre m'était aussi destiné, bien que je ne sois pas juive. C'est miraculeux d'y trouver des choses très importantes auxquelles nous croyons nous aussi. Mais quand on est confronté à de graves problèmes, ou occupé par le travail ou les études, il est très facile d'oublier que « hormis Lui, rien d'autre n'existe au monde ». Et on peut sombrer alors dans la colère, la tristesse ou la haine des autres. J'ai compris que lorsque nos pensées sont toujours dirigées vers le Créateur – que tout provient de Lui et que nous devons constamment corriger quelque chose, en nous adressant au Créateur dans la prière, le repentir, et Le remercier – cela nous apporte une paix authentique...

Pendant trois ans, confrontée à un grave problème, je ne savais pas quoi faire. J'ai alors beaucoup prié, j'ai demandé pardon pour mes fautes (même pour celles commises involontairement), mais je n'ai trouvé aucune solution... avant d'avoir lu le chapitre *Il remercia – et il guérit*. J'ai alors commencé à remercier le Créateur pour ce qui m'était arrivé, et je Lui ai demandé qu'Il m'envoie une solution. Et D.ieu merci, j'ai résolu très vite ce problème, et tout va maintenant pour le mieux.

Je veux seulement remercier votre rabbi. Il me semble qu'il apporte vraiment la paix, et je suis heureuse qu'il y ait en Israël des gens comme lui. Même s'il semble que la situation soit très difficile au Moyen-Orient, je suis convaincue qu'on peut parvenir à la paix si D.ieu le veut ainsi – par le biais de la foi dans le Créateur. Je prie sans cesse pour la paix, et qu'il n'y ait aucune dispute, ni terreur, ni haine, ni idolâtrie – qu'il n'y ait ici-bas que l'amour, et que chacun serve seulement le Créateur.

En vous souhaitant tout le bien et beaucoup de bénédictions.

Que dire après une telle lettre ? Elle envoie à chacun et chacune de nous un encouragement pour commencer à travailler sur la foi et le remerciement. Ce texte contient également un grand renforcement pour prier pour le monde entier, afin que les hommes sachent et reconnaissent tous Dieu, et qu'ils acceptent tous le joug de Sa souveraineté, béni soit-Il.

152 – Nouer des liens avec Dieu

Mon nom est Abu-'Haled. Le livre *le Jardin de la foi* publié sur votre site m'a conduit vers vous. Les idées qui y sont développées sont géniales. Ce livre aide très simplement à tisser des liens personnels avec le Maître de tous les mondes. En tant que journaliste et musulman sunnite, je marche comme sur un fil. Cela ne me fait pas peur. Un homme qui craint le Ciel doit savoir prendre ses responsabilités face au monde et être courageux. Beaucoup ne cherchent qu'à détruire l'univers, alors que notre devoir est de le construire. Mais rares sont ceux qui le veulent vraiment. Votre message est universel, et je doute que vous compreniez votre potentiel. Cela n'est pas simple pour moi, mais je souhaite que nous ayons le courage de garder des liens entre nous, et de poursuivre ce dialogue.

(Lettre adressée à notre site en allemand.)

153 – Je suis rempli de foi et d'espoir

Voici une autre lettre. Celle-ci nous est parvenue d'Afrique du Sud :

J'ai 41 ans. J'ai été élevé dans la foi catholique et j'ai terminé des études de théologie chrétienne dans une faculté. Suite à quoi, je suis devenu prêtre, et ma fonction est de donner des cours de religion dans les écoles. Un jour, j'ai ressenti comme si j'avais deux visages. Je me suis détesté et depuis lors j'ai été incapable de continuer à transmettre des idées auxquelles je ne croyais plus moi-même. Je me suis alors lancé à la poursuite des plaisirs matériels, pour finalement me retrouver encore plus abattu, sans aucune joie de vivre. Il n'y a aucun bonheur authentique dans aucun plaisir. J'ai perdu mon argent, ma santé, et presque ma tête. À la fin, il ne me resta plus rien, sauf la possibilité de crier vers le Tout-Puissant.

Il m'a entendu et a eu pitié de moi en me dirigeant vers votre site en anglais. Je me suis tout d'abord jeté avec avidité sur toute la série du *Jardin de la foi*. Je ne trouve pas de mots pour décrire le génie et la simplicité de rav Chalom Arouch : il n'a pas son pareil dans le monde. Grâce à lui, je me suis rempli de foi et d'espoir, car je sais aujourd'hui que tout est pour le bien. Ce livre a permis qu'un homme d'Afrique du Sud reçoive un cadeau merveilleux : une nouvelle vie avec la sérénité intérieure. Je suis tenu de vous témoigner toute ma gratitude.

154 – Le vide de ma vie a disparu

Cher et honoré rav,

Je m'appelle Anna Benavides, je suis péruvienne et j'ai 25 ans. Je veux raconter au rav ce qui m'est arrivé le matin du premier jour de votre fête de *Hanouka*. Je tiens à souligner qu'il ne s'agit pas du fruit de mon imagination débridée ni du résultat de l'absorption de substances hallucinogènes. Vraiment pas. C'est une histoire absolument authentique que je voudrais faire partager à tout le peuple d'Israël, en l'honneur du Souverain du monde !

Quelques heures avant le premier jour de *Hanouka*, je fus grièvement blessée dans un accident de la route. Mon visage fut particulièrement touché. Je me retrouvai avec de terribles enflures, au point que je devins méconnaissable. Cet accident me plongea dans un profond désespoir. On peut dire, sans exagération, que le bouffon le plus grotesque au monde semblait plus beau que moi à cet instant. La peur de devoir rester ainsi pour toujours s'empara de moi.

Je me sentais impuissante et désemparée et – ce qui est le plus surprenant – c'est que jusqu'à cet affreux accident, je n'avais presque jamais été malade, tellement le Créateur avait toujours été miséricordieux avec moi. Cette nouvelle situation me laissa donc en état de choc. J'étais terrifiée chaque fois que je découvrais mon visage à mon insu, au détour d'une vitre ou d'un miroir. Une vraie épouvante !

C'est à cette terrible époque que m'est parvenu le prodigieux livre que j'ai commencé à étudier et qui devint peu à peu le guide de ma vie : le *Jardin de la foi*, en espagnol. Dans cet ouvrage, j'ai appris que rien n'est dans les mains de quiconque, ni dans celles des docteurs de toutes sortes, mais seulement dans celles du Miséricordieux – le Créateur béni soit-Il. Pourquoi dis-je cela ? Parce que cette vérité m'arriva au bon moment. Je n'ai rien à dire sur le médecin qui me traitait : il pouvait difficilement comprendre dans quel état je me trouvais, et c'est avec une terrible froideur qu'il susurra : « Mademoiselle, vu l'incident traumatique que votre visage a subi, on pourra – peut-être – voir l'amorce d'une amélioration dans cinq ou six mois... éventuellement ! » Il rédigea une ordonnance pour un anti-inflammatoire qui devait traiter les enflures, nommé *Seridasa*.

J'ai cherché ce remède dans trois pharmacies différentes, sans succès. En revenant à la maison, je me suis installée devant l'ordinateur et j'ai commencé à vérifier la nature de ce médicament si difficile à trouver. Je découvris une chose intéressante : *Seridasa* est préparé à partir d'une bactérie provenant des vers à soie, ce qui le rend impropre à la consommation par des juifs. J'ai donc décidé de ne pas utiliser ce remède, bien que je ne sois pas juive. Je saisis alors pourquoi le Maître du monde ne m'avait pas permis de le trouver. Le livre *le Jardin de la foi*, qui m'accompagnait partout, avait été écrit suivant la Torah des juifs. Comment aurais-je pu à présent ingurgiter quelque chose qui s'opposait à leur foi ?

Je me suis donc conduite selon l'orientation que le livre me suggérait, et en dépit des pronostics des médecins selon lesquels je ne pourrais pas recouvrer la santé avant de longs mois, j'ai tenté de méditer et d'approfondir ce qui m'arrivait. Que voulait de moi le Créateur du monde ? Quelle était la raison de cet accident ? J'ai pratiqué l'isolement en prières comme je l'ai appris dans ce livre avec la certitude que le message que je recevrais me serait facilement compréhensible. Tout compte fait, seul le Créateur me connaît vraiment. Il est le seul à savoir que je ne suis pas si « reluisante » comme j'aime le croire. Ainsi, grâce à ces périodes d'isolement, j'ai commencé à comprendre pourquoi tout ceci m'était arrivé... L'amour de soi exagéré, mon souci incessant de mon aspect extérieur, mon obsession de me regarder dans un miroir : c'était la raison ! Cela devait s'arrêter pour toujours. Je devais trouver le chemin de mon moi intérieur. *Le Jardin de la foi* m'a guidée pour me révéler qui j'étais vraiment.

Lorsque j'ai compris le message qui m'était envoyé, j'ai continué à m'isoler et j'ai demandé pardon au Créateur du monde pour mon incorrigible narcissisme. Je n'arrêtais pas de Le remercier pour Sa patience et Sa longanimité à mon égard. Après tout, Il avait attendu avec Son message jusqu'au moment où *le Jardin de la foi* me parviendrait, et que je commence à l'étudier. Et cela afin que je comprenne que ma guérison ne dépendait ni de médecins ni de quiconque, mais seulement du Médecin authentique et unique, le Seul qui se soucie vraiment de moi – le Créateur du monde ! Si tout cela s'était produit quelques mois plus tôt, avant d'avoir reçu ce livre, il est certain que je serais devenue folle à la seule pensée d'être dépendante de quelqu'un, d'un quelconque docteur humain dont la fonction serait de réparer mon visage.

Je ne dirai pas que j'ai commencé par danser de joie, comme celui qui possède une parfaite foi le ferait sans doute. Non, tout le temps, pendant les isolements, les prières, je n'arrêtais pas de pleurer, des fleuves de larmes. Tant de pleurs ! Par comparaison, le fleuve Amazone, ici en Amérique du Sud, était une petite rivière. Mais entre une larme et une autre, je remerciais le Créateur du monde de tout mon cœur pour tout ce qui m'arrivait. Je ne Lui demandais pas seulement la guérison, mais aussi l'humilité ! Et de me souvenir de cette leçon qu'Il me donnait, pour toute l'éternité !

C'est pourquoi toutes les nuits de la fête de *Hanouka*, j'ai remercié le Créateur et prié pour les miracles qui ont été opérés pour le peuple d'Israël et pour moi – pour ma guérison. J'ai beaucoup remercié le Souverain du monde pour tout. Et c'est alors arrivé : au bout de cinq jours, mon visage difforme est redevenu comme auparavant ! Je me souviens avoir douté que cela m'arrivât vraiment. C'était simplement incroyable : j'ai ressenti concrètement à ce moment de vérité que mon visage reprenait sa forme originelle, comme au début. C'était comme si les cinq derniers jours s'étaient condensés, à la manière de ces documentaires sur la nature où, en accéléré, on montre en quelques secondes la croissance d'une plante pendant un an. J'ai ressenti simplement comment les choses avaient bougé sous la peau de mon visage, comment mes points de suture se résorbaient et que tout reprenait sa place habituelle. Je me souviens avoir pensé à haute voix : « Cela arrive vraiment ! Cela m'arrive vraiment ! » Il est impossible de décrire par écrit ce que j'ai éprouvé en ces instants, car ce qui se passait – ce miracle – est inénarrable. Mon médecin traitant ne pouvait pas y croire : « C'est anormal, c'est simplement impossible, une restructuration totale de la peau. Dans votre situation, et dans le meilleur des cas, cela aurait dû prendre au moins cinq mois – pas cinq jours ! » me dit-il d'un ton à la fois incrédule et irrité par la tournure des événements qui défiaient les lois sacrées de la médecine, dans lesquelles il croyait tant ! À la fin, en se calmant un peu, il me dit que j'étais la jeune fille la plus chanceuse du monde – et pour cela il avait raison, car le Créateur du monde m'avait montré le plus clairement possible que ma chance ne dépendait de personne, mais seulement de Son pouvoir, béni soit-Il.

Je vous écris cette lettre parce que j'ai appris de votre fête de *Hanouka* que lorsqu'on vit un miracle on est tenu de le rendre public, de chanter des louanges au Créateur du monde et de Le remercier, Lui dont la compassion et la bonté sont si grandes qu'Il change même les lois de la nature pour une jeune fille inconnue au bout du monde, qui L'invoque en prières et en remerciements. C'est la raison pour laquelle je vous écris : afin que tous sachent – que le D.ieu d'Israël est vrai !

Aujourd'hui, D.ieu merci, je suis sur le point de terminer ma période de conversion. J'attends l'instant tant désiré où je recevrai un prénom juif.

Avec mes remerciements et mon infinie reconnaissance.

155 – Je mérite d'avoir une belle vie conjugale

Je suis musulman et j'habite dans un pays européen. J'ai souffert de dépressions, d'angoisses et d'explosions de colère, au point de lancer parfois des objets. Je devenais vraiment insupportable. Ma femme a tout essayé : psychothérapie, conseil conjugal, etc., rien ne pouvait m'aider. J'ai rencontré un jour quelqu'un qui m'a donné à lire *le Jardin de la foi*. Je l'ai avalé d'une seule traite. Cela a réellement transformé ma vie. Tout ce que j'avais essayé avant n'avait eu aucune influence sur moi, à la différence de ce livre. Depuis, je suis le droit chemin, ma vie a changé, je mérite d'avoir une belle vie conjugale. Le simple fait de tenir ce livre entre les mains me donne le calme et la sérénité.

156 – Le livre qui m'a sauvé du suicide

Le traducteur du *Jardin de la foi* en allemand raconte qu'un habitant de Vienne, en Autriche, lui a rapporté cette histoire :

Au début de novembre 2009, Robert Enke, 32 ans, gardien de but de l'équipe de football d'Allemagne, capitaine du groupe de Hanovre 96, ancien gardien de but de l'équipe de Barcelone, lança sa voiture sur les rails du chemin de fer au moment où le train passait. À l'époque, son suicide causa une profonde stupéfaction en Allemagne.

L'homme de Vienne, qui vint me rendre visite, avait un très bon ami qui était lui aussi gardien de but dans l'équipe d'Enke et un de ses plus grands admirateurs. Ce suicide le déstabilisa complètement. Il devint dépressif, perdit le goût de vivre et ne souhaitait qu'une chose : mettre fin à ses jours, de la même manière, et au même endroit. De façon inattendue, l'homme qui me raconta cette histoire, avait découvert le *Jardin de la foi*, et sa vie s'était transformée du tout au tout. Il décida de le donner à lire à son ami, le footballeur. Quelques jours plus tard, ce dernier l'appela au téléphone et lui dit : « Sache que si je n'avais pas reçu ce livre cette nuit-là, j'aurais commis la chose la plus terrible qui soit. Et tu sais où j'aurais mis fin à mes jours ? Sur les mêmes rails que mon idole, Robert Enke. »

Il poursuivit en lui racontant qu'il avait déjà tout préparé, et que le matin même où il devait passer à l'action, il avait reçu le livre. Au début il ne voulut pas le prendre, mais finalement il accepta pour ne pas le vexer. Il pensait juste lui faire plaisir. Ce matin-là, il n'avait qu'un seul désir : se retrouver seul, sans sa femme, ni personne d'autre.

Il raconte : « J'ai pris le livre, puis je suis entré dans la voiture et je mis le cap vers ces rails où était mort le gardien de but que j'avais tant admiré. Et j'ai attendu qu'il fasse nuit noire. Comme je n'avais rien à faire, j'ai commencé la lecture de ce livre. Je lisais, je lisais, je fus littéralement pris par ce que je découvrais. Je l'ai vraiment avalé. Et au lieu de me suicider, je me suis "tué" à sa lecture. Je n'ai pas bougé avant de l'avoir fini. Pendant près de 24 heures, je n'ai pas cessé de lire, de lire. Sans boire ni manger, j'étais assis et je lisais. Quand j'ai lu la dernière phrase, je me suis dit : "C'est tout : il n'y a rien d'autre au monde, hormis Lui." Cela m'a donné une grande vitalité. Et je compris combien j'avais été stupide de vouloir perdre cette belle vie pour l'amour du football. Le monde est dirigé par le Tout-Puissant, et j'ai commencé à **Lui** parler. Depuis ce jour, ma vie s'est complètement transformée. Je suis revenu à la maison, j'ai demandé pardon à ma femme, et tout s'est arrangé de la meilleure manière qui soit. »

Tout ceci grâce à un livre.

157 – J'ai trouvé les réponses

Chalom,

Je tiens seulement à vous dire combien j'aime ce que vous enseignez. J'ai visité Israël pendant mes vacances et c'est dans une station d'autobus que j'ai acheté *le Jardin de la foi*. Ce livre est incroyable.

Chacun qui me voyait tenir ce livre m'assurait qu'il était très spécial. J'étais venue en Israël afin de trouver des réponses. Sans ce livre, je n'aurais rien trouvé.

J'ai commandé les CD sur le site *Breslav Israël* et je les ai presque tous écoutés. Je suis avide de la sagesse divine qui s'en dégage. Ses mots me tranquillisent, dans la région en guerre où je suis en ce moment. Grâce à eux, je suis en paix avec moi-même, mais je souhaite obtenir encore d'autres CD.

Je me trouve en Irak dans le camp de Bouka, mais le mois prochain je compte revenir chez moi, à El Paso, au Texas.

Je demande au Tout-Puissant qu'Il oriente ma vie et me guide. Merci de m'aider à me connecter à Dieu béni soit-Il. C'est vraiment extraordinaire.

Sergente April Tasmar, armée Américaine, Irak

158 – Je commence à trouver la sérénité

Chalom,

J'ai découvert votre site ainsi que vos livres et les CD sur la foi. Après avoir entendu le premier CD du rav Broida (traducteur des livres en anglais), j'ai été convaincu, et j'ai commandé encore 30 autres CD, et les livres *le Jardin de la foi, le Jardin du désir*, etc. Je suis aussi le cours hebdomadaire sur le site. Ces enseignements parlent particulièrement à mon cœur.

Voici mon problème : je ne suis pas juif. Au contraire, je suis un prêtre de l'Église Méthodiste unifiée à la retraite. En dépit de mes nombreuses années d'exercice et mes diplômes universitaires en théologie, je n'ai jamais entendu des choses aussi prodigieuses !

Je commence à trouver la sérénité, grâce à la connaissance que vous me transmettez.

Jeff Poster

Lynchburg, Tennessee, USA

159 – Dieu m'a fait un grand sourire

Je tiens à vous remercier pour tous les livres, les CD et les textes hebdomadaires publiés sur votre site.

Mon mari, qui a été élevé dans une famille juive réformée, décida d'abandonner complètement le judaïsme. Nous habitions dans un quartier religieux [des États-Unis], et il nous transplanta dans une région rurale où ne vivent que des non-juifs. J'avais un excellent travail dans un journal juif, que je dus quitter. Non seulement mon mari tourna le dos au judaïsme, mais il se corrompit tellement qu'on l'arrêta. Il fut jugé coupable et il ne fut libéré que sous caution. Mon judaïsme et celui de mes enfants couraient au désastre.

À une certaine époque, j'ai frisé le découragement. Deux de mes enfants servaient dans l'Armée américaine. L'un d'eux était en Irak. Un jour, j'ai décidé de me rendre dans le quartier religieux où nous avions habité autrefois. Tous ne parlaient que d'un livre extraordinaire intitulé *le Jardin de la foi*. Et aussi d'un autre, réservé aux hommes, du nom de *Jardin de la paix*.

Revenue à la maison, j'ai commandé ces deux livres, avec une série de vos CD. C'est alors que j'ai commencé à regarder chaque jour votre site *Breslev Israël*. Je me suis inscrite pour recevoir vos mises à jour et vos feuillets. Quelles vitamines ! La joie de vivre m'est revenue. Je me suis reconnectée à mon âme. J'ai ressuscité !

J'ai compris que le Saint béni soit-Il me faisait un cadeau – ici au village. J'ai commencé à m'isoler près des étangs et des forêts. Je suis devenue un nouvel être, rempli de joie. Mes enfants revinrent de l'armée sains et saufs !

Un jour, mon mari s'est approché de moi et me dit qu'il en avait assez de cette vie vide. Il acceptait de lire *le Jardin de la foi* et *le Jardin de la paix* – j'en eus presque une crise cardiaque ! Le monde s'arrêtait ! Je repris mes sens et ressentis que Dieu m'adressait un large sourire. Des larmes de joie ont coulé de mes yeux, sans fin.

Il y a quelques semaines, nous avons eu un repas de Chabbat en famille. Les *Tefillin* et les *Tsitsit* ont réapparu. Nous avons jeté tout ce qui n'était pas cachère. Mon mari ne quitte jamais son MP3 et écoute toute la journée des CD.

Le monde est assoiffé de vérité et affamé de nourritures spirituelles. Dieu béni soit-Il se sert de vous pour faire revenir des foules vers la voie de la vérité. Vous êtes la lumière au sein de l'obscurité.

Merci ! Recevez tous mes sentiments de gratitude du plus profond du cœur !

160 – Les prières du Hallel

Voici une autre lettre provenant de notre site en allemand, écrite par Mahmoud D. d'Allemagne :

Chalom à mon *Rav*,

Ma famille est originaire de Jérusalem, mais je suis né et j'ai grandi en Allemagne, car à la création de l'État d'Israël, mes parents ont fui pour se réfugier à Aman en Jordanie. J'ai 38 ans, et depuis trois mois déjà, je ressens un lien très fort avec le judaïsme. Le livre que vous avez écrit m'a remué les tripes. Je le lis chaque jour. Je regarde aussi et écoute les prières du *Hallel* filmées et retransmises sur votre site[1]. Je suis toujours très heureux de les voir !

---

[1] Dans notre *Yéchiva*, à *Roch 'Hodech*, *'Hol HaMoed* et *'Hannuka* nous dansons et chantons pendant toute la prière du *Hallel*, durant une heure ou deux, et nous retransmettons notre joie au reste du monde.

J'ignore comment l'expliquer, mais je me sens très proche de la religion juive. Ce qui me plaît surtout est votre joie authentique et votre amour sincère pour le Créateur du monde et pour tous les hommes.

Cher rav Chalom Arouch, merci. Vous me donnez beaucoup de force, une force que je n'ai jamais eue.

Je ne comprends pas comment ma vie s'est transformée ainsi.

161 – Un contrat honoré

Chalom Rav,

Après l'Armée, j'ai étudié dans un séminaire de Tsoar et depuis je me suis renforcée dans le judaïsme. Les années ont passé et l'empreinte du séminaire s'est un peu effacée. J'ai voyagé aux USA pour travailler dans la vente. Le livre *le Jardin de la foi* m'accompagnait partout. Je le lisais même entre deux clients. Au bout de six mois, mon visa expira et je dus quitter les États-Unis, pour pouvoir renouveler mon permis de séjour. Je suis donc revenu sur la Terre sainte en projetant d'y rester un mois. Dans l'intervalle, j'ai travaillé comme serveuse. À cette époque ma sœur, qui habitait aux USA, signa pour moi un contrat dans un grand centre commercial. Un emploi de rêve qui pouvait m'assurer des revenus de dizaines de milliers de dollars en un temps très limité.

Pendant les trois petits mois d'attente en Israël, je me suis rapproché davantage du judaïsme. Sans cesse je retournais dans ma tête ce que j'avais appris dans *le Jardin de la foi* : à savoir que notre subsistance provient du Ciel. Pourquoi donc devrais-je voyager jusqu'aux USA pour cela ? De plus pour un tel travail, et dans une ambiance américaine où seul compte la recherche du gain !

J'ai alors dit au Saint béni soit-Il : « On va conclure ensemble un contrat : je reste ici sur la Terre d'Israël et je me rapproche de Toi, et de Ton côté Tu m'enlèves mon appétit de l'argent. » J'ai tenu parole et de Son côté le Saint béni soit-Il m'a guéri de mes rêves de m'enrichir aux États-Unis. J'ai eu le mérite de fonder un foyer basé sur la Torah, de donner naissance à une enfant adorable, et même de diriger un centre voué à rapprocher les juifs du judaïsme, et qui organise des conférences et des ateliers pratiques dans ce but.

162 – « Le livre avec le chapeau »

Le fils de rav Mazouz me raconta que lors d'une visite en France, il dut se rendre au Ministère des Affaires étrangères, et il y vit mon livre. Il me dit : « C'est le livre avec le chapeau. » Je lui répondis : « Il doit s'agir du *Jardin de la sagesse* en français. » (On voit sur la couverture une photo de chapeaux.) Il poursuivit en me disant qu'un musulman arriva avec sa femme, qui était écrivaine. Celle-ci vit le livre : elle s'assit et commença sa lecture pendant que son mari allait d'un bureau à un autre. Elle lut et continua à lire pendant au moins une demi-heure, jusqu'à la fin des rendez-vous de son mari.

Bien entendu, elle voulut le livre. On lui dit : « On a plusieurs livres de ce style, prenez-le. » Elle nous a envoyé un message par courriel. Elle écrit : « Maintenant que j'ai lu ce livre, je comprends pourquoi les juifs sont sages et très intelligents, et pourquoi ils sont cultivés. À présent je sais. » Rav Mazouz me dit : « Vous êtes assis ici, mais vous ignorez que vous avez sanctifié publiquement le Nom de Dieu en France. »

163 – Le vice-président ukrainien

Je me trouvais à un mariage de milliardaires qui venaient de s'installer sur la Terre sainte. Parmi les invités, se trouvait également le vice-président ukrainien. Quand il me vit, il fut aussi ému qu'un petit enfant. Il me dit : « Je lis vos livres ! Depuis des années je lis vos livres ! Je les cite ! Je les diffuse... » Il ajouta avec enthousiasme : « J'en ai déjà distribué une bonne quantité ! » Il était très ému. Il parle russe, bien entendu, et quelqu'un a servi d'interprète.

Comment la lumière de la foi se répand-elle et brille ? Vous ignorez ce qu'est la lumière de la foi ! Celui qui s'approche seulement de cette lumière change sa vie : son existence devient alors très belle, et il vit dans un paradis terrestre. C'est la lumière de rabbi Nahman de Breslev et de son disciple rabbi Nathan, que nous avons simplement traduit dans une langue accessible à notre génération. Toute la lumière de la foi, c'est la connaissance de rabbi Nahman de Breslev, comme nous l'étudions dans le livre de notre maître qui affirme que si nous avons la connaissance, il n'y a aucune souffrance ! Celui qui a la connaissance ne souffre pas ! Que manque-t-il donc au peuple d'Israël ? Seulement la connaissance !

164 – On pratique l'isolement

Dieu merci, nous avons des élèves qui reçoivent des questions du monde entier. Un Français non-juif raconte qu'il a reçu *le Jardin de la paix* en français, et que grâce à lui il s'est rapproché du judaïsme et a acheté tous mes livres. Cet homme nous interroge : « Dites-moi, êtes-vous sûr que ce livre a été écrit par un être humain ? » Même des non-juifs... ! Même des non-juifs qui étudient ce livre comprennent que ce livre est fabuleux ! Quel bonheur Dieu envoie dans ce livre, quelle générosité, c'est prodigieux !

Un prêtre d'Afrique du Sud qui s'est rapproché de la foi vint me rendre visite, avec sa femme, ses enfants et ses belles-filles. En tout, quatorze personnes. Bien sûr nous les avons accueillis le mieux qu'on a pu. Je leur ai parlé et leur ai donné un cours...

Ensuite ils m'ont demandé de les conduire vers un champ pour y pratiquer un isolement. Ils sont montés dans leur minibus et je les ai guidés avec ma voiture. Arrivé sur le lieu que j'avais choisi pour eux, j'ai dit au juif qui les accompagnait : « Ils vont probablement s'isoler pendant dix minutes, un quart d'heure. Raccompagne-les ensuite à l'hôtel. Je reste ici quelque temps. »

Vous savez quoi ? Pour ma part, j'ai parcouru le champ d'un bout à l'autre, mais eux se sont isolés pendant une heure et demie ! J'ai vu un enfant de huit ans qui se tenait debout et qui parlait. Chacun face à son arbre ! Et je les vois qui parlent ! Et moi qui pensais qu'ils allaient s'isoler pour dix minutes ou un quart d'heure... Une heure et demie ! Des enfants de dix ans ! J'ai dit : « Malheur à nous ! C'est une honte pour les juifs que des non-juifs pratiquent chaque jour une heure d'isolement dans la prière, alors que les juifs s'en abstiennent. »

C'est pourquoi chacun doit se renforcer en étudiant le livre *À travers champs et forêts* et apprendre à pratiquer une heure d'isolement quotidienne. Chaque jour parler à Dieu, chaque jour se repentir ! Car l'homme ne peut se corriger qu'avec l'isolement. L'homme ne peut se transformer sans travailler pour cela ! Même celui qui étudie la Torah ! Qu'il étudie la Torah autant qu'il le désire, mais s'il ne travaille pas sur lui-même, il ne se transformera pas !

165 – Voyage à Ouman

Un juif qui voulait aller à Ouman vint me rendre visite. Il me dit : « Écoutez, je voudrais partir à Ouman, mais il m'est interdit de quitter le pays. Et de plus je n'ai pas d'argent. » Je lui ai demandé : « Mais tu veux y aller ? »

– Je le veux.

– Va faire six heures d'isolement, et tu iras à Ouman !

– J'irai vraiment à Ouman ?

– Tu iras à Ouman ! Je te le promets, cent pour cent ! Pendant six heures il se tint face à Dieu, et Lui demanda :

« Maître du monde ! Donne-moi le mérite de faire Ta volonté ! Ta volonté est que j'aille à Ouman ! Le rabbi l'ordonne ! Le rabbi a dit : "Personne ne doit manquer !" Aie pitié de moi ! » Il le voulut et le désira pendant six heures. Il reçut de l'argent en cadeau, et on annula subitement son interdit de sortie du pays. Il voyagea et revint. Et il sourit avec nous.

C'est la vérité ! Tous les empêchements disparurent ! Et la réparation qu'il réussit à accomplir là-bas fut bien plus efficace que s'il était parti sans avoir effectué les six heures.

Lorsque l'homme se rend à Ouman avec des volontés et des désirs, c'est autre chose que s'il y arrive sans demande particulière, sans aucune exigence, ne serait-ce que par rapport à la récompense qu'il recevra, etc. Comment allait-on autrefois à Ouman ?... Je n'oublierai jamais le nombre de prières que j'ai dites pour cela ! Il est impossible de compter combien de prières furent nécessaires pour y parvenir. On ne pouvait pas alors entrer en Ukraine avec un passeport israélien, car les deux pays n'entretenaient aucune relation diplomatique. Combien de prières n'ai-je pas dites, et bien entendu à la fin, j'ai voyagé moi aussi.

Comme le dit un des Grands d'Israël : « Avec Dieu on peut traverser la mer Rouge, mais sans Lui on ne peut même pas franchir le seuil de sa porte ! »

Chacun doit bien le comprendre : s'il n'avait pas eu la foi authentique, il n'aurait jamais pu changer quoi que ce soit dans son dialogue avec Dieu béni soit-Il et dans ses simples paroles d'espoir. Car la prière peut tout opérer et changer la nature. Comme le Créateur est tout-puissant, celui qui s'adresse à Lui, béni soit-Il, est aussi tout-puissant. Et sachez que Dieu entend également la créature la plus petite et la pire qui soit. Il la voit, Il veille sur elle, Il recherche son bien et Il est toujours prêt à l'aider. Dès que la créature se tourne vers Lui avec la foi, dans le but de Le reconnaître et de Le connaître, avec ses mots et en toute simplicité, le Créateur peut exaucer toutes ses demandes et combler tout manque, quel qu'il soit. Car une simple prière dite avec une foi sincère peut amener, pour ainsi dire, le Créateur à satisfaire tous ses souhaits.

Rabbi Nathan de Breslev dit : « Partout où je vois un manque, c'est soit parce qu'on n'a pas prié pour cela, soit que la prière fut insuffisante pour combler le manque. L'explication est la suivante : dès que l'homme a réalisé que toute sa finalité consiste à reconnaître le Créateur et à Le connaître, chacune de ses prières va droit au but. C'est une loi spirituelle immuable, contrairement aux lois de la nature. Certaines choses requièrent un nombre défini de prières, et d'autres, un nombre différent, mais dans tous les cas la multiplication des prières peut susciter une réponse d'En-haut. »

166 – Comment sortir de la déprime

Quelqu'un m'a accosté : « Est-ce que je peux vous parler quelques minutes ? » Ce jour-là, j'étais très pressé, devant encore me rendre dans trois endroits différents, mais il me prit de côté, ajoutant que l'état de son père était très grave et qu'il était déprimé. On lui avait donné *le Jardin de la foi*. Il l'avait rangé dans sa bibliothèque, mais refusait de le lire.

Son père connaissait un autre juif, un homme très souriant. Il lui dit : « Écoute, je te vois rayonnant et heureux, et tu vois comme je suis déprimé... » L'autre lui répondit : « J'ai un livre que je ne quitte pas. » Il lui donna *le Jardin de la foi*. Le père se dit : « Si on me donne ce livre une seconde fois, c'est que je dois le lire. » Il lui avoua plus tard : « Avec ce livre, tu m'as sauvé la vie. »

167 – Sauvé par les CD

Rav Yossef Dan – puissent ses mérites lui accorder la longévité – un de mes élèves, qui diffuse la foi dans le monde entier, m'a rapporté l'histoire suivante. En arrivant au Canada, quelqu'un lui dit : « L'année dernière, vous étiez déjà venu ici, n'est-ce pas ? Vous souvenez-vous m'avoir donné des livres et quatre CD ? Sachez que vous avez sauvé quatre juifs de la mort ! »

Ce Canadien lui raconta qu'il était associé avec un autre juif dans une entreprise qui rapportait gros, et que cet homme décéda brusquement. Les quatre héritiers voulurent l'exclure de l'affaire en objectant que tout leur appartenait, et qu'il n'était pas leur associé, contrairement à la réalité. Il devint triste et nerveux. Toute la journée des idées de haine et de vengeance traversaient sa tête. C'est ainsi qu'il prit la décision d'engager des tueurs à gages (non-juifs !) pour s'en débarrasser. Il avoua à Yossef Dan : « Sache que je n'ai pas lu le livre, mais j'ai écouté les CD dans ma voiture jour et nuit. J'ai entendu des paroles de foi, j'ai compris que tout provient de Dieu et que tout est pour le bien. C'est grâce à cela que j'ai suivi la voie du remerciement et des louanges qui m'ont renforcé. Et j'ai fini par trouver un compromis avec les quatre héritiers. J'ai accepté de leur céder de grandes parts, et je suis heureux de mon sort. Sachez que vous avez sauvé la vie de quatre juifs avec ces quatre CD. »

168 – C'était déjà « après la mort »

Depuis que je donne des cours et que j'écris des livres, comme les *Diamants*, sur le remerciement, des juifs qui venaient autrefois me voir en pleurnichant sans fin me disent à présent : « Avez-vous remarqué que je ne viens plus chez vous ? Ma vie est devenue très belle ! J'ai commencé à remercier et tout a pris une nouvelle tournure ! »

Je donnais un cours à Afoula quand quelqu'un dans l'assistance m'a interpellé : « Honoré Rav, je suis obligé de vous raconter quelque chose. » Il expliqua qu'il était déjà arrivé au stade d'« après la mort » lorsqu'il découvrit le CD *Cesse de pleurnicher*. Il me dit ensuite la même phrase que j'entends et réentends chaque fois de nouveau... chaque jour de la part de gens différents et si nombreux : « Vous avez sauvé ma vie ! » Régulièrement, nous entendons ces mots sur un ton différent, chaque jour, de nouveau.

169 – Vous avez changé ma vie

Il y a quelque temps, par un effet de la bonté divine, j'ai fait un grand voyage autour du monde. J'ai visité cinq pays, et dans chacun d'entre eux, j'ai donné chaque jour une conférence dans un lieu différent. Des gens sont venus de partout, et ont rempli des salles ! Ils sont venus pour écouter les cours, ils ont pris des CD, ils ont pris des livres ! À l'accueil du public, chacun me disait : « Vous avez changé ma vie ! » Chacun dans sa langue : en espagnol, en anglais, en français ! Sachez qu'on peut aujourd'hui faire venir la délivrance définitive en dépit du libre arbitre !

Des gens qui ne me connaissaient pas viennent lorsque je reçois le public et me disent : « J'effectue chaque jour une heure d'isolement ! », « Je fais six heures une fois par semaine ! » Aujourd'hui un juif est venu me dire qu'il faisait presque chaque jour un isolement de six heures ! Il a trouvé le livre et a commencé à l'étudier. Il était prêt à raconter son histoire, mais avant d'expliquer son problème, voici quelques bases fondamentales afin de mieux comprendre :

Dans le monde entier, depuis des milliers d'années, tout le peuple d'Israël répète : « C'est pourquoi nous espérons en Toi, Éternel, notre Dieu, pour voir bientôt l'éclat de Ta puissance éliminer les abominations de la Terre et anéantir les idoles, afin de parfaire le monde par le règne du Tout-Puissant. Tous les humains invoqueront Ton Nom, tous les impies de la terre reviendront vers Toi, tous les habitants de la terre Te reconnaîtront et sauront qui Tu es... » Depuis des milliers d'années, le peuple d'Israël espère en Dieu.

Quiconque tente de rapprocher des gens les rapproche facilement ! Pourquoi ? Parce que les prières de milliers d'années de tout le peuple d'Israël s'y associent. Car cela fait des milliers d'années que le peuple d'Israël espère en Dieu, depuis que la foi fut révélée dans le monde afin que chacun reconnaisse le Créateur du monde. C'est pourquoi même des non-juifs viennent écouter des cours, même des non-juifs étudient les livres.

Celui qui octroie la connaissance à l'homme m'a fait comprendre la vérité. Le peuple d'Israël implore depuis des milliers d'années : « Fais vite surgir le descendant de David Ton serviteur ! » Qui est le descendant du roi David ? C'est le pouvoir de la prière et de l'isolement ! Qu'est-ce que le vrai Messie ? Il viendra enseigner au monde comment prier, comment parler à Dieu ! Notre maître Nahman de Breslev a dit : « Ma seule préoccupation, c'est la prière ! »

Sachez que peu importe qui parle, quiconque parle sera entendu par les gens qui se rapprocheront, car – aussi anciennes que le peuple juif – une infinité de prières nous accompagnent. Quiconque rapproche les gens les rapproche facilement ! Que personne ne pense que cela provient de son propre pouvoir ! C'est le pouvoir des prières et des supplications de milliers d'années formulées par le peuple d'Israël, pour que la foi soit révélée dans le monde ! Aujourd'hui nous voyons des myriades de gens venir témoigner comment Dieu les a rapprochés.

Chaque homme et chaque femme, chaque garçon et chaque fille, sanctifiera dix minutes chaque jour par des prières pour le peuple d'Israël ! Sur quoi devons-nous prier ? Que les livres, la série des *Diamants* et les CD parviennent à tout le peuple d'Israël. Que les livres *le Jardin de la foi universel*, *le Jardin des louanges*, tous les *Diamants*, les CD, et ce livre de récits véridiques *J'ai dit Merci et j'ai été sauvé* soient tous diffusés dans le monde entier.

J'ai déjà vu de mes propres yeux, non pas un millier, ni des milliers, mais des dizaines de milliers de non-juifs qui pratiquent déjà une heure d'isolement.

170 – L'enlèvement de Mexico

À Mexico, un phénomène se répand qui consiste à pratiquer des enlèvements pour toucher une rançon. On enlève, par exemple, le fils d'un homme riche, et ce dernier n'est libéré que lorsqu'une rançon a été payée. Bien entendu, on maltraite, frappe et injurie le séquestré afin d'accélérer le paiement. Voici le témoignage d'un jeune homme qui fut enlevé. Par désespoir, il décida de mettre fin à sa vie – que Dieu ait pitié de nous ! Il se réfugia sous un lit et là, il découvrit qu'on avait écrit le nom de Dieu. Il raconte comment il se sentit envahi de force, de joie et d'une volonté de vivre, simplement pour avoir vu le nom de Dieu, écrit vraisemblablement par un juif, après avoir été lui aussi capturé et maltraité.

Finalement le jeune homme qui s'était réfugié sous le lit fut libéré. Il chercha sur Internet, et c'est comme cela qu'il trouva notre site et parvint au *Jardin de la foi*. Il commença bien sûr à croire en Dieu, à Lui parler et à Le remercier. Il comprit que la seule raison de tout ce qu'il avait vécu était qu'il se rapproche de la foi. Il vint au cours pour me remercier. C'est une des histoires qui montrent comment Dieu rapproche le monde ! Il veut rapprocher le monde ! On voit que la volonté divine est que la foi se diffuse dans le monde !

Voici quelques histoires reçues sur notre site *Breslev Israël* :

171 – De petits mots

« *Chalom Rav,*

« Le Créateur du monde m'a offert trois cadeaux, trois précieuses âmes : Avigaël, Odaya et Chirel.

« Mais un jour, cela arriva : après ces trois accouchements, je me suis sentie tout à coup déprimée et sans joie. C'est avec peine que je réussissais à lever la tête et à parler. Je me faisais l'impression d'être quelqu'un qui escalade un mur lisse pour parvenir au ciel. C'est avec grand mal que j'arrivais à fonctionner, que ce soit à la maison ou avec les enfants : j'étais tout simplement incapable de faire quoi que ce soit. Lorsque mon mari revenait du travail, j'entrais dans ma chambre jusqu'au moment où il mettait les filles au lit. C'est seulement après que j'en sortais.

« La dépression et les pleurs me dominaient mentalement et physiquement. J'avais des douleurs à la poitrine et les pensées que je ruminais n'étaient pas tellement réjouissantes. Mon mari me poussa à m'adresser au médecin de famille pour lui demander conseil. À la première rencontre, celle-ci me dit que tout allait bien et que j'étais seulement stressée : "Cela arrive à beaucoup de gens, pas uniquement à vous !" Elle me prescrivit une ordonnance pour des tranquillisants que je pris à contrecœur. C'est ainsi que je suis sortie de chez elle. Je ne suis pas du genre à ingurgiter des pilules pour un rien, et je n'ai jamais eu besoin de prendre des médicaments, Dieu merci, mais mon mari et les enfants souffraient de mon état, et moi avec eux.

« Après trois mois, la descente en flèche atteignit un point dramatique. Cette fois je dus m'adresser à un psychiatre.

« Lorsque mon tour est arrivé, je suis entrée dans une pièce où était assise une psychiatre qui me posa toutes sortes de questions. Je lui dis : "Mon âme est prisonnière à l'intérieur d'un corps qui agit à son gré. Mon âme est joyeuse et veut être joyeuse, mais mon corps refuse." C'est ainsi que j'ai tenté de lui expliquer mes états d'âme, mais il me sembla qu'elle ne me comprenait pas du tout, car quel rapport y avait-il entre elle et la spiritualité ?... En la quittant, j'avais aussi reçu une ordonnance : "Essaie cela", m'avait-elle dit. J'ai essayé. Était-ce un remède énergique ? Pas tellement. Je suis donc retournée chez elle. Elle me donna un nouveau traitement : "Essaie ceux-là." Je servais de cobaye...

« Cette fois-ci, j'ai pris l'ordonnance, mais je n'ai pas acheté les comprimés. Je savais que je vivais quelque chose d'autre, à la fois très profond et très sublime. Un grand cri devait sortir de mon être vers le Créateur du monde. J'ai donc crié vers Lui de toutes mes forces, je Lui ai demandé Son aide, qu'Il me montre quel était le problème, qu'Il me dirige vers celui qui pourrait vraiment faire quelque chose pour moi, qu'Il me dise comment on traite véritablement ce genre de difficultés. À peine avais-je crié vers Dieu que j'étais déjà sauvée. Et grâce au mérite de ce cri, le Créateur du monde me dirigea vers une étagère de livres, et le premier qui me tomba sous la main était *le Jardin des louanges*.

« Dans l'un des chapitres, le rav parle d'un CD – *Cesse de pleurnicher* – qui a transformé la vie de nombre de gens. "Je dois acheter ce CD, je dois savoir ce qu'il contient..." Je venais juste de prendre cette décision quand une amie me téléphona : "J'ai commandé des CD de rav Chalom Arouch pour l'élévation de l'âme de mes parents. Veux-tu m'aider à les diffuser ?" J'ai bien sûr donné mon accord.

C'est ainsi que les CD sont arrivés chez moi, et parmi eux, *Cesse de pleurnicher*.

« J'ai écouté le CD avec une grande attention. Le rav explique que dans notre génération l'âme est exilée, ce qui provoque toutes sortes de problèmes psychiques, comme la haine, la peur, la dépression, la jalousie, etc. Et celui qui veut guérir doit en finir avec son ingratitude et remercier pour tout – tant pour le bien que pour le mal. En vérité au début je n'étais pas d'accord avec ces propos, mais j'ai compris que je devais laisser de côté mon intellect, comme il est dit dans le CD. Après tout, je n'avais vu aucun changement avec ma manière de faire, et il convenait d'essayer de dire seulement un mot. De quel mot s'agit-il ? J'ai commencé à remercier pour tout : "Merci" pour la maison sens dessus dessous ; "Merci" d'être écœurée par le désordre ; "Merci" pour la vaisselle ; "Merci" pour les crises de nerfs et la dépression... Et afin de ne pas être menteuse, "Merci" pour le fait que je ne crois pas tellement en tous ces remerciements que je prononce – mais le rav a dit que si je voulais obtenir le salut... Après deux semaines de "Merci" le jour, la nuit, et même dans mes rêves, une chose étonnante s'est produite : j'ai commencé à voir la vérité.

« La vérité est que j'ai réussi à remercier réellement pour la chose qui me tient le plus à cœur : la vaisselle. Car si on a de la vaisselle, on a de quoi manger. Et si on a de quoi manger, on a de l'argent. Et si on a de l'argent, on a du travail. Sur le désordre aussi, car si la maison est désordonnée, cela veut dire que quelqu'un crée ce désordre, les enfants, et les enfants c'est la joie, n'est-ce pas ? "Merci" pour les fleurs, "Merci" pour le ciel, "Merci" pour la Terre, "Merci" pour les amis, "Merci" pour les molécules et les microbes, pour tout ce que je vois et ce que je ne vois pas... Une journée pareille m'a sorti de l'exil spirituel où j'étais plongée.

« Rav Chalom Arouch est parvenu à ce que personne d'autre n'avait réussi : il m'a sauvé. Il m'a donné des outils pour vivre. Ce n'est pas pour rien qu'on dit qu'être joyeux est un grand commandement, car la joie est comme une paire de lunettes spéciales grâce auxquelles on voit les choses de la vie sous un bon angle et positivement. La joie génère aussi la vie. Je ne le dis pas hors de propos, parce qu'un grand miracle s'est alors produit : j'ai eu le mérite d'être à nouveau enceinte et notre premier fils est né. On lui a donné le nom de Sagia-Chalom. Sagia signifie "grand" en araméen, et Chalom, d'après le nom de rav Chalom Arouch.

« Depuis et jusqu'à présent, je ne laisse passer aucun jour sans remercier le Créateur du monde pour tout le bien dont Il nous gratifie, et en particulier pour la rencontre (par l'intermédiaire des livres et des CD) de rav Chalom Arouch, qui a changé notre vie, et grâce à qui nous sommes devenus une famille joyeuse et souriante. Puisse le Créateur le bénir ainsi que sa famille, et qu'il reçoive une abondance de bénédictions par le mérite de faire dire à tous ce petit mot – mais en même temps géant et très puissant – "Merci !" »

172 – La seule adresse

« Honoré Rav, je tiens à vous dire : "Merci".

« J'habite New York, je suis marié et père de deux enfants fantastiques. Comme j'ai appris qu'on doit tout d'abord dire « Merci », c'est ce que je fais. En novembre dernier, rav Chalom Arouch, rav Eliezer Raphaël Broida et l'équipe de *Breslev Israël* sont arrivés aux États-Unis, et depuis, ma vie s'est transformée. Pour le bien, bien entendu. Merci beaucoup, Rav, car vos CD ont changé notre vie. C'est la raison pour laquelle nous avons compris que cela serait pour nous un grand mérite de diffuser vos CD qui ont sauvé notre vie, notre famille et celle de nos amis, etc., et cela afin d'aider ceux qui souffrent. Comment le sais-je ? Parce que je les connais de près. Il n'est pas question d'une ou de deux personnes : un très grand nombre de gens ont besoin de vos prodigieuses paroles et de vos merveilleux conseils.

« Merci ! »

« Voici mon histoire :

Il y a cinq mois, j'ai été traité pour des problèmes vocaux. Je me suis adressé à la thérapeute qui avait soigné mon fils atteint de difficultés alimentaires. Son travail avec mon fils avait été prodigieux, et je me suis dit : pourquoi ne pas essayer moi aussi ? C'était une femme d'une soixantaine d'années, divorcée, et qui avait autrefois respecté la Torah et les commandements, bien que ses enfants aient épousé des non-juifs. J'ai découvert que c'était une personne très joyeuse. Un jour, au milieu des soins, elle commença à me raconter plusieurs épisodes de sa vie qui lui pesaient et qu'elle tentait de surmonter : principalement le mariage de ses enfants. De plus, sa situation financière était précaire, car à son âge elle devait se contenter d'un salaire modique – quarante-cinq dollars de l'heure – en dépit de son expérience, de son ancienneté et de ses réussites dans son domaine. Malgré les conseils qu'elle avait reçus des rabbins de la région, elle restait insatisfaite, en particulier parce qu'elle ne voyait aucun changement ni amélioration.

« Je lui ai donné le CD qui avait transformé ma vie, *La seule adresse* de rav Chalom Arouch. "Écoutez-le, vous découvrirez une manière prodigieuse de traiter tous les problèmes, et vous verrez de bons résultats. Mais avant tout, demandez de l'aide et une orientation à Celui dont tout dépend : le Créateur du monde. Demandez-Lui tout. Et seulement à Lui." »

« Elle me regarda comme si j'étais devenu fou.

"Ne demandez qu'à Lui, ai-je insisté. Racontez-Lui ce que vous ressentez, et quels sont vos besoins avec vos propres mots. Il est le seul à pouvoir nous aider." »

« "En vérité, dit-elle tout en me regardant d'un air bizarre, je n'ai jamais entendu de tels propos d'aucun rav que j'ai consulté... Ils me disent toujours qu'il y a un remède pour telle situation et un autre pour telle autre..." »

« Je lui répondis : "Même s'ils avaient raison, oubliez tout cela ! Allez de l'avant ! Demandez seulement au Créateur du monde et avec vos mots, toute la journée – lorsque vous conduisez, à la maison et partout où vous vous sentez à l'aise – tout ce dont vous avez besoin." »

« Elle continua à me regarder : "Bien ! Je suis prête à essayer." »

« Une semaine après, lors de notre rendez-vous suivant, elle me dit que son équipe devait rencontrer la semaine prochaine plusieurs grands patrons sur leur lieu de travail. "Vous savez, j'ai agi selon votre conseil : chaque jour j'ai parlé avec le Créateur du monde et je Lui ai demandé une augmentation de salaire. La semaine prochaine, je pense leur soumettre ma demande. Quel est votre avis ?"

« "Non, ne leur demandez rien. Continuez à prier et à demander au Créateur du monde qu'il augmente votre salaire. Vous verrez, vous serez étonnée !"

« À notre rencontre suivante, une semaine plus tard, elle fut très heureuse de me voir (je ne savais déjà plus qui traitait qui...). "Vous ne croirez pas ce qui s'est passé !" Ses yeux brillaient de joie. "Lorsque je suis entrée dans la salle de réunion, je ne cessais de penser à mon salaire. Je me suis dit qu'il n'y avait rien à faire, sinon demander une augmentation. Mais avant de prononcer un seul mot, mon patron me regarda et me dit : On augmente votre salaire, 70 dollars de l'heure, sans compter les bonus ! Je ne savais pas quoi dire. Bien sûr, j'ai murmuré un remerciement. Nous avons parlé de différentes choses, et je suis partie. Réalisez-vous le miracle que le Créateur du monde a opéré pour moi ?"

« Bien entendu, j'ai compris que la prière personnelle, comme le conseille rav Chalom Arouch selon les enseignements de rabbi Nahman de Breslev, est le réceptacle le plus grand dont l'homme dispose pour recevoir tout ce dont il a besoin. À la condition, bien sûr, qu'on veuille le lui donner du Ciel, si c'est pour son bien.

« J'étais très heureux pour elle, et nous avons parlé ensemble de l'importance incroyable de la prière personnelle et des remerciements au Créateur du monde. Et à quel point de telles activités provoquent le déplacement de toutes les pièces de l'échiquier. Elle ne cessa de me remercier pour le CD qui avait changé sa vie, et elle avait le projet de le diffuser pour aider d'autres gens. Je me suis senti prodigieusement puissant. Quelle formidable sensation que celle de soutenir autrui, ce qui ne peut être ressenti que si on l'aide de tout son cœur et qu'on lui renforce la foi !

« Suite à cette histoire, ma femme et moi nous nous sommes beaucoup renforcés, et nous continuons à diffuser cette douce et prodigieuse foi en tout lieu. Recevez notre sincère reconnaissance, *Breslev Israël* ! J'espère que la lecture de cette lettre vous réjouira. J'aimerais que vous la publiiez sur le site afin d'encourager le plus grand nombre !

« Merci à vous, cher *Breslev Israël*, pour avoir permis à ma femme et moi d'être partie prenante de votre formidable entreprise de diffusion. Il n'existe pas de bénédiction plus grande que celle-là dans le monde. »

173 – Vous ne me posséderez pas !

Voici une autre histoire publiée sur le site :

« Nous fêtons cette semaine l'anniversaire de mon mari, puisse Dieu lui donner une longue vie. Depuis que nous sommes revenus à la pratique religieuse, il n'en fait pas une grande affaire. Après la naissance de nos enfants, nous avons transformé notre manière de fêter ce jour : au lieu de recevoir des cadeaux, nous en donnons. Malgré tout, j'ai ressenti le besoin de lui faire plaisir en lui offrant un petit présent.

« Je me suis donc armée de courage et je me suis préparée à une action que je n'avais pas entreprise depuis belle lurette : je me suis dirigée vers le centre commercial afin de choisir pour mon mari une paire de pantalons élégants pour le Chabbat.

« J'avais à peine dépassé la guérite du gardien que je compris que je venais de commettre une erreur fatale. Mais je ne pouvais plus faire demi-tour : j'étais déjà à l'intérieur, et de plus avec un bébé... J'ai donc continué sur ma lancée, en tremblant de tout mon être, en direction du rayon des costumes.

« Des lumières scintillaient de partout, des marques aux couleurs provocatrices m'appelaient. Des publicités alléchantes, des réclames séduisantes : toute une foule de gens se pressait, les yeux hypnotisés et avides, avec l'espoir de concrétiser un rêve ou deux et d'en finir avec des frustrations éternelles qui minent la santé – et avec lesquelles nous avons déjà appris à vivre. J'ai avalé ma salive et posé des œillères imaginaires de part et d'autre de mes yeux, comme on fait aux chevaux qu'on conduit dans une grande ville, afin d'éviter qu'ils ne s'affolent par tout le remue-ménage d'alentour. Je tentais de me concentrer vers mon but : trouver le magasin qui réponde à mes attentes et sortir le plus vite possible de cet endroit.

« Mes malheureux efforts furent très rapidement voués à l'échec. À travers les vitres transparentes de l'ascenseur, je compris que j'allais succomber à toutes ces tentations. Trois magasins au moins – sans rapport avec le pantalon de mon mari – m'attiraient particulièrement. Je me fixai alors un temps : juste une demi-heure ! Mais la grande surface eut raison de moi et cela n'alla vraiment pas comme je l'avais espéré. Très vite je me suis oubliée ainsi que le rendez-vous qui m'attendait, et j'ai commencé à me laisser séduire par les centaines d'articles qui m'entouraient. Je ne pouvais m'empêcher de les palper, de les toucher, de les saisir. "Tu es venue ici pour me prendre", me susurrait un manteau rose avec un dessin de *Hello Kitty* sur le dos. "Je suis tellement beau ! Ta fille t'aimera pour toujours si tu le lui achètes." Sous les lumières, ses couleurs brillaient d'un éclat agressif. Je me suis dit : "C'est sûr qu'on ne peut pas vivre sans un pareil manteau. Comment pourrais-je refuser à ma fille quelque chose d'aussi joli ? Ce serait vraiment de la folie de ne pas le lui acheter..." Très vite je fus envoûtée par la magie de toutes ces parures qui m'entouraient avec leur *Hello Kitty* et *Princesse Rose*.

« Mon cœur se serra subitement. Une sensation d'étouffement me saisit. Il était certain que je ne pouvais pas acquérir pour ma fille tous ces articles plus charmants et gracieux les uns que les autres. "Quelle mauvaise mère je suis ! Le monde n'est-il pas cruel ? Quel malheur de m'être égarée dans un lieu pareil, malheur à moi..."

« Les *Hello Kitty* et les *Princesses Rose* me parurent soudain brouillées comme vues à travers des larmes. Ils me confirmèrent ce que je ressentais : "Tu es vraiment malheureuse... Mais nous pouvons faire en sorte que tu te sentes mieux, à la seule condition que tu nous achètes. Tous tes problèmes se résoudront dès que tu nous présenteras à la caisse. Tu te sentiras beaucoup mieux et ta vie se transformera aussitôt. Tu verras combien tu en profiteras ! Ne pense pas à l'argent, c'est de la bêtise. L'argent, ça va et ça vient. Tu trouveras bien un moyen pour régler tes achats, mais le bonheur que tu éprouveras grâce à nous sera incomparable. Nous allons te valoriser, toi et tes enfants, et on vous appréciera davantage à cause de nous. Pense à la joie de tes filles lorsqu'elles nous verront. Nous allons améliorer votre vie et vous ajouter gaieté et plaisir..." Les articles continuaient à me promettre monts et merveilles, et je commençais à me sentir à bout de souffle.

« Mon niveau spirituel se dégradait à vue d'œil, et c'est alors que j'ai agi comme je le fais toujours lorsque je me sens particulièrement faible : je me suis adressée à mon Père céleste en priant : "Mon Père, aie pitié de moi, mon Père, aide-moi !" Au milieu de l'avalanche de promesses de *Kitty* et des *Princesses,* je ne réussis qu'à exprimer ces quelques mots. Et comme toujours, lorsque je Lui demande une bouée de sauvetage, Il m'envoie du Ciel l'expression de Sa grande miséricorde, et les noirs nuages commencèrent à se disperser, et la vérité jaillit comme un doux rayon de soleil.

« "Mon Père céleste, Merci !" Je me souvins tout à coup du mot destiné à améliorer ma situation : "Merci !" "Merci pour mon mari, avec lequel j'ai mérité de vivre encore une autre année dans la santé et le bonheur. Merci pour mes doux enfants qui me réjouissent infiniment. Merci pour le toit, merci pour la nourriture, merci pour la famille, merci pour les amis, merci pour la santé et pour tout ce dont Tu nous gratifies dans Ta grande bonté et comme un don gratuit..." Soudain je réussis à respirer profondément. *Hello Kitty* et les *Princesses roses* redevinrent de simples manteaux pendus aux cintres d'une grande surface. Je m'étais prouvée à moi-même que je disposais d'une abondance de biens dans ma vie et que je n'avais besoin de rien, sauf d'un cadeau pour mon mari...

« J'ai continué à murmurer d'autres remerciements et louanges en direction de la sortie du centre commercial. Mon cœur recommença alors à battre comme d'habitude tandis que l'air remplissait mes poumons.

« Finalement, le pantalon que j'avais acheté se révéla trop large et je dus retourner pour l'échanger. Mais cette fois, je me munis de mon arme chargée et prête à riposter : tirer un grand "Merci" sur chaque réclame et chaque annonce (1 plus 1) qui jalonneraient mon parcours. Toutes s'écroulèrent, dépouillées de leur faux brillant, comme des illusions perdues.

« Je sais maintenant que je ne pourrai jamais répondre aux aspirations de mon âme avec un manteau de *Hello Kitty* ni avec tous les autres articles, plus alléchants les uns que les autres. Je remercie le Créateur du monde de m'avoir dévoilé les secrets et les instruments pour changer le regard que je porte sur les choses, pour voir le monde d'une manière positive, et réaliser que tout est vraiment seulement pour le bien. »

Cette histoire est porteuse d'une grande morale : en se réjouissant et en remerciant pour tout, on n'a rien à perdre.

174 – Bonjour à la foi

Voici ce que nous écrit l'un de nos élèves de New York :

Lors d'un bilan régulier chez mon médecin, ce dernier me demanda comment j'allais.

« Très mal ! » ai-je répondu. « Je me sens à la fois sans forces et avachi, et aussi complètement bouleversé, comme si m'enveloppaient des tonnes de tristesse. Je n'arrive pas à me concentrer et même la plus légère tâche me demande des efforts inouïs. »

« Tu souffres de dépression », me dit-il, et il me donna une ordonnance pour du *Prozak*.

Ce diagnostic ne m'étonna point. À cette même époque, j'avais été licencié d'un emploi qui me plaisait. Je travaillais alors pour l'une des plus grandes compagnies des États-Unis. J'étais directeur adjoint du département de ventes pour six États. La société pour laquelle je travaillais fusionna avec un très important groupe international. Vous savez comment cela se passe : un jour dix mille employés reçoivent un avis qui leur signifie, avec des mots aimables, la fin de leur contrat. Et j'étais parmi eux.

J'avais déjà vu l'information accrochée au tableau, dans l'entreprise. Des bruits circulaient depuis plusieurs semaines, mais l'impression que cela était imminent ne m'avait pas effleuré. C'est alors que je reçus un coup de téléphone du vice-président régional qui m'annonça personnellement mon licenciement. Et moi qui espérais vaguement que cela n'arriverait peut-être pas... ! J'avais la charge de ma femme et nos six enfants. Dieu merci, les indemnités nous aidèrent un peu, mais cela ne dura que quelques semaines. Je me mis alors à chercher un boulot à temps complet. La crise économique atteignait des proportions encore inconnues : partout où je me présentais, on me disait que les sociétés n'embauchaient pas des directeurs de vente avec vingt ans d'expérience. Le budget leur manquait. Les portes se fermaient. J'acceptais des rendez-vous dans l'espoir que quelque chose de positif en sortirait. Je savais que cela ne serait pas facile, que beaucoup d'épreuves m'attendaient, et que des difficultés et des efforts sans nombre allaient paver ma route dans un futur proche.

De plus, je devais combattre ma dépression. Des vagues de découragement me submergeaient : c'était comme si chacune d'elles voulait me noyer. Lorsque le médecin de famille me donna cette ordonnance de *Prozak*, je n'ai pas acheté les comprimés. J'ai pensé que ce n'était qu'un généraliste et que j'avais besoin d'un spécialiste. Je me suis adressé à un psychiatre que je connaissais. Dans la salle d'attente, je me suis retrouvé assis au milieu d'autres personnes aussi égarées que moi. Finalement mon tour arriva.

« Entendez-vous des voix ? Les médias vous disent-ils ce que vous devez faire ? » Ces questions – tellement habituelles pour lui – me parurent fort bizarres. Je lui racontai mes symptômes et mes inquiétudes pour les mensualités de notre crédit immobilier et de mes responsabilités envers nos six enfants. Le diagnostic fut bien entendu la dépression, et lui aussi me donna une ordonnance... de *Prozak*.

Le *Prozak* m'aida à affronter la dépression et à mieux fonctionner. Mais ces comprimés me donnaient l'impression d'être enfermé dans une cabine téléphonique invisible. Entre mon moi sous *Prozak* et mon moi authentique, il y avait comme une fine cloison. C'était tellement effrayant que j'ai arrêté d'en prendre. Néanmoins ma femme ne pouvait plus supporter ma tristesse, mes soudaines colères et tous les autres symptômes qui accompagnent une dépression. Je me suis retrouvé ainsi dans un dilemme continuel : prendre ou ne pas prendre du *Prozak*...

Je finis par trouver du travail avec un bon salaire, mais je continuais à être déprimé et à dépendre de ces comprimés. Un de mes amis me donna alors *le Jardin de la foi* de rav Chalom Arouch.

C'est seulement après sa troisième lecture que toutes ses lumières commencèrent à briller très fortement.

Avant, je pensais avoir la foi : bien sûr je croyais dans le Créateur du monde. Mais après cette troisième lecture, je découvris que je n'avais jamais réellement *cru* auparavant. Je vois maintenant le monde avec d'autres yeux : Dieu est Tout-Puissant, rien d'autre n'existe hormis Lui ! À présent je comprends que la moindre chose dans ma vie dépend de la Providence divine. Et tout ce que Dieu fait, Il le fait pour le bien de mon âme, même si l'admettre n'est pas très agréable. Toute action de Dieu est effectuée sous un contrôle tellement minutieux ! C'est comme un costume qu'un tailleur aurait conçu sur mesure, pour vous exclusivement ! Et tout cela pour qu'il puisse vous guider à corriger votre âme. Personne ne peut m'aider ou m'agresser à moins que Dieu ne l'ait décidé.

Finalement j'ai découvert quelle était la racine de ma dépression : je manquais de foi et je ne disais pas « Merci » !

J'étais déprimé parce que je voulais dominer dans ce monde, tout entier fait d'illusions, de jeux et qui s'appuie sur notre imaginaire. Ce livre m'a permis de faire la connaissance d'une nouvelle réalité, un lieu où il est possible de lier l'intellect aux sentiments, et de comprendre que seul Dieu domine – ni moi, ni la compagnie qui me licencia et ni mon nouvel employeur.

C'est seulement maintenant que j'ai compris que c'est Dieu qui était, qui est et qui sera à l'origine de toute action. J'ai compris que Dieu est la source et la cause de tout, et que toute situation – de stress ou de douleur – n'est qu'une épreuve de la foi. J'ai commencé à ne me focaliser que sur le soutien de Dieu, et j'ai arrêté le *Prozak*. Ce dernier remède ne peut agir que sur les symptômes, alors que *le Jardin de la foi* m'aide à traiter la racine du problème – la foi. Grâce à ma nouvelle connaissance de la foi et ma nouvelle habitude de parler avec Dieu avec mes propres mots (l'isolement, comme l'appelle rabbi Nahman de Breslev), j'ai définitivement arrêté le *Prozak*. Cela fait déjà trois ans, et la dépression n'est jamais revenue ! Je sais que je fais partie de ces plusieurs milliers de personnes qui ont échangé les médications pour la foi.

Je vous remercie beaucoup, cher rabbi Chalom Arouch, pour le livre incroyable que vous avez écrit (et vous aussi, rav Eliezer Refael Broida pour sa traduction en anglais, ma langue maternelle). Et bien entendu un spécial « Merci » d'amour au Créateur du monde, béni soit-Il, la Cause et la Source de tout !

175 – Le voleur qui effaça la dette

Voici une autre histoire du site :

Selon les statistiques de la Police israélienne, toutes les trois minutes un appartement est l'objet d'une effraction. A priori, quand on entre dans ces calculs, on devient une unité perdue parmi des milliers de cas semblables. Vous êtes devenu une statistique, et alors ? Allez au commissariat, les policiers tenteront de vous aider, bien qu'ils semblent se conduire un peu machinalement, comme des robots, d'une façon pas toujours agréable : « Ah, un cambriolage... oui, qu'est-ce qu'on vous a volé ? Bon, essayez de détailler... » Ils rentrent des données dans leur ordinateur. Tout est bureaucratique et en même temps irréel.

Dans tout ce désordre, je suis là, un petit être humain, auquel on a fracturé l'appartement au milieu de la journée, sans crier gare. Je me trouve maintenant contre mon gré dans les statistiques, à la fin du dernier paragraphe. Une sourde colère m'envahit à cause de cette absence de considération – une effraction d'un autre type...

Dans la plupart des cas, quand d'autres personnes se mêlent de votre traumatisme, on vous assure que vous n'êtes pas le seul. Ce qu'on vous dit fait partie également, sans doute, de ces statistiques agaçantes. « On y passe tous, au moins une fois dans sa vie » (on ne veut pas davantage). Cela m'est donc aussi arrivé. Voici ce que je peux dire à ce sujet :

Ils ont fracturé notre appartement, qui fut mis sens dessus dessous. Ils ont détruit et volé nos biens. Ils ont pris des choses qui ne leur appartenaient pas. Le premier choc fut accompagné d'un sentiment d'étouffement, une panique provoquant une envie incessante de vomir. Vomir cette répugnante intrusion dont vous êtes la victime. Vous errez ainsi dans le monde, éperdu, comme un somnambule pendant quelques jours, tant votre conscience refuse de croire qu'on a pénétré dans votre appartement, dans votre intimité, qu'on s'est infiltré presque dans votre âme. Vous refusez d'accepter qu'un étranger (ce voleur) soit entré dans votre domaine privé et vous ait volé. Cela remet en question votre confiance, votre sentiment de sécurité. Si on tirait le tapis de dessous vos pieds et que la terre tremblait, vous ne seriez pas plus bouleversé. Pour décrire avec justesse une telle expérience, on peut l'assimiler à une secousse émotionnelle, un choc profond.

Comment faire face au cambriolage de son appartement ? Avec des peurs et des angoisses ? Pas du tout ! Pour un homme croyant, la foi et la confiance en Dieu, Créateur du monde prouvent à ce moment-là leur supériorité. Sans elles, non seulement j'aurais été complètement déboussolée, mais de plus j'aurais sombré dans l'affolement, et nourri des pensées négatives. Après le choc, j'ai tenté de me consoler et de me calmer afin de comprendre ce qui s'était passé, et pourquoi cela m'arrivait précisément.

Dieu merci, nous sommes des gens croyants, et c'est en tant que tel que je me suis plongée dans nos textes pour approfondir ce sujet. J'ai ouvert le *Sefer HaMidot* (Livre des caractères) de rabbi Nahman de Breslev à la rubrique *Vol*. Il y est écrit que ce n'est pas sans raison que l'on fracture votre appartement. Cela vient souvent parce qu'on possède des objets futiles, superflus, et il donne d'autres détails alarmants. Je me suis aidée de notre cher rav, rav Chalom Arouch et surtout de son livre *le Jardin de la foi* et des importants principes qui y sont enseignés : Premièrement – Dieu le veut ainsi. Deuxièmement – Tout est pour le bien. Troisièmement – Un message m'est adressé personnellement parce que tout provient de la Providence particulière du Créateur, et qu'il n'y a pas de souffrances sans fautes. J'ai décidé d'analyser mes actions tout en ne perdant pas de vue que tout est pour le bien, que le Créateur est miséricordieux, et qu'il faut voir en toute chose Son immense compassion. Au cours de mes recherches, j'ai découvert un trésor perdu et sans prix : le diamant de la couronne, la moitié pleine du verre. J'ai simplement choisi de considérer la situation dans une optique positive. J'ai décidé de voir cette effraction avec les lunettes de la foi, et les réponses ne tardèrent pas.

Qu'ai-je trouvé dans la moitié pleine du verre ? D'abord, toute colère était absente : je ne ressentais plus aucune amertume. Je n'ai vu que le bien. Cela pourrait sembler bizarre pour qui n'a pas la foi et n'éprouve aucune confiance dans le Créateur. Ce qu'on nous avait volé avait bien entendu été acquis en suant sang et eau, avec des pleurs et beaucoup de prières. Tous nos efforts se tiennent à présent à nos côtés dans ces moments aussi difficiles.

De plus, je n'ai accusé personne, car Dieu l'avait voulu ainsi – attitude prodigieuse en elle-même. Au lieu de tendre un doigt accusateur, j'ai vu la compassion divine exprimée sous plusieurs facettes : d'abord cela s'est produit au milieu de la journée et non la nuit. J'ai été sauvée de la vision traumatisante d'une silhouette coiffée d'un bas et errant dans la maison. Deuxièmement, si cela avait eu lieu la nuit et que soudain un membre de la famille s'était réveillé, que se serait-il alors passé ? Je préfère ne pas penser à cette rencontre, ou à ce qui aurait pu se produire par la suite, si les voleurs étaient armés. Troisièmement, ma sœur avait insisté pour que je reste chez elle à cette heure où il semble que l'effraction ait eu lieu. Imaginez ce qui aurait pu se passer si j'étais malgré tout rentrée à la maison, que j'avais ouvert la porte et... je ne veux pas penser à cela. Le voleur est sorti de chez moi avec tout l'or et l'argent qui étaient en notre possession, y compris ma bague d'alliance.

Quelques jours auparavant, la Providence particulière m'avait fait écrire dans mon journal, au bas d'une page, une expression que rav Chalom Arouch lui-même employa lors de l'un de ses derniers cours : « Dieu fait le bien et récolte de l'homme Son dû. Il lui fait du bien, puis prend de lui Son dû ! » Dieu a pris mon bien, qui était devenu ma dette envers Lui. Il donne, puis Il reprend. Le rav utilisa cette phrase à la suite du décès de rav Yaacov Yossef : pourquoi Dieu a-t-Il pris le Juste ? Mais moi je me sers de cette expression pour expliquer ma situation : Dieu me fit du bien en me donnant des joyaux, puis Il les reprit, afin de payer ma dette envers Lui. Allez savoir quelle était cette dette ! Dieu merci, cette dette pouvait être réglée en argent, et non – Dieu nous en préserve – en nature, avec le corps ou l'âme. Il faut toujours se réjouir et remercier le Créateur lorsqu'une expiation s'effectue par le biais de l'argent.

Il est impossible de savoir et de comprendre les calculs divins : pourquoi cela s'est produit et dans quel but... Je ne suis pas une Juste, je ne possède pas non plus l'inspiration sainte pour pouvoir répondre à de telles questions. Mais je choisis de croire simplement et honnêtement, en essayant de me convaincre que tout est pour mon bien, et que tout provient de la Providence particulière.

Rav Chalom Arouch dit qu'il faut toujours raconter quelque chose au Créateur du monde afin de Le réjouir. Le Saint béni soit-Il est Un : « Merci » à Toi pour le voleur et pour l'effacement de mes dettes. C'est une expiation extraordinaire, sans pareille, et nous ignorons jusqu'à quel point la compassion du Créateur du monde est infinie !

176 – En dépit de toute attente

Chalom,

Je me souviens qu'à mon réveil j'étais très faible, et encore sous l'influence de la morphine. Ma femme me dit que j'avais été victime d'un accident de la route : j'étais resté sans connaissance pendant trois semaines. Je me trouvais maintenant à l'hôpital, et tout allait s'arranger.

Je pensais : « Il est évident qu'elle se trompe, je dois rêver... »

Au cours des mois suivants, après mon réveil, j'ai tenté de réunir le plus possible de pièces du puzzle de l'accident et d'essayer de les assembler. Au début, parce que j'étais encore inconscient, je fus incapable de reconstituer mon histoire, mais on me raconta que ce jour-là – sur ma moto en route vers l'université – une voiture est arrivée à une vitesse foudroyante et elle m'envoya dans les airs. On m'assura que j'avais volé à la hauteur de trois étages ! Le conducteur était sorti de son véhicule, m'avait regardé et remontant dans sa voiture, avait aussitôt quitté les lieux. Personne n'eut le temps de noter son numéro d'immatriculation et on ne l'a jamais revu. Le jour de Kippour après l'accident, je lui ai pardonné de tout mon cœur.

Personne ne me donnait aucune chance de survie, et tous pensaient que ma fin approchait, tout au plus quelques jours, et c'est tout. Pour comprendre ce diagnostic, il faut savoir les conséquences de cet accident : toutes mes côtes droites, et certaines à gauche, furent brisées, mes poumons perforés et donc hors d'usage, et on dut introduire un tuyau qui traversait chacun d'eux pour ôter le sang et les liquides qui y stagnaient. Mon bassin avait été brisé, tout comme ma clavicule, mes épaules et trois de mes vertèbres. On plaça une sonde dans ma tête afin d'évacuer le sang qui s'y accumulait. De plus j'attrapai un dangereux microbe qui provoqua une infection généralisée tout le temps de mon hospitalisation.

Dieu me sauva et me guérit de tout !

Après cinq mois d'hospitalisation dans deux hôpitaux différents et dans un institut de réadaptation, lorsque je suis revenu à la maison, tout me faisait mal. Et pourtant un enfant est né un an et demi plus tard. Deux ans après je terminais les études que j'avais entreprises avant l'accident, et je reçus même un diplôme. Et Dieu merci, j'ai commencé à travailler à temps complet comme thérapeute, pour être à l'écoute des gens. Mais quelle a été vraiment ma plus grande aide pour reprendre une vie normale ?

La prière, la charité et l'acception avec amour de la volonté de Dieu.

À cette époque, je n'avais pas entendu parler de rav Chalom Arouch ni de ses livres, que je n'ai connus que quatre ans après mon accident. Je ne savais pas encore le secret du remerciement et des louanges, comme il le décrit avec force détails dans ses livres et en particulier dans *le Jardin des louanges*. Toujours est-il que j'ai accepté avec une parfaite foi ce que Dieu me donna et fit de moi. Je ne me suis plaint qu'une seule fois, environ cinq mois après mon retour à la maison, parce que les douleurs étaient insupportables. Mais après m'être calmé et avoir prié de tout cœur – ce qui s'appelle isolement, comme je le sais maintenant – j'ai demandé pardon à mon Père céleste pour ne pas avoir accepté avec amour mes souffrances. En exprimant des remerciements et des louanges, on éprouve immédiatement une amélioration incroyable dans tous les domaines, spirituels et physiques.

Par la suite, après avoir atteint la vertu de la gratitude et en reconnaissant toutes ses qualités, j'ai commencé à voir véritablement mon accident comme la meilleure chose qui pouvait m'arriver – quitte à étonner le lecteur. Par exemple, l'accident me forgea une nouvelle conception de la patience : j'ai appris à mieux écouter, ce qui est primordial dans ma profession, à tel point que je pense être devenu un meilleur thérapeute.

Dieu m'éveilla et me permit de réfléchir sur ma mission et ma finalité dans la vie – pour le bien et le meilleur. Il a causé cet accident à une époque où tout allait bien pour moi. L'accident me poussa à réfléchir profondément, à évaluer de nouveau mes priorités, et à quels buts j'aspirais. Dieu me montra qu'Il dirige et qu'Il est responsable de tout, et que je dépends de Sa miséricorde dans l'absolu.

Maintenant j'aime beaucoup ma vie, et peu m'importe combien je souffre et ce que je dois affronter. J'aime la vie et tous les cadeaux qui l'accompagnent. J'aime Dieu. J'aime éveiller des questions intéressantes et profondes auprès des gens et leur enseigner la foi.

J'espère avoir éveillé également chez vous ce genre de questions.

177 – Le temps de dire « Merci »

Chalom et bénédictions,

Deux raisons m'ont poussé à étudier les livres de rabbi Nahman de Breslev : 1) La lecture du *Jardin des louanges* de rav Chalom Arouch qui a transformé ma vie ; 2) Le livre en anglais de rav Broida *Le sentier vers la tranquillité*. Ces deux ouvrages développent une vision des plus profondes sur la gratitude et le remerciement au Créateur du monde, et dont la mise en pratique est capable d'adoucir et d'annuler les jugements qui planent au-dessus de la tête de tout un chacun.

Dire « Merci » à Dieu est l'un des meilleurs moyens pour attirer à soi les bénédictions ! Le seul fait de dire « Merci » peut transformer l'existence en un paradis terrestre !

C'est drôle, parce que quand je regarde ma vie rétroactivement, je ne comprends pas comment j'ai pu traverser mes trente premières années sans dire « Merci » même pour la chose la plus simple. Vraiment pour rien du tout. Mais maintenant, « Merci beaucoup, Créateur du monde », je ne peux passer un seul jour sans Te remercier pour tout.

Il y a peu de temps, j'ai trouvé une douce et prodigieuse prière imprimée sur un petit carton, d'un format facile à mettre dans la poche ou dans un sac, afin de l'emporter partout. Cette prière a eu une très grande influence sur moi. Je suis très heureuse de la partager avec vous. N'hésitez pas à l'imprimer et à l'accrocher au mur, au réfrigérateur, et bien entendu à la faire connaître. La voici :

Merci beaucoup à Toi, Tout-Puissant, Souverain du monde, Créateur du monde !

Merci beaucoup à Toi pour tout le temps que Tu consacres à m'aider, Tu me soutiens, Tu me sauves, Tu m'encourages, Tu me guéris, Tu veilles sur moi et Tu me réjouis.

Merci beaucoup à Toi d'être à mes côtés partout où je suis.

Merci beaucoup à Toi, Créateur du monde, pour la force que Tu me donnes afin de réaliser Tes commandements, d'agir pour le bien et de prier.

Merci beaucoup à Toi pour la patience que Tu as témoignée à mon égard alors que je ne savais pas Te dire « Merci » en retour.

Merci beaucoup à Toi pour tous les précieux bienfaits remplis d'amour que Tu me prodigues à chaque instant.

Merci beaucoup à Toi pour chaque souffle d'air que je respire.

Merci beaucoup à Toi, Souverain du monde, pour tout ce que je possède. Merci beaucoup à Toi pour tout ce que je ne possède pas.

Merci beaucoup à Toi pour toutes mes difficultés.

Merci beaucoup à Toi, Maître du monde, pour toutes les difficultés et les écueils qui se dressent devant moi, pour les moments où je n'éprouve aucune joie. Car tout ce que Tu fais est pour mon bien éternel, même si je ne vois ni ne comprends que c'est pour le bien.

Au fond de mon cœur, je sais que tout ce qui provient de Toi est le mieux qui soit pour moi, car c'est programmé par la Providence prodigieuse et minutieuse, que Tu es seul, Souverain du monde, à pouvoir diriger.

Merci beaucoup à Toi pour les moments difficiles parce qu'ils me permettent de mieux apprécier les temps meilleurs, car c'est seulement après avoir connu l'obscurité que l'homme peut vraiment goûter la lumière.

Merci beaucoup à Toi pour la prodigieuse vie dont Tu me gratifies.

Merci beaucoup à Toi pour les moindres choses qui m'appartiennent, car tout provient de Toi, et de nul autre.

Merci beaucoup à Toi pour Ton écoute constante de mes prières.

Créateur du monde ! Je Te demande pardon du plus profond du cœur pour toutes les fois où je n'ai pas apprécié ce que Tu m'as donné, et qu'au lieu de Te remercier, je me suis plainte.

Je suis poussière et cendres, et Tu es infini.

S'il Te plaît, mon Père céleste, fais en sorte que je sois toujours proche de Toi, et ne me quitte jamais.

178 – Mon cahier de remerciements

Voici mon histoire :

Rav Chalom Arouch a écrit un livre incroyable sur les femmes – *la Sagesse des femmes*. Cela faisait longtemps que je n'étais pas tombée sur un livre aussi étonnant, d'autant qu'il me rappelle plusieurs époques de ma vie.

Un des conseils les plus importants et pratiques de cet ouvrage est la rédaction d'un cahier de remerciements. Rav Chalom Arouch explique longuement dans ses livres et dans ses articles le besoin fondamental de remercier et d'exprimer sa gratitude au Créateur du monde, non seulement pour l'abondance de bénédictions dont Il nous gratifie chaque jour, mais aussi – et essentiellement – pour toutes les difficultés dont nous souffrons.

Le problème est qu'il n'est pas toujours facile de remercier correctement pour des événements déplaisants ou qui nous sont pénibles, en particulier quand ils ne nous procurent que des souffrances et de l'affliction.

Personnellement, j'ai été pendant longtemps confrontée à cette difficulté. Comment pouvais-je dire vraiment « Merci beaucoup » à Dieu pour le fait que je n'arrivais pas à concevoir d'autres enfants ? Comment pouvais-je dire honnêtement « Merci beaucoup à Toi, Dieu » de me sentir si seule la plupart du temps ? Comment pourrais-je remercier lorsque s'accumulent des problèmes d'argent ? Et enfin, comment dire « Merci beaucoup à Toi, Dieu béni sois-Tu » quand on ressent que c'est la dernière chose que l'on puisse exprimer ?

Rav Chalom Arouch nous lance une bouée de secours. Il développe ce sujet dans un chapitre consacré au remerciement et aux louanges, en procédant par trois étapes : la première consiste à ne remercier Dieu que pour l'abondance et les bénédictions – sans évoquer ce qui nous fait souffrir.

C'est seulement après être parvenu à exprimer une authentique gratitude – lorsque nous reconnaissons toutes les choses fantastiques dont Dieu nous comble constamment – que l'on peut passer à l'étape ultérieure, qui consiste à remercier Dieu pour toutes les épreuves, pour tout ce qui est source de douleur et que nous devons affronter. Toutefois, on ne s'engagera dans cette deuxième étape que lorsqu'on aura cessé de s'apitoyer sur soi-même – même légèrement. Si on craint, pour une raison ou pour une autre, d'être tenté par cette attitude, il faudra continuer à remercier Dieu sans aborder les sujets délicats et douloureux.

On pourra alors passer à la troisième étape, qui consiste à demander à Dieu qu'Il nous montre la raison pour laquelle nous avons été soumis à cette épreuve. Et cela afin de tenter de nous repentir, et de corriger ce qui requiert une correction. Mais seulement si nous sommes certains de ne pas retomber au niveau de la récrimination : « Il n'y a pas plus malheureuse que moi. »

Pourquoi ? Parce que toute prière dictée par ce syndrome, non seulement n'est pas exaucée, mais peut provoquer des dommages (car elle est issue du côté de la Rigueur, etc.), Dieu nous en garde.

J'ai tenté de suivre ce parcours des trois étapes susmentionnées. Et en toute honnêteté, je tiens à dire que cela m'a permis de sortir de la routine dans laquelle j'étais enlisée. Au bout de plusieurs semaines, j'arrivais à consacrer mon heure d'isolement uniquement au travail du remerciement et des louanges à Dieu, sans mentionner aucun sujet épineux avec lequel je me mesurais.

De plus, rav Chalom Arouch rapporte que l'une de ses élèves avait entrepris d'écrire tous ses remerciements sur un cahier. Trouvant l'idée géniale, il conseilla à tous ceux qui le consultaient d'en faire autant. J'ai donc commencé mon cahier depuis plusieurs semaines. Et ce fut vraiment une prodigieuse délivrance !

Cela eut pour effet que j'ai pu prendre du recul. En méditant et en écrivant sur un cahier tout ce que j'ai reçu de Dieu – que ce soit pour ma santé, pour celle de mon mari, de mes enfants, pour habiter sur la Terre d'Israël, pour le travail de mon mari, pour la subsistance –, j'ai pu réaliser tout ce que je Lui devais. « Merci Dieu » : désormais, je ne travaille plus depuis le soleil levant jusqu'à épuisement...

Toutes ces bénédictions écrites sur papier facilitent ma prise de conscience. Combien de bénédictions ! Le cahier en est rempli ! Quand resurgit la menace de « Il n'y a pas plus malheureuse que moi », je lui montre aussitôt le cahier et passe en revue toutes mes bénédictions. Je le prends aussi avec moi lors de mon heure d'isolement, afin de les « intérioriser » comme il le faut pour mieux remercier Dieu – et pour rester de bonne humeur !

Peu de temps après, Dieu me montra d'autres nouvelles raisons de Le remercier : « Merci à Toi, Dieu » pour la prodigieuse paix qui règne dans mon foyer, « Merci à Toi, Dieu » pour la qualité du temps passé avec ma famille, mon mari et nos enfants. « Merci à Toi, Dieu » pour la liberté que j'ai de me laisser guider par mon cœur, et de ne pas suivre comme une aveugle ce que tout le monde fait ou pense. « Merci beaucoup Dieu » pour le temps libre que Tu me donnes pour me rendre dans les lieux saints, comme la tombe de notre Matriarche Ra'hel, le Tombeau des Patriarches, le Kotel, etc.

Incroyable.

Mais après plusieurs semaines passées à couvrir les pages de mon cahier, Dieu me propulsa à l'étape suivante. Je commençai alors à chercher les raisons de remercier Dieu pour les choses difficiles et douloureuses.

J'ai écrit : « Merci, Dieu, d'avoir mis fin à mon activité il y a deux ans. » J'ai trouvé alors huit ou neuf raisons – suffisamment bonnes – pour adresser des remerciements au Créateur à ce sujet, afin de montrer clairement la justesse de ce qui se produisit :

1) Cela m'a permis de commencer à parler avec Dieu.

2) Cela m'a guéri d'être esclave de mon travail.

3) J'ai trouvé davantage de temps pour m'occuper de mon mari et de nos enfants.

4) Cela a amélioré la paix dans mon foyer d'une façon incroyable.

5) Cela a diminué considérablement mon niveau de pression et d'angoisse.

6) J'ai pu commencer à m'occuper de cuisine, à soigner mon jardin, et d'autres choses que je ne trouvais pas le temps de faire auparavant.

7) Cela me donna le temps de réfléchir sur ce que je fais réellement de ma vie.

8) Cela m'aida à me repentir vraiment.

J'espère que vous avec compris l'idée.

Tout doucement, je me suis remémoré toutes les épreuves dites « négatives » en découvrant dans chacune des aspects très positifs. Cela m'amena à comprendre de façon incroyable que toutes les situations auxquelles je m'étais mesurée n'étaient toutes réellement dirigées que vers le bien. Cela m'aida à dire tout simplement « Merci, Dieu », pour chacune d'entre elles.

Dieu merci, j'éprouve désormais tellement de joie ! Cela me permet d'affronter les situations les plus complexes, qui – jusqu'à une période pas tellement lointaine – nourrissaient la fameuse récrimination de « Il n'y a pas plus malheureuse que moi. »

Le dernier mois, en vérité, j'ai éprouvé plusieurs heures de « tristesse » (si on totalise aussi les minutes), mais je me suis armée de nouveau de mon cahier de remerciements et de mon heure d'isolement. Et Dieu m'aida à chasser le sentiment de misère qui cherchait à s'infiltrer en moi.

Si vous voulez vraiment voir des changements positifs dans votre vie – même si les causes extérieures et visibles vous apparaissent insurmontables –, investissez quelques pièces de monnaie dans l'achat d'un cahier et commencez à écrire... « Merci » ! Ne cessez pas de dire « Merci, Dieu ». Je vous le dis de ma propre expérience.

179 – Sourire sans arrêt

Voici une histoire publiée sur notre site :

Mon histoire a débuté il y a cinq ans. J'étais alors l'un des responsables du Conseil régional d'une des villes du nord du pays. Marié et père de trois enfants, nous habitions une villa luxueuse située dans une banlieue tranquille. Notre prêt immobilier était de quatre mille shekels par mois, mais nous n'avions aucun problème de ce côté-là : mon salaire était élevé et je disposais également d'autres ressources. Ma femme faisait grandir tranquillement nos enfants, et tout allait pour le mieux dans le meilleur des mondes.

C'est alors qu'un nouveau directeur est arrivé à mon travail, qui commença à conspirer contre moi, bien que je fusse un excellent employé. Comme aucun de mes efforts pour l'apaiser ne réussit, j'essayais de l'éviter, mais sans succès. Lorsqu'il décida que je n'étais pas adapté à son équipe, je me suis adressé à notre supérieur hiérarchique, qui savait l'excellence de mon travail, mais celui-ci préféra couvrir le nouveau directeur qu'il avait nommé.

Je me sentis victime d'une injustice. J'ai donc prié le Saint béni soit-Il. Je me suis tourné vers les Justes afin d'essayer d'adoucir le mauvais décret, mais cela ne servit à rien. Deux mois après, je fus licencié de mon emploi avec des dédommagements, et ce fut la fin. À trente ans, je me retrouvais sans gagne-pain. Ma femme était enceinte d'un quatrième enfant et elle ne pouvait m'aider en aucune façon à faire bouillir la marmite. Nous décidâmes de limiter nos dépenses, mais le plus gros handicap était le prêt immobilier, car il est impossible de raconter des histoires aux banques qui ne connaissent que les chiffres.

Je me suis adressé à l'Agence nationale pour l'emploi pour recevoir des indemnités de chômage et retrouver un emploi. Je ne mentionnerai pas leurs propositions, devant respecter les professionnels quels qu'ils soient, mais comment peut-on proposer à un employé compétent un travail destiné à un soldat démobilisé sans aucune qualification ?

Après quelques mois je commençais vraiment à chercher du travail. Je fouillais les petites annonces des journaux, mais en vain. Tous préféraient embaucher de plus jeunes que moi.

C'est à ce moment qu'est née notre fille. En raison de notre situation pécuniaire, ma plus grande joie fut d'être dispensé des dépenses occasionnées par une circoncision (le repas, etc.). « La joie des pauvres » !...

Les indemnités de chômage ne pouvaient pas couvrir toutes nos dépenses, loin de là, sans parler du prêt immobilier. J'ai emprunté de l'argent à mes parents, puis à mes frères. Nous avons projeté de vendre notre villa pour acheter un appartement plus petit. Cette idée faisait beaucoup souffrir ma femme, mais nous n'avions pas d'autre choix. Le pire de tout était la perte de toute confiance en soi. Après avoir reçu pendant une année complète des indemnités de chômage, je me sentais comme un homme sans valeur. Je me levais tard le matin pour la prière et gâchais le temps qui me restait à parcourir les petites annonces. Parfois, comme je ne pouvais plus rester à la maison, je me rendais dans un café pour lire les journaux. Mes connaissances me regardaient avec pitié : autrefois j'avais été un employé compétent et expérimenté, et en l'espace d'une année j'étais devenu un pauvre type qui remuait misérablement son café jusqu'aux dernières heures de la matinée au lieu de remuer ciel et terre. J'essayais de faire bonne mine à ceux que je connaissais, mais mon sourire était tordu. Plus tard pour fuir les regards, j'allais dans un café reculé, et ma situation allait de mal en pis.

Je tentai de me renforcer dans tout ce qui se rapportait à la crainte du Ciel. C'est alors que j'ai lu *le Jardin de la foi*. Ce livre m'insuffla des forces et m'aida à tenir bon, mais la dure réalité ne manquait jamais de me rappeler à elle. Un an s'était déjà écoulé, et je n'avais toujours pas réussi à me reconvertir. J'étais sur le point de vendre la maison où j'avais tellement investi. La paix de mon ménage en souffrait. Je me voyais redevenir célibataire, sans femme ni enfants. Ceux-ci ressentaient la crise, et leur joie de vivre en fût très touchée. Je tentai de tenir bon pour eux, mais je n'y parvenais pas. Le sentiment atroce de ne rien réussir, et de ne plus rien valoir se développa en moi, sans aucune pitié.

Bien entendu je n'étais pas sans cesse triste, car il est impossible de vivre ainsi constamment. Parfois je réussissais à me réjouir un peu : ma fille me souriait de temps à autre, sans parler des choses futiles qui me distrayaient de ma situation.

Je commençai à prêter attention à quelque chose de très intéressant : chaque fois que j'étais joyeux – peu importe la raison – à cause du sourire d'un enfant, d'une boutade ou d'une chanson, j'avais l'impression que mon cerveau s'agrandissait et que je fonctionnais beaucoup mieux.

Dans cette situation désespérée, la moindre étincelle de vie était bienvenue et appréciable. Même vider la poubelle avec célérité était pour moi un exploit ! Chaque fois que l'amère réalité prenait le dessus, et qu'elle me plongeait dans la dépression, je n'avais aucune autre envie que de disparaître sous les couvertures. Je me sentais complètement perdu, et je n'avais plus aucun espoir d'immerger de cette fange.

C'est précisément dans cette existence humiliante que j'ai commencé à prêter attention aux ascensions et aux retombées de la joie, pour finalement comprendre une chose très simple : la tristesse est la mort, alors que la joie, c'est la vie. Peu importe les raisons de la tristesse et celles de la joie : l'essence même de la tristesse étrangle l'âme jusqu'à un état de mort authentique. À la différence de la joie, qui entraîne l'homme à agir et à sortir de la boue.

J'étais très conscient de ma tristesse et de ses conséquences, comme de ma joie et de ce qu'elle apportait. Après un certain temps, alors que nous étions sur le point de vendre notre maison, je décidai très simplement : je dois être joyeux à tout prix ! Advienne que pourra ! Peu importe que je réussisse ou que j'échoue, mon destin consiste à me réjouir – seulement à me réjouir. « Seule la joie existe », assure rabbi Nahman de Breslev. Je pris la résolution de cesser de vouloir « réussir », mais de rechercher la joie, et d'en faire mon unique but, mon unique exploit !

Je commençai à écouter la musique que j'aime. Lorsque ma femme et les enfants n'étaient pas à la maison, je dansais seul, bien que cela puisse paraître étrange. L'essentiel était que cela me fasse plaisir ! J'avais remarqué que les bonnes plaisanteries influaient positivement sur moi. J'ai donc recherché des livres de blagues, dénuées de toute vulgarité. Ma femme se réjouit du changement qui s'amorçait en moi. Elle s'en réjouissait, mais elle ne pouvait pas en comprendre la raison : nous étions sur le point de vendre notre maison pour rembourser nos dettes.

Elle me demanda :

– Pourquoi te réjouis-tu ?

– Seule la joie existe ! Peu m'importe le passé, peu m'importe le futur. J'ai décidé de ne plus être triste.

– Mais on va bientôt nous chasser d'ici ! Tu n'es pas inquiet ?

– Ce n'est pas terrible. Une fois nos dettes payées, on pourra acheter une belle tente avec l'argent qui restera ! Vivre dans une tente, comme les Bédouins, a toujours été mon rêve. Le prêt immobilier pour l'achat d'une tente et les taxes corollaires sont très abordables...

Elle me regarda avec pitié, mais quand elle vit que je souriais vraiment – elle se joignit à moi. Un jour je reçus la visite d'un bon ami. Il avait l'habitude de venir pour me consoler de ma situation. Les autres avaient disparu. Il fut stupéfait de me voir tellement joyeux, car au lieu de pleurnicher sur mon état, je commençais à faire des projets sur ce que je pourrais faire dans la vie. Je lui dis alors : « Que penses-tu de l'idée d'ouvrir un hebdomadaire régional d'actualités ? »

Mon ami éclata de rire :

– Je croyais que tu étais naturellement gai, je ne pensais pas que tu avais bu quelque chose...

– Je ne plaisante pas : j'ai une réelle expérience en matière d'écriture et de mise en page.

Quand il vit que je ne m'associais pas à son humour, il éleva la voix et me dit :

– Sais-tu de quoi il s'agit ? Publier un journal, ce n'est pas seulement écrire des articles, c'est aussi convaincre des annonceurs de faire des publicités, établir une comptabilité minutieuse, tout cela nécessite une équipe solide d'employés.

– N'oublie pas que j'étais excellent au Conseil régional !

– C'est vrai, mais cela fait déjà plus d'un an que tu ne fais plus rien. Tu es fini. Distribuer des journaux dans les boîtes aux lettres te conviendrait mieux que de diriger un journal...

Ses paroles ne m'ont pas blessé et je commençais à approfondir sérieusement cette idée. Ma femme aussi fut enthousiasmée par ce projet, et quand elle vit que cela me rendait heureux, elle me laissa continuer. D'autres amis tentèrent de me décourager : « D'autres avant toi ont déjà essayé dans la région. Personne n'a jamais réussi. Pourquoi une telle ambition et jouer gros ? Remets-toi de ton échec ! Peut-être alors auras-tu l'idée de quelque chose de réalisable. »

Néanmoins personne ne réussit à me détourner de ce projet. À l'aide de cette joie que j'avais acquise et conservée avec obstination, les pensées commencèrent à affluer et je me mis à travailler dans cette direction. Je me suis souvenu que cela avait toujours été pour moi un grand rêve. Et c'est précisément au milieu des profondeurs de l'échec que je tentais de le concrétiser. J'ai procédé à mes premiers essais à la maison. Je trouvai deux excellents correspondants sur le terrain, une personne capable de se charger de plusieurs rubriques, une graphiste expérimentée, et je suis allé de l'avant.

Je vous passe les détails. L'hebdomadaire d'actualités fut une réussite incroyable. Au bout d'un an, mon équipe comptait déjà près de quarante personnes et le journal était distribué dans tout le Nord. Je n'ai pas un seul instant de libre. Quand on me demande dans mes rares moments de repos de la semaine : « Quel est le secret de votre réussite ? » Je réponds par un grand et large sourire.

« Quel est le secret ? » insiste-t-on.

Et j'avoue simplement : « Sourire sans arrêt... »

180 – Je suis un autre homme

Eizik Frein, 28 ans, était thérapeute familial dans une importante institution. Au fil du temps, des frictions se produisirent entre lui et ses supérieurs, auxquels il reprochait de traiter les gens comme des numéros et non comme des êtres humains. Le résultat ne se fit pas attendre : il fut licencié sans préavis.

Mais comme personne ne l'ignore, le Créateur du monde fait tout pour le bien. Eizik était déterminé à finir ses études de doctorat dans cette discipline, tout en restant attaché aux principes de la foi qu'il étudiait dans les livres de rav Chalom Arouch.

Loin de se décourager par cette mise à pied, Eizik déclara :

« Aujourd'hui je suis un autre homme ! » Il construisit un nouveau lien avec le Créateur du monde, surtout après avoir découvert le pouvoir et la force de la prière personnelle – l'isolement de rabbi Nahman de Breslev.

Sur son licenciement, Eizik affirme : « Je pense avoir fait face à cette épreuve assez bien. Lorsque le directeur m'appela dans son bureau, je me suis dit : "Eizik, sais-tu qu'il est très probable qu'on est sur le point de te donner congé, ou que tu seras amené à entendre des paroles désagréables ? Considère ceci comme une épreuve de la foi." Quand je vis mes trois supérieurs assis devant moi, je compris aussitôt qu'ils étaient des envoyés de Dieu, et que c'était Lui qui me congédiait. Je quittai le bureau avec le sourire aux lèvres. »

Aujourd'hui, non seulement Eizik a un doctorat en poche, mais il a même reçu une proposition pour travailler dans une institution bien meilleure, et avec une fiche de paye bien plus intéressante. Cela se passa exactement sept jours après qu'il eut fini la lecture du *Jardin de la foi* (qu'il fit passer à un ami, qui à son tour le donna à lire à un autre ami, qui encouragea son frère et sa mère, et encore d'autres personnes... Quel grand mérite !).

Après avoir lu plusieurs fois de suite le livre de rav Chalom Arouch, Eizik devint un grand expert dans la connaissance du *Jardin de la paix*. L'heure d'isolement et le *Tikoun Klali* (Réparation universelle) sont une partie indissociable de sa journée : « J'ai étudié et révisé plusieurs fois les livres de rav Chalom Arouch : ils ont transformé ma vie d'un bout à l'autre. »

Il n'y a pas beaucoup de titulaires d'un doctorat en psychologie capables de dire : « Après avoir étudié les écrits de rabbi Nahman de Breslev, je peux vraiment affirmer avoir trouvé "ce que mon âme aime" : le Créateur du monde. Je ne cesse de Le remercier pour la femme qu'il m'a fait rencontrer, pour la famille qu'Il m'a aidé à construire, pour le passé, le présent et le futur du peuple juif, pour rabbi Nahman, pour rabbi Nathan de Breslev, pour rav Chalom Arouch – et pour rav Leizer Broida qui a rendu cette importante connaissance accessible et compréhensible aux anglophones. Je prie pour utiliser tout ce que j'ai étudié et aider tous ceux que je soigne. »

(Fin de la série de textes publiés sur le site)

181 – Dire « Merci » depuis son plus jeune âge

Les adultes ne sont pas les seuls à avoir été sauvés par la pratique des remerciements. Les histoires suivantes, réunies par l'un de mes élèves, nous apprennent que – justement – parce qu'un jeune enfant est pur et innocent, il lui est beaucoup plus facile de suivre la voie des remerciements et des louanges. Son cheminement spirituel s'en trouve considérablement facilité. Et à mesure qu'il grandira dans cette voie, il méritera de grandir dans la foi et de réussir dans tout ce qu'il entreprendra. Les anecdotes suivantes montrent comment on peut intérioriser les messages de la foi dès le plus jeune âge. Il est important que les parents et les éducateurs initient les jeunes enfants et les adolescents dans cette voie.

« Je m'appelle Tamar, j'ai neuf ans et demi, et mes parents m'aiment beaucoup. Je suis considérée comme une très bonne élève qui écoute toujours les cours, qui fait toujours ses devoirs et obéit à ses parents. Chabbat dernier, mon père nous a raconté qu'il avait lu un livre intitulé *le Jardin des louanges*. Et il nous a dit que si nous disions « Merci » à Dieu pour tout, même pour ce qui est difficile, le « mal » deviendra du bien.

« Papa nous a expliqué autour de la table de Chabbat que même s'il a été décidé dans le Ciel que tel homme doit traverser une époque difficile, s'il croit que tout est pour le bien et dit "Merci" pour tout, cela suffira pour qu'il soit exempté totalement des souffrances. Il nous a raconté l'histoire d'une femme mariée depuis dix ans et qui n'avait toujours pas d'enfants. Elle était très triste, pleurait sans cesse et était jalouse de ses amies qui avaient accouché un an seulement après leur mariage. Dieu béni soit-Il eut pitié d'elle et lui fit découvrir le livre *le Jardin des louanges*. Elle le lut, puis remplit neuf cahiers de remerciements au Tout-Puissant pour le fait qu'elle n'avait pas d'enfants. Après avoir dit « Merci » de très nombreuses fois, elle mit au monde deux charmants bébés.

« J'ai alors décidé d'écrire sur un petit carnet mes remerciements à Dieu pour des choses qui n'étaient pas positives. Par exemple, à la première page, j'ai écrit : "Merci Dieu que mon père et ma grande sœur se soient rendus au Kotel sans me prendre avec eux." Et encore : "Merci, Dieu, de ne pas avoir reçu de cadeau comme mon petit frère." Et : "Merci beaucoup Dieu pour ce jour de congé où je dois quand même me rendre à mon cours particulier." Bien que je ne comprenne toujours pas pourquoi ils ne m'ont pas pris avec eux au Mur des Lamentations, et pourquoi je n'ai pas reçu de cadeau comme mon petit frère, j'ai pourtant décidé de remercier Dieu, car il est certain que c'était pour mon bien.

« En vérité un jour Dieu a fait un miracle pour moi. Je veux vous le raconter, bien que ce ne soit pas un miracle pour tout le monde. Car personne ne peut savoir ce qui se passe dans ma tête, et quelles sont mes pensées et mes prières à Dieu, dites du fond du cœur. Mais j'ai vu vraiment comment Dieu – après L'avoir remercié pour ce qui m'a été difficile à accepter – a opéré pour moi un miracle et m'a aidée. Voici cette histoire :

« Je possède un vélo grand et lourd qu'on m'a offert à l'occasion de *Pessa'h*. Pour arriver à notre maison, il faut gravir un escalier qui comporte de nombreuses marches. Ma grande sœur ou mon frère m'aident toujours à le remonter. Mais un après-midi alors que je rentrais à la maison en vélo, comme d'habitude, je ne réussis pas à le faire toute seule.

« J'étais désemparée. Je ne voyais personne dans les parages et il faisait très chaud. Soudain, je ressentis une grande faiblesse m'envahir, et je ne savais pas quoi faire. À ce moment-là, je me suis souvenu de ce que mon père m'avait enseigné. Je me suis tournée vers le Créateur du monde et je Lui ai dit : « Merci beaucoup, Créateur du monde, pour être encore petite et avoir du mal à porter ce lourd vélo dans l'escalier. Merci beaucoup que je sois triste à cause de cela. C'est le mieux qui soit pour moi. Je ne sais pas pourquoi, mais c'est le mieux qui soit pour moi. » J'ai réalisé aussitôt que jusqu'à ce jour Dieu m'avait toujours aidé pour trouver quelqu'un qui porte mon vélo, mais jamais je ne L'avais remercié. Je Lui ai donc dit : « Merci beaucoup, Dieu, pour toutes les fois où Tu m'as aidée. Et maintenant, s'il Te plaît, envoie-moi quelqu'un. » C'est alors qu'un miracle se produisit : à l'instant même où je terminais de remercier Dieu, deux grandes filles sont arrivées. Elles m'ont demandé : « As-tu besoin d'aide ? » Je leur ai répondu : « Oui. » Elles ont pris le vélo et l'ont monté jusque chez nous.

« Depuis, à chaque fois que je me souviens de cette histoire, je tâche de remercier Dieu pour tout : pour ce qui est bien comme pour ce qui est difficile. »

182 – J'ai reçu quatre fois plus

« J'ai huit ans et demi, et j'habite à Jérusalem. Tout le monde dit de moi que je suis un bon garçon. Avec un camarade, nous sommes les meilleurs élèves de la classe, et c'est peut-être pour cela que les autres me jalousent. Dans les récréations je me retrouve toujours seul. Parce que je suis bien éduqué, je ne rends pas les coups si on me frappe, et je ne fais de mal à personne. C'est pourquoi certains enfants en profitent et me tapent.

« Bien que j'aime beaucoup étudier la Torah, prier et participer aux cours, je n'aime pas aller à l'école à cause des enfants qui me font du mal. J'en ai parlé avec mes parents et avec le maître, mais cela n'a pas tellement aidé. Même si je le voulais, je ne passe pas mon temps à me plaindre. Mon père m'a dit que je ne devais pas accuser les autres, parce que c'est Dieu béni soit-Il qui gère tout cela.

« Il m'a aussi appris à prier devant Dieu, Le remercier et Lui dire : « Dieu béni sois-Tu, si Tu veux que les enfants ne jouent pas avec moi, je crois que tout est pour le bien. Je comprends aujourd'hui que Tu es le seul à pouvoir m'aider, et je crois que Tu le veux ainsi ! Même si je pose des questions – pourquoi les enfants me frappent ? – et que je pense que c'est injuste, je crois pourtant en Toi Dieu, et que tout est pour le bien. Car Dieu, Tu es bon, Tu veux que je me rapproche de Toi et que je Te demande tout. Alors je Te demande de m'aider à ce que les autres enfants ne me frappent plus et ne me fassent plus de mal. »

« J'ai prié ainsi à plusieurs reprises du fond du cœur. J'ai parlé comme cela à Dieu. Une fois j'ai prié avec mes propres mots, comme mon père me l'a enseigné, et je Lui ai dit : « Je T'en prie, Dieu, mon Père céleste, merci beaucoup qu'on me fasse du mal. De cette manière j'ai une raison pour me tourner vers Toi, pour Te demander Ton aide. Je Te prie de m'aider afin que les enfants cessent de me frapper et me vouloir du mal. » C'est alors que s'est produit un miracle : au bout de quelques jours, les enfants se sont arrêtés de me faire du mal. Au contraire, ceux qui se disputaient avec moi devinrent subitement des amis : ils se rapprochèrent de moi et commencèrent à m'associer à leurs jeux.

« Voici un autre miracle que Dieu réalisa pour moi : dans notre école les enfants s'étaient mis à jouer aux osselets. Et Dieu inspira à mon père l'idée de m'en acheter. Au bout de quelques jours, Dieu fit en sorte que je devienne vraiment un champion dans ce jeu. Aujourd'hui je suis devenu le meilleur de ma classe aux osselets, à tel point que des enfants viennent des autres classes pour jouer avec moi, même des classes supérieures, du CM1 et du CM2 ! Et c'est toujours moi qui gagne.

« C'est ainsi que les enfants qui me jalousaient parce que j'étudiais bien viennent jouer avec moi pendant les récréations. Et Dieu m'a enseigné que lorsque je prie et Lui demande de m'aider, cela vaut mieux que de m'adresser au maître, à mon père ou à ma mère. Ou bien sûr, de me tourner hypocritement vers des amis qui m'humilient ou me veulent du mal.

« Je voudrais vous raconter encore autre chose. J'ai réalisé que je pouvais prier Dieu même en dépit de ma jalousie. À la fin de l'année, nous avons procédé dans notre classe à une grande révision de toute la partie de la Torah que nous avions étudiée jusque-là. Les élèves qui avaient bien révisé reçurent des billets de tombola, et participèrent à une loterie pour obtenir un prix. Pendant deux semaines, alors que beaucoup d'élèves ont gagné, j'ai été le seul à ne rien recevoir. Suite à quoi, la jalousie m'a envahi.

« Je voulais – moi aussi – être parmi les gagnants ! De retour à la maison, j'ai tout raconté à mon père : comment je ne gagnais jamais et que cela me rendait très triste ! Une autre fois, lors de notre étude commune entre les pères et les fils, une loterie avait été organisée dont le prix était un voyage en hélicoptère. Là encore, je fus perdant ! J'étais très envieux de celui qui avait gagné ce premier prix.

« En réponse à ma douleur, mon père me dit que Dieu voulait en fait attiser ma jalousie, afin que je prie devant Lui et Lui demande de gagner, car c'est ainsi que j'acquerrais la foi. Papa m'expliqua que c'est seulement quand on ressent un manque, qu'on peut demander vraiment à Dieu de tout son cœur qu'Il exauce notre prière. Ainsi j'apprendrais que lorsque je veux quelque chose, je devrais m'adresser à Dieu pour Lui demander Son aide. Et en particulier Le remercier pour ce que je n'avais pas encore eu le mérite d'avoir – et m'en réjouir ! C'est ce que je fis : je priai Dieu de tout mon cœur en Lui disant : « Dieu, Tu m'aimes beaucoup et moi j'ai très envie de recevoir ces billets ! Aide-moi, mon Père céleste, à les gagner. »

« Le lendemain matin, Dieu entendit ma prière, et j'en gagnai quatre, davantage que tous les élèves de ma classe. Quatre fois plus que ce que j'avais demandé dans ma prière ! J'ai raconté cela à mon père, qui me dit : « Tu vois combien Dieu t'aime ! Maintenant tu sais pourquoi les autres gagnaient et pas toi : Dieu voulait que tu le Lui demandes ! De plus Il ne t'a pas envoyé une seule carte, comme tu Lui avais demandé, mais quatre d'un coup ! Quand un enfant prie devant Dieu en comprenant que tout est Dieu et qu'il se rapproche de Lui – Dieu le gratifie doublement. »

« Depuis ce jour, chaque fois que je prie Dieu et Lui demande quelque chose, je vois comment Il écoute ma demande. Ainsi, j'ai déjà gagné deux fois aux sessions d'étude entre pères et fils, ce qui est très rare, quand on sait que plusieurs centaines d'enfants sont inscrits au *Talmud Torah* ! »

183 – Dieu se trouve vraiment à côté de moi

« *Chalom* à la rédaction de *J'ai dit "Merci" et j'ai été sauvé,*

« Nous habitons un quartier très agréable, avec beaucoup de pelouses verdoyantes et d'arbres. Notre synagogue se trouve au milieu de tous les immeubles. On se connaît tous. Je veux vous raconter une histoire qui m'est arrivée lors de la dernière fête de *Pourim*.

« J'aime beaucoup cette fête. Tout le monde est joyeux. Il y a beaucoup de danses, de chants. Et bien sûr ce que je préfère par-dessus tout, ce sont les déguisements et les confiseries. À cette occasion, je prépare des *Michlo'hei Manot* (envoi de cadeaux alimentaires) pour mes amis, et eux font de même. Une fête est organisée aussi au *Talmud Torah* où on nous distribue des prix de valeur.

« Au dernier *Pourim*, je me suis bien préparé à la lecture de la *Meguila* (Rouleau d'Esther). Plusieurs jours avant la fête, je me suis exercé à sa lecture avec la cantillation. J'étais même capable de corriger mon père quand il se trompait ! La nuit de *Pourim,* je me suis rendu à la synagogue pour la lecture de la *Meguila*. Mon père m'avait dit qu'il me réservait une place à ses côtés. La synagogue est vaste et peut contenir des centaines de fidèles. En général mon père prie avec un petit *groupe de fidèles* au rez-de-chaussée, mais pour la lecture de la *Meguila* il préfère aller l'écouter en haut, dans la grande synagogue.

« En arrivant avant la lecture, j'ai cherché mon père qui m'avait dit qu'il se trouverait face à l'Arche sainte, mais je ne l'ai pas vu. Je fis le tour de la synagogue à plusieurs reprises. Tout le monde était déjà en train de faire la prière du soir. Et je ne voyais devant moi qu'une mer noire de chapeaux, de costumes, sans plus – une vaine recherche qui a duré de longues minutes.

« Je suis alors descendu dans la petite salle du bas. J'ai trouvé une place et suivi seul la lecture de la *Meguila*. Ouf ! Je n'avais pas tout perdu !

« Après la lecture, dehors, sur les marches de la synagogue, j'ai attendu la sortie de mon père, en me protégeant des pétards que des enfants faisaient exploser. Quelques minutes plus tard, mon père est arrivé, très heureux de me voir.

« Il me dit qu'il n'avait pas compris pourquoi je n'avais pas réussi à le trouver. Il était là-bas, mais il avait prolongé sa prière. Si j'avais appelé "Papa !", il m'aurait entendu. Il avait cru que j'étais rentré à la maison en pleurs. Mais quand je lui dis que j'avais écouté la *Meguila* et que tout s'était bien passé, il en fut très heureux.

« Le lendemain, il me dit que dans l'isolement qu'il avait effectué en forêt, il avait demandé à Dieu pourquoi son fils n'était pas arrivé à le trouver. Dieu éclaira son cœur et il comprit que les gens ont l'habitude de se conduire ainsi : ils cherchent leur Père céleste dans le monde entier. Certains voyagent à l'étranger, dans toutes sortes de pays lointains, pour trouver leur finalité et la spiritualité. D'autres utilisent toutes sortes de substituts sous forme de talismans et de *segoulot* (actes favorables). D'autres encore se fient à leur force et à leur pouvoir. Mais chacun doit savoir que Dieu dans Sa grande compassion se trouve à ses côtés. Et qu'il lui suffit d'ouvrir la bouche pour parler à Dieu, qui est proche de nous. Et si nous ne Le voyons pas ni ne L'entendons, c'est à cause de nos yeux obstrués. Nous ne faisons pas attention à Dieu, car nous ne réussissons pas à Le voir du fait de toute l'agitation de ce monde. « En vérité, à partir de cette anecdote, ce que mon père m'a appris (ainsi qu'à toute notre grande famille réunie pour le repas de *Pourim),* c'est que Dieu se trouve à nos côtés, et qu'il suffit de s'adresser à Lui pour qu'Il réponde immédiatement.

« Car si un père normal veut que son fils bien-aimé ne manque de rien, à plus forte raison en est-il de Dieu, qui est le Père de l'univers entier, qui créa le monde et l'homme, et donne à chacun la vie. Il est des centaines de milliers de fois meilleur que tous les meilleurs pères du monde. Il suffit de Le connaître, de Lui parler et de Lui demander. Et Il donnera beaucoup.

« Merci au Père céleste et à mon père qui m'enseigne la foi. »

184 – Sur un plateau d'argent

« Je m'appelle Méir et j'aurai bientôt huit ans. Pour *Soukot* (fête des Cabanes), on a invité mes cousins. Ils ont joué entre eux et avec mon frère, qui est mon aîné d'un an, à la *Fête du thé*. Au cas où vous l'ignorez, c'est un jeu où l'on apporte des gâteaux, des boissons gazeuses, des *Bambas, Bisslis,* etc. On fait la fête et on mange tous ensemble.

« Quand je leur ai demandé de participer à leur jeu, ils ont refusé en me disant : « On joue maintenant tout seuls et on n'a pas besoin de toi. » Naturellement, leur réponse m'a fait de la peine. Et en plus j'avais faim.

« Je suis allé raconter tout cela à mon père qui était assis dans la *souka*. Il parlait avec quelqu'un, et pourtant personne n'était à ses côtés. Je lui ai demandé : « Avec qui parles-tu ? » Il me répondit : « Je parle à Dieu. On peut toujours parler à Dieu, Il nous écoute tout le temps. Dieu veut qu'on Lui parle et qu'on s'adresse à Lui pour être aidé et satisfaire tous nos besoins. »

« J'ai dit à mon père : « Mes cousins ne veulent pas que je joue avec eux. » Il me répondit : « Alors, va dans un coin, parle à Dieu et demande-Lui qu'ils t'acceptent dans leur jeu. Mais avant tout, remercie Dieu pour le fait que jusqu'à présent ils n'ont pas voulu t'associer à eux. »

« C'est ce que j'ai fait : je suis allé dans un coin et j'ai dit à Dieu : « Dieu, je Te remercie qu'ils n'aient pas voulu de moi jusqu'à maintenant. Dieu, aide-moi pour qu'ils acceptent de m'associer à leurs jeux. » Je suis allé vers eux une nouvelle fois et ils ont encore refusé. Je suis retourné vers mon père et lui ai dit que ce qu'il m'avait conseillé de faire n'avait pas marché.

« Mon père me dit : « Peut-être n'as-tu pas demandé suffisamment ? Demande encore trois fois, et dis "Merci" à Dieu pour le fait que jusqu'à présent ils refusent de t'associer à leur jeu. Et alors seulement, demande-leur... » C'est ce que j'ai fait. Je suis allé dans un coin où personne ne pouvait m'entendre, et j'ai dit à Dieu : « J'ai faim. Ils jouent à un jeu où on mange. Merci, Dieu, pour le fait que jusqu'à maintenant ils ne m'associent pas à leur jeu. Fais en sorte qu'ils m'autorisent à y participer. » Après avoir terminé mes demandes, je suis revenu vers eux et ils ne m'ont toujours pas accepté.

« Je suis retourné chez mon père, et j'ai commencé à lui dire que cela n'avait pas marché, que j'avais faim. Mais pendant que je parlais, mon cousin arriva et me dit : « Viens jouer avec nous, nous sommes d'accord. » Puis il ajouta : « Maintenant dans le jeu, c'est à notre tour de te servir. Tu vas t'asseoir comme un roi, et nous allons t'apporter sur un beau plateau plein de friandises et de boissons. »

« Ils me firent asseoir dans le salon sur une belle couverture multicolore ; ils installèrent devant moi une petite table sur laquelle ils déposèrent un plateau – en fait, un grand couvercle renversé – qui avait vraiment tout du repas d'un roi ! Avec au-dessus, des gâteaux, des *Bambas*, des *Bisslis*, quelques fruits, et une boisson fraîche.

« En passant, mon père me vit assis comme un roi. Il se mit à rire et me dit : « Regarde les résultats de ta prière : non seulement ils ont été d'accord pour t'associer à eux, mais en plus, Dieu leur a donné l'idée de te servir ! »

« En vérité, c'est comme ça que j'ai appris que si on demande à Dieu, Il donne le double – et très souvent même davantage. »

Toutes ces histoires nous enseignent que si on éduque les enfants dans la voie du remerciement et des louanges, non seulement on leur donne des instruments prodigieux pour toute leur vie, mais on la transforme, et elle devient facile et agréable. Et c'est essentiellement notre rôle de parents : implanter et développer la foi et la voie du remerciement dans les générations à venir.

185 – Étrange comportement du public

Rav Chalom Arouch confie :

« Dans les cours que je donne sur le remerciement, j'explique les diverses raisons pour lesquelles tout est pour le bien, pourquoi nous devons seulement remercier. Et comment, grâce à cela, nous mériterons d'être délivrés de toutes les souffrances et de l'exil. À chaque fois, après chaque cours, je suis persuadé que personne ne viendra plus jamais se plaindre et se lamenter. Et je m'en réjouis ! Je n'aurai plus à recevoir des gens, tous commenceront à travailler sur la foi que le mal n'existe pas, et ils en seront profondément convaincus. Je les imagine alors se renforçant dans la foi que tout est bien, commençant à remercier Dieu, certain qu'au final, tout se transformera positivement pour eux. Quand je donne un cours, c'est en pensant : "C'est fait ! Celui qui a écouté le cours va recevoir le message et croire en Dieu, Le remercier, et il aura une belle vie..."

Mais les choses ne se déroulent jamais ainsi. Immédiatement après un cours, on vient me voir et on continue à pleurnicher, et je ne comprends plus : ils sortent à l'instant même d'un cours sur le remerciement... Que se passe-t-il ? Quel est donc leur problème ? Leurs oreilles – ou leur cœur (Dieu nous en garde !) – sont-elles bouchées ? Peut-être n'ont-ils pas écouté ? Peut-être n'ont-ils pas entendu ? Ce que j'ai dit n'est-il pas suffisamment logique ? Pourquoi viennent-ils me voir à la fin du cours ? Pourquoi ont-ils besoin de me parler ? Qu'ils remercient Dieu et continuent à aller de l'avant ! N'ont-ils pas compris le message ? À savoir que la vie est belle, que le remerciement est la solution de tous les problèmes – quels qu'ils soient ! Dites "Merci" et vous aurez une belle vie !

Non seulement ils viennent pleurnicher, mais encore ils essaient de justifier leur besoin de tristesse et de dépression. Le plus étonnant est qu'ils cherchent également à me convaincre : "Écoutez, honoré Rav, écoutez mes ennuis, permettez-moi d'être triste, d'être déprimé, d'être désespéré, d'être confus, de ne pas prier, de ne pas étudier. Regardez ma misère, laissez-moi vous exposer mon grand problème. C'est sûr que vous me donnerez raison, car la seule voie juste est la tristesse, le découragement, la dépression, la confusion... Je vous raconte des problèmes pareils, et vous voulez que je remercie !?" D'après eux, ils ont de très bonnes raisons pour se couper du Saint béni soit-Il. Ils ont des problèmes, et la seule solution qu'ils ont trouvée, c'est de s'éloigner du Saint béni soit-Il...

Comme je l'ai déjà expliqué plusieurs fois, lorsque l'homme est triste, il se coupe du Saint béni soit-Il. Or nos Sages de mémoire bénie ont déclaré (*Pessa'him* 117a) que la Présence divine ne réside qu'au milieu de la joie. On peut illustrer ce principe par un entretien de rabbi Nahman de Breslev. Fustigeant la tristesse, il disait à ses disciples : "Vous me considérez comme un juste parfait. Très bien ! Mais si – que Dieu m'en préserve – j'en venais à transgresser la plus grave des fautes, sachez que je continuerais à être joyeux... Et seulement après je me repentirais..." Pourquoi ? Parce que notre maître a écrit, dans le *Sefer HaMidot,* que "la tristesse conduit le Saint béni soit-Il à abandonner l'homme triste". C'est-à-dire que les prières de celui qui vit sans joie ne sont pas exaucées ! »

Et alors on ne peut pas se repentir, car un homme triste ne peut pas parler avec Dieu, se confesser, demander pardon et à plus forte raison ressentir dans son cœur des regrets et bien sûr s'engager pour l'avenir... C'est pourquoi notre maître dit : « C'est un grand commandement d'être toujours joyeux. Et c'est une grande faute d'être triste ! » Même si l'homme commet une faute, Dieu nous en préserve, il doit rester joyeux et seulement après, se repentir. Car la tristesse repousse la Présence divine.

Notre maître écrit de même (*Likouté Moharan* 178) : « Sache qu'il faut se confesser oralement, détailler la faute, dire avec des mots tout ce qu'on a fait. Sache également que le mauvais penchant viendra t'empêcher de le faire. Pour y parvenir, le commandement de se repentir doit être effectué dans la joie, comme le commandement

185 – Étrange comportement du public

du mariage, ou tout autre commandement. » En d'autres termes, la joie est indispensable au tout début du repentir. Un homme privé de la joie ne peut donc pas se repentir. C'est seulement s'il est joyeux toute la journée qu'il pourra briser son cœur une heure par jour.

Par conséquent, aucune raison ne peut justifier la tristesse. Même si quelqu'un a un enfant très malade, qu'il cesse donc de ruminer sa tristesse ! Tel autre a des dettes, croit-il qu'il réussira à les éponger en s'abîmant dans sa tristesse ? Les raisons de s'affliger ne manquent pas !

Il faut servir Dieu avec la joie et apprécier chaque commandement. C'est pourquoi j'ai demandé que chacun prenne un gros cahier et qu'il y écrive cent remerciements par jour, accompagnés de quelques commandements qu'il réalise, car aucun juif ne peut écrire intégralement tous les préceptes qu'il accomplit, comme cela est rapporté dans le Talmud (*Erouvin* 19a) : « Rabbi Chimon ben Lakich dit... que même les juifs les plus vides sont remplis de commandements comme la grenade est remplie de graines. » Avec chaque bénédiction, chaque petit précepte, chaque bonne pensée, chaque étude, chaque renforcement, l'homme réalise des milliers et même des millions de commandements en une seule journée ! Comment est-il possible de calculer le nombre de commandements durant un seul Chabbat ? 26 heures multipliées par 60 minutes multipliées par 60 secondes multipliées par 613 commandements... Il faudrait un ordinateur hautement perfectionné pour trouver le total des préceptes réalisés au cours d'un seul Chabbat. C'est l'enseignement des *Pirkéi Avot* (chap.1) : « Rabbi 'Hananya ben 'Akachya dit : Le Saint béni soit-Il a voulu faire mériter Israël. C'est pourquoi Il multiplia pour eux la Torah et les commandements. »

Lorsque le mauvais penchant veut introduire un peu de tristesse chez l'homme, celui-ci doit se défendre en lui disant aussitôt : « Monsieur le Mauvais Penchant, viens étudier, viens lire un peu mon cahier... Chaque jour cent remerciements, chaque jour des centaines de milliers de commandements. » Soyez sûr que le mauvais penchant en aura une dépression !

C'est pourquoi le saint Ari *Zal* a témoigné sur lui-même, que tout ce qu'il mérita d'atteindre dans la Torah et la connaissance cabaliste le fut grâce à son accomplissement des préceptes dans la joie. Pourquoi ? Parce qu'il les appréciait et se réjouissait en les réalisant. On décida donc dans le Ciel de lui donner d'autres préceptes. Cela à la différence de celui qui n'apprécie pas les commandements : non seulement on ne lui en donne pas, mais on est désolé de lui en avoir donné.

J'ai donc écrit à plusieurs reprises dans le livre *le Jardin des louanges* que la gratitude est la vertu sur laquelle est basé tout le bien de l'homme et du monde. À la différence de l'ingratitude, qui est le défaut d'où découle tout le mal du monde. Toute destruction du monde commence avec l'ingratitude.

Un homme qui commet une faute, c'est de l'ingratitude. Dieu te nourrit, te permet de respirer et tu agis contre Sa volonté ? C'est de l'ingratitude ! Si l'homme appréciait un tant soit peu ce que le Saint béni soit-Il lui donne, personne n'agirait contre la volonté divine, sauf dans des cas de force majeur ou de débilité. Par conséquent, lorsque l'homme éprouve de la gratitude envers le Créateur du monde, il lui est facile de Lui demander pardon. Et son remerciement le connecte immédiatement au Créateur, aux portes de la Sainteté, à celles de la Pureté et des Délivrances.

186 – Recevoir le public – une chose inutile

Une femme nous écrit :

« *Chalom,*

« J'ai quatre enfants et mon mari est presque aveugle. À l'époque, nous cherchions un nouvel appartement parce que nous vivions dans un logement vraiment délabré dans un quartier avec une population à problèmes. De plus, nous n'avons pas été bien accueillis : on refusa l'entrée du *Talmud Torah* à nos enfants et je m'y sentais plutôt isolée. Comme nous répondions aux critères d'attribution d'*Amidar* (le service des HLM israéliens), nous nous sommes inscrits pour obtenir un appartement. Mais on nous dit qu'il y avait une longue liste de centaines de postulants, et qu'il nous faudrait donc attendre plusieurs années. Entre-temps, *Amidar* consentait à nous aider à payer notre loyer.

« Un jour une femme me donna le livre *le Jardin des louanges* et ma vie se transforma tout de suite. Je terminai très rapidement sa lecture et aussitôt je le mis en pratique. Je dis "Merci beaucoup" à Dieu sur le fait que nous n'avions pas d'appartement convenable, et que j'avais vraiment besoin de me renforcer dans la foi. Au bout de deux semaines – oui, seulement deux semaines ! – *Amidar* nous a contactés pour nous informer que nous allions recevoir un appartement dans un autre quartier. Il ne s'agissait pas d'un simple logement, mais d'un appartement aéré et rénové, dans un quartier excellent, avec des voisins vraiment de qualité. Leurs enfants sont bien éduqués et jouent avec les nôtres. Je suis très satisfaite. J'ai réellement vu la concrétisation d'un miracle provenant de la Providence céleste, après avoir dit "Merci" et avoir été délivrée aussitôt. »

Cette lettre, de même que d'autres nombreuses histoires de cet ouvrage, nous enseigne que le public n'a nul besoin de venir me voir : les livres, les CD et les *Diamants* sont tout aussi efficaces ! Prenez-les, commencez à lire, commencez à écouter. Vous verrez qu'il est impossible de prendre un des livres – ou un des CD – et de le mettre en pratique sans mériter une certaine réparation ! La sagesse juive l'affirme (*Meguila* 6b) : « Si quelqu'un te dit : J'ai travaillé et je n'ai pas réussi, ne le crois pas. S'il te dit : je n'ai pas travaillé et j'ai réussi, ne le crois pas. Mais s'il te dit : j'ai travaillé et j'ai réussi, alors crois-le ! » C'est pourquoi l'homme doit se prendre en main sans croupir dans la paresse. Il faut supplier Dieu : « Maître du monde, aie pitié de moi, permets-moi de m'améliorer, de travailler sur moi, de crier vers Toi. » L'essentiel de ce travail, c'est l'isolement (isolement dans la prière et examen de conscience) !

On étudiera autant qu'on pourra, on s'efforcera de comprendre le mieux possible, l'important étant de concrétiser ce qu'on apprend : passer du potentiel au réel et vivre ce qu'on étudie. Et cela n'est possible que par l'intermédiaire de la prière et de l'isolement. Se travailler ! Des inconnus veulent me voir. Au secrétariat, on leur donne des livres, des CD et la série des *Diamants*. Ils les ont mis en pratique et ils ont été délivrés sans m'avoir jamais rencontré.

J'ai dit à des gens qui avaient de graves problèmes de couple : « Vous avez le livre *Jardin de la paix* ? » Des personnes qui ne m'ont jamais vu connaissent maintenant la paix dans leur foyer. Pourquoi ? Parce qu'ils ont pris le livre, l'ont étudié et l'ont appliqué ! Que je reçoive le public est vraiment superflu... Il y a les livres, les CD, les *Diamants*, etc. Lisez, écoutez et travaillez-vous !

Certains pensent que s'ils ne s'entendent pas avec leur femme, ils pourront s'entendre avec une autre. C'est faux : s'ils ne s'arrangent pas avec celle-là, ils ne s'arrangeront avec aucune autre s'ils ne se repentent pas. Quiconque a un problème, s'il se prenait en main, tout pourrait s'arranger. Pour un simple problème, effectuer au moins une heure d'isolement, et pour un grave problème, six heures.

Lorsque je reçois le public, je suis comme un pharmacien. Je dis aux gens : « Prenez ce livre, écoutez ce CD, etc. » Vous avez un problème ? Vous avez écouté le cours ? Alors, allez dans un champ. Faites une heure de remerciements ! Il n'y a pas d'autre solution ! Il n'y en a qu'une seule qui s'appelle Dieu béni sois-tu ! Il n'y a qu'une seule et unique adresse, ne changez pas les rôles. Souvenez-vous : le Créateur existe. Vous vous sentez dans la peau d'un fils ? Allez auprès du Père ! Vous vous sentez comme un esclave ? Allez auprès du Maître ! Vous vous sentez comme un employé ? Allez auprès du Patron ! Vous vous sentez comme un soldat ? Allez parler avec le Général qui commande les armées célestes ! Et dites-lui « Merci » ! Vous n'avez pas assez de foi ? Demandez-la-Lui ! La différence entre l'enfer et le paradis, c'est la connaissance. Connaître Dieu, croire en Dieu c'est tout le travail de l'homme, c'est toute sa finalité.

187 – Le livre arriva jusqu'à la maison

Un de mes disciples raconte :

« C'était l'époque d'une guerre à Gaza où nos frères étaient régulièrement bombardés dans la région entre Ashkelon et Ashdod. Notre maître, rav Arouch, compatissant à toutes les souffrances du peuple juif, envoyait chaque jour des *Avrekhim* de la *Yéchiva* par autobus pour renforcer le moral de la population et leur distribuer gratuitement des livres et des CD. Au cours de ces voyages, et selon notre sainte coutume, nous allions de porte en porte afin de les diffuser. Et c'est ici que commence mon histoire. Au fil de nos déambulations, nous arrivâmes devant une porte qui semblait être comme toutes les autres, sans rien de spécial. Mais nous avons ressenti qu'on allait nous regarder avec mépris et nous jeter des propos humiliants. Et en effet, un homme âgé nous ouvrit, et il ne manifesta aucun intérêt.

– Oui, que voulez-vous ? Ah, un livre ? Ce n'est pas pour moi.

– Mais regardez ! C'est sur la joie, la foi, la finalité, la belle vie, la fin des inquiétudes. Quelque chose qui rompt avec la routine ennuyeuse et décourageante, quelque chose de réellement nouveau.

– Non merci beaucoup, ce n'est pas pour moi.

Soudain nous entendîmes sa femme :

– Qui est-ce ? Qui est là ? Ah, c'est pour une *Yéchiva*, donne- leur de l'argent.

Nous avons alors précisé :

– Madame, nous ne sommes pas venus pour de l'argent : nous sommes venus pour vous éclairer de la lumière de la foi, pour chasser de votre cœur l'inquiétude, vous donner la force de traverser cette période où le danger est quotidien.

– Mais comment pouvez-vous faire cela ?

Nous lui avons montré le livre *le Jardin de la foi*. Elle regarda le livre et s'exclama :

– Ça alors ! C'est la Providence : aujourd'hui justement, au travail, j'ai vu ce livre !

Elle continua ainsi :

– Aujourd'hui, j'ai pris une pause d'une heure, ce qui ne m'est pas habituel. Et justement une femme est venue donner un cours sur ce livre. J'ai été tellement enthousiasmée par ses paroles de foi que je me suis dit qu'il me le fallait. Mais j'ignorais comment, n'étant pas très experte dans ce domaine. Et voici que vous arrivez avec ce livre ! Quelle Providence !

« Bien entendu, elle le prit avec beaucoup de joie... Cette anecdote nous démontra une fois de plus avec quelle grandeur le Créateur du monde veille sur Son monde, et en particulier sur ceux qui s'activent dans la diffusion de la foi parmi Ses créatures. »

(Fin du récit)

À la fin d'un cours que j'avais donné un après-midi, un juif s'est approché de moi : il tenait par la main son fils pour lui faire la *'Halaké* [première coupe de cheveux d'un enfant à l'âge de trois ans]. Il me dit : « Vous avez sauvé ma vie ! » Je lui ai répondu :

— Racontez ce que vous avez vécu aux *Avrekhim*, racontez-leur tout ! Ils ne me croient pas toujours quand je leur dis qu'il faut sortir et diffuser la foi de toutes nos forces. Peut-être écouteront-ils une autre histoire qui les poussera à croire...

Il me dit qu'il y a quatre ans environ, sa situation était si difficile qu'il pensait en finir avec la vie. Sans ajouter de détails, il m'annonça qu'il n'était pas religieux et n'observait rien.

Il poursuivit :

« J'avais rendez-vous chez un ami, qui était en retard ce jour-là. Sur sa table, il y avait un livre bizarre, intitulé *le Jardin de la foi*. J'étais tellement brisé et désespéré, qu'en attendant qu'il arrive, je me suis dit : "Je vais lire ça..." »

Bien entendu, il le lut et but chaque mot avec avidité. Et c'est ainsi qu'il commença à vivre avec la foi. Après une courte période, il trouva la femme qui lui était destinée et se maria. Il partit en voyage de noces avec le livre sous le bras. Dans l'avion, il était plongé dans sa lecture lorsque tout à coup on entendit des cris. Le pilote avait perdu le contrôle de l'avion, et la panique la plus totale régnait à bord, autant chez les passagers que parmi l'équipage. Sa femme lui dit : « Qu'est-ce qu'on fait ? » Il lui répondit : « En quoi cela nous intéresse ? Regarde plutôt dans ce livre : chaque mot y est très spécial. L'avion ne m'intéresse pas. Lis donc avec moi. Dieu est dans le monde, il n'y a aucune raison d'avoir peur, Dieu est le plus grand Pilote du monde, n'aie pas peur. Viens dire "Merci" au Créateur du monde... »

Et Dieu merci, il put procéder à la *'Halaké* de son fils, le jour même de ses trois ans. Et il lui fit des *péot* [mèches de cheveux que l'on ne coupe pas au niveau des tempes].

La conclusion de cette histoire est qu'il faut se renforcer dans la foi, ne pas se troubler. Voulez-vous apporter la *Géoula,* la délivrance messianique annoncée par nos prophètes ? Voulez-vous vraiment rapprocher le monde entier de cette délivrance et la vivre sans souffrances, afin que tout se passe réellement le mieux possible ? Nous avons un conseil : faire connaître à tous la puissance du remerciement ! Instiller dans le cœur de tout le peuple d'Israël le projet de vivre avec le remerciement, et de dire « Merci » pour tout !

188 – Il ne s'est pas suicidé

Dans un cours que j'ai donné à Kiryat Ata, un juif me dit :

« Honoré Rav, j'ai eu du mal à vous rencontrer. À présent, je veux profiter de cette occasion pour vous raconter quelque chose, quitte à vous retarder un peu... » Il s'est avéré qu'il était officier dans la police, mais qu'il avait été victime d'une cabale montée, et à cause de cela, il avait perdu son emploi. Il s'était retrouvé impliqué dans plusieurs procès qui furent médiatisés, à sa grande honte et à celle de sa famille. Suite à quoi, il sombra dans la dépression, à tel point qu'il voulut en finir avec la vie. Mais Dieu béni soit-Il, dans Sa grande miséricorde, lui envoya une « résurrection ». Il eut la chance de rencontrer un juif qui, voyant sa situation, lui donna le conseil suivant : « Avant d'attenter à ta vie, lis au moins ce livre. Ensuite tu pourras faire ce que tu veux. » En lui conseillant de lire *le Jardin de la foi* – ouvrage que le sage Avraham

'Haï ben Méssouda qualifie de « résurrection » – il le plaça sur le chemin de la vraie vie.

Il me raconta : « J'ai alors étudié *le Jardin de la foi,* et j'ai commencé à comprendre : ce n'est pas eux, c'est Dieu ! Dieu a voulu qu'ils complotent contre moi. Puisque c'est ce que Tu veux, Dieu, je te dis : "Merci beaucoup Dieu !" Pourquoi devrais-je me venger ? » Toutes ses pensées de vengeance et de haine disparurent aussitôt, et ses pulsions suicidaires s'annulèrent d'elles-mêmes. Il commença à dire « Merci », à se réjouir, à observer le Chabbat, à porter les *Tefillin* : tout cela grâce à un livre qu'on lui donna : *le Jardin de la foi* ! S'étant renforcé, il fut réintégré dans la police, car on découvrit qu'il avait été victime d'une fausse accusation.

Après cela, il rencontra une veuve, complètement brisée. L'entendant dire qu'elle voulait mettre fin à sa vie, il lui donna le livre qui l'avait sauvé : le *Jardin de la foi.* Elle le lut et sa vie se transforma. Il dit : « Je l'ai revue, elle était rayonnante ! »

Cet officier continua à me raconter qu'à Eilat, il y avait une rue remplie de petits stands qui proposent des souvenirs aux touristes. Le maire, trouvant que cela faisait « désordre », décida d'y mettre bon ordre et de chasser les vendeurs à la sauvette et de les recaser ailleurs. Désespéré, l'un d'entre eux se jeta à l'eau et en mourut. Voyant cela, un autre vendeur déclara qu'il allait également se suicider : « Moi aussi je vais me jeter dans la mer ! » Entendant cela, notre homme alla aussitôt lui acheter *le Jardin de la foi.* Il lui dit : « Pourquoi se suicider ? Lis ce livre… » Il me raconta qu'il avait récemment revu ce même vendeur tout souriant. Car il avait compris que ce n'était pas le maire, mais Dieu qui était à l'origine de cette décision, et que tout était pour le bien.

Il lui a demandé : « Te souviens-tu de moi ? »

L'autre lui répondit :

– Non, je ne me souviens pas de toi. Où nous sommes-nous rencontrés ?

– Je suis celui qui t'a offert *le Jardin de la foi*.

– C'est vrai ! Merci beaucoup ! Tu ne peux pas savoir à quel point ce livre m'a sauvé la vie ! Ici je gagne bien davantage qu'avec le grand stand que j'avais auparavant. Dieu merci je me suis renforcé, et je suis heureux...

Ce simple juif a déjà sauvé plusieurs personnes en le diffusant. Désormais, il ne se déplace plus sans les livres, car Dieu l'a sauvé et il veut en sauver d'autres !

On apprend de là l'importance de la distribution des CD, des *Diamants* et des livres.

Sache que, si donner à la charité est important, les résultats atteints par la diffusion d'un livre sont incomparables ! Pourquoi ? Il y a une grande différence entre cinquante shekels et un million de dollars. Si quelqu'un offre ce livre qui vaut cinquante shekels (ou même un CD qui n'en vaut que cinq), et qu'une autre personne donne un million de dollars à la charité, lorsqu'ils parviendront au Ciel, le premier, qui aura donné ce simple livre d'une valeur de cinquante shekels, aura le monde futur, et sa récompense sera deux cent mille fois plus grande que celui qui donna un million de dollars !

Celui qui a donné un million de dollars sera stupéfait : « Où est la justice ? J'ai donné un million de dollars à la charité ! Alors que l'autre n'a donné qu'un CD ou une petite brochure, un *diamant*... » On lui expliquera que ce petit livre ou CD, quelqu'un l'a lu ou écouté... et s'est repenti. Toute sa vie s'est alors transformée pour le bien ! Il a commencé à dire « Merci » pour tout ! Il a retrouvé la foi ! Et il est devenu lui-même un diffuseur de la foi. Tous ceux qu'il a rapprochés – sa femme, ses enfants, ses voisins, ses amis – l'ont crédité de mérites infinis ! Quant à toi, qui as donné un million de dollars à la charité, il est évident que tu as aussi beaucoup de mérites, mais ils ne peuvent se comparer au fait de diffuser un livre ! C'est pourquoi cinquante shekels de diffusion ont plus de valeur qu'un million de dollars !

189 – J'ai distribué des CD et je me suis mariée

Il faut savoir que dans le Ciel, on ne sera pas exempt d'accusations. Nos frères nous diront : « Si tu m'avais parlé, si tu m'avais apporté les *Diamants*, un CD ou un livre, je me serais repenti ! » Jour après jour, nous apprenons que des gens qui ont reçu un livre se sont repentis. Chaque jour je reçois des lettres et des témoignages : « Je me suis repenti grâce au *Jardin de la foi* », « Je me suis repenti grâce au *Jardin des louanges* », « Je me suis repenti après avoir lu *À travers champs et forêts.* » Il faut savoir que Dieu a diffusé dans le monde la lumière de la foi. Le peuple d'Israël est avide de vérité et veut se rapprocher de son Créateur. Chacun est donc tenu de distribuer autour de soi les livres, les *Diamants* et les CD. Lorsque nous nous occupons de diffusion, cela adoucit toutes les rigueurs.

Nous avons reçu un mail envoyé de Mexico. Son auteur nous raconta qu'une tumeur était apparue dans son corps – que Dieu nous en préserve – et que la date de l'opération avait été fixée. Cet homme reçut alors le CD *Cesse de pleurnicher* traduit en espagnol. Il se renforça et décida d'acheter cent CD supplémentaires pour les diffuser autour de lui. Lorsqu'il se présenta pour l'opération, il n'en avait déjà plus besoin ! Dans la radiographie préopératoire qu'on lui fit, l'excroissance avait complètement disparu, comme si elle n'avait jamais existé ! Grâce à Dieu ! À la suite de ce miracle, nous avons reçu une autre commande de cinq cents CD !

Voici une autre lettre : « *Chalom*, je suis originaire de Toronto. Pendant de longues années, je ne suis pas arrivée à trouver l'homme de ma vie. Lorsque j'appris que rav Arouch donnait une bénédiction à celui qui diffuse cent CD, je me suis engagée à le faire. Et j'en ai distribué cent. Exactement un an après, je me suis mariée avec celui que mon cœur attendait, un homme exceptionnel. Merci à vous qui permettez aux hommes de se renforcer chaque jour ! »

Diffuser en quantité CD, livres ou *Diamants* est une manière de provoquer des miracles et des délivrances. De cette façon la foi se répand, et votre mérite s'accroît d'autant, et pour vous, la délivrance se rapproche !

Postface – Il n'existe pas de bonté plus grande que la diffusion

Un de mes élèves surprit une conversation entre deux hommes. Le premier parlait du livre *le Jardin de la foi*, qui lui avait sauvé la vie. Le second racontait que c'était le *Jardin de la richesse* qui lui avait sauvé la vie, alors qu'il était endetté jusqu'au cou. Quand on lui donna à lire le *Jardin de la richesse*, il se mit en tête de suivre rigoureusement les conseils qui y sont prodigués. Par exemple : il y est dit qu'il faut déchirer son carnet de chèques – il le déchira – et qu'il faut détruire les cartes de crédit – il le fit. Désormais, il ne pouvait plus payer qu'en espèces. Il raconta que ces seules deux recommandations lui avaient permis de commencer à régler ses dettes... De là, il s'appliqua à suivre le conseil de s'adresser à Dieu quand il manque quelque chose. Et c'est ainsi qu'il parvint à rembourser la majorité de ses dettes, qui étaient colossales.

J'ai parlé avec une femme qui traversa réellement des épreuves difficiles. Elle me confia : « Je ne laisse pas passer un seul jour sans étudier *le Jardin de la foi*. Sans ce livre, je n'aurais pas pu survivre... »

Un juif me contacta et me dit qu'il était très loin de la religion. Il reçut le CD *Cesse de pleurnicher*, et cela transforma toute sa vie. Il commença à croire en Dieu et à aimer le judaïsme et la Torah.

Un juif des États-Unis vint me voir et me raconta qu'il était complètement incroyant quand il reçut le CD *Cesse de pleurnicher* et le livre *le Jardin de la foi* – et ce fut le déclic ! Au bout d'un mois, il était devenu très fort en Torah et dans sa pratique des commandements. Et il ne demandait qu'à distribuer les livres. Il prit une quantité de CD – qui ne peuvent que sauver d'autres juifs – afin que d'autres juifs y prennent plaisir et commencent à vivre une belle vie. Le Créateur du monde nous a assuré que « la Terre sera pleine de la connaissance divine comme l'eau abonde dans le lit des mers » ! Nous devons participer à l'accomplissement de cette promesse, avec des CD et des livres – afin de faire descendre sur le monde entier la connaissance divine.

Après avoir entendu le CD *Cesse de pleurnicher*, un de mes élèves me contacta. Il me raconta que cela l'avait tellement remué qu'il transportait partout avec lui une centaine de CD, qu'il distribuait généreusement. Pour convaincre les gens, il disait : « Faites-moi plaisir ! Écoutez ce CD, et ensuite, contactez-moi... » Il m'affirma que tous ceux qui avaient écouté le CD l'avaient rappelé, en lui disant combien cela les avait aidés à se renforcer.

À la fin d'un cours que j'ai donné à la radio, une auditrice raconta qu'elle habitait dans un quartier religieux. De ce fait, elle pensait que les CD, les livres et les *Diamants* n'intéresseraient pas les gens au milieu desquels elle vivait, puisqu'ils étaient déjà religieux. Mais par la suite, elle se dit qu'elle n'avait rien à perdre. Elle commença à distribuer quelques livres aux femmes qu'elle rencontrait. À sa grande surprise, elles revinrent toutes vers elle, en lui disant : « Tu ne sais pas ce que tu as fait ! Tu as sauvé ma vie. Mon existence s'est radicalement transformée... » Cette réaction fut générale. C'est la réalité : non-religieux, orthodoxes, non-juifs – tous reconnurent le prodigieux outil qu'ils avaient entre les mains. Et depuis, tous sont avides de cette merveilleuse connaissance.

Quelqu'un m'a dit : « Je suis jaloux de vous en voyant les livres que vous avez écrits. » Je lui ai répondu :

– Vous pouvez gagner plus de mérites que moi.

– Comment ?

– En les diffusant ! Après avoir rédigé un livre, encore faut-il le distribuer, le faire connaître. Sinon, que ferais-je avec ces livres ! Les ranger dans un entrepôt pour que les étagères se repentent ? Chaque nouveau lecteur vous crédite d'un mérite supplémentaire.

Je lui ai raconté comment quelqu'un, qui avait vendu un livre en Afrique du Sud, avait sauvé un juif : « Le mérite revient à celui qui lui vendit le livre. Je ne suis pas allé en Afrique du Sud pour en vendre ! Avoir rapproché un juif de la foi lui sera compté. Pas seulement à lui, mais également à sa femme et ses enfants. Lui-même commence maintenant à le diffuser. Qui gagne tous ces mérites ? Celui qui distribue le livre... Cela fait boule de neige : celui qui lance la chaîne est celui qui empoche tous ces mérites. Vous aussi, vous pourrez en gagner. »

Il est écrit dans le *Traité des Devoirs du cœur* (Porte de l'Amour de Dieu, chap. 6) : « Sache que même si l'homme croyant parvient au niveau le plus élevé de la réparation de son âme, même s'il ressemble presque aux anges, même s'il a déjà atteint leurs qualités... néanmoins ses mérites restent bien inférieurs à ceux qui dirigent les autres vers la bonne voie, et qui rapprochent les impies de leur Créateur. Chaque jour et à chaque instant, leur récompense se multiplie grâce aux mérites de ceux qu'ils orientent vers le service divin. »

Dans la *Porte de la Confiance* (commentaire sur le chapitre 6), il est écrit également que l'homme ne sera pas récompensé de ses actions dans le monde à venir, s'il ne donne pas des mérites au plus grand nombre possible de personnes dans le service de Dieu béni soit-Il. En d'autres termes : l'homme ne peut bénéficier de la vie éternelle que par ses actions, ce qui inclut d'augmenter les mérites du plus grand nombre, dans le but de parfaire sa propre réparation.

Le saint *Zohar* (section *Terouma*) écrit : « Si les gens savaient combien de mérites on gagne à rapprocher les impies, ils les poursuivraient comme on court après la vie... Regarde : celui qui tient la main de l'impie, et tente de le convaincre d'abandonner sa voie, s'élève à un niveau que personne d'autre ne peut atteindre... Et il provoque l'élévation du Saint béni soit-Il Lui-même, et contribue à la réparation du monde entier, en Haut comme en Bas. Il est écrit à propos de cet homme (*Malakhi* 2,5) : "Mon pacte avec lui a été un gage de vie et de paix." Il aura le mérite de voir ses petits-enfants, de jouir de cette vie et de la vie à venir. Et aucun accusateur ne pourra le juger ni ici-bas ni là-bas. Il entrera au Ciel par l'une des douze Portes et personne ne lui barrera la route. Il est écrit à son propos (*Psaumes* 112,2) : "Puissante sera sa postérité sur la Terre, la race des justes est bénie !" »

Comme cela est rapporté dans *'Hayé Moharan* (*La Vie de rabbi Nahman*) : « Plusieurs fois il nous parla et nous encouragea fortement à rapprocher de Dieu béni soit-Il les âmes égarées... Il arriva une fois, alors qu'il était entouré de ses plus importants disciples – c'était à la sortie du Chabbat – qu'il entreprît de les réprimander. Et cela dura plusieurs heures ! Il exprima également son intention de voyager spécialement pour aller parler aux gens et les convaincre... »

Répandre la connaissance de la foi et convaincre autrui de l'importance du remerciement sont des actes de bonté sans pareils. Nos Sages de mémoire bénie ont déclaré à ce propos : « Que fera l'homme pour s'épargner les affres de la venue du vrai Messie ? Il s'occupera de Torah et de bonnes actions. » Aucune action ne peut générer de pareils mérites. Pourquoi ? Simplement parce que cela sauve la vie – et des vies – comme en témoignent de nombreux juifs. Dont celui qui, parmi des centaines d'autres, me dit : « Écoutez, vous avez sauvé ma vie ! » Qui sauva concrètement sa vie ? Celui qui lui donna le livre. Combien coûte un livre ? Quelques shekels. Supposons qu'il lui ait donné quarante milles, quatre cent mille shekels, voire même plus, cela lui aurait-il sauvé la vie ? Quatre millions lui auraient-ils sauvé la vie ? Non ! Quatre milliards ? Pas davantage !

Mais en lui donnant un livre, il lui a sauvé la vie ! La vie des deux mondes. Et celle de sa femme, de ses enfants : tout. Existe-t-il une autre bonne action qui puisse parvenir au niveau de la diffusion ?

Chacun se renforcera donc dans le remerciement et les louanges. Il croira que tout est pour le bien et s'emploiera à prendre part à cette diffusion. Aucune autre action charitable ne peut se comparer à cela. On fait passer un livre à quelqu'un et cela lui ouvre la porte de ce monde et celle du monde futur. C'est bien davantage que de donner de l'argent, car aussitôt qu'il est dépensé, la dépression s'invite à nouveau...

Il faut comprendre jusqu'à quel point le concept du remerciement est important et peut vraiment apporter la délivrance en un clin d'œil. Par conséquent, chacun et chacune devront se procurer les CD de la série *Cesse de pleurnicher*, les livres sur la foi, et les précieux *Diamants*, ainsi que cet ouvrage que vous tenez entre les mains. Vous tâcherez de les diffuser le plus possible ou d'envoyer une contribution financière pour leur diffusion. Et vous aurez contribué pour beaucoup à la délivrance d'Israël.

Cette délivrance, Dieu veut la susciter. Il veut que le peuple d'Israël (re)commence à croire en Lui, béni soit-Il. C'est pourquoi Il donne la force au juif le plus simple de sauver des âmes, afin que tous se rapprochent de la foi et se repentent, en découvrant l'étonnant pouvoir de la prière et du remerciement, ce que seuls de grands justes pouvaient autrefois opérer.

Nous constatons que le remerciement est une chose vraiment prodigieuse qui apporte à la vie une douceur jusque-là inconnue. On entre ainsi dans le monde du remerciement, qui éclaire le quotidien de la lumière de la foi, à tel point qu'on peut voir de ses propres yeux la délivrance, et comment elle peut s'inviter chez nous avec compassion, joie et danses.

Celui qui vit avec la lumière de la foi et du remerciement peut dire : « Mon vrai Messie est déjà arrivé. » Celui qui diffuse cette lumière au peuple d'Israël peut dire : « Je fais la chose la plus grande qui soit : rapprocher la délivrance dans la compassion. » Et vous verrez clairement que par le biais des remerciements et des louanges nous serons témoins de grands miracles et de prodiges collectifs comme individuels, dans une délivrance imminente et parfaite, vite et de nos jours.

PRIÈRE POUR LE REMERCIEMENT

Père céleste, Souverain bon et bienfaisant, Père plein de compassion et de miséricorde, qui veilles sur nous grâce à Ta Providence particulière et minutieuse, je Te prie de veiller à ce que je ne sois pas ingrat ni ne renie aucun des bienfaits que Tu m'accordes.

Je Te prie, donne-moi la parfaite foi, afin que je mérite de croire que tout ce qui m'arrive matériellement et spirituellement est pour mon bien.

Je Te prie, aide-moi à savoir que Tu ne me dois rien, et que tout ce que Tu me fais est un don gratuit, parce que Tu ne cesses de m'aimer et que Tu veux mon bien.

Maître du monde, donne-moi le mérite de Te dire – de tout mon cœur – « Merci » pour tout.

Père céleste, « Merci » d'avoir ce mérite de Te dire « Merci », et tous les « Mercis » que je Te dirai ne seront rien en regard de mon devoir de Te remercier vraiment, car tout provient de Toi.

« Merci » beaucoup pour toutes les choses que je reçois comme si elles venaient d'elles-mêmes, et pour lesquelles jusqu'à ce jour, je n'ai pas dit « Merci ».

« Merci » pour chaque souffle, pour toutes les forces dont Tu me dotes, pour chaque membre de mon corps qui fonctionne comme il convient, et dont chacun me permet d'être en bonne santé.

« Merci » pour le monde prodigieux que Tu as créé à mon intention pour me servir.

« Merci » pour tous ces envoyés que Tu m'envoies pour mon bien.

« Merci » à Toi qui nourris et assure l'équilibre de toute Ta Création avec compassion. « Merci » beaucoup pour l'argent et la subsistance que Tu m'as donnés et que Tu continues à me donner.

« Merci », Souverain du monde, pour chaque chose que je possède, « Merci » aussi pour les choses que je ne possède pas, car tout provient de Ta Providence pour mon bien.

« Merci » beaucoup, Maître de la foi, pour la foi que Tu me donnes, qui est le cadeau le plus grand qu'on puisse offrir à l'homme.

« Merci » pour la Torah, pour les commandements et pour les fêtes que Tu nous donnes.

« Merci » pour les Justes et pour la foi dans les Sages.

« Merci » à Toi, Dieu, pour m'avoir donné un cœur, un cerveau, et la force de faire le bien : pour Te servir, croire et avoir confiance en Toi, pour m'occuper de Ta sainte Torah, pour accomplir Tes saints commandements, pour me conduire vertueusement, pour Te louer et Te remercier. Tout ce que je mérite de faire n'est-il pas le résultat de Ton aide et de Ton pouvoir ?

« Merci » pour l'aide que Tu m'envoies pour résister à mon mauvais penchant, et m'éloigner du mal, car tout ce que je réussis à faire pour Te servir est un don de Toi.

« Merci » pour les chutes et pour les échecs, pour les désagréments et les difficultés que j'éprouve. « Merci » pour les fois où je ressens de la tristesse ou de l'amertume, car je crois que tout est programmé minutieusement pour m'éveiller et me rapprocher de Toi.

« Merci » pour tout le bien et la bonté que Tu me fais en tout temps, à toute heure, et pour Ton aide, Ton salut, Ta délivrance, Ta protection, Ton soutien, Ta joie, Tes encouragements et pour Ton réconfort.

« Merci » pour le fait que Tu entends, écoutes et exauces toujours mes prières.

Maître du monde, Tu sais pertinemment que je suis incapable de voir et de comprendre que tout ce que Tu fais est pour mon bien. C'est pourquoi je Te demande pardon d'avoir eu de mauvaises pensées à Ton égard, de ne pas avoir apprécié Tes actions. Et qu'au lieu de me réjouir et de Te remercier, je me suis plaint et me suis attristé.

Souverain bon et gracieux, je Te demande pardon pour toutes mes insatisfactions, mes plaintes, mes pleurs, et pour ne pas avoir toujours apprécié ce que Tu m'as donné.

Ce livre vous a plu ?

Participez et aidez à l'édition et à la diffusion de

J'ai dit merci et j'ai été sauvé !

Pour tous renseignements :

+972-52-2240-696

+972-2-5812210

Printed in France by Amazon
Brétigny-sur-Orge, FR